智能贝塔
和因子投资实战

EQUITY SMART BETA AND
FACTOR INVESTING FOR PRACTITIONERS

[美] 哈立德·加尤　罗南·希尼　斯蒂芬·普拉特 著　宋泽元　庞加平 译
KHALID GHAYUR　　RONAN HEANEY　　STEPHEN PLATT

机械工业出版社
CHINA MACHINE PRESS

智能贝塔是投资领域的重要创新，其在行业中的应用渐成欣欣向荣之象。第一，在负债端具有预期负债率较低的预设条件（如，养老基金）下，众多专业机构投资者似乎面临着相互冲突的目标：①提高投资组合回报，但不增加权益资产配置和 / 或②降低投资组合波动性，但不降低对权益资产的配置。智能贝塔可以提供潜在的解决方案来实现这些目标。第二，在开展主动管理的同时，引入智能贝塔投资意味着可以显著改善投资组合中的多元化收益。第三，随着管理资产规模的增加，越来越难以找到更多的子基金或投顾实施分散化投资，由于集中度受限也难以对业绩出众的子基金或投顾过度超配。第四，从投资管理过程来看，智能贝塔能够将主动投资、被动指数投资有机结合。第五，投资者对市值加权指数的投资已近饱和，其关注度正逐步转向智能贝塔指数和相关产品上。

Khalid Ghayur, Ronan Heaney, Stephen Platt. Equity Smart Beta and Factor Investing for Practitioners.

ISBN 978-1-119-58322-6

图书在版编目（CIP）数据

智能贝塔和因子投资实战 /（美）哈立德·加尤（Khalid Ghayur），（美）罗南·希尼（Ronan Heaney），（美）斯蒂芬·普拉特（Stephen Platt）著；宋泽元，庞加平译 .—北京：机械工业出版社，2023.7

书名原文：Equity Smart Beta and Factor Investing for Practitioners

ISBN 978-7-111-73141-2

I. ①智…　II. ①哈…　②罗…　③斯…　④宋…　⑤庞…　III. ①智能技术—应用—因子—投资—研究　IV. ① F830.59-39

中国国家版本馆 CIP 数据核字（2023）第 094937 号

机械工业出版社（北京市百万庄大街 22 号　邮政编码 100037）
策划编辑：张竞余　　　　　责任编辑：张竞余　刘新艳
责任校对：潘　蕊　卢志坚　责任印制：郜　敏
三河市宏达印刷有限公司印刷
2023 年 7 月第 1 版第 1 次印刷
185mm×260mm · 24 印张 · 449 千字
标准书号：ISBN 978-7-111-73141-2
定价：99.00 元

电话服务　　　　　　　　网络服务
客服电话：010-88361066　机 工 官 网：www.cmpbook.com
　　　　　010-88379833　机 工 官 博：weibo.com/cmp1952
　　　　　010-68326294　金 书 网：www.golden-book.com
封底无防伪标均为盗版　机工教育服务网：www.cmpedu.com

　　近年来，国内个人和机构投资者都越来越关注智能贝塔类产品，主要原因是此类产品特征明确，相比被动指数基金的工具化属性增加了超额收益空间，相比单一行业或主题类基金增加了投资广度，相比主动管理型基金减少了风格漂移的风险。但随着关注度的提升，市场对于量化投资的刻板印象并没有改变，喜欢给它们贴上各种"标签"——一个个不透明的黑箱、一串串艰涩的数学原理、一堆堆需要处理的庞大数据、一段段复杂的程序代码。本书提纲挈领地为大家打开了这个复杂的"黑箱"，将智能贝塔背后的理论方法、决策流程、思维方式一一展现给读者。

　　在量化投资领域，因子数量急速膨胀、浩如烟海，因子挖掘也难逃内卷。随着市场交易制度日趋完善，交易结构逐渐优化，因子挖掘的难度越来越大；随着国内量化产品的快速扩张，参与者增多，因子的有效时间也逐渐变短。在实操中，投资者该如何找到真正有效的因子呢？投资者又该如何制订一个长期、动态稳定、可持续的因子投资组合方案呢？

　　安德鲁·伯金（Andrew Berkin）曾提出 5 个因子筛选标准：

　　1. 持续性强。因子在不同的经济体制与环境中都长期有效。

　　2. 通用性强。因子在不同的地区、行业甚至大类资产中普遍有效。

　　3. 鲁棒性强。因子可以由多个不同的代理变量加以表征且效果大体相仿。

　　4. 实操性强。因子不仅是见诸文献的理论因子，还应是实操中可检验、可复现的，并能够应对具体的实际问题（如交易成本、卖空限制）。

　　5. 合理性强。因子应该尽可能符合经济学直觉，其长期有效的原因可以在经济学或（行为）金融学中找到解释。

　　在这些筛选标准的基础上，具体应当如何操作呢？本书或许能为读者提供一些指导和帮助。

　　本书阐述了各种因子加权（倾斜）方案并评估了它们的因子捕捉效率。在分析了大量公开可用的智能贝塔策略的基础上，进一步着重理解智能贝塔因子的性能特征。

除了智能贝塔、因子投资的方法论介绍与分析和评价之外，来自实务从业者的评价也是本书的亮点。这方便了国内的同行了解发达资本市场的动态。

本书不吝笔墨地给读者带来了一众世界知名投资机构或投资顾问在因子投资之路上的经验、教训、感悟和建议。在本书中，读者可以与加州公务员退休基金一起在基本面指数化投资过程中对价值因子加以探索；也可以"目睹"荷兰国家应用科学研究院的企业养老金计划从简单的"买入并持有"（buy and hold）市值加权指数基金逐步转变为"实施因子倾斜的智能贝塔策略"的渐进历程；还可以观察在面对因子敞口带来的超额收益和选股带来的超额收益时，巴克莱银行英国退休基金如何尝试将二者平衡并解耦。

林林总总，不一而足。

但不论是面向机构客户的投资顾问（如韦莱韬悦、威尔希尔等），还是面向个人客户的投资顾问（如富达投资、Betterment、AMK 等），都将智能贝塔因子投资视作"有纪律的、系统性的"阿尔法生成方法以及有助于兼顾主动管理与被动投资的"不二法门"。

辛晨晨

首先，我们要感谢为本书做出贡献的投资从业者们。我们非常感谢他们在百忙之中抽出时间来分享他们与智能贝塔投资相关的经验。我们希望读者发现他们的贡献是深刻而有益的。

我们希望感谢以下审稿人提供的宝贵贡献和帮助：Andrew Alford, Stephan Kessler 和 Joseph Kushner。

我们还要感谢以下个人在审查过程中提出的富有洞察力的意见和指导：Leyla Marrouk, Prafulla Saboo, Katie Souza 和 Aicha Ziba。

如果没有 Patricia Berman 和 Ingrid Hanson 的编辑和组织协助，这本书是不可能出版的。

在过去的几年里，股票智能贝塔和因子投资已经成为行业内高度讨论和辩论的话题。事实上，投资者调查一直强调，智能贝塔投资不仅越来越受欢迎，而且被广泛采用。例如，富时罗素 2018 年资金方全球调查，调查了代表北美、欧洲、亚太和其他地区约 3.5 万亿美元资产的资金方[⊖]，77% 的资金方回答说他们已经实施、目前正在评估实施或计划在不久的将来评估智能贝塔策略。调查还发现，智能贝塔的采用率从 2015 年的 26% 上升到 2018 年的 48%。更有趣的也许是，虽然富时罗素前几年的调查显示，资产规模超过 100 亿美元的大型资金方采用智能贝塔比率明显较高，但在这次最新的调查中，采用率分布更加均匀：小型（39%）、中型（43%）和大型（56%）。就采用的智能贝塔策略而言，多因子产品的采用率最高（49%），其次是单因子低波动率产品（35%）和价值策略产品（28%）。多因子产品采用率的增长，很可能是由于人们对低相关性股票共同因子组合所提供的多元化优势有了更好的理解，这似乎是以其他集中暴露于某些因子的智能贝塔策略为代价的，例如基本面加权策略，其采用率从 2014 年的 41% 下降到 2018 年的 19%。

在我们看来，智能贝塔是投资领域的一个重要创新，它在整个行业中越来越多地被采用，是出于许多考虑。第一，根据我们的经验，许多公共和私人养老金计划的投资组合有 6% ～ 8% 的收益要求（精算收益率），以满足其预期负债。在一个低预期收益率的环境中，如果不大幅增加对股票的配置，这种收益目标可能难以实现。同时，一些资金方也希望降低整个投资组合的波动性，以及筹资供款和收益的波动性，同时保留股票配置。因此，资金方似乎面临着相互冲突的目标：①提高投资组合的收益，但不增加股票配置；②减少投资组合的波动性，但不降低股票配置。智能贝塔投资可能提供潜在的解决方案来满足这些目标。某些智能贝塔产品，如多因子策略，提供了

⊖　"asset owner" 直译为"资产所有者"。汉语中，"资产"的内涵比较大（含固定资产、无形资产、现金、金融资产、股权与债权等），会让读者产生歧义。本书中所谓的"asset owner"会将资金（而不是非现金资产）委托给主动基金经理或被动基金产品（含智能贝塔产品）来实施投资。因此，本书统一将"asset owner"译作"资金方"。——译者注

提高预期收益的潜力，同时将投资组合的波动性保持在与市场相似的水平。某些其他智能贝塔产品，如低波动性策略，提供了降低整体投资组合风险的潜力，同时寻求产生类似市场的收益。因此，智能贝塔投资可能允许投资者达到提高收益和／或降低风险的目标，而不用完全改变股票配置。

第二，引入智能贝塔投资，与主动管理相辅相成，提供了大幅提高投资组合中多元化效益的潜力。事实上，在结合智能贝塔和真正的阿尔法时，投资者可以引入多层次的多元化，从而推动给整个投资组合带来重大影响的效率增益（即，更高的相对风险调整收益）。

第三，在与大型资金方的互动中，我们发现，随着投资组合规模的增长，这些资金方可能会逐渐更难找到更多老练的主动管理型基金经理和／或增加对表现最好的基金经理的分配，因为基金经理的集中可能导致能力和／或基金经理的风险限制。这些资金方面临着在庞大且不断增长的资产基础上提供合理水平阿尔法的问题。根据我们的经验，这些资金方倾向于将某些智能贝塔策略，主要是低跟踪误差的多因子产品，作为透明且系统化的策略，能够提供阿尔法（相对于市场组合的超额收益），并具有高容量和成本效益。

第四，从投资过程的角度来看，智能贝塔投资的日渐流行也可以归因于这样一个事实，即它试图结合主动投资和指数投资最具吸引力的特点。智能贝塔产品寻求捕捉主动管理型基金经理通常强调的相同的超额收益来源（即因子），这些因子描述了持续的市场表现。但与主动管理不同的是，这些超额收益来源现在是以类似指数的方式提供的，其目的是减轻投资过程风险和透明度风险，并提供有意义的实施成本和管理费用的节省。

第五，由于产品结构师已经或多或少地用尽了基于市值加权指数的产品，他们的重点已经转移到智能贝塔指数和相关产品。根据晨星研究（2017），"策略贝塔交易所交易产品全球指南"，策略贝塔（Strategic-Beta，晨星对智能贝塔的术语）交易所交易产品（ETPs）于2000年5月在美国推出。截至2017年6月，策略贝塔ETPs已经发展到1320个，全球管理的资产总额为7070亿美元。事实上，策略贝塔ETPs和相关资产的增长速度在近期已经加快。例如，2016年6月～2017年6月，策略贝塔ETPs取得了28.3%的申购量增长。

展望未来，根据我们与客户的讨论和经验，我们预计智能贝塔投资的增长将继续。对于零售投资者来说，结构性的智能贝塔产品，在我们看来，其价格明显低于传统的主动型投资，接近于传统的被动型投资，可能会吸引大部分的配置。对于机构投资者来说，尽管开始时对智能贝塔的配置较少，但我们预计从长远来看，典型的股票投资组合结构将包括 50% 的市值加权被动型投资，25% 的智能贝塔投资，以及 25% 的主动型投资。同时，我们也注意到，许多投资者还没有采用智能贝塔投资。根据各种调查，如富时罗素 2018 年全球调查，投资者在一些方面需要更好的教育，比如如何接近和定位智能贝塔，在给定大量智能贝塔产品的基础上如何分析和进行尽职调查，以及如何为给定的投资组合结构确定最佳策略或策略组合，仍然是投资者实施智能贝塔投资的最重要障碍。

对投资者进行持续教育的需求为本书提供了动力。我们希望投资从业者发现本书的内容对理解智能贝塔投资的理论基础、分析和选择适当的智能贝塔策略以满足他们的具体目标、通过将智能贝塔与真正的阿尔法相结合来构建更有效的投资组合，以及，也许最重要的是，从其他已在其投资组合中成功实施智能贝塔投资的从业者那里获得启示。

本书章节概览

在第 1 章中，我们首先回顾了股票智能贝塔空间的演变，以及智能贝塔产品的一些理想特征。对智能贝塔投资演变的回顾为理解智能贝塔空间的定义和目前的构成提供了有用的见解。

由于随着时间的推移，智能贝塔已经与因子投资紧密结合，在第 2 章和第 3 章中，我们将对股票共同因子和因子投资做一个概述。第 2 章简要回顾了因子投资的起源和理论。我们还提出了一些话题，比如为什么投资者应该关注股票因子，哪些具体的因子已经成为各种智能贝塔产品的重点。第 3 章重点解释了智能贝塔因子的收益率。我们讨论了基于风险的、行为的和结构性的解释，即为什么因子溢价存在，为什么它们在历史上持续存在，以及为什么它们可以被预期在未来将持续存在。

市场上各种各样的智能贝塔产品有时会让投资者不知所措，他们常常为如何分析和选择此类产品而苦恼。智能贝塔产品的差异可能来自许多方面，如因子规格、加权方案以及用于控制营业额、多元化或能力的方法。第 4 章、第 5 章和第 6 章讨论了捕捉智能贝塔因子和选择智能贝塔策略所涉及的各种考虑。在第 4 章中，我们提出了一个简单的框架来理解一些为获取智能贝塔因子收益而采用的各种加权方案。我们还分析了这些加权方案实现的因子捕捉效率。在第5章中，我们讨论了一些在智能贝塔产品的设计中普遍使用的各种因子信号规格。除了加权方案的选择之外，因子信号规格也可以驱动各种智能贝塔产品之间的差异。在第6章中，我们使用第4章中构建的因子组合，分析了大量公开可用的智能贝塔策略。虽然我们的重点是智能贝塔策略，但我们也使用这些因子组合对某些主动策略进行风险分解。第6章的分析为理解智能贝塔和主动策略的业绩驱动因子，以及评估因子捕捉的效率或更普遍的基金经理技能的存在提供了有益的见解。

在第7章、第8章和第9章中，我们的重点转移到理解智能贝塔因子策略的性能特征。在第7章中，我们首先分析了单个智能贝塔因子组合的历史表现。我们讨论了三个地区的表现，即美国市场、美国以外的发达市场和新兴市场。我们根据实施成本调整业绩，以使历史模拟可能更代表"实际"实施。第7章试图深入了解各因子在总风险和相对风险及收益属性方面的差异，以及它们在不同市场制度下的表现。在第8章中，我们从单个因子转向因子的多元化策略。我们讨论了智能贝塔因子有吸引力的相关属性，并展示了组合因子如何导致相对风险调整后的业绩改善，同时也有可能降低市场表现不佳的风险。人们常说，多元化是金融学中唯一的免费午餐。多因子智能贝塔策略很可能代表了通过多元化而获得巨大利益的一个例子。在第9章中，罗杰·G.克拉克，哈林德拉·德·席尔瓦和史蒂文·索利对低波动性投资进行了深入的讨论。作者回顾了①低波动率因子的历史表现和为解释它而提出的解释，②异常现象是由系统性风险还是特异性风险驱动的，③低波动率因子的特点，如与其他因子的相关性，④建立低波动率投资组合常用的技术。

关于智能贝塔的实施和投资组合的构建，第10章分析了投资者在设计多策略、多经理人投资组合时面临的各种潜在挑战。这些挑战部分来自目前的投资组合结构做法，我们认为，这些做法没有为如何实施有效的风格和基金经理的多元化提供足够的指导。因此，我们提出了一个替代性的投资组合结构框架，旨在通过促进建立潜在的更有效的整体投资组合结构，将智能贝塔策略与主动管理结合起来，从而改善当前的实践。

投资者越来越希望在他们的整体股票投资组合中反映环境、社会和公司治理（ESG）的价值和观点。在第11章中，我们提出了一个纳入ESG因子的框架，并将ESG因子与智能贝塔因子投资相结合。该框架强调业绩归因的定制和透明，同时保持一定程度的基准意识。

　　第 12 章提供了一个因子投资在股票以外的应用实例。在第 12 章中，奥利弗·邦恩概述了一种基于因子的方法来识别对冲基金的系统性风险暴露。这些基于学术研究的经济直观因子定义明确，流动性强，并且可以以相对较低的成本实施。这些系统性因子的投资组合可以为投资者提供类似于对冲基金的收益情况。

　　本书的其余章节由已经成功实施或正在考虑在其股票投资组合中实施智能贝塔指数的从业者提供的资料组成。第 13 章至第 15 章提供了资金方的观点。史蒂夫·卡登在第 13 章中讨论了加州公务员退休基金（CalPERS）对智能贝塔的实施。CalPERS 的智能贝塔计划的演变构成了一个有趣的案例研究，因为它密切反映了智能贝塔投资在业界的演变，一般来说，从替代贝塔策略到多因子投资。2006 年，CalPERS 采用了基本面指数化，作为一种均值回归策略，可以潜在地解决追随趋势的市值加权组合的缺陷。随着基本面指数化的实施和接下来四五年的监测，人们了解到这一策略的超额收益是由价值因子的高风险驱动的。这使该投资组合暴露在价值收益的巨大周期性中。因此，随着时间的推移，重点转向用其他因子来分散价值投资，如动量、质量和低波动率，这些因子与价值的相关性较低或为负，但从长远来看，能独立地提供正的超额收益。CalPERS 也是混合实施模式的早期采用者，它结合了主动和指数管理来实施系统的智能贝塔和因子策略。在这个模式中，外部策略是通过许可协议从智能贝塔经理那里获得的定制指数，并由 CalPERS 内部复制。混合实施模式为 CalPERS 带来了有意义的交易成本和管理费用的节省。在第 14 章的案例研究中，汉斯·德·鲁特讨论了 TNO 养老基金智能贝塔项目的设计和实施。历史上，TNO 养老基金曾使用传统的指数基金以被动的方式分配股票。智能贝塔产品的出现提供了一个机会，包括额外的超额收益来源，以便潜在地改善投资组合风险调整后的表现。因此，TNO 养老基金将智能贝塔作为一种增强型指数化的形式，使基金能够部分地将投资组合从单一贝塔过渡到多个贝塔的被动策略。在考虑智能贝塔时，TNO 养老基金提出了需要解决的重要问题，比如，哪些智能贝塔因子需要关注，为什么？如果降低短期市场表现不佳的风险是一个重要目标，应该考虑哪些智能贝塔策略？如何在实际层面上解决智能贝塔因子溢价的持久性问题？如何构建多因子智能贝塔策略？如何评估和减轻实施成本的影响？以及对已实施的智能贝塔策略使用哪个基准？本案例研究提供了关于 TNO 养老基金如何解决这些问题的有用见解。另一个早期采用智能贝塔因子投资的机构是巴克莱银行英国退休基金（Barclays Bank UK Retirement Fund，BUKRF）。在第 15 章中，伊利安·迪米特罗夫解释了多年来智能贝塔是如何对改善整体股票配置的风险调整后收益做出有意义的贡献的。最初，在BUKRF，智能贝塔被用于投资组合的完成和风险暴露管理，目标是实现对某些目标因子的多元化和平衡的暴露。近年来，智能贝塔的使用已经扩大到包括以低成本获取特定风险溢价的策略，以及在全球股票市场的高效部分作为主动管理替代的多因子策略。本案例研究还讨论了BUKRF在实施智能贝塔计划时面临的各种挑战，在选择适当的智能贝塔策略时使用的标准，用于确定智能贝塔分配的过程，以及与智能贝塔策略的治理、监测和业绩基准有关的各种考虑。

第16章和第17章提供了投资顾问对智能贝塔的观点。尽管一些投资顾问还没有对智能贝塔投资形成正式的、公开的观点，但其他投资顾问，如韦莱韬悦（Willis Towers Watson，WTW），已经是这类策略的早期倡导者。在第16章，韦莱韬悦的詹姆斯·普赖斯和菲尔·廷德尔从资金方的角度讨论了智能贝塔。作者认为，智能贝塔给资金方的投资格局带来了有意义的变化，因为它将重点从基金经理的选择转移到投资策略的选择上，因此，需要一套不同的技能。智能贝塔需要加强前期治理，这也意味着资金方需要形成对智能贝塔的信念，区分绝对收益和相对收益，并在策略评估和监测中避免短期主义。在这个新的领域里，资金方也面临着一些挑战，比如智能贝塔因子的潜在拥挤和策略的时间分配，他们需要解决这些问题。在美国，威尔希尔咨询公司也是智能贝塔投资的早期倡导者之一。在第17章中，安德鲁·琼金，史蒂文·福雷斯蒂和迈克尔·拉什讨论了威尔希尔咨询公司对智能贝塔的看法。他们认为，投资者可以考虑采用智能贝塔作为主动管理的替代或补充，因为智能贝塔可以捕捉到主动管理型基金经理也在实施的许多系统性的收益来源，但它是以一种系统的、透明的、成本较低的方式进行的。对于那些希望以合理的成本改善其投资组合风险调整后收益的投资者来说，智能贝塔也可能适合作为传统被动管理的替代品。最后，威尔希尔咨询公司认为，对于那些在当前低预期收益环境中挣扎的资金方来说，智能贝塔策略有可能是一个有效的解决方案。

第18章和第19章集中讨论了零售投资者考虑智能贝塔投资的潜在动机。在第18章中，富达投资和Betterment[⊖]的莉萨·L.黄和彼得·N.科尔姆分别阐述了零售客户投资顾问向客户提供完整的智能贝塔解决方案的理由。在学术证据和通过ETPs实施的成本下降的支持下，作者认为智能贝塔策略是在零售领域建立更有效和更具成

⊖ Betterment，一家机器人投顾公司。坊间将该公司称为美国智能投顾鼻祖。——译者注

本效益的投资组合的有趣工具。在第 19 章中，来自 AMK 公司⊖的杰里·查夫金谈到了智能贝塔对零售投资者的潜在定位。在他看来，智能贝塔是一种有纪律、系统地生成阿尔法的方法，它有利于实现主动管理的基本目标，但可靠性和透明度更高。智能贝塔对零售投资者来说是一个引人注目的主张，因为它结合了被动（低成本、有纪律和透明）和主动（潜在的市场表现）投资的优点。智能贝塔投资最重要的吸引力之一，是作为系统化的策略，它有助于投资者和基金经理设定适当的预期，并在困难时期遵守纪律。从长远来看，这可能会大大改善实现投资者目标的能力。

最后，第 20 章和第 21 章提供了一些结论性意见，包括一些对智能贝塔投资的释疑。

⊖ AMK 公司（AssetMark）现为华泰证券境外子公司，在纽交所上市，总部位于美国加利福尼亚州康科德市，是美国排名前三的统包资产管理平台（TAMP），为独立投资顾问及其客户提供全面的财富管理和技术解决方案。

| 目　录 |

推荐序

致谢

免责声明

导论

第一部分　权益资产智能贝塔领域概述

第1章　权益资产智能贝塔的发展与构成 / 2

　　1.1　引言 / 3

　　1.2　权益资产智能贝塔的演变 / 4

　　1.3　智能贝塔策略的必要特征 / 10

　　1.4　权益资产智能贝塔的构成和定义 / 11

　　1.5　投资者的常见问题 / 11

　　1.6　结论 / 19

第二部分　权益资产公共因子及因子投资

第2章　权益资产公共因子及因子投资概述 / 22

　　2.1　引言：什么是权益资产公共因子 / 24

　　2.2　权益资产公共因子和因子投资的演化发展 / 24

　　2.3　投资者的常见问题 / 36

　　2.4　结论 / 40

第3章　解释智能贝塔因子的收益溢价 / 41

　　3.1　引言 / 42

　　3.2　数据挖掘 / 43

3.3 基于风险的解释 / 43

3.4 行为视角 / 45

3.5 结构视角 / 48

3.6 投资者的常见问题 / 49

3.7 结论 / 54

第三部分　捕捉智能贝塔因子

第4章　加权方案 / 56

4.1 引言 / 58

4.2 用于捕捉因子收益率的加权方案 / 59

4.3 评估用于捕捉因子收益率的加权方案的投资业绩与效率 / 65

4.4 投资者的常见问题 / 78

4.5 结论 / 81

附录 4A　不同因子组合的成分权重 / 82

附录 4B　运用市值加权法和信号倾斜法因子组合的主动收益和积极风险的分解 / 87

第5章　因子规范 / 88

5.1 引言 / 89

5.2 价值因子 / 90

5.3 动量因子 / 93

5.4 低波动率因子 / 93

5.5 质量因子 / 94

5.6 投资者的常见问题 / 96

5.7 结论 / 99

第6章　智能贝塔与主动管理策略之积极风险和主动收益分解 / 100

6.1 引言 / 102

6.2 智能贝塔策略的风险分解 / 102

6.3 主动管理策略的风险分解 / 109

6.4 投资者的常见问题 / 116

6.5 结论 / 119

第四部分　智能贝塔因子策略的业绩特征

第 7 章　单个智能贝塔因子的业绩特征 / 122

7.1　引言 / 123

7.2　费后业绩：考虑交易成本 / 124

7.3　费后业绩特征 / 128

7.4　投资者的常见问题 / 137

7.5　结论 / 138

第 8 章　因子多元化策略的业绩特征 / 139

8.1　引言 / 141

8.2　主动收益的相关性 / 141

8.3　因子多元化策略的业绩特征 / 145

8.4　构建多元化策略：投资组合混合与信号混合之辨 / 159

8.5　投资者的常见问题 / 163

8.6　结论 / 170

第 9 章　低波动率异象 / 171

9.1　引言 / 171

9.2　低波动率因子的历史业绩 / 172

9.3　"低波动率"是如何定义的呢 / 174

9.4　低贝塔投资组合的次要因子 / 177

9.5　构建低波动率投资策略 / 182

9.6　公开发行的低波动率 ETF / 184

9.7　结论 / 185

第五部分　智能贝塔的实施

第 10 章　构建更优的权益组合：将智能贝塔与智能阿尔法相结合 / 188

10.1　引言 / 189

10.2　当前投资组合构建实务 / 190

10.3　投资组合结构：一个建议的框架 / 192

10.4　投资者的常见问题 / 200

10.5 结论 / 210

第 11 章 智能贝塔中的 ESG 因子 / 211

11.1 引言 / 212

11.2 ESG 数据 / 213

11.3 纳入 ESG 策略 / 214

11.4 将 ESG 和智能贝塔相结合 / 222

11.5 投资者的常见问题 / 227

11.6 结论 / 230

第 12 章 对冲基金投资的另类选择：基于风险的方案 / 231

12.1 引言 / 231

12.2 多元化的对冲基金投资组合的优势 / 234

12.3 对冲基金的系统性驱动因子 / 242

12.4 流动性跟踪投资组合模拟业绩 / 246

12.5 对冲基金行业的发展 / 252

12.6 结论 / 255

第六部分 资金方视角

第 13 章 访谈：加州公务员退休基金的智能贝塔实践之路 / 258

第 14 章 养老基金的因子投资之旅：案例研究 / 268

14.1 引言 / 268

14.2 被动的市值加权策略的案例 / 269

14.3 智能贝塔策略是更好的替代策略吗 / 270

14.4 现实考量 / 274

14.5 结论 / 277

第 15 章 使用智能贝塔实现高效的投资组合管理 / 279

15.1 引言 / 279

15.2 目的和策略选择 / 279

15.3 挑战 / 280

15.4　产品选择　/ 281

15.5　配置智能贝塔　/ 283

15.6　管理、监测和业绩基准　/ 283

15.7　结论　/ 284

第七部分　顾问视角

第 16 章　资金方视角的智能贝塔　/ 286

16.1　智能贝塔是革命性的还是演化性的　/ 286

16.2　资金方视角的智能贝塔　/ 290

16.3　资金方在使用智能贝塔时面临的新挑战　/ 297

16.4　未来展望　/ 300

16.5　结论　/ 303

第 17 章　介于阿尔法和贝塔之间的智能贝塔　/ 304

17.1　因子：投资组合的组成部分　/ 305

17.2　阿尔法还是贝塔　/ 306

17.3　股票因子投资实例　/ 307

17.4　重点因子的业绩　/ 308

17.5　智能贝塔的实施　/ 311

17.6　智能贝塔案例研究：对传统主动管理的潜在补充　/ 313

17.7　智能贝塔的优点和缺点　/ 315

17.8　结论　/ 317

附录 17A　估值展示　/ 317

第八部分　散户视角

第 18 章　面向大众的智能贝塔：以面向散户的产品为例　/ 322

18.1　因子投资和智能贝塔简介　/ 323

18.2　为什么要在当前的散户投资市场上提供智能贝塔策略　/ 326

18.3　为散户投资者研发智能贝塔策略的挑战　/ 327

18.4　作为投资顾问实施智能贝塔投资组合策略　/ 330

18.5　展望未来　/ 333

18.6　结论　/ 335

第19章　访谈：向散户投资者推荐智能贝塔 / 336

第九部分　结束语

第20章　消除对智能贝塔的顾虑 / 346

20.1　质疑因子是否存在 / 346

20.2　质疑因子的落地实施 / 347

20.3　对因子持续性的质疑 / 350

20.4　结论 / 351

第21章　结论 / 352

作者简介 / 354

参考文献⊖

附加的免责声明 / 362

⊖　本书参考文献请访问机工新阅读网站（www.cmpreading.com），搜索本书书名。

第一部分

EQUITY SMART BETA AND FACTOR INVESTING FOR PRACTITIONERS

权益资产智能
贝塔领域概述

第 1 章

权益资产智能贝塔的发展与构成

本章回顾了权益资产智能贝塔（equity smart beta）领域的发展，以及智能贝塔产品的必要特征，为理解智能贝塔的概念内涵和当前组成提供了有益视角。

本章概要

- 智能贝塔投资的起源可以追溯到对市值加权市场指数的研究。这些研究成果和已知缺陷使得研究人员开始着手研究其他非市值加权方式，比如等权重加权、最小方差加权和（财务）基本面加权。

- 实证分析表明，与市场指数相比，基于这些另类加权方法的投资产品具有更高的风险调整后收益（夏普比率），从而表明市值加权宽基指数可能并不像理论（资本资产定价模型）所表述的那样有效。

- 这些投资产品在学术文献中被称为另类权益贝塔。而今，术语"智能贝塔"通常就是指这些投资策略。

- 对另类权益贝塔策略的风险分解分析表明，这些策略的大部分市场超额表现都是通过对诸权益公共因子的高风险敞口获得的，如规模因子、低波动率因子或价值因子，这些因子在过去几十年的学术文献中都有良好的表现。

- 严格来说，在我们的经验中，投资者的重点已转向在获取权益资产公共因子时更直接和/或执行更易于定制的基准（主动贝塔视角），而这不需要将市值加权市场指数替换为业绩基准（另类贝塔视角）。

- 因此，智能贝塔家族的组成从另类权益资产贝塔策略演变为另类贝塔和各种因子产品的组合。

- 另类权益资产贝塔策略的风险分解还表明，至少就投资结果而言，智能贝塔几乎可以被定义为因子投资，因为另类权益资产贝塔策略的持续成功主要取决于各种因子溢价的持续存在。

- 无论从被动投资还是主动投资的角度来看，因子投资都不是新事物。然而，智能贝塔策略的新内容是对因子投资的价值注入和再包装。智能贝塔策略创建了一种混合解决方案，其兼顾了被动投资和主动管理中的优点。智能贝塔策略的特点是强调投资效率、透明度、低换手率、对投资多元化与策略容量的改进以及低交易费用。

1.1 引言

当被问及智能贝塔⊖时，威廉·夏普（William Sharpe）的回答是，这个术语让它"因定义的混淆而感到不适（definitionally sick）"。⊜实际上，在 CAPM⊜中，夏普（1964）和其他人（特雷诺（1961），林特纳（1965）和莫辛（1966））提供了术语"贝塔"和"阿尔法"的定义。贝塔是资产对市值加权市场组合（因子）的敏感性（回归系数）。贝塔为 1 的股票的表现就和市场一样。贝塔大于（小于）1 的股票比市场的风险更高（更低）。阿尔法是贝塔调整后的超越市场的收益。然而，当前的从业者通常使用贝塔这个术语来指代市场投资组合或其他一些基准指数。也就是说，对于从业者来说，贝塔指的是因子本身，而非对该因子的敞口。获取贝塔通常意味着用被动的方法寻求复制因子或基准指数的表现。超出基准的收益被称为"阿尔法"，基于（隐含的）假设，投资组合的贝塔为基准指数。⊛但是，对于智能贝塔投资，从业人员指的又是什么呢？

权益资产智能贝塔的定义和组成是业界的一个困惑。智能贝塔有很多名字，例如另类贝塔、系统贝塔、高级贝塔、奇异贝塔、优质贝塔（beta prime）或者主动贝塔，并且

一些看似特征迥异的投资策略也被归类到智能贝塔中。在一开始，智能贝塔策略旨在解决市值加权市场指数的潜在缺点，正因为如此，其被视为一种更有效的非市值加权另类策略。然而，随着时间的推移，术语"智能贝塔"和因子投资紧密关联起来。对智能贝塔投资发展历程的回顾为理解智能贝塔内涵的错综变化和当下的具体构成提供了有益的背景信息和观察视角。

1.2 权益资产智能贝塔的演变

1.2.1 市值加权的优点

CAPM（在下一章会有更详细的说明）表明，在一些简化的假设下，市值加权市场投资组合是在事先计算的有效边界上最有效的投资组合。换句话说，市值加权市场投资组合是均值 – 方差最优的。在有效市场的假设下，投资者不可能比这个投资组合做得更好。CAPM 为市值加权股票市场指数的建立及其在业绩基准和投资组合的运作中的广泛运用提供了理论动力。对于投资者来说，市值加权股票市场指数还提供其他实际好处，如高策略容量、高流动性、低换手率、易于复制和低交易费用。因此，市值加权股票市场指数获得投资者的广泛欢迎也就不足为奇了。鉴于这类指数在全球范围内的广泛使用，一个合情合理的问题便是这些指数是否像理论（CAPM）所表述的那样有效。因此，分析市值加权的潜在缺点成为业内重要的研究课题。⊖

1.2.2 市值加权的潜在缺点

对市值加权的批评往往集中在三个方面：集中度高、波动性大和投资高估值股票的倾向。

在个股层面，集中度是指少数几个公司在指数中具有较大权重，这使投资者面临巨大的特定股票风险。⊖

事实上，在许多国家，仅仅几只股票就可能占市场指数很大比例的权重。以 2017 年底为例，在布鲁塞尔泛欧交易所（Euronext Brussels）交易的三家最大的比利时公司的

⊖ 在接下来的章节中，我们将讨论市值加权的缺点。另一个独立的论点是迈尔斯（1976）首先提出的，即股票市场投资组合本身是否是事前（ex ante）均值 – 方差有效的资本资产定价模型市场投资组合的合理代表，它包括所有可交易资产，如股票、债券、商品和房地产，以及非可销售资产，如人力资本。事实上，斯坦博（1982）研究表明当市场投资组合包括非股票资产类别时，CAPM 检验的结果有所改善。

⊖ 理论上，个股的特定风险由于可以通过多元化予以消除因而并不会被补偿。仅市场风险会被补偿。

总市值超过了其余 130 家公司的总和。市值加权市场指数也可以高度集中于个别行业 / 部门（例如，科技股泡沫期间标准普尔 500 指数中的科技部门），甚至是国家（例如 20 世纪 80 年代中后期明晟欧澳远东指数（MSCI EAFE）中的日本）。

市值加权的另一个潜在缺点是，它可能会将被动投资者暴露在高波动中。较高的波动率可能是由市场价格的天然噪声属性以及投资者的投机行为与集中度之间的相互作用引起的。例如，投资者的狂热可能导致个别股票和 / 或行业定价过高。这些股票和 / 或行业的价格上涨增加了自身市值以及在市场指数中的权重，从而引起了集中度提升。反过来，集中度提升可能迫使复制市场指数的被动型投资者持有更多的高价股票和 / 或行业。随着错误定价最终得到纠正，投资者会因投资过度集中于过高定价的股票和 / 或行业而经历巨大的波动并遭受重大损失。泡沫的形成及其随后的破裂可能意味着，复制市值加权市场指数的投资者最终承担的风险超过了获取股票风险溢价所需的风险。这种动态的一个众所周知的例子是市盈率（PE）以及科技股在科技股泡沫期间在标准普尔 500 指数中的权重。1998 ～ 2000 年，由于投资者的狂热导致科技股估值比率翻了一番，它们在标准普尔 500 指数中的权重从 1998 年的 13% 增加到 2000 年初的 30% 以上。随着科技股泡沫的破裂，科技股的估值和权重大幅缩水，导致被动投资者经历了巨大的投资组合波动和损失。

阿诺特等（2005）指出，业绩拖累是市值加权市场投资组合的另一个潜在缺点。在市场价格倾向于回归到隐含的基本面价值的假设下，市值加权倾向于给被高估的股票过多的权重和给被低估的股票过少的权重，因此当错误定价被不可避免地纠正时带来了潜在的业绩拖累。业绩拖累可能是市值加权市场投资组合不是最优的又一个原因。

1.2.3 建议的解决方案

为了解决集中度高的问题，学者研究了提供更多元化的加权方案。这些成果引出了等权指数、封顶指数（将单个股票的权重限制在一定水平，如 5% 或 10%）、分散性指数（例如，费恩霍尔茨（1998））和最大化分散性指数（例如，舒维法提和夸尼亚尔（2008））。从经验上看，在风险调整后的基础上，这些投资组合表现优于市值加权市场指数，从而表明集中度风险没有随着时间的推移而获得收益，并且使市值加权指数的效率低于那些采用实现更多元化的加权方案的指数。关于市值加权市场投资组合较高的波动性，豪根和贝克（1991）研究了美国股票有效前沿上的最小方差投资组合的特征，发现与市场投资组合相比，这样的投资组合实现了大约 25% 的总风险降低，而不用牺牲收益。克拉克等（2006）证实了这些结果。由于总风险的显著降低和仍等同于市场的收益，最小方差投资组合实现了比市场高得多的风险调整后收益（夏普比率）。在实证的基础上，最小方差投资组合以及其他低风险策略，如风险加权，对市值加权市场投资组合是均值–方差最优的概念提出了另一个挑战。关于市值加权中隐含的潜在业绩拖累，阿诺特等（2005）的研究表明，在同等风险水平下，按规模类因子中的基本面因子（如，销售额或现金流）加权的投资组合，相对于市值加权组合，每年的表现比市场高出约 2%。$^{\ominus}$

图 1-1 总结了市值加权带来的挑战，以及为解决这些挑战而提出的一些解决方案。

前面提到的非市值加权策略，以及一些其他策略，如 EDHEC$^{\ominus}$ 的风险效率指数（阿蒙克等（2010）），被其提供者定位为低效率的市值加权市场组合的替代方案。因此，这些策略最初被称为"另类权益资产贝塔"（alternative equity betas）或简称为"另类贝塔"。然而，随着时间的推移，术语"智能贝塔"变得越来越常用。

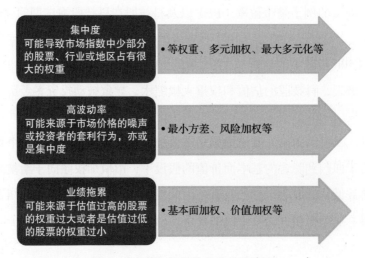

图 1-1 市值加权的缺点及改进建议

随着另类贝塔的出现，引出了另一个重要的问题：什么能解释这些策略与市值加权市场指数相比的优异表现？

1.2.4 另类权益资产贝塔的风险分解

另类贝塔的出色表现似乎挑战了 CAPM 的基本结论，但这并不是具有出色表现的

$\ominus$ 正如阿诺特等（2005）指出的那样。许多资产管理人，如高盛资产管理公司、全球财富分配公司、巴克莱全球投资者公司和保罗·伍德，都相继在不同的时间点开始将基本面权重作为一种投资组合的构建方法，有些甚至可以追溯到 20 世纪 90 年代初。

$\ominus$ 法国北方高等商学院，即 EDHEC Business School（又音译：艾代克高等商学院），创办于 1906 年，是一所主要从事商业和管理研究的知名学府。——译者注

唯一的策略。几十年来，学术文献也记录了许多"因子"，或公司的共同特征，这些因子被证明比 CAPM 贝塔更好地解释了股票的相对风险和收益差异。例如，法玛和弗伦奇（1992）提供证据表明规模因子和价值因子比市场贝塔更好地解释了平均收益的截面差异。鉴于有广泛的证据表明某些因子的存在及其超额表现，一个合乎情理的研究领域是研究另类贝塔的优异市场表现是否也可以用这些因子来解释。

为了回答这个问题，研究人员对各种另类贝塔进行了风险分解分析。通常，这种分析需要分析策略相对于法玛和弗伦奇（Fama-French）三因子模型（1992）或卡哈特（Carhart）四因子模型（1997）的风险敞口和效率，法玛和弗伦奇三因子模型⊖包括市场因子、规模因子和价值因子，卡哈特四因子模型⊖则额外包含了动量因子。这些分析显示，各种另类贝塔策略的表现优于市场表现的原因是对所考虑的因子具有高且显著的风险敞口，而这些策略相较于三因子模型和四因子模型并没有产生有意义的阿尔法（例如，周子文等（2011））。例如，等权指数、多样性指数和最大化多样性指数的表现优于市场，是因为它们对规模因子（小盘股）的敞口很高。最小方差和风险加权投资组合的表现优于其他投资组合，是因为它们对低贝塔、低波动性股票的敞口很高。基本面加权投资组合的表现优于其他投资组合，是因为它们对价值因子的敞口很高。

尽管周子文等（2011）分析的另类贝塔策略与三因子模型和四因子模型相比没有产生有意义的阿尔法，但另一个要解决的重要问题是，与指数编制机构提供的现有的规模和风格指数相比，这些策略是否至少提供了更高效地获得因子收益的能力。市值加权规模指数（大盘 / 中盘 / 小盘）和风格指数（价值 / 成长）构成了在指数框架下为获得权益资产公共因子的首次尝试。周子文等（2011）的研究表明，另类贝塔总体上代表了对现有的市值加权规模指数和风格指数的改进，因为它们在因子获取方面提供了更高的效率。具体地说，在针对法玛和弗伦奇三因子模型的风险分解分析中，另类贝塔没有产生负阿尔法，而市值加权规模因子和风格因子指数导致了负阿尔法。

如果另类贝塔通过对人们熟知的权益资产公共因子的敞口来获得它们的优异市场表现，那么投资者为什么不能通过使用那些既比市值加权规模和风格指数更有效率，又比

⊖ 法玛和弗伦奇在 1992 年对美国股票市场决定不同股票收益率差异的因素的研究发现，股票市场的 beta 值不能解释不同股票收益率的差异，而上市公司的市值、账面市值比、市盈率可以解释股票收益率的差异。法玛和弗伦奇认为，上述超额收益是对 CAPM 中 β 未能反映的风险因素的补偿。通常被称作"Fama-French 三因子模型"，有时或简记为"FF3"。依此类推，卡哈特四因子模型，有时或简记为"CH4"，而"Fama-French 五因子模型"则有时会被简记为"FF5"。——译者注

⊖ 卡哈特四因子模型由"Fama-French 三因子模型"发展而来，综合考虑了系统风险、账面市值比、市值规模以及动量因素对基金业绩的影响，能够更为全面地评价基金业绩并且更为有效地衡量基金通过主动投资管理取得超额收益的能力。——译者注

另类贝塔更灵活的方法来更加直接地获取这些因子呢？

1.2.5 重新关注因子投资：因子产品的潜在优势

近年来，根据我们的经验，投资者的重点明显转向了新的因子产品，与市值加权规模和风格指数以及另类贝塔相比，这些产品寻求提供以下附加增值功能。

1. 提高因子获取的效率

与现有的市值加权规模和风格指数相比，许多新的因子产品寻求通过使用非市值加权方法在因子获取方面提供了更高的效率。这些方法包括市值调整法加权（capitalization-scaled weighting）、信号加权法、最优化加权（optimized）以及其他在因子获取中寻求更高效率水平的加权方案。效率的提升可以表现为更高的风险调整后的收益，或者说更合适的表述是，以统计上显著的因子调整后的阿尔法的形式表现。⊖

2. 可定制的基准可知（benchmark-aware）投资组合构建

大多数可能替换市值加权业绩基准的另类贝塔采用了另类贝塔的运作视角，这为某些投资者带来了一些挑战。有些投资者可能并不认为市值加权是低效的，而是往往相信超越市场因子溢价的存在。另一些投资者可能发现，由于各种策略执行上和监管上的原因，即使他们对市值加权股票基准的效率有合理质疑，更换市值加权业绩基准也非常困难。这类投资者通常倾向于以基准可知的方式实施所需的因子倾斜（factor tilts），这不需要重新指定策略基准。基准可知意味着不管它们是常用的市值加权基准还是客户特定的自定义基准，在相当于业绩基准的跟踪误差合意水平上，投资者均可以相对于其现有的业绩基准实施特定的因子倾斜。我们将这样的操作称为"主动贝塔"（active beta），而不是另类贝塔。因此，与大多数另类贝塔相比，基准可知的因子策略提供了更高程度的"定制化"和对潜在风险的控制。图 1-2 总结了另类贝塔和主动贝塔视角的主要特征。

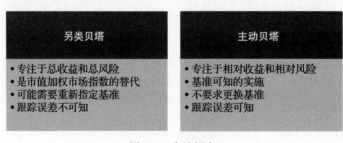

另类贝塔
- 专注于总收益和总风险
- 是市值加权市场指数的替代
- 可能需要重新指定基准
- 跟踪误差不可知

主动贝塔
- 专注于相对收益和相对风险
- 基准可知的实施
- 不要求更换基准
- 跟踪误差可知

图 1-2　实施视角

⊖ 我们在第 4 章和第 6 章将细化介绍这些加权方案及其投资效率。

大多数另类贝塔并不是以常用基准为条件或从常用基准演化出来的，而且不具备将针对客户所选择的业绩基准的跟踪误差控制在特定水平的能力。另类贝塔可以用于主动贝塔的实施，但它们不是理想的解决方案。例如，富时锐联（FTSE RAFI）1000 指数（基本面加权指数）对罗素 1000 指数的平均长期跟踪误差约为 4%（如，阿诺特等（2005））。因此，其可以被认为是相对于罗素 1000 指数有 4% 跟踪误差的策略。然而，富时锐联 1000 指数并不受罗素 1000 指数所左右。它的初始股票池是基于基本面因子规模的排名，而非市值。因此，富时锐联 1000 指数的组成成分与罗素 1000 指数不同，这给使用罗素 1000 指数作为美国大盘股业绩基准的投资者带来了潜在的基准失配问题（mis-fit）。此外，富时锐联 1000 指数对罗素 1000 指数的跟踪误差没有明确的目标值。这是（富时锐联 1000 指数）采用的指数编制方法所带来的副作用，并以长期均值约 4% 的跟踪误差示人。

3. 因子多元化

根据我们的经验，投资者如今也已很好地理解了因子多元化的益处。单个因子会体现巨大的收益周期性（例如，价值因子时而得宠时而失宠），这使投资者暴露在显著而持久的市场不佳的周期中。同时，因子之间也会体现出低的或负的（收益超过基准）主动收益配对相关性（pair-wise active return correlations），这往往会使多元化获得显著收益。因此，正如许多研究（如，阿斯尼斯等（2009）、亚尔马松（2009）和加尤尔等（2013））所记录的那样，因子多元化策略倾向于以具体的特定因子为主导。也就是说，因子多元化策略产生更高的相对风险调整收益（信息比率），同时显著地降低市场表现不佳的风险。虽然另类贝塔提供了对多种公共因子的敞口，但它们并不是为实施均衡的因子多元化策略而设计的。大多数另类贝塔往往具有因子集中敞口。举例来说，锐联（RAFI）对价值因子的敞口远高于其他因子（如，周子文等（2011）），而最小方差投资组合主要由低波动、低贝塔的股票组成（如，克拉克等（2011））。

基于上述考虑，我们相信投资者近年来的兴趣已转向更有效、可定制化程度更高和基准可知性更强的单因子和多因子策略。智能贝塔已经与因子投资密切相关，除了各种另类贝塔，因子产品现在也是智能贝塔领域的一个重要组成部分。

图 1-3 展示了与一些智能贝塔产品发行相关的时间表。

 富时集团（FTSE Group）是国际指数编制商；锐联资产管理有限公司（Research Affiliates）是海外一家专注基本面量化投资的机构，其已在国内注册成立了"上海锐联景淳投资管理有限公司（私募基金管理人）"。——译者注

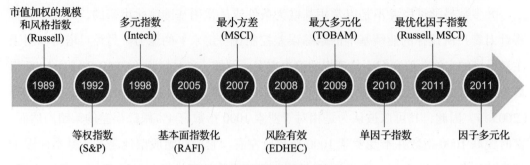

图 1-3 智能贝塔产品的时间线

1.3 智能贝塔策略的必要特征

如果智能贝塔已经与因子投资紧密联系在一起，那么智能贝塔有什么新的特点呢？毕竟从被动或主动的视角来说，因子投资由来已久。市值加权的规模和风格指数于1989年被引入，主动管理型基金经理过去几十年来一直试图通过获得对权益资产公共因子的风险敞口来击败市场。

从超额收益的来源（如，因子）的角度来看，智能贝塔因子投资可能没有什么新鲜的东西。从如何获取（captured）和兑现（delivered）这些超额收益来源的角度来看，智能贝塔正在创造对因子投资的增值再包装。智能贝塔因子策略是一种合成解决方案，它寻求兼用被动管理和主动管理的优点来获取因子收益。与传统的资产加权规模和风格指数相比，智能贝塔产品通过另类加权机制提供了更有效的因子敞口，并且在多数情况下都是以基准可知、跟踪误差锁定（targeted）的方式。与传统的主动管理相比，智能贝塔因子策略在产品设计、产品结构和产品交付等方面都有所不同。从产品设计的角度来看，智能贝塔策略倾向于关注过去几十年来在学术文献中研究过、考察过的因子和因子规范（factor specifications）。这些因子，也被称为溢价补偿因子（rewarded factors），已被证明在多重检验中具有统计显著性，这些检验方法解决了与数据挖掘（data mining）相关的问题，并且这些因子在样本外明显地持续显著。在产品结构方面，智能贝塔投资过程往往具有简单、透明的特点，这样投资者就能很好地理解投资过程中蕴含的风险和收益的来源。智能贝塔产品寻求基于规则的投资组合构建和运作方法，并包含减少换手率、提高分散度和策略容量等诸般特性。最后，在产品交付方面，智能贝塔策略的费用低于传统的主动管理，并寻求为投资者提供运作的灵活性。运作的灵活性意味着这些策略要么在完全管理的相互独立的账户中提供，要么以各种形式的指数许可安排的方式提供。

1.4 权益资产智能贝塔的构成和定义

在我们看来，权益资产智能贝塔可以根据智能贝塔产品的投资目标和预期特征来定义。就投资目标而言，权益资产智能贝塔策略寻求：①通过另类加权方法解决市值加权的潜在缺点；②能对研究详尽且收益丰厚的权益资产公共因子进行有效敞口。因此，智能贝塔空间包含两种类型的产品：另类贝塔和因子投资。此外，智能贝塔产品倾向于强调诸如高透明度、低换手率、高分散度、高策略容量、运作灵活和低交易费用等特征。

1.5 投资者的常见问题

1.5.1 智能贝塔是否意味着市值加权指数是不智能的

术语智能贝塔暗示市值加权市场指数是不智能的（dumb），一些智能贝塔产品提供者强化了这种暗示。这当然是很不合乎情理的。智能贝塔产品可以提供更高的投资效率，但市值加权市场指数仍然是获取股票市场收益的策略容量最高、可投资性最强、换手率最低和费用最低的选项。这也就是为什么许多实务从业者，比如投资顾问韦莱韬悦（Willis Towers Watson）[⊖]，将市场贝塔称为"批量贝塔"（bulk beta）。学术研究和投资者的实践经验为以下论点提供了支持：从长远来看，最大限度地降低操作成本是将剔除成本后收益最大化的明智之举。批量贝塔和市值加权市场指数其实并非不智能。

1.5.2 智能贝塔应该被定义得更加狭义吗

一些产品提供者试图给智能贝塔更加狭义的定义，他们认为该术语需要更加精确的定义。例如，阿诺特和科泽（2014）写道："这个术语的传播方式没有考虑其含义，这对投资者是有害的。"因此，他们开始定义自己心中的智能贝塔："一种与估值无关（valuation-indifferent）的策略，它有意识地打破资产价格和其在投资组合中的权重之间的联系，寻求赚取相对于市值加权基准的超额收益而不再将加权资产与其受欢迎程度成比例地挂钩（proportional to their popularity），[⊜]同时保留被动指数中的大部分主动特性。"根据这个特定的定义，许多中规中矩的智能贝塔产品，诸如那些以市值排序或加权的初

⊖ 韦莱韬悦（Willis Towers Watson，NASDAQ：WTW）初创于1828年，总部设在伦敦，是一家全球领先的咨询、经纪和解决方案公司。——译者注

⊜ 该定义隐含的是市值越大的上市公司受欢迎程度越高。——译者注

始股票选样空间或者基于股价的因子，例如规模因子、价值因子或动量因子，将不再被视作智能贝塔。当然，将智能贝塔空间限制为估值无关的策略并不是对各种产品的公允描述，而绝大多数行业人士仍会认为这些产品应被合理地归入智能贝塔范畴。

1.5.3 智能贝塔就是因子投资吗

一方面，由于另类贝塔的市场突出表现很大程度上是由对权益资产公共因子的风险敞口所解释的，因此有理由认为智能贝塔就是因子投资。另一方面，有人会争辩说，投资者有不同的投资目标或投资信仰，这可能会引导他们投资于另类贝塔，而不是寻求将风险直接暴露于公认的因子（well-recognized factors）上。换言之，非市值加权的替代方案（另类贝塔）直接解决了市值加权的潜在缺点，这可能仅是一个不同的投资目标，而非对特定公共因子的明确敞口。

例如，一类投资者可能认为对经济规模总量的有效衡量标尺并不是市场的估值，而是用基本面加权的方式来衡量。这种投资理念和目标可能与另一类投资者截然不同，后者在投资哲学上相信估值溢价的存在和延续，因此寻求更直接和更纯粹的价值获取。然而，在某种程度上，基本面加权投资组合的优异市场表现很大程度上是由价值因子来解释的，基本面指数化的投资主张与价值投资密切相关。也就是说，要相信基本面指数投资业绩的持续性，还必须相信估值溢价的持续性。

同样，关注到市值加权法固有的高集中度的投资者可以考虑其他加权解决方案，例如等权重或者多样性加权指数。并且，在这种情况下，即使投资者不寻求直接获取规模因子，投资结果也与规模因子（小市值）溢价的持续存在密切相关。

最后，考虑最小方差投资组合的情况。根据金融理论，这样的投资组合比市场投资组合具有更低的风险，但收益也更低。在风险调整方面，最小方差投资组合预计不会有比市场更高的夏普比率，但在实证研究（如，豪根和贝克（1991））和现实经验（如，MSCI最小波动指数）中却出现了这种情况，因为这种投资组合实现了具有较低风险的市场收益。理论和实践之间的这种脱节是低波动率溢价所致，也即低波动率异常。因此，最小方差和其他低风险策略的投资主张与低波动率溢价的持续存在直接相关。

因此，从投资结果的角度看，可以得出一个合理的解释，智能贝塔主要与因子投资有关。然而，从实操的角度看，解释事后业绩并不等于复制事前业绩，这也是事实。也就是说，即使另类贝塔的事后业绩是用公共因子（例如，平均敞口）来解释的，要设计能够完全复制其事前业绩的因子策略也是相当困难的。这是因为另类贝塔方法可能导致因子风险敞口时变以及一些因子择时的情况发生。因此，因子策略或许可接近另类贝塔的业绩，但不能完全复制。这可能会导致投资者在实施一个智能贝塔策略的时候考虑各种各样的另类贝塔。

1.5.4　智能贝塔是主动的还是被动的

关于智能贝塔策略是主动的还是被动的，业内存在着相当大的争论。这场辩论中的一些混淆源于这样一个事实，即投资者从不同的角度和意义使用主动和被动两个术语。我们在下面讨论这些不同的观点来明确这个争辩。

一些投资者认为智能贝塔策略是主动的，因为它们偏离了市值加权。这些投资者可能是从投资组合的结构角度进行讨论的。在投资组合结构中，该过程通常从特定的长期的策略化的业绩基准开始，并且整个投资组合都是围绕该基准进行锚定的。基准的复制代表了投资组合中"唯一"的被动组成部分。任何偏离业绩基准的策略，以及相关的跟踪风险，都会变为主动的，并在投资组合的主动部分进行实施。因此，投资者因智能贝塔偏离了市值加权基准而认为其是主动的，是因为他们使用这些市值加权基准作为他们的业绩基准。从投资组合结构的角度看，如果智能贝塔策略被用作基准，那么在该投资组合的背景下，它将变成被动的，而市值加权的投资组合很可能被视为主动的。

◎ **应用实例1-1**

一所大学的捐赠基金使用明晟全球指数（MSCI ACWI 指数）[⊖]作为全球权益资产的业绩基准。对于该基金，明晟全球指数的复制是被动的。任何偏离明晟全球指数权重的策略都将被认为是主动的，包括源自明晟全球指数的智能贝塔指数方法，例如明晟全球指数最小波动率指数或明晟全球指数价值加权指数。

现在考虑有一个家族理财办公室，他们持有一种投资哲学信念，即市值加权是无效的，因此，最近将其业绩基准从明晟全球指数更改为明晟全球指数最小波动率指数。对于该投资者来说，复制明晟全球指数最小波动率指数现在就成了被动投资。偏离这一业绩基准的策略都将被认为是主动的，包括复制市值加权的明晟全球指数。事实上，明晟全球指数复制策略将被视为高度主动，与业绩基准（明晟全球指数最小波动率指数）的跟踪误差超过 6%。

其他投资者采取了组合管理与组合运作的视角。在这种情况下，需要采取有限度主

⊖ 明晟全球指数是摩根士丹利资本国际的旗舰全球股票指数，旨在代表 23 个发达市场和 25 个新兴市场中大盘股和中盘股的全部机会组合的表现。ACWI：All Country World Index。——译者注

动决策的复制指数行为被认为是被动投资。因此，一些投资者可能认为智能贝塔是被动的，因为许多智能贝塔产品都是作为指数提供的，可以很容易地被复制，就像复制市值加权市场指数一样。

还有一些投资者认为，智能贝塔是主动的，因为与市值加权的市场投资组合相比，智能贝塔产品的创建和选择涉及许多主动的决策。例如，在考虑因子多元化策略时，应该包含哪些因子，如何定义它们，以及如何对它们进行加权，这些都是必须采取主动决策的例子。

我们认为，从投资组合结构的角度来处理主动和被动的讨论是最有帮助的。对于一个给定的投资组合，对所选策略基准的复制是被动的，而偏离策略基准的策略是主动的。主动策略可以被设计和构造为指数，并通过指数复制来执行，这个事实并不会使其成为被动策略。因此，在我们看来，区分被动投资和指数或指数管理是有必要的。当智能贝塔策略被用作投资组合中的业绩基准时，它会变得被动，与策略的创建和选择过程中采取多少主动决策无关。否则，智能贝塔就应该被视为主动投资。

1.5.5 智能贝塔是否只是被动执行的主动管理

这是投资者将术语被动和指数化作为同义词使用的另一个例子。在这个问题中，术语"被动"指的是指数化方法，而不是我们之前定义的被动投资。

如前所述，通过指数管理实现的主动策略并不会变成被动策略。此外，从广义上讲，主动管理利用了许多潜在的超额收益的来源，如公共因子、基本面股票筛选、市场择时、因子择时和国家战术配置（country tactical allocation）。其中的一些来源，例如公共因子，确实可以在指数型框架中获得，这也是许多智能贝塔因子产品所要做的。其他主动管理超额收益的来源不能以这种方式获得，至少目前是这样的。因此，广义地说，许多智能贝塔产品是"基于因子的"主动管理的指数型产品的替代产品，但不是所有主动管理产品的替代产品。

1.5.6 智能贝塔能否被定义为市场组合的低跟踪误差策略

像一些投资者那样，仅仅根据市场组合的低跟踪误差策略来定义智能贝塔是不合适的。许多相当典型的智能贝塔产品，例如最小方差投资组合，被当作另类贝塔产品来设计和运作。它们对市值加权市场投资组合的跟踪误差往往很高，但这不是在实操中另类贝塔考虑的因素。在我们看来，将智能贝塔定义为低跟踪误差策略或多或少会将智能贝塔产品限制在仅包含基准可知的因子投资的范围中。

1.5.7　基于规则和透明的方法论是智能贝塔产品所期望的特征。这些术语的确切含义是什么？为什么这些特征在智能贝塔策略的设计中很重要

基于规则和透明意味着投资组合的构建（加权方案、再平衡等）遵循预先制定且明确定义的规则，这些都是完全公开的。等权重、风险加权或者价值加权都是这类构造方式的例子。一旦定了规则，任何时间点的证券权重的解释都是直观的。基于规则的方法论还意味着，在策略的执行过程中，投资组合运作人员或交易员没有让证券的选择和权重发生偏离的自由决定权，因为它们来自投资组合构建方法。

◎ **应用实例 1-2**

一个投资经理提供了基于价值因子和规模因子的投资组合，并使用明确定义的特征说明和加权机制来构建。然而，投资组合运作人员可以通过使用动量交易信号来决定执行哪些交易。如果投资组合运作人员认为哪只股票的动量不够强，则可能不会在最终的投资组合中买入该股票。在这种特殊的情况下，投资经理的整个投资过程不能被视为完全透明的和基于规则的。

在我们的经验中，投资者在评估和选择智能贝塔产品时偏好基于规则且透明的方法的原因是，它们有助于理解策略中的收益和风险来源。也就是说，投资者可以更好地了解他们正在买入什么，以及期望从策略中获得哪些业绩特性。要更清楚地了解收益和风险的来源，还需要投资组合方法来促进完全透明、针对历史业绩因果关系的业绩归因。这些特性使得智能贝塔和主动管理有很大的不同。在主动管理中，了解风险和收益的来源可能是相对更困难和更复杂的事情。

强调基于规则的透明的方法的另一个重要原因是，智能贝塔产品通常是新产品，因此没有或者只有短期的实时跟踪记录。这些产品通常是基于历史回测或者仿真。基于规则的透明的投资过程的主要优点是，当完全公开后，该投资过程产生的历史业绩可以由投资者独立复制。除了清楚地了解收益和风险的来源外，这还为投资者提供了可验证性和信心，即所提出的策略在实际上是可投资的，并且其历史业绩是可以复制的。根据我们的经验，这是一些投资者谨慎地采用优化的智能贝塔解决方案的原因之一。在某些情况下，这些策略的历史回测业绩是很难独立验证的，因为它依赖所使用的特定风险模型和优化器，特别在风险模型是由内部开发的时候。

◎ **应用实例 1-3**

就像主动管理型基金经理一样，指数编制机构也经常推出新产品。当新发布一个指数时，指数编制机构通常会提供新指数过去 10 年或 15 年计算出的历史业绩（回测）。相较于由主动管理型基金经理提供的新策略的历史模拟，投资者通常倾向于对新指数计算出的历史业绩有更多的信心。为什么？

就指数编制机构而言，新指数的发布通常伴随着一本方法论的书，里面详细介绍了指数的构建和维护的规则。一本好的且有用的方法论书籍使得指数完全透明，譬如收益/风险的来源和构建。这本方法论的书允许投资者独立重新构建新指数并复制其历史业绩。许多被动和主动管理型的基金经理都是这样做的。主动管理型基金经理在发行新产品时通常不会提供这种详细的信息披露。

最后，智能贝塔投资的运作将策略决策权从资产管理者转向资金方。在主动管理的情形中，策略选择和决策执行被分配给基金经理。也就是说，主动管理型基金经理决定要利用哪些超额收益来源（如，因子）以及如何利用它们。有了智能贝塔，因子选择和投资组合的运作变成了资金方的责任。在我们的经验中，一旦因子被选中，资金方通常会倾向于透明的投资组合构建方法，以确保投资过程能够获得目标因子或者所选择的因子。

1.5.8 费用低廉是智能贝塔价值主张的另一个重要特征。低费用产品的特点是什么呢

智能贝塔的低费用特性包含很多方面。一方面是智能贝塔策略应该以一种谨慎控制交易成本的方式来设计。交易成本的一个重要组成部分是换手率。市值加权的市场投资组合有着最小的换手率，因为其不需要重新平衡（尽管定期进行重新平衡旨在满足证券移入/移出标准）。因此，市值加权宽基市场指数，如标普 500 指数或罗素 1000 指数，年化换手率一般不到 5%。任何偏离市值加权或相对于市场组合包含了因子倾斜的策略都是要定期重新平衡（如，保持当前的因子倾斜），因此会产生额外的换手。例如，传统的小市值和价值成长因子指数的年换手率为 15% ～ 20%。另类贝塔和智能贝塔策略天然地面临在保持最新的投资组合和将换手率控制在合理水平之间的权衡。兑现投资主张的同时保持合理的换手率，显然是智能贝塔产品的一个理想特性。当智能贝塔策略倾向于高换手因子（如，动量因子）时，这一特性就会变得更加重要。

◎ **应用实例1-4**

一些策略和因子，如质量因子、价值因子和低波动率因子，变化得相对缓慢。它们的捕获可以在合理低换手率水平上实现。例如，MSCI 质量指数系列、富时锐联（FTSE RAFI）基本面指数系列和罗素防御型指数系列的长期年均换手率往往在 20% 或者更低。

最近，智能贝塔基金经理开发了创新型换手率控制技术，使他们能够以低于 20% 的较低的年换手率水平提供因子多元化策略，并且包含高换手因子，如动量因子。这使得该策略有可能将动量等因子的多元化效益纳入其中，同时将整体投资组合的换手率保持在一个合理的水平。

◎ **应用实例1-5**

一些被定位为智能贝塔的策略往往具有相当高的换手率。这些策略的提供者认为，投资者应该关注扣除成本后的收益，而不是换手率。然而，在我们的经验中，资金方特别强调换手率的管理水平，因为换手率被视为执行策略的给定成本，而超额收益的可能性只是一种期望。因此，在智能贝塔产品的筛选和选择的过程中，资金方指定年化换手率上限（例如 25%）的情况并不少见（例如在公开案例中）。

低成本的另一个方面与管理费或许可费有关。无论是在单独的账户还是在结构化产品中，智能贝塔的费用通常都比传统的主动管理低得多，并且越来越接近传统被动管理的费用。例如，智能贝塔基金经理最近推出的一些因子多元化 ETF 的收费水平，与被动管理下的资产规模最大的市值加权 ETF 的收费水平类似。这些新产品使得智能贝塔因子投资以"批量贝塔"的价格向投资者提供。

低成本的最后一个方面来自智能贝塔产品为资金方提供的操作灵活性。指数编制机构提供的智能贝塔公共指数可以通过内部复制或被动管理来实施，就像传统的市值加权市场指数一样。投资经理可能会提供更高级的智能贝塔解决方案，他们也为资金方提供了各种实施选项。除了传统的独立账户结构外，许多基金经理还允许资金方在账户内部实施这些策略。也就是说，基金经理在商定的重新平衡日期交付模型投资组合（证券、权重、交易等），资金方使用内部功能进行复制（交易）。基金经理在交付模型组合时仅获得基于资产的许可费。在某些情况下，资金方可能要求基金经理将模型投资组合提供给指数计算代理商，指数计算代理商独立计算和维护自定义指数并将其交付给资金方。然后，资金方在内部或通过他们选择的被动基金经理复制这个自定义的指数。资金方再次向基金经理支付模型投资组合的资产授权费用，并且向指数计算代理商支付用于计算和维护定制指数的固定费用。这些执行选项与传统的主动管理交付给资金方的方式有很大的不同，并且为资金方带来了有意义的操作成本的节约。

1.5.9 为什么多元化在因子获取的情况下很重要

正如我们在下一章要讨论的那样，因子投资理论假定，因子风险是有收益的，因为其不能被分散出去，而其他风险，例如可以被分散的股票特定风险，则不会得到收益。这意味着寻求获取因子收益的投资组合构建方法也应强调高度的多元化，以便将股票特定风险降到最低水平。此外，根据我们的分析，高度多元化加上低交易成本提高了给定智能贝塔策略的容量。这就是为什么高水平的多元化也可以被视为智能贝塔策略设计中的一个理想特征。

基于前面的讨论，图 1-4 总结了智能贝塔产品所需的一些特征。

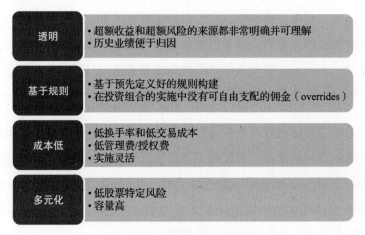

图 1-4 智能贝塔产品所需特征

1.5.10 主动管理型基金经理提供的策略是否要明确

目标公共因子被视为智能贝塔吗？一些主动管理型基金经理，特别是量化基金经理，提供明确针对某些共同因子的投资策略，如价值因子、动量因子和质量因子。如果这些策略具有智能贝塔所需要的一些特征，例如透明度、低换手率、高策略容量、高分散度、运作灵活和费用低廉，那么它们就可以被视为智能贝塔。否则，在我们看来，它们更适合划分为主动管理。这里重要的一点是，智能贝塔不仅仅是为了获取共同因子收益。它是关于获取智能贝塔因子收益的方法和结构，这些方法和结构强调了相对于传统主动管理的某些区别特征，正如我们在前面部分中所讨论的那样。

1.6 结论

权益资产智能贝塔的演变可以追溯如下。在第一阶段，解决市值加权的潜在缺点导致了各种另类贝塔策略的萌发。在第二阶段，这些策略的风险分解表明，另类贝塔的优异市场表现几乎完全是由对权益资产公共因子的高敞口所解释的。在第三阶段，投资者转向以更直接且基准可知的方式获得这些因子。这导致了各种单因子和多因子策略的发展。

因此，权益资产智能贝塔已经从另类贝塔策略演变成另类贝塔和因子投资策略的组合。然而，就投资结果而言，智能贝塔主要是关于因子投资的。智能贝塔策略和传统的被动因子投资不同，它具有更高的效率和基准可知的运作特点。智能贝塔策略还和传统的主动因子投资不同，其特点包括更高的透明度、更低的换手率、更高的分散度、更大的策略容量、更大的操作灵活性和更低的费用。

由于因子投资已经成为权益资产智能贝塔的重要组成部分，在下一章中，我们将概述权益资产公共因子和因子投资的演变和应用。

第二部分

EQUITY SMART BETA AND FACTOR INVESTING FOR PRACTITIONERS

权益资产公共因子及
因子投资

第 2 章

权益资产公共因子及因子投资概述

正如前一章所讨论的，随着时间的推移，智能贝塔已经与因子投资（factor investing）紧密结合起来。接下来，本章将简要回顾因子投资的起源和原理。我们还将讨论诸如为什么投资者应该关注权益因子，智能贝塔策略所提供的众多因子中哪些特定因子应当被关注及其原因等议题。

本章概要

- 权益资产公共因子（equity common factors）是解释（截面维度）相对风险和收益差异的个股层面特征因子。
- 对权益资产公共因子和因子投资的研究发端于资本资产定价模型（capital asset pricing model，CAPM）。
- CAPM 模型为我们提供了以下 3 点基础性视角：①不可多元化的公共因子所产生的溢价（指 CAPM 框架下的市场组合）；②一项资产的风险取决于其在公共因子（市场贝塔因子，market beta）上的敞口；③一项资产的风险溢价水平是受其潜在可分散度以及在不景气时期的表现（或者说面对系统性风险事件的表现）所驱动的。
- 人们在对资本资产定价模型进行实证验证的历次尝试后得出一般性结论，即市场贝塔因子模型在解释预期收益的截面性质方面表现不佳。因此，学术研究的重点转移到了识别其他表现或许更佳的股票特征上。

- 过去的数十年，相较于市场贝塔因子，数以百计的能够更好地解释横截面收益差异的股票特征或超市场共同因子被发现。但这些研究成果均面临数据挖掘（偏差）和多重检验的问题，即有些因子具有统计显著性仅系偶然且在样本外的表现不佳。[⊖]

- 为了确定真正有用的因子，也被称为溢价补偿因子（rewarded factor），我们需要在一个多重检验的框架中评估它们的统计显著性，该框架解释了与数据挖掘（偏差）相关的问题。此外，溢价补偿因子能够：①描述跨细分市场、地域和时间的持续性；②更好地解释预期收益的横截面；③帮助识别冗余因子。

- 一组合理的溢价补偿因子可能包括规模因子、价值因子、动量因子、波动率因子和质量因子（盈利能力）。这些因子也是各种智能贝塔因子策略的关注焦点。因此，我们称之为"智能贝塔因子"。

- 在多重检验框架中，智能贝塔因子保持了统计显著性并在样本外的业绩表现上具有持续性，同时能够更好地解释横截面收益差异以及大量其他因子和投资策略的业绩表现。

- 对各种备选贝塔策略的风险分解分析表明，它们相对于市场指数的优异表现在很大程度上可由对各种智能贝塔因子的敞口来解释。

- 对主动管理型基金经理业绩表现的风险分解使人们注意到，成长型基金经理实际上是驾驭动量因子的选手，而其他基金经理也还会追求其他风格，比如低波动率和低质量。这引起了人们对当前"价值 - 成长"投资风格范式（value-growth style paradigm）关联性和有用性的关注。

- 投资者应当关注这些溢价补偿因子。首先，它们在各个细分市场、国家和时间段内均持续具有长期且优异的市场表现，其次，溢价补偿因子可能代表系统性影响，而这些系统性影响也有助于解释主动投资策略和投资组合中风险和收益的来源。

⊖ 在侯恪惟、薛辰、张橹等人于 2018 年在《金融研究评论》（*Review of Financial Studies*）发表的《复现异象》（*Replicating Anomalies*）论文中就指出，由于发表偏倚（publication bias）和多重检验（multiple testing）等诸多原因的不良影响，绝大多数异象都是数据挖掘的产物。学术界对于因子挖掘的狂热和浮躁的态度已经引起很多学者的警惕。约翰·科克伦（John Cochrane）在 2011 年美国金融协会主席演讲时以"因子动物园"（factor zoo）来描述当前因子研究的现状，并提出了 3 个至关重要的问题：1）何种因子是独立的（Which factors are independent）？2）何种因子是重要的（Which factors are important）？3）为什么因子会影响证券价格（Why do factors move prices）？科克伦的提问引发了学术界深刻的反思。有兴趣的读者可以阅读相关文献。——译者注

2.1 引言：什么是权益资产公共因子

权益资产公共因子是一揽子解释截面维度上预期收益和风险的个股层面特征。在截面维度解释预期收益就意味着要理解在给定标的证券范围内的某个时点上证券预期收益率不一而异的原因。于是，在我们研究预期收益的截面特征时就需要分析和解释为什么在给定时点 A 证券具有比 B 证券更高（或更低）的预期收益。在截面维度上对预期收益率的研究自然而然地会不同于在时间序列视角对预期收益率的研究。后者解释了为什么预期收益率是时变的。一个可以解释预期收益率的截面特征的因子被称为公共因子，这是因为它表征了在对各个具体标的证券进行定价时的一种共同影响（common influence）。举例来说，在 CAPM 模型中，预期收益率的截面特征被解释为具体标的证券对以市值加权而成的市场投资组合的敞口（也就是贝塔）。较之市场因子和低贝塔个股，高贝塔个股被视作具有更高的预期收益率和风险。

学术文献引用了各种各样的术语令实务人员感到困惑，诸如公共因子（common factors）、溢价补偿因子（rewarded factors）、可交易因子（tradable factors）、资产类别因子（asset class factors）、静态因子（static factors）、动态因子（dynamic factors）、风格因子（style factors）、简化因子（simply factors）等。然而所有这些名词都具有相同的广义内涵，即一种能够解释预期收益率截面特征的共同影响。

2.2 权益资产公共因子和因子投资的演化发展

CAPM 模型被认为是因子投资领域的第一个条理清晰和逻辑连贯的理论。马科维茨（1952）利用多元化投资理念和均值 – 方差优化模型所发表的著作为后继者（特雷诺，1961，夏普，1964，林特纳，1965，莫辛，1966）发展 CAPM 模型提供了动力。

2.2.1 资本资产定价模型

在 CAPM 模型之前，人们普遍认为，资产的简单波动率（total volatility）决定了其风险和收益。CAPM 挑战了当时这种主流的传统观念。它对风险的构成和收益提出了新的视角。CAPM 模型的要旨可概括如下。

1. 因子带来了风险溢价

基于投资组合多元化的观点，CAPM 表明市值加权市场投资组合是投资者可以持有的最有效的投资组合。在这个投资组合中，绝大多数异质性风险或针对具体个股所特有的风险都被分散了。剩下留给我们的风险大部分是与因子本身相关的系统性风险。由于系统性风险无法消除，投资者必须因承担该风险而获得收益。这意味着该因子具有风险溢价，因为不可分散的系统性风险（nondiversifiable risk）与之相伴。此外，在 CAPM 模型假设中，投资者对收益、风险和相关性有同质性（homogenous）预期，市场投资组合也被证明是均值 – 方差有效（mean-variance efficient）的，并且是影响具体标的资产定价的唯一共同因子。

2. 因子敞口定义风险

一只股票的全部风险由 2 部分组成：一则为系统性风险，即为该标的资产对市场组合的灵敏度；另一则是非系统性风险，也称异质性风险（idiosyncratic risk），是独立于市场的具体个股所特有的风险。由于在组合投资背景下，非系统性风险很大程度上可以通过分散投资来加以消弭，因此它不会得到来自市场的溢价补偿。而只有对不可分散的系统性风险的暴露会得到溢价补偿。换言之，因子（市场投资组合）具有风险溢价，单个资产的风险（或收益）取决于其对因子的风险敞口（也就是贝塔）。这也就是为什么，在 CAPM 模型中在决定风险和预期收益过程中单个资产的简单波动率并不是那么重要，甚至可以说无甚价值。有价值的是该资产与公共因子之间的共变关系（co-variation），也就是对后者的敞口。

3. 潜在可分散性以及在不景气时期的表现推动风险溢价

在 CAPM 模型中，那些对市场因子具有较高敞口的股票（也就是高贝塔股）都有着较高的风险溢价。洪崇理（2014）指出，这一结论意味着一只股票的必要收益率（required return）并非由其总体风险（total risk）来决定，而是由该股票对整体投资组合的风险贡献决定。贝塔（beta）测度了具体资产对整体投资组合的风险贡献，因而较高敞口的股票均只具有有限的潜在可分散性。它们对于整体投资组合的风险贡献越大就相应要求越高的风险溢价收益。另外，低敞口的股票（也就是低贝塔股）提供了更好的投资组合多元化和降低风险的潜力。因此，投资者愿意以较低的预期风险溢价水平持有此类证券。

在最近的研究中，理解资产定价和因子投资的另一个重要视角是“不景气时期”（bad times）的概念。不景气时期对应着财富高边际效用，此时投资者对额外赚（或赔）的一美元看得很重。举例说来，高边际效用的情形包括萧条、高失业率、通胀高企、消费下滑、货币政策收紧、金融危机等。伊尔马宁（2011）列举了若干历史上金融或经济的不景气时期，诸如 20 世纪 30 年代的大萧条、1946 ～ 1949 年二战后经济停滞、1969 ～ 1970 年和 1973 ～ 1975 年以及 1980 ～ 1982 年的滞胀衰退、1987 年股市崩盘、1998 年的卢布危机与长期资本管理（LTCM）基金事件、2000 ～ 2002 年的网络泡沫和经济衰退、2007 ～ 2009 年金融危机与经济衰退。在不景气时期，伴随着边际效用攀升，表现不佳的资产（如股票）需要较高的风险溢价，以补偿风险厌恶型投资者所承担的较高风险。另外，投资者倾向于持有具备较低风险溢价或负溢价的低风险资产（如，政府债券及票据），以便在经济和金融危机中提供一定程度的保护。

在 CAPM 模型中，市场组合是唯一的因子。因此，不景气时期是指股票市场表现不佳的时期，这可能是由宏观因子（如低增长、高通胀或金融危机）驱动的。单个资产（如，高贝塔股票）会表现得比市场更差，当市场崩盘时其被视作高风险并被索求比因子本身更高的风险溢价。这些资产在景气时期则显著表现得比因子更好，以此作为更高的风险溢价。更情愿以较低的风险溢价持有资产的风险厌恶型投资者对在市场低迷时期表现良好的股票趋之若鹜。

综上，可归纳为：

▶ 风险溢价与因子相关，因为它们嵌入了无法分散的系统性风险。

▶ 单个资产对该因子的暴露程度，而非简单波动率，是衡量单个资产风险的恰当的测度方式。

▶ 一项资产获得的风险溢价水平是其在高边际效用期（即不景气时期）对整体投资组合及其业绩表现通过分散风险带来的收益改善（diversification benefits）的函数。

2.2.2　市场贝塔因子和预期收益率

CAPM 模型认为市场贝塔因子（market beta）解释了预期收益率（expected returns）的截面特征。甫一出场，便自然而然地吸引了众多研究者对该模型加以实证。市场贝塔因子真的能解释股票收益率的截面特征吗？最初的研究（布莱克等（1972）、法玛和麦克贝思（1973））发现了贝塔值与平均收益之间正向线性关系的一些证据。随后的研究，诸如雷因格纳姆（1981）、拉科尼肖克和夏皮罗（1986）则认为这种关系非常微弱。法玛和弗伦奇（1992）对此予以确证，并认为在 1963 ～ 1990 年二者之间不存在关系，并进一步发现在扩展的 50 年样本期内（1941 ～ 1990 年）这种关系也是微弱的。

其他文献也强调了对 CAPM 模型关联性的典型研究的匮乏。特别是迈尔斯（1976）

指出，在 CAPM 模型中，市场投资组合被定义为将所有资产（而非仅仅是股票）保持在净多头状态。因而，那些拒绝接受基于市值加权股票市场组合的 CAPM 模型研究结论其实可能只是机械地拒绝使用股票市场组合作为 CAPM 市场组合的代理变量。虽然在验证 CAPM 模型时存在诸多疑难，法玛和弗伦奇（1992）仍然得出结论：他们的检验不能支持 CAPM 模型具有基础性预测能力，也就是所谓的股票平均收益率与市场贝塔因子正相关的结论。考虑到此二人在市场中的权威声望，他们的结论被视作"贝塔衰亡"（death of beta）的信号。

2.2.3　超市场共同因子和智能贝塔因子

数十年来，研究人员一直在寻找股票特征或因子，这些特征或因子可能比市场贝塔因子更好地解释了预期收益的截面特征。这些研究成果带来了数以百计的"统计显著"因子。然而，这些发现也引起了对结果有效性的关注。尤其是我们如何区分哪些是真正具有收益溢价的因子（溢价补偿因子），哪些仅仅是在实证研究过程中偶然显现出统计显著性的因子（即幸运因子，"lucky" factors）？

因子是如何仅凭偶然就显现出统计显著性的呢？若是在数据挖掘（偏差）和多重检验的情形下，就完全有可能了。假设我们对大量因子进行单独检验，所有因子的真实平均超额收益率均为零。统计推断告诉我们，我们理应能找到一些超额收益率不为零的因子。也就是说，只要我们进行足够多的检验，就很可能会发现一些具有统计上正的平均收益率的因子。但这个结果仍可能归于运气。这些幸运因子在样本外可能会表现得不尽如人意。因此，当研究人员检验大量因子，但只报告具有统计学意义的结果时，他们的发现可能会受到多重检验的影响，因为所报告的因子可能是建立在错误观念（spurious）之上的（即，偶然显著）。譬如，得出了"10 次投掷 10 000 枚硬币，发现每次都有一枚硬币出现在正面"的结论。你敢把自己用于退休养老的资产押在其中一枚硬币上吗？哪怕在接下来的 10 次掷硬币中，有 6 次你选的硬币都会正面朝上。

为了识别出溢价补偿因子，需要进行多角度的评估。首先，就是因子应当在多重检验的框架下进行分析，该框架考虑了数据挖掘偏差。一般而言，这就要求在评估各因子风险溢价的统计显著性时要有更高的门槛（调整 t-rations 的接受阈值）。其次，就是可持续性（persistence）。在给定范围内的各个细分市场（大／中／小市值）、不分地域（不同国家或地区，或者全球范围内）、不分时间（考虑样本外情形），溢价补偿因子和因子规范（factor specifications）均保持持续性，譬如账面市值比因子。在合理的投资组合构建方法中，如果一种共同影响（common influence）几乎时时处处都存在，那么我们就更有信心认为它是真实存在、可信确凿的，而非噪声干扰所致。再次，溢价补偿因子集合产生了较 CAPM 模型更佳且并不冗臃的多因子模型，该模型可用来更好地解释预期收益率的截面特征。一个理想的多因子模型应由正交（独立）因子组成，并将适用于全部资产收益区间。最后，溢价补偿因子所构成的多因子模型可以解释其他因子或甄别出冗余因子。也就是说，大量的因子或策略都能通过对其在溢价补偿因子上的暴露进行风险因子分析来加以解释。

基于上述考虑，通常认为规模因子、价值因子、动量因子、波动率因子和盈利能力（质量因子的一个方面）构成一组合理的溢价补偿因子。在那些为应对多重检验而调整显著性阈值的研究中，这些因子面对更高的 t-ration 阈值仍然保持显著。例如，在哈维等人（2016）的多重检验框架下，规模因子、价值因子、动量因子、波动率因子被发现统计显著。冯、吉利奥、修等人（2017）提出了一种模型选择方法，该方法能够确定新因子对现有因子集的贡献。他们发现一些新近觅得的因子（如，盈利能力）能够拥有比现存因子更佳的解释能力。由于智能贝塔因子策略倾向于关注规模因子、价值因子、动量因子、波动率因子和质量因子，因此我们也将这些溢价补偿因子称为"智能贝塔因子"。接下来，我们简要回顾与每个智能贝塔因子相关的历史脉络（historical evidence）。

1. 规模因子

班斯（1981）发现了一种简单明了的特征，即股价与流通股股数的乘积，可以比贝塔更好地解释美国市场股票收益的截面均值，并将之命名为市值（market equity or market capitalization）。他发现小盘股可以产生高于其市场贝塔因子所能解释的收益，并且相较于大盘股也能实现更优的经贝塔调整后的收益率（beta-adjusted returns）。雷因格纳姆（1981）也有类似的发现。哈瓦维尼和凯姆（1995, 1998）以及赫斯顿等（1995）将此项研究扩展至全球市场并发现了规模因子效应存在的证据。

通过利用 23 个国家各自尽可能多的数据集分析在样本期之前、因子溢价公布后的一段时间因子的各项表现，迪姆松等（2017）对众多智能贝塔因子的样本外表现和持续性进行了研究。对于美国市场的规模溢价，他们发现与大盘股相比，1926 ～ 2016 年规模溢价每年为 2.4%。然而，小盘股则表现出高度周期性。在一些期间内，例如 1975 ～ 1983 年，小盘股表现良好，较之大盘股产生了丰厚溢价。在另一些期间内，例如 1926 ～ 1940 年（共 15 年）和 1984 ～ 1999 年（共 16 年）小盘股却没有产生超越大盘股的溢价。继班斯（1981）的论文发表之后，小盘股的惨淡表现使得一些研究人员得出结论：小盘效应要么是一个"幸运"的发现，要么是被套利走了。然而，2000～2016年，小盘股强劲的样本外表现又对这些说法提出了挑战。在最近一段时间内，迪姆松、马什、斯汤顿（2017）发现，除挪威外，所有国家的小盘股溢价均为正值。23个国家的小盘股平均溢价为每年5.6%，远高于长期平均表现。由此看来，小盘股效应虽然具有此消彼长的周期性特征，但它确实存在。正如迪姆松、马什、斯汤顿（2017）所指出的，很难证明有意减持小盘股的理由。

2. 价值因子

价值投资无须赘述。它或许是业内最受欢迎的投资方式之一。价值投资的早期采用者包括格雷厄姆和多德（1934）。对于价值特征的当代研究则起源于威廉森（1970）和巴苏（1977、1983）。他们发现在调整CAPM贝塔后低市盈率的股票会比高市盈率股票拥有更多的收益。运用其他价值因子比率，如账面市值比（斯塔特曼，1980；罗森堡等，1985）、年现金流市值比（拉科尼肖克等，1994）等，同样能得到相似的结论。陈等（1991）报告称，账面市值比在解释日本股市平均收益截面特征方面发挥了强有力的作用。卡保罗等（1993）将该研究扩展到国际市场，并认为低账面市值比的股票在所研究的每个市场都获得超额收益。在全球范围内，他们记录了1.88%的年收益率差异以支持价值因子。法玛和弗伦奇（1998）还发现，价值因子溢价在全球发达市场和新兴市场均普遍存在。他们研究发现，在发达市场使用账面市值比（book value-to-price）、市盈率倒数（earnings-to-price）、年现金流市值比（cash flow-to-price）、股票红利收益率（dividends-to-price），在新兴市场使用账面市值比和市盈率倒数，均能产生显著溢价。

从价值股长期表现来看，迪姆松等（2017）指出1926～2016年美国成长股每年拥有3.6%的价值因子溢价。1995～2016年的英国市场亦是如此，在这第二长的时间段内价值因子溢价达到每年5.7%的水平。根据迪姆松等（2017）的研究，在最近的样本外期间（2000～2016年），23个国家中有19个国家的价值因子溢价为正值；而在世界范围内价值因子溢价为每年2.5%，高于更长期间内实现的溢价水平（2.1%）。

闲篇外话：规模市值加权指数和风格指数

投资顾问通常负责对主动管理型基金经理的业绩表现进行定性定量评价。他们是最先注意到按规模和估值特征分类的投资组合产生的投资组合风险与大多数主动管理型基金经理所面临的风险敞口相类似的。这一发现引出了一个重要问题：主动管理型基金经理究竟是因这些特征的选择获得溢价补偿还是因个股选择而获得溢价补偿? 在 CAPM 单因子框架下, 基金经理的投资能力通过计算 CAPM 阿尔法加以表征。然而, 如果某些股票特征被认为可以在市场贝塔因子以外对个股收益加以解释, 那么便存在将特征筛选决策与个股筛选决策分而论之的明确需求。一些像罗素投资一样的投资顾问确信规模和估值特征看来非常适合承担这一职能。

是谁创造了"投资风格"一词来定义主动管理型基金经理的特征选择目前已无从考证, 但当夏普(1988, 1992)引入基于收益的风格分析方法来确定投资组合的因子敞口时, 这一术语获得了认同。几十年来, 学术界对超市场因子(extra-market factors)和股票特征的研究, 以及投资顾问对更好地理解和评价主动管理型基金经理业绩的浓厚兴趣, 为规模因子、风格因子指数和业绩基准的产生提供了动力。因此, 由指数编制商创建的市值加权规模(大盘/中盘/小盘)和风格(价值/增长)指数, 如罗素大小盘和风格指数, 代表了首次在一个纯多头的指数框架下捕捉权益资产公共因子的尝试。接下来, 我们大致回顾一下这些指数的既往表现。

我们从指数编制商网站公开获得了规模不一、风格各异的指数数据。我们选取了 5 个地区的指数, 即针对美国市场的罗素指数和针对欧洲、日本、全球非美国地区、新兴市场等地区的 MSCI 指数。分析的开始日期由指数的数据可用性决定, 结束日期是 2017 年 6 月。

表 2-1 展示了各地区规模因子的历史表现。该表给出了每个地区的大/中市值和小市值的绝对收益和风险统计, 以及小市值相对于大/中市值的相对收益和风险统计。在美国, 罗素 1000 指数(Russell 1000 Index)和罗素 2000 指数(Russell 2000 Index)分别代表了大/中市值和小市值。在其他地区, 我们运用相应的 MSCI 指数。MSCI 标准指数覆盖了 85% 的流通市值, 因而代表了相应地区的大/中市值。MSCI 小盘指数覆盖了相应地区流通市值处于 85% ～ 98% 分位数之间的标的证券。

在美国市场, 自 1979 年以来罗素 2000 指数业绩表现每年都逊于罗素 1000 指数 0.21%。在其他适用 MSCI 的地区, 我们从 2001 年 1 月开始分析研究。在这段相对短的期间内, 小市值指数表现优于标准指数, 绩优程度从新兴市场的每年 0.36% 到欧洲市场的每年 5.77% 之间不等。为易于比较, 罗素指数的业绩表现展示亦始于 2001 年。在这段距今更近的期间内, 小盘股在美国市场同样表现优异——罗素 2000 指数较之罗素 1000 指数每年绩优 2.11%。小盘股的这些业绩特征与迪姆松、马什和斯汤顿(2017)的研究发现相一致。如前所述, 他们还记录了 2000 ～ 2016 年小盘股或不佳或强劲的长期表现, 以及大额溢价。

表 2-1 规模指数的历史业绩——年化结果

	统计日期	总收益 (%)	总风险 (%)	夏普比率	主动总收益 (%)	积极风险 (%)	信息比率
罗素 1000 指数	Jan-79	11.84	15.05	0.49			
罗素 2000 指数	Jan-79	11.63	19.35	0.41	−0.21	10.05	−0.02
罗素 1000 指数	Jan-01	6.06	14.75	0.36			
罗素 2000 指数	Jan-01	8.17	19.14	0.42	2.11	8.84	0.24
MSCI 欧洲指数	Jan-01	4.58	18.79	0.25			
MSCI 欧洲小盘指数	Jan-01	10.35	21.64	0.49	5.77	7.88	0.73
MSCI 日本指数	Jan-01	2.84	15.99	0.15			
MSCI 日本小盘指数	Jan-01	6.52	17.12	0.36	3.68	8.36	0.44
MSCI 非美国全球指数	Jan-01	4.66	16.96	0.26			
MSCI 非美国全球小盘指数	Jan-01	9.00	18.27	0.48	4.35	6.12	0.71
MSCI 新兴市场指数	Jan-01	7.48	23.54	0.33			
MSCI 新兴市场小盘指数	Jan-01	7.84	23.44	0.34	0.36	7.36	0.05

资料来源：Bloomberg；GSAM 等。

表 2-2 展示了罗素和 MSCI 价值因子指数和成长因子指数的历史表现。该表格罗列了价值因子指数和成长因子指数的绝对收益表现以及二者与对应业绩基准的相对收益表现。贯穿不同的时间段，在被研究的 5 个地区中，价值因子指数的表现优于市场整体水平，也优于成长因子指数。在这些地区，价值因子指数相对于成长因子指数的绩优表现程度从新兴市场的每年 0.43% 到日本的每年 4.73% 之间不等。

多年来，投资者对指数编制商的规模和风格指数已非常熟悉，并倾向于将其视作有用的工具。他们通常将此类指数用作权益资产中细分子类别的业绩跟踪基准（policy benchmarks）或主动管理型基金经理的业绩比较基准（performance benchmarks）以及结构化金融产品的计量基准（basis）。令我们感到有些惊讶的是，目前没有一家指数编制商为其他风格因子（如，动量因子和低波动率因子及质量因子等下文提及的主动管理型基金经理通常跟踪的因子）提供市值加权指数。建立一个一致、全面的市值加权的智能贝塔因子指数族似乎是非常实用且具有指导意义的。在第 4 章，我们建立了这类因子指数族。

表 2-2 风格指数的历史业绩——年化结果

	统计日期	总收益 (%)	总风险 (%)	夏普比率	主动总收益 (%)	积极风险 (%)	信息比率
罗素 1000 指数	Jan-79	11.84	15.05	0.49			
罗素 1000 价值因子指数	Jan-79	12.15	14.47	0.53	0.31	4.65	0.07
罗素 1000 成长因子指数	Jan-79	11.17	16.92	0.42	−0.67	4.46	−0.15
MSCI 欧洲指数	Jan-79	10.49	17.42	0.38			
MSCI 欧洲价值因子指数	Jan-79	10.86	18.40	0.39	0.37	3.58	0.10

（续）

	统计日期	总收益（%）	总风险（%）	夏普比率	主动总收益（%）	积极风险（%）	信息比率
MSCI 欧洲成长因子指数	Jan-79	9.85	17.12	0.35	−0.65	3.54	−0.18
MSCI 日本指数	Jan-79	6.59	20.98	0.17			
MSCI 日本价值因子指数	Jan-79	8.93	20.53	0.28	2.34	5.47	0.43
MSCI 日本成长因子指数	Jan-79	4.20	22.80	0.08	−2.39	5.56	−0.43
MSCI 非美国全球指数	Jan-95	5.66	16.25	0.25			
MSCI 非美国全球价值因子指数	Jan-95	6.43	16.85	0.29	0.77	3.36	0.23
MSCI 非美国全球成长因子指数	Jan-95	4.77	16.34	0.20	−0.90	3.35	−0.27
MSCI 新兴市场指数	Jan-98	7.48	23.54	0.33			
MSCI 新兴市场价值因子指数	Jan-98	7.63	23.71	0.34	0.15	3.47	0.04
MSCI 新兴市场成长因子指数	Jan-98	7.20	23.86	0.32	−0.28	3.33	0.09

资料来源：Bloomberg；GSAM 等。

3. 动量因子

对动量的研究或可追溯至利维（1967）。在利维（1967）之前，研究工作的重点是研究单个股票价格的序列相关性（即随着时间推移股票 A 的股价如何表现）是否能够预测未来收益。此类研究的一般结论是，序列相继的股价变化是彼此独立的，也就是说支持随机游走假说（random walk hypothesis，RWH）。然而，利维和其他学者的研究强调大多数股票的价格变化与市场保持共变关系（co-vary），也就是说前者受市场驱动。通过衡量相对强度，即股票 A 相对于股票 B 的表现，可以消除整体市场的影响。利维（1967）发现，通过投资高相对强度组的股票会获得超额利润（superior profits）。这一发现挑战了有效市场和 RWH 的基本前提，即过去的价格无法解释未来的收益。由于在早些年，学术界被有效市场理论的支持者所主导，利维（1967）的发现似乎在金融文献中被忽视了。

随着杰加迪西和蒂特曼在 1993 年的研究被公诸于众，动量投资再次受到追捧。研究人员发现，在美国市场过去 3 ~ 12 个月的赢家证券（winner stocks）在持有期内（至多 1 年）的表现显著优于同期的输家证券（loser stocks），而这种动量效应在各个细分市场、基于不同贝塔因子归类的标的证券类别中均有表现并存在于长短不一的各时间周期中。阿斯尼斯（1994）发现即使在考虑公共价值因子后动量策略依然有效。卢文赫斯特（1998）发现了在中期水平（平均持续大约 1 年左右）收益依然持续的证据。阿斯尼斯等（2012）记录了在权益、政府债券、外汇以及大宗商品等资产类别中存在的动量效应。

在更长时期的视角下，迪姆松、马什、斯汤顿（2017）记录了美国市场 1926 ~ 2016 年赢家证券较之于输家证券每年 7.4% 的绩优表现。即便在拥有更长历史记录的英国市场，在 1900～2016 年的 116 年间，研究人员发现赢家证券较之于输家证券的绩优表现也是每年 10.2%。在 2000～2016 年，全球范围内动量效应在 23 个国家中的 21 个国家为正溢价。这 23 个国家的赢家证券较之于输家证券的绩优表现平均水平是每月 0.79%。在样本外，动量投资也持续产生显著的超额收益。

闲篇外话：动量与主动管理

似乎在杰加迪西和蒂特曼（1993）的研究公诸于众之前，主动管理型基金经理便已发现了动量效应的好处并加以利用。例如，投资公司德里豪斯资本管理公司（Driehaus Capital Management）的创始人理查德·德里豪斯就被众人视作动量投资的鼻祖并践行动量投资策略数十年。在杰加迪西和蒂特曼（1993）的研究发表以后，格林布拉特等（1995）也进行了一项研究，旨在调查专注成长股的基金（growth-oriented funds）在早先的 2 项研究（格林布拉特和蒂特曼（1989,1993））中所被记录的优异表现（superior performance）是否能够为动量效应所解释。他们发现确实如此。在他们所研究分析的各种基金类别中，成长型基金表现出最高的动量敞口。约 89% 的基金被归类为积极成长型，82% 的被归类为成长型的基金是动量型选手。只有收益型基金（income fund，也称"价值导向型基金"）与动量敞口间呈非显著水平，而业绩表现却优异显著。格林布拉特等（1995）也报告发现在其所研究的全部主动管理型基金中 77% 会买入近期赢家证券和 / 或卖出近期输家证券，即遵循典型的动量策略。陈等（1999）也发现一般而言共同基金都倾向于持有动量趋势的股票，这也印证了格林布拉特等（1995）的发现。丹尼尔等（1997）研究了被主动管理基金所选中的那些股票的特性并发现成长型基金在动量因子上的载荷显示出统计显著性。卡哈特（1997）记录了亨德里克斯等（1993）报告发现的与共同基金业绩持续性有关的"热手"现象（hot-hand phenomenon），该现象很大程度上是由动量效应解释的。最后，马尔维和金（2008）报告称，成长型机构投资者在各类规模细分市场（大 / 中 / 小盘）中均取得超额收益，在 1987～2006 年该收益与行业动量策略有 40% 的相关性，而对于大盘成长基金经理的相关性上升至近 47%。马尔维和金（2008）发现了核心机构投资者也有很高的动量敞口。

4. 低波动率因子

鉴于全球股市的高波动性，低波动性投资近年来吸引了更多的关注和资金。但长久以来基于风险的定价异象却被秉笔记录在诸多文献中。最初的研究之一便来自布莱克等（1972）。该研究发现，在 1931～1965 年，低贝塔（高贝塔）股票会取得比 CAPM 模型所预测的更高（更低）的收益。法玛和弗伦奇（1992）将研究区间扩展到1990年并发现了相似的结果，即低贝塔股票对应异常高的收益而高贝塔股票对应异常低的收益。在最近的研究中，加尤尔等（2013）发现在1979年1月～2012年9月，罗素1000指数成分股中波动率最低的后十分之一股票实现了年化收益率13.8%，而指数整体波动率和年化收益率为11.08%和2.95%，波动率最高的前十分之一股票风险值则高达36.17%。相应地，最低波动率十分位数的夏普比率为0.76，最高波动率十分位数的夏普比率为0.12，这是风险调整后收益率的惊人差异。洪崇理（2006）的报告称，低特质波动率的美国股票表现优于高特质波动率的股票。洪崇理（2009）然后将分析扩展到全球市场，发现23个发达市场的低波动性异常。

很多其他基于风险的策略也同样受到低波动率、低贝塔异象的驱动。例如，豪根和贝克（1991）、克拉克等（2006）论证表明在美国，与市场相比，最小方差投资组合实现了25%的总风险降低，同时提供近乎市场水平的收益。不过，谢勒（2010）提供的分析证明，最小方差投资组合主要投资于低特质（low-idiosyncratic）和低贝塔因子股票。克拉克等（2011）还发现，低贝塔标的证券在纯多头最小方差投资组合中占很大比例。同样，莱奥特·德·卡瓦略等（2011）发现，纯多头最小方差投资组合投资于相对较少的低贝塔因子股票。他们进一步辩称，最小方差和最大多元化（舒维法提和夸尼亚尔，2008）本质上是相似的策略，二者产生了大量重叠的投资组合。

布莱克（1972）等阐述的1931～1965年低风险异常是最早记录到的异常现象之一，并且随着时间的推移一直存在。例如，弗伦奇（2017）的数据显示，1963～2016年，美国风险最低的股票的年收益率优于风险最高的股票6.8%。在英国，迪姆松、马什、斯汤顿（2017）记录了1984～2016年风险最低的股票具有每年7.4%的收益率比较优势。

5. 质量因子

与价值因子类似，质量因子投资最早可追溯到格雷厄姆和多德时期（Graham and Dodd，1934）。但有别于其他公共因子，人们对质量因子的具体定义莫衷一是。质量因子投资囊括了诸多维度，如关注于绩优企业、管理良好的企业、低风险企业或成长型企业。多年来，学术文献对这些不同的质量维度进行了研究，得出的一般结论是，高质量股票往往优于低质量股票。在最近的论文中，诺维·马克斯（2014）将毛利率与总资产的比值定义为企业的盈利能力并加以研究后发现该指标对于期望收益的截面特征具有和传统指标账面市值比相同的预测力。他还发现，较之于其他质量因子指标，盈利能力因子的表现更佳。诸如，格雷厄姆和格兰瑟姆质量因子准则（quality criteria）、斯隆（1996）基于权责发生制的盈余质量因子、皮尔托斯基（2000）的财务实力 F 值（F-score measure of financial strength）均属于前者。[⊖] 阿斯尼斯等（2013）考虑了一个全面的质量定义，包括盈利能力、成长性、安全性和大额支付等。在美国和全球 23 个市场中，他们研究发现高质量企业会比低质量企业贡献更高的经风险调整后收益。（在第 5 章，我们将更加细致地讨论一部分智能贝塔指数编制商所使用的各类质量因子规范（quality specifications）。）

2.2.4 多因子定价模型

虽然每个智能贝塔因子都被证明是单独有效的，但一个自然而然的问题是，这些因子是否正交（或者说相互独立），足以在多因子框架中组合起来，以增强解释力。法玛和弗伦奇（1992）的论文是一篇在这方面有影响力的著名文章。基于前述规模因子与价值因子的研究成果，法玛和弗伦奇构建了 2 个零投资因子模拟组合（zero-investment, factor-mimicking portfolios）以获取规模因子和价值因子溢价。[⊖] 结果表明，在单变量（单因子）检验中，市场贝塔因子与平均收益的关系较弱，规模因子与平均收益、价值因子与平均收益的关系较强。更重要的是，与资本资产定价模型相比，三因子模型在解释预期收益的横截面特征方面做得更好。自法玛和弗伦奇（1992）的文章发表以来，基本的三因子模型得到了改进，以纳入三因子模型未完全解释的其他横截面异常。例如，在杰加迪西和蒂特曼（1993）动量效应发表后，人们注意到，基于动量分类投资组合的横截面变化不能用法玛和弗伦奇三因子模型完全解释。于是卡哈特（1995，1997）扩展了法玛和弗伦奇的研究，将动量因子纳入其中。克拉克等（2010）运用法玛和弗伦奇的方法论计算出波动率因子，并指出在解释协方差结构方面，波动率因子与动量因子同等重要，而比规模因子、价值因子更为重要。他们进一步记录了整个分析期间（即 1931 ～ 2008 年）波动率因子的相对重要性。相似地，阿斯尼斯等（2013）创设了质量因子。他们指出质量因子与规模因子和价值因子间具有负相关性而较之法玛和弗伦奇三

⊖ Piotroski F-score，即皮尔托斯基分数，简称皮氏分数。其涵盖了盈利性、安全性、成长性等各方面，包含 9 项指标，每项指标符合条件得 1 分，不符合得 0 分，总得分从 0 分到 9 分，总共有 10 个等级，分数越高意味着表现越好。——译者注

⊖ 通过卖空一些证券，并将卖空所得投资于其他一些证券，可以构造出一个净投资为 0 的组合并称之为"零投资组合"（zero-investment portfolios）；通过对大量股票进行筛选，把具有共性的多只股票组合在一起，构造出所需要的因子，该组合在该因子上的敞口为 1 个单位，在其他因子上敞口为 0，则称该因子为"因子模拟组合"（factor-mimicking portfolios），系理论上构造出来的特定组合。后者有些类似于通过调节系数将多个向量合成为一个单位向量（模为 1），且该单位向量是空间中超平面的法向量。——译者注

因子模型可获得正阿尔法。也就是说,质量因子的表现并没有被三因子模型完全解释。多因子定价模型目前在行业中普遍使用,并已取代 CAPM 被用来解释平均收益的横截面特征。

风险分解分析

多因子模型通常被用来解释其他横截面异常和主动投资策略。这种应用通常称为风险(或敞口)分解分析。在多因子模型中,这些因子被视为风险来源(如,市场因子、价值因子或规模因子)并与风险溢价相关。因此,风险分解分析的思想是确定一个给定的策略是否具有高风险敞口,因而可以由选定的风险因子来解释。一个策略的超额收益中,没有被风险因子的敞口所解释的部分称为阿尔法,或称无法解释的超额收益。

举一个关于横截面异常的例子,班达里(1988)和巴苏(1983)分别记录了杠杆率和平均收益率、市盈率和平均收益率之间的正关系。但是,法玛和弗伦奇(1992)指出,杠杆率和市盈率的表现是由三因子模型解释的,即杠杆率和市盈率的作用被吸收同化在价值因子(市净率)和规模因子中。

若要说明主动策略的风险分解,请参考周子文等(2011)的著作。作者分析了一些另类贝塔(或称智能贝塔)策略的业绩表现。分析的策略包括等权重策略、风险聚类的等权重策略、多样性加权策略(如,费恩霍尔茨(1995))、基本面加权策略(如,阿诺特等(2005))、最小方差策略(如,豪根和贝克(1991))、最大多元化加权(如,舒维法提和夸尼亚尔(2008))以及风险有效策略(如,阿蒙克等(2010))。研究人员发现所有这些策略表现均优于市值加权市场组合。然而,法玛和弗伦奇三因子模型或卡哈特四因子模型在很大程度上解释了这一绩优表现。也就是说,智能贝塔策略的表现优于市场指数,因为它们对超市场共同因子(extra-market common factors)具有高敞口。而且,在统计学上,这些策略作为一个整体相对于三因子或四因子模型没有产生阿尔法。多因子模型同时也被用来分析主动管理型基金经理的业绩。这些研究所得出的一般结论是,主动管理型基金经理,通常来说,不会产生正的因子调整后的阿尔法。例如,法玛和弗伦奇(2011)发现,只有3%的主动管理型基金产生了足以覆盖其管理费的因子调整后的阿尔法。

2.3 投资者的常见问题

2.3.1 投资者为什么要关心智能贝塔因子

投资者确实应该关注智能贝塔因子,原因如下。第一,与市场因子非常相似,智能贝塔因子可能代表无法被分散的系统性风险来源,因而需要溢价补偿。事实上,这些因子已被证明在跨市场、跨国家和跨时间的各类市场中均持续绩优（persistent market out-performance）。这些因子收益可能代表了构建股票投资组合的第一层主动收益，随着智能贝塔因子产品的出现，投资者可能能够通过透明、多元化和低成本的金融产品创设来获取这些收益。第二，单个证券的风险和收益也取决于它们对这些额外的市场回报因子的敞口。因此，与 CAPM 相比，多因子模型在解释单个证券的收益差异方面做得更好。因此，智能贝塔因子在解释预期收益的截面特征方面起着至关重要的作用。第三，由于证券定价受智能贝塔因子敞口度的影响，大多数主动管理的投资组合也可能通过持有证券而存在对智能贝塔因子的敞口，其业绩表现可能受到这些敞口多寡的影响。因此，如果投资者希望更好地理解和管理其投资组合中的风险和收益来源，那么了解这些因子敞口是很重要的。第四，通过风险分解分析，多因子模型已经被证明在分析和理解主动管理投资策略的性能方面非常有用。这种模型允许投资者潜在地识别技能（即，经因子调整的阿尔法），继而结合智能贝塔因子创建更有效的整体投资组合结构。（我们将在第 10 章中更详细地讨论这些主题。）

2.3.2　对共同因子的可识别集合是否有共识

CAPM 模型为为什么说市值加权市场投资组合是一个溢价补偿共同因子（rewarded common factor）奠定了理论基础。但许多其他的溢价补偿因子缺乏这样的理论支持。这些超市场因子（extra-market factors）是实证研究所得。而通过实证得以定价度量的共同因子（empirically priced common factors）并不是由理论驱动的。这使得整个行业普遍难以接受实证因子。但这不应该是忧虑担心的理由。在金融领域，鲜有整个行业业已达成共识的事物。在一个非常基本的层面上，例如在低波动率异常的背景下，学术界和实务界甚至无法就风险和收益之间的确切关系达成一致。

但是，在实际操作中，要使真正的超市场公共因子真正有用，它们至少应：①承载 CAPM 调整后的收益溢价；②显示出可持续性；③在给定范围内解释预期收益的截面特征；④能够解释各种其他横截面异象和主动管理投资策略。

可持续性可以从多个维度进行评估。一个维度是跨细分市场的可持续性。这意味着给定因子和因子规范（factor specification）的表现在不同的细分市场（如，大盘、中盘和小盘）中是差不多的，因此可以说该因子在给定的整个样本空间中均有效。另一个维度是地理持久性。这是指给定因子在包括发达市场和新兴市场在内的全球股票市场中表现出相似的效果，那么便可得出这样的论点：该因子在全球股票中起系统性作用，而与特定市场或经济环境无关。另一个重要维度是随时间推移的可持续性。这意味着，当因子第一次被记录下来的时候，该因子在样本外的表现与样本内的表现类似。如本章所述，智能贝塔因子已显示出在这些维度上的可持续性。

在解释预期收益的截面特征和其他股票异象及主动管理投资策略方面，法玛和弗伦奇三因子模型和卡哈特四因子模型已成为行业标尺。需要重点指出的是，法玛和弗伦奇三因子模型被扩展到了包括动量因子，因为它无法完全解释依动量因子进行分类的投资组合（momentum-sorted portfolios）的表现。同样，四因子模型也不能完全解释基于波动率和质量因子的策略。因此，正如许多其他研究者以及我们的观点所认为的那样，将一组公认的共同因子扩展到囊括波动率和质量因子是顺理成章的。

基于这些考虑，业内人士在一定程度上一致认为规模因子、价值因子、动量因子、波动率因子和盈利能力构成了一组合理的超额市场回报因子，就其本身而言，已成为智能贝塔因子策略的焦点。

2.3.3 如果动量因子是解释主动管理型基金经理（如，成长型基金经理）业绩的一个重要因子，那么它不应该同价值因子和成长因子一样被视为一种风格吗

如前所述，动量因子的存在及其对许多主动管理型基金经理业绩的解释能力确实引起了人们对当前"价值-成长"投资风格范式（value-growth style paradigm）的适用性和相关性的严重关注。为了使一个股票特征在定义广泛的投资风格时具有实用性，该特征不仅应该体现实际的特征选择，还要代表大量主动管理型基金经理的投资组合敞口。在当前风格范例中，成长投资风格是根据高估值比率和/或高收益成长特征来定义的。如果价值风格有效，那么从长远来看，这些成长特征与市场表现应不相关。可为何大量的主动管理型基金经理会投资于这些特征呢？换句话说，当长期溢价已经成为价值是众所周知的事时，为什么基金经理会遵循成长投资风格？大多数所谓的成长型基金经理不会如此。所有证据都表明，成长型基金经理实际上是动量玩家（例如，格林布拉特等（1995），加尤尔等（2010））。动量因子也可作为比成长因子更好的对价值因子的分散，因为它产生独立的市场绩优表现，同时其主动管理收益表现出与价值因子的负相关性。显然，对比价值因子和成长因子，价值因子和动量因子更好地定义了主动管理型基金经理的投资风格。但更重要的是，目前没有任何一家指数编制商像提供价值因子和成长因子那样提供市值加权动量指数。对于其他投资风格，例如低波动率投资和质量因子投资，也可以得出类似的论点。这些是主动管理型基金经理通常遵循的投资风格。如果风格分类的目标是帮助投资者构建更好的投资组合和/或为风格型基金经理创建更合适

的风格基准，那么我们认为当前的"价值－成长"投资风格范式过于简单，并不完整，甚至对于这个行业而言是帮倒忙。

2.3.4 智能贝塔和传统的量化管理有什么区别

传统的量化策略通常是多因子方法。智能贝塔家族中囊括了各式各样的产品，其中一些产品（如，基本面指数（fundamental indexation）、最大多元化投资组合（maximum diversification portfolio）或单因子策略（single factor strategies））与传统的量化管理完全不同。智能贝塔因子多元化策略可能最接近传统的多因子量化管理。但是，智能贝塔因子多元化策略可能在几个维度上与传统的量化管理相左，例如因子和因子规范（factor specification）的选择、投资组合的构建方法、其他投资流程的特征以及具体实施细节。

智能贝塔策略倾向于关注几十年来被无数的研究者研究、检验、审查过的因子和因子规范。这些因子被称作溢价补偿因子（rewarded factors），在解释数据挖掘或多重检验的研究中保持统计显著性，并在样本外描述业绩表现的可持续性。另外，许多量化策略可能包括各种新的专有因子（proprietary factors）和／或包括对传统溢价补偿因子规范的专有增强（proprietary enhancements），例如对不同的国家或行业使用不同的价值度量标准，或者将短期动量策略和／或反转策略组成的传统动量相结合。如果这些专有因子和／或因子规范未予公开，它们就没有像智能贝塔因子那样受到公共审查。

在创建投资组合方法论方面，智能贝塔因子多元化策略也不同于传统量化策略。智能贝塔倾向于使用简单、基于规则和透明的构建方法，并有助于理解策略中包含的风险和收益的来源。许多智能贝塔策略也以公共指数的形式发布，并有一个完全公开披露的指数编制方法。典型的主动管理的量化投资策略则使用更为复杂的投资组合创建技术且其专有投资流程可能不会充分披露。

其他在投资流程上的特征也可以用来区分智能贝塔和主动管理量化策略。例如，智能贝塔产品可能采用旨在提高多元化、降低换手率和提高策略容量的方法。最后，在具体实施方面，从管理费和实操便捷性角度来看，智能贝塔可以代表一个在捕获溢价补偿因子方面成本较低的选项。在某种程度上，智能贝塔策略可以作为指数来提供，资金方可以在内部或通过其被动基金管理人在各种许可协议中复制它们，以降低执行成本。

前面提到的智能贝塔策略和传统量化策略之间的这些区别不应被解释为划定了智能贝塔的边界。例如，在其他条件相同的情况下，与专有规范相比，经过彻底审查的因子规范可能更为可取。然而，还必须记住，目前为人们所接受的智能贝塔因子曾经是主动管理型基金经理使用的专有因子（如，动量因子）。投资组合构建的简单性和透明度可能是需要的，但它也可能会失去灵活性和更好的风险管理能力。较低的换手率可能是首选，但它也可能降低可反映因子信号变化的投资组合更新频率。

2.4　结论

从从业者的角度来看，一组合理的溢价补偿因子可能包括规模因子、价值因子、动量因子、低波动率因子和质量因子。学术研究已经全面地记录了这些因子的存在和意义，并且投资者的实际经验还有公共指数的业绩表现表明这些因子随着时间的推移而持续，有些超过几十年。

然而，到目前为止，我们的重点是审查与溢价补偿智能贝塔因子相关的实证证据。在概念层面上，我们仍然需要回答两个重要的问题：为什么这些因子起作用？为什么我们能指望它们继续有效呢？我们将在下一章讨论这些问题。

第 3 章

解释智能贝塔因子的收益溢价

在本章中,我们将回顾学术文献中所提出的各种理论及其合理性,以解释智能贝塔因子的存在和持续性。

本章概要

- CAPM 为市场投资组合赚取风险溢价提供了理论基础,那什么能解释智能贝塔因子溢价的存在和持续性呢?

- 当今业界普遍认为,智能贝塔因子的超额收益并不来自于数据挖掘或数据窥探的偏差。正如前一章所述,这些因子的超额收益在数十年的样本外都持续存在。

- 有两种主流的视角来解释与智能贝塔因子相关的超额收益,一是基于风险的视角,另一则是行为视角。还有第三种视角,被称为结构性视角,有时也被用来解释智能贝塔因子的超额收益,该视角包含了市场摩擦和其他障碍。

- 基于风险的视角认为因子收益代表风险溢价,其产生于三个地方。一是额外的风险来源,如价值困境和缺乏流动性;二是对特定因子的表现不佳时期的暴露;三是市场表现不佳的风险。在均衡状态下,市场外的风险也需要额外的收益来补偿,因此,因子风险溢价将会持续。

- 行为视角认为投资者有偏差的偏好和信仰会导致证券的错误定价,从而产生因子超额收益。这些因子（或宏观）层面的错误定价很难被完全套利，这就解释了为什么因子溢价会随着时间的推移而持续存在。

- 结构视角有时候也被用来解释智能贝塔因子溢价的存在和持续性。通常指市场摩擦、投资管理结构以及可能导致相对错误定价和／或限制对异常超额收益进行充分套利的能力。

- 基于风险的视角的潜在问题包含以下几个方面。一是对每个因子的额外风险来源缺乏共识；二是对什么构成了特定因子表现不佳时期缺乏共识；三是缺乏解释多个因子溢价同时存在的能力，例如价值因子和动量因子的同时共存（simultaneous existence）。

- 行为视角的潜在问题包含以下几个方面。一是对关于哪些具体的有偏差的偏好和信仰导致因子错误定价缺乏共识；二是对在因子投资背景下预测资产定价的理论和框架缺乏共识。

- 在缺失关于为什么智能贝塔因子起作用的哲学信仰的情况下，从业人员可能会认识到在风险溢价与行为导致错误定价的辩论中不采取僵硬的立场是明智的，因为这两种解释都有所欠缺。实际上，智能贝塔因子溢价是由风险、行为错误定价以及结构性障碍共同导致的。

- 关于智能贝塔因子溢价的持续性，各种解释都有合理的论据。因此，尽管关于如何解释因子溢价存在的争论仍在继续，但就更实性性的问题，可能存在着某种程度的共识。

3.1 引言

CAPM 的理论模型的有用性在于，在某些假设下，它提供了一个清晰的理论基础，说明了为什么市值加权市场投资组合是唯一重要的因子，以及为什么随着时间推移它会获得收益。然而，正如上一章所讨论的，CAPM 并没有在实证检验中得到验证。除了理论模型，金融文献中还包含实证模型，这些模型寻找历史上曾经获得收益的因子。一旦发现了这些因子，学者们就会寻找一个经济方面的解释来说明为什么这些因子在历史上有效，并且可能会继续有效。智能贝塔因子，如规模因子、价值因子、动量因子、波动率因子和质量因子，都是实证性的溢价补偿因子。从实证的角度来看，这些因子的超额收益在统计上是显著的，并显示了跨细分市场、跨地域和跨时间的持续性。因此，这些因子通常会被称为溢价补偿因子。虚假的或幸运的因子的表现在样本外不能持续。然而，从理论的角度来看，我们如何解释智能贝塔因子的存在或持续性呢？在本章中，我们将讨论各种可能的解释。

3.2 数据挖掘

法玛和弗伦奇（1992）的研究成果发表后，布莱克（1993）便直言不讳地批评他们的研究成果。他表达了对他们的发现可能受到数据挖掘影响的担心。罗闻全和麦金莱（1990）将其称为数据窥探（data snooping）。布莱克（1993）对数据挖掘的定义如下："当研究人员尝试多种方法进行研究时，包括不同因子的组合、不同时期、不同模型，我们就可以称之为'数据挖掘'。如果他只展示成功的研究结果，我们就很难解释他进行的任何统计分析。我们担心他从尝试过的许多模型中，只选择了那些似乎支持他的结论的模型。有了足够的数据挖掘，所有看似重要的结果都可能只是偶然的。"当一个实证异象被记录下来却没有经济理论来支撑它的存在时，对数据挖掘的担忧会变得更加明显。这就是布莱克（1993）对法玛和弗伦奇（1992）的批评。布莱克（1993）认为法玛和弗伦奇（1992）阐明了规模因子与收益之间的关系，但没有提供任何论据来说明为什么这种关系会存在。法玛和弗伦奇（1992）也阐明了市净率和收益之间的关系。他们推测该财务比值可以捕捉到某种合理的定价风险，但没有进一步阐明该风险是什么以及为什么对其进行定价。由于法玛和弗伦奇（1992）缺乏合理的解释，布莱克（1993）写道："缺乏理论基础就是一个提醒：小心数据挖掘！"

尽管布莱克提出了批评，但重要的是，要认识到溢价补偿因子的寻找往往是实证驱动的，从这个意义上讲，该过程往往在一开始就没有理论依据。正如伊尔马宁（2011）所主张的，理论模型和实证模型都可能非常有用，后者可以更好地解释横截面和时间序列中的预期收益，前者能更好地解释为什么一个因子可以获得收益溢价。实证模型的研究过程基本是首先记录收益溢价的存在，再进而解释其存在及其潜在的持续性。因此，当实证异象首次被记录时，会引起数据挖掘的担忧，因为它缺乏理论支持。然而，随着时间的推移，为了解释这种异常现象，经济学理论应运而生，并且随着该异象在样本外的持续存在，这种异象开始获得更多的可信度。这就是为什么接受和认可公共溢价补偿因子是一个缓慢的过程。在我们看来，在经过几十年的跨细分市场、跨地域和跨时间范围的样本外持续性检验后，方可公平合理地说，对于智能贝塔因子不是数据挖掘所产生的虚假因子这件事，业界已经达成共识。[⊖]

3.3 基于风险的解释

基于风险的视角为解释智能贝塔因子收益的存在和持续性提供了以下一般性观点。

⊖ 在第 2 章，我们讨论了智能贝塔因子在多重检验框架中的统计显著性以及在样本外的业绩。

3.3.1 风险的多维性

法玛和弗伦奇等人是基于风险来解释公共溢价补偿因子存在的支持者。法玛和弗伦奇（1992）认为，如果投资者对资产进行理性定价，那么他们的发现将表明股票风险是多维的。除了市值加权市场投资组合所捕获的市场风险外，规模因子和价值因子也可以捕获理性定价其他维度的风险。正如陈·路易斯和陈乃富（1991）所说，价值因子是对承担更高水平风险的补偿。具有高市净率的价值股可能在成长前景方面表现不佳，因此，它们的收益可能与更高水平的风险有关，例如破产风险。同样地，和大盘股相比，小盘股的流动性更低，它们的收益溢价是对承担更低的流动性风险的补偿。因此，规模因子只是流动性效应的代理指标（布伦南和苏布拉马尼亚姆（1996），克雷恩（2011））。

3.3.2 特定因子的表现不佳时期

在现代资产定价理论中，风险也被定义为表现不佳时期或资产边际效用高的时期的协方差（科克伦，2001）。如前一章所述，除了严重的市场低迷时期，高边际效用时期还包括经济衰退、失业率上升、高通货膨胀、消费下降和金融危机的情况。在资产类别层面，表现不佳时期的业绩表现似乎能更好地解释超额收益的差异，而不是总风险与超额收益之间的关系（伊尔马宁（2011），洪崇理（2014））。在表现不佳时期表现不好的资产（如，股票）需要更高的风险溢价，而防御性的资产（如，政府债券）的风险溢价较低，甚至为负。

这种风险的概念（表现不佳时期的协方差）也可以扩展到多因子权益模型。回顾单因子 CAPM 模型，表现不佳时期被定义为市场投资组合的低收益或负收益时期。从单一角度对表现不佳时期进行定义是有局限的。由于每个因子潜在地对自己的表现不佳时期进行了定义，多因子模型能从更全面的角度来解释风险。因此，观察到的公共因子的收益溢价是对表现不佳时期的补偿。例如，就价值因子而言，表现不佳时期的风险包括公司投资风险（伯克等，1999）、消费风险（帕克和朱利亚尔，2005）、住房风险（凯利·卢斯蒂格和范·尼厄伯格，2005）、劳动收入风险（桑托斯和韦罗内西，2006）和生产技术风险（张橹，2005）。

3.3.3 市场表现不佳风险

另一种基于风险来解释公共溢价补偿因子的收益溢价的视角，与特定因子在表现不佳时期的概念密切相关，即因子都是高风险的，因为它们往往经历较长且明显的表现不佳时期或相对于市场来说表现不佳的时期（洪崇理，2014）。例如，价值因子可以获得青睐也会失去青睐。当价值因子失去青睐时，投资者可能会承受巨大的损失（如，在20世纪90年代末的牛市期间）。众所周知，与之类似的是，动量因子会让投资者面临周期性崩盘的风险（丹尼尔和马科维茨，2014）。这些崩盘在很短的时间内发生，导致投资者承受巨大的损失。投资者要想长期赚取因子溢价，就必须承受这些因子的高风险（即在困难时期进行投资）。

3.3.4　持续性

在基于风险的视角下，智能贝塔的因子溢价预期具有持续性，因为它们代表了对承受额外的市场外风险的补偿。总而言之，基于风险的视角认为，因子超额收益实际上是由于暴露于其他风险来源（如，困境或流动性不足），或暴露于特定因子的表现不佳时期，或在较长一段时间内存在巨额亏损和市场表现不佳的潜在风险。如果资产是合理定价的，那么作为对额外风险的补偿，因子溢价会持续一段时间。

3.4　行为视角

与倾向于为解释因子超额收益而提供一般性解释的基于风险的视角相反，行为视角倾向于关注能产生与智能贝塔因子相关的异常收益的特定的投资者偏差和偏好。

3.4.1　价值因子

在法玛和弗伦奇（1992）的研究成果发表之后，拉科尼肖克等（1994）挑战了法玛和弗伦奇的观点。法玛和弗伦奇认为价值股从根本上来说风险更高，所以有更高的收益。拉科尼肖克等（1994）认为，按照传统的风险衡量标准，如市场贝塔和收益标准差，价值股并不具有更高的风险。他们进一步阐述，如果价值股受到其他风险来源的影响，而这些风险并没有被传统的风险测度所涵盖，那么价值股和成长股的表现应该类似于投资者变得高度风险厌恶时期（即经济不佳时期）。然而，拉科尼肖克等（1994）发现价值股在市场低迷和经济收缩时期的表现优于成长型股票，同时在市场上涨和经济扩张时期能获得和成长股类似的收益。这些发现导致拉科尼肖克等（1994）得出结论，价值因子溢价并不是因为价值股具有较高风险，而是投资者的非理性行为的结果，非理性行为导致价值股和成长股之间的定价差异。可能导致价值股与成长股之间定价差异的行为偏差包括：①对股票趋势的假设；②对好消息或坏消息的过度反应；③简单地认为一个好公司等于一个好投资，而不管它的价格；④投资者倾向于以过去的收益增长来推算未来发展。价值股往往是在过去具有低的收益增长，而成长股往往经历过高速增长。投资者倾向于假设过去的收益增长率将在未来很长一段时间内持续下去，并相应地对价值股和成长股进行定价。然而，收益增长率的均值回归速度往往比投资者预期的要快得多（即增长率几乎没有持续性）。因此，收益增长的持续时间被投资者错误定价，这导致价值股相对于成长股的收益更高。陈·路易斯等（2003）对该行为提供了一些证据，表明当前估值（市账率）是由过去的收益增长所驱动的，而不是未来的实际增长。也就是说，价值溢价可以归因于投资者的过度反应。[⊖]

3.4.2　动量因子

有许多行为可以解释动量效应的存在。例如，一种被称为"锚定和调整"的行为特征（卡尼曼和特沃斯基（1974））可以解释动量收益。根据这种行为偏差，投资者只有在获得新信息时才会更新他们的部分观点。随着时间的推移，新信息的缓慢确认创造了价格动量。因此，动量效应可以归因于投资者的反应不足。其他研究，如格林布拉特等（1995），也将动量收益与投资者的羊群行为联系起来，这些投资者经常投资于最近的赢家股票，从而创造了一种潮流效应。

3.4.3　价值和动量的同时存在

在风险框架中，价值因子和动量因子超额收益的同时存在有时很难解释。然而从行为视角来看，陈龙等（2009）为价格中同时存在短期趋势（动量）和长期反转（价值）提供了一个短视的（myopic）推断解释。德邦特等（1985）记录了价格等长期反转。这个发现是指过去五年相对收益较低的股票在未来五年的表现往往优于历史收益较高的股票。价格等长期反转与价值密切相关，因为过去五年收益相对较低的股票往往也有较低的估值比率。陈龙等（2009）试图通过短视外推假设来调和由动量（短期反应不足）和价值（长期反应过度）确定的行为偏差。作者认为价格的短期趋势和长期反转可以通过未来现金流的收益冲击来解释。也就是说，先有动量，然后才有在现金流的冲击中的反转。这种行为可归因于投资者倾向于逐期修正未来现金流，这意味着当前的现金流冲击

⊖　在原著中漏掉了这篇文献。译者猜测可能是 Chan, Louis K.C. 与 Karceski, Jason J. 及 Lakonishok, Josef 的文章 *The Level and Persistence of Growth Rates*。——译者注

会持续很长一段时间。陈龙等（2009）指出：“投资者高估了当前的收益冲击，但又低估了可预测的趋势。”他们把这种行为称为短视外推（myopic extrapolation）。

3.4.4　其他因子

本章还提供了更多的行为来解释其他异常收益的存在。例如，投资者的博彩心态和偏好经常被认为是低波动率异象的原因。根据这一解释，投资者偏好高波动、高贝塔的股票，这会使其价格变高，并降低其相对于低波动、低贝塔股票的预期收益。侯恪惟和卢（2012）分析对低波动率异象的各种解释，发现投资者的博彩心理是主要因素，尽管几乎一半的异常收益仍然难以解释。[⊖]

其他影响可能包括外推和过度自信的偏差。事实上，卡塞斯基（2002）指出，共同基金投资者倾向于在一段时间内追逐不同资产类别的回报，以及同一资产类别内表现良好的基金的回报。根据卡塞斯基（2002）的说法，这些偏差可能导致与在下跌的市场中表现优异相比，基金经理更担心在上涨的市场中表现优异，这可能导致对高贝塔、高波动股票的偏好和过高定价。

3.4.5　持续性

如果投资者的非理性行为导致的错误定价产生了因子超额收益，那么为什么这种错误定价没有被投资者套利呢？许多研究套利限制的文献，阐述了现实生活中实施套利交易的限制（施莱费尔和维什尼（1997）；施莱费尔，2000）。套利交易往往风险高（价格变化对套利者不利）且成本高。长期资本管理公司的失败就是一个例子。[⊖]在微观层面，套利交易的实施风险可能较低，因为资产可以用相对价值和对冲交易来替代。例如，单个股票可以被同行业中具有相似表现的另一只股票所替代。在宏观层面，如整个股票市场和其他公共因子，很难找到高度相关的替代资产，这使得套利交易具有高风险。另外，在许多情况下，套利者的投资期限会很长，需要有坚持的毅力，因为错误定价可能会持续很长时间并愈演愈烈。当套利者是用投资人的钱进行交易且投资人是在较短的时期内评估投资业绩时，套利交易对于套利者而言是

⊖ 原文漏掉了这篇参考文献，该文献最终于 2016 年发表。Hou K，Loh R K. Have we solved the idiosyncratic volatility puzzle?[J]. Journal of Financial Economics, 2016:167-194.（Roger K. Loh 来自新加坡管理大学李光前商学院，其中文姓氏“卢（Loh）”系音译）。——译者注

⊖ 长期资本管理公司是一家成立于 1993 年的对冲基金管理公司，其从事高杠杆套利交易策略，并在 1997 年亚洲金融危机和 1998 年俄罗斯金融危机后遭受巨额亏损。

很难的。其他因素也可能成为套利交易的障碍。例如，在低波动率的情况下，借款限制（布莱克，1972）和基准（贝克等，2011）经常成为套利的限制，我们稍后将讨论这一点。

尽管因子超额收益不能被完全套利，但是超额收益中的一部分是可以被套利的。在这方面，麦克莱恩和泼蒂福（2016）分析了大量预测横截面股票收益的因子在样本外和公开发表后的业绩。数据显示，相对于样本内的业绩，样本外下降了26%，公开发表后下降了58%，这意味着"公开信息"导致收益下降了32%（=58%-26%）。该结果并不意味着横截面异常收益的完全消失。就智能贝塔因子而言，正如上一章所述，这些因子的收益规律在几十年前就已经被发现了，因此，它们的收益溢价中可以被套利的部分已经消失了。然而，智能贝塔因子仍在产生样本外和公开发表后的收益溢价。

总之，我们认为行为视角有两个主要论点。首先，投资者的非理性行为（有偏差的偏好和信仰）导致错误定价；其次，这种错误定价会持续下去，因为其无法被完全套利（即套利是有限的）。

3.5　结构视角

对于一些智能贝塔因子，如波动率因子，结构性解释也被用来解释其异常收益的存在和持续性。结构性解释通常指的是市场摩擦、投资管理结构或其他导致错误定价或限制套利交易的障碍。例如，布莱克（1972）认为借款限制是低贝塔股票的风险调整后收益较高的潜在原因。贝克等（2011）指出，投资组合管理的委托结构，特别是固定基准的使用，是低波动率因子异象持续存在的另一个原因。贝克等（2011）认为，具有杠杆限制的传统固定基准委托投资会激励基金经理偏爱高贝塔股票，而回避低贝塔股票。以这种方式使用投资基准，本质上会导致基准本身成为套利的潜在限制。最后，我们注意到阿斯尼斯等（2016）的一项有趣的研究，其研究了低风险异象是不是由杠杆约束导致的，因而应该通过系统风险或行为偏差或异质风险或特定股票的风险来衡量。为了解决这个问题，作者创造了新的信号，可以用来检验一个理论。他们发现，试图捕捉杠杆约束视角的信号产生了显著的风险因子调整后阿尔法，并在样本外表现出了跨地域和跨时间的持续性。试图捕捉行为视角的信号通常表现得不那么稳定，与情绪相关的因子在这一类别中表现最好。基于这项研究中提出的证据，作者得出结论，杠杆限制和博彩心理对解释低风险异象起到了作用。

3.6 投资者的常见问题

3.6.1 基于风险的解释有哪些潜在问题

基于风险的解释认为，因子超额收益实际上是来自暴露于其他风险来源（例如，困境或流动性不足），或暴露于特定因子的表现不佳时期，或在较长一段时间内存在巨额亏损和市场表现不佳的潜在风险所产生的风险溢价。让我们回顾一下这些论点中值得称赞之处。

在我们看来，某种程度上，基于风险的解释似乎是合理的。毕竟，如果市场是理性和有效的，那么因子收益溢价必然是对承担更高风险的补偿。然而，当前的框架无法识别那些额外的风险来源，这是一个问题。即使我们承认潜在的超市场风险来源是对于价值因子而言的财务困境和对于规模因子而言的流动衰竭，但对于与动量因子、波动率因子或质量因子相关的风险来源并没有普遍的共识。基于风险的解释也不能解释不同因子超额收益的同时存在，如价值因子和动量因子。法玛和弗伦奇（1998）观察到，过去的输家证券具有类似价值因子的特征，因为价格下跌导致它们的估值比率也下降。这将意味着过去的输家证券而非过去的赢家证券（高动量股）应该有更高的收益。这一明显的矛盾导致法玛和弗伦奇得出结论，即价值因子和他们的三因子模型不能解释动量收益。法玛甚至将动量称为市场异象的"祖师爷"。如果动量是如此具有挑战性的反常现象，那么低波动率股票的表现优于高波动率股票，从而导致低风险与高收益相关联的发现又如何呢？这一发现提出了这个问题，以至于一些支持有效市场的人甚至拒绝接受它的存在。然而，低风险异象是最早记录的异象之一，这种异象显然已经持续了一段时间。

风险被定义为经济不佳时期的协方差的概念似乎也相当合理。这种风险的概念意味着因子会带来收益溢价，因为它们在经济不佳时期表现不好。经济不佳时期的典型例子是股市低迷或经济衰退时期。基于这些经济不佳时期的定义，我们的研究并不支持所有因子在经济不佳时期表现不好的论断。低波动率因子和质量因子实际上在这种时期表现相当好，并提供了下跌安全垫。智能贝塔因子的特征可能是在经济不佳时期勾勒的，这些时期是与整个股市相关的时期之外的，或者不同于那些与整体股市相关的时期。但是研究人员无法就经济不佳时期是什么达成共识，这是定义混乱的根源，这使得我们的论点不太有说服力。

智能贝塔因子的收益明显体现了高度的周期性，因为因子确实会时而门庭若市时而门可罗雀。它们也会让投资者面临严重的市场表现不佳状况，这种状况可能会持续多年。因此，观察到的因子收益溢价是对承担这些额外风险的补偿，这些额外风险超出了与市场相关的一般业绩风险。这一论点似乎也是合理的，但它并没有解释为什么某些因子能持续获得收益，而其他因子则不能。例如，侯恪惟等（2015）分析了 80 个异象的表现，发现几乎一半的异象在解释横截面预期收益方面是微不足道的（即没有合理定价或收益）。显然，即使是那些不被认为是有收益的且通常不包括在多因子定价模型中的因子，也体现了周期性和市场表现不佳的风险。

3.6.2 与行为解释相关的一些潜在问题是什么

行为解释认为，投资者的非理性行为（即有偏差的偏好和信仰）会导致错误定价，并产生凭经验观察到的因子溢价。行为解释的一个主要问题是，尽管行为投资组合理论提供了一些对资产定价的预测（谢夫林和斯塔特曼（2000）），其中的一些解释似乎是事后合理或暂时合理。潜在的投资者偏差和偏好如此之多，以至于总是能找到一个来解释给定的异象。正如所讨论的，价值因子归因于投资者反应过度，动量因子归因于投资者反应不足，低波动率因子归因于博彩心理等。此外，对于同一个异象，可能会有多种互斥的解释。以动量因子为例，一些学者认为这是由投资者反应不足造成的（洪和斯坦，2000），而另一些学者则认为这是投资者反应过度的结果（丹尼尔等，1998）。什么导致了反应不足？不同的研究指向不同的特征，如锚定与调整（anchoring and adjustment）、代表性偏差（representativeness）、保守心态（conservatism）或有限理性（bounded rationality）。过度反应可能是由保守主义、过度自信或自我归因（self-attribution）引起的。

有鉴于此，有效市场的支持者经常辩称，许多行为解释缺乏严谨性、理论性和纪律性。这种批评在一定程度上具有正确性。

3.6.3 鉴于激烈的讨论和辩论，以及不可避免地会造成的混乱，投资者应如何处理两个基本问题：为什么存在智能贝塔因子？以及为什么它们具有持续性

毫无疑问，学术界对于是什么产生了智能贝塔因子的超额收益缺乏共识。有效市场的支持者认为，因子溢价是对承担额外的市场外风险的合理补偿。市场非有效论的支持者反驳说，因子溢价产生于投资者的非理性行为。行业从业者也明显缺乏共识。指数编制机构通常将因子收益称为风险溢价（没有明确因子给投资者带来的额外风险来源），而主动管理型基金经理则认为，因子溢价代表了他们可以有效利用的行为异象（没有解

决与套利限制相关的各种问题）。

为什么智能贝塔因子起作用？在我们看来，从业者牢记以下考虑因素有利于解决这个问题。

1. 数据挖掘

在我们看来，智能贝塔因子不是那些业绩表现不太可能在样本外持续的虚假或幸运的因子。当前行业中有一定程度的共识，即智能贝塔因子溢价不是数据挖掘的产物。如第2章所述，这些因子在多重检验框架中仍然很显著，它们的业绩在几十年的样本外仍持续存在。

2. 风险或错误定价或结构性

投资者可能对市场效率和某些因子起作用的原因有哲学上的信仰。这些哲学信仰可能导致在这些投资者的理念中，某些因子优先于其他因子。例如，在最近的一次受托资产管理机构研讨会的采访中，尤金·法玛提出了这样的观点，即考虑到高换手率，动量因子不太可能成为风险因子。"我很难想到换手率这么高的风险因子……在我看来，动量因子是有效市场最大的尴尬。"他说道。他进一步承认，他"希望它消失"。⊖尽管法玛的诸般陈述有点难以解释（他关于动量因子风险太高而不会成为风险因子的论断），但这些陈述确实凸显了他的投资哲学和偏好。许多投资者也对价值因子或质量因子投资感到更舒服，而不是动量因子投资。从市场效率的角度来看，这些投资者很难理解为什么动量因子会起作用，因为它甚至挑战了弱式有效市场理论。然而，根据我们的经验，这些投资者中的许多人也在他们的投资组合中实施了低波动率策略，这挑战了金融理论建立的风险和收益之间的基本正向关系。持有投资哲学是完全合理的。但是，投资哲学的一致性也很重要。

抛开投资哲学信仰不谈，从业者应该努力理解与基于风险、行为和结构解释相关的基本论点。但是，在我们看来，试图理解每个学派的学术文献中争论的细微差别有点浪费时间。价值因子是困境风险或其他形式风险的代理指标吗？与价值因子相关的市场外不景气是源于劳动力风险还是生产技术风险？动量因子是投资者反应不足还是反应过度造成的？现在最好让学者们就这些话题进行辩论，直到进一步的明晰和共识出现为止。

3. 持续性

在基于风险的解释中，均衡状态下，额外的风险需要用额外的收益来补偿，所以智

⊖　Whyte（2016）.

能贝塔因子溢价具有持续性。在行为和结构解释中，由于套利限制，智能贝塔因子溢价具有持续性。因此，各种理论都有一个合理的论据来解释为什么智能贝塔因子收益溢价会持续一段时间。从这个意义上说，就因子溢价的持续性这一问题似乎存在某种程度的共识。因此，因子溢价有时被称为"系统"收益来源。它们是系统性的，无论是由风险还是错误定价引起的，它们往往会随着时间的推移而持续存在。

关于持续性的另一个视角是，能让投资者站在交易另一面的策略更有可能具有持续性。例如，一部分投资者追求逆向投资哲学。他们买入最近价格下跌的股票（动量因子的另一面）。另一部分投资者更喜欢预期盈利增长率高、故事好到引人入胜的股票（价值因子的另一面）。还有投资者更喜欢高贝塔、高波动的股票，希望其表现优于市场或基准（低波动性的另一面）。

那么，其中要义究竟是什么呢？

现实情况是我们并没有完全理解为什么智能贝塔因子会起作用。我们有看似合理的解释，但在行业内没有达成共识。所提供的各种解释都有潜在缺陷。投资者的哲学偏见可能导致他们认为因子溢价是由风险或错误定价或结构性障碍引起的。如果没有牢固的哲学信念，那么在我们看来，在风险、定价错误、结构性障碍之间的辩论中不应该持僵化立场。实际情况是智能贝塔因子溢价是由风险、行为和结构等因素共同产生的。这是我们的观点。当被问到各种解释的相对重要性时，我们可能会对行为学派和结构学派略有偏爱。

好消息是，对于为什么智能贝塔因子溢价具有持续性，各种学派似乎都有合理的论据。以从业者的角度看，持续性显然是一个关键的考虑因素。

3.6.4 智能贝塔的交易会不会越来越拥挤，最终导致智能贝塔因子的超额收益消失

随着智能贝塔投资的流行和发展，一部分投资者担心它的交易会越来越拥挤。拥挤的交易通常是指对策略或资产的过度需求导致估值过高，进而导致预期收益降低或为负的情况。投资者指出，过去几年智能贝塔产品经历的大量资金流入，以及智能贝塔策略的（高）估值水平，都是交易拥挤的证据。

近年来流入智能贝塔投资的资金的确有所增加，但这些资金流入与智能贝塔因子相关的资金净增长之间可能并不存在一一对应的关系。例如，如果智能贝塔资产增加了5000亿美元，这并不一定意味着投资于智能贝塔因子的金额也增加了这么多。理由如下。在过去几年里，我们看到了业界有一个明显趋势，即资金从主动管理型基金流出并

且流入被动管理型基金和智能贝塔。从定义上讲，被动指数投资复制了市值加权市场基准，它对各种因子的敞口为零。主动管理型基金经理通常对智能贝塔因子有风险敞口，但将许多主动管理型基金经理作为集体来看，会发现他们也像市场，并没有显著的因子风险敞口，也就是说，基金经理之间主动和被动的风险敞口相互抵消（法玛和弗伦奇，2008）。因此，从宏观上说，资金从主动管理向被动管理流动不会对与因子策略挂钩的净金额产生影响。然而，从主动贝塔到智能贝塔的转变，将增加投资于因子的资金数量，但不是一一对应的。回想一下，智能贝塔的主要价值主张是能够提供超额收益的来源，这让主动管理型基金经理传统上拥有更加透明的投资流程和费率更低的投资产品。因此，我们有理由假设，从主动管理型基金流入智能贝塔的资金中，有相当一部分来自拥有主动因子敞口的基金经理，但这些基金也有较高的管理费。因此，与智能贝塔因子风险敞口相关的净额外资金可能比流入智能贝塔的总资金要少得多。布利茨（2017）提供了关于智能贝塔资金流入增加和潜在的交易拥挤的另一种观点。他阐述的是，以结构化产品（ETF）为例，截至 2015 年 12 月 31 日，至少有三年历史业绩的基金的资产规模达到 1.2 万亿美元，约占美国股市的 5%。在分析所有提供的基金的智能贝塔因子风险敞口时，布利茨（2017）发现，尽管一些基金显示了对智能贝塔因子的正风险敞口，但其他基金追求的投资过程导致了隐性的负风险敞口。总体而言，所有基金的智能贝塔因子敞口结果都接近中性或零。因此，尽管流入智能贝塔结构化产品的资金有所增加，但数据并不支持有更多资金在追求智能贝塔因子溢价的结论。尽管如此，这些研究发现，如果来自主动管理和被动管理的资金以更快的速度流入智能贝塔，交易拥挤显然会成为一个令人担忧的问题。但在现阶段，我们离这种情况还很遥远。此外，尽管最近有所发展，但智能贝塔资产在总权益资产中所占的比例仍然相对较小。

　　交易拥挤的另一个理由与智能贝塔策略的高估值水平有关。然而，给智能贝塔策略估值是一件复杂的事情。一些学者，如阿诺特等（2016）认为，智能贝塔因子的收益是由估值上升推动的，原因是资金流入增加。因此，阿诺特等（2016）指出，一些智能贝塔策略已经估值过高，有可能会发生因子崩溃。另一些学者，例如阿斯尼斯等（2015）反驳说，尽管智能贝塔因子越来越受欢迎，但基于价差考虑，它并没有被高估。因子估值的问题很复杂，因为不同的方法可能导致不同的结果。例如，我们的研究表明，基于市净率估值指标，相对于历史，传统的盈利策略目前的估值显得过高。但从市盈率估值的角度来看，这些策略的估值似乎略有被低估。总之，截至 2017 年 6 月，我们没有发现任何证据表明智能贝塔策略估值的结构性过高以至于我们会怀疑因子溢价的持续性。

3.7　结论

从智能贝塔的视角来看，规模因子、价值因子、动量因子、波动率因子和质量因子等构成了因子集合。虽然业界尚未就这些因子起作用的原因达成共识，但有令人信服的证据表明，这些因子的超额收益在样本外持续存在。法玛和弗伦奇因子在肯尼斯·R.弗伦奇（Kenneth R. French）的网站上已经更新了二十多年，其表现也可用于全球股票市场指数编制机构发布的大盘－小盘股票指数和价值－成长股票指数。因子体现了跨细分市场（大盘、中盘、小盘）、跨地理（发达市场和新兴市场）和跨时间（样本外）的持续性。

在本书接下来的章节中，我们将把重点从对因子的学术回顾转移到在现实生活中获取智能贝塔因子的具体实现。我们讨论了编制机构用来获取智能贝塔因子收益的各种投资组合构建方法和因子规范。我们还分析了大量公开可用的智能贝塔策略的历史表现，以更好地了解它们的业绩表现。

EQUITY SMART BETA AND FACTOR INVESTING FOR PRACTITIONERS

捕捉智能
贝塔因子

第 4 章

加 权 方 案

　　市场上提供的各种各样的智能贝塔金融产品有时会让投资者不知所措，并可能令其在分析和选择此类产品时犹豫不决。各智能贝塔产品间的不同是由诸如因子规范（factor specifications）、权重分配方案、控制换手率的方法、多元化投资以及策略容量等相异所致。本章，我们提出了一个简易框架，旨在理解用于获得智能贝塔因子收益的多种权重方案。⊖我们还分析了这些加权方案在因子捕捉方面的效率。在下一章中，我们将讨论因子信号特定化可能产生的差异。

本章概要

- 智能贝塔产品使用多种加权方案和投资组合构建方法来获取因子收益。

- 所采用的各种加权方案可分为两大类：①将基准市值权重"倾斜"到所需的因子特征的加权方案；②将整个因子从市值权重"重新加权"到根据因子特征或其他经构造的指标（construction objective）而确定的新权重水平的加权方案。

- 第一类"倾斜"使得总权重成为基准市值权重的函数。成分的有效权重（即，权重超配和权重低配）可能是基准市值权重的函数，也可能不是，这取决于因子倾

⊖　本章我们讨论了用于调整因子投资组合中个股的权重的权重方案。在多因子策略构建过程中对因子权重加以调整的权重方案将在第 8 章进行讨论。

斜的实现方式。

- 一些加权方案，如市值加权法和市值调整法，通过将基准市值权重乘以因子信号值（factor attractiveness scores）来实现因子倾斜。[注]因此，这些方案提供了市值调整法因子倾斜，其中有效权重（active weights）也成为基准市值权重的函数。这些加权方案通常具有较低的换手率、较低的交易成本和较高的策略容量，但它们也可能描述受到基准市值权重影响的较高个股集中度和因子倾斜。

- 其他的加权方案，如积极风险约束优化和信号倾斜法（signal tilting），旨在通过使主动权重独立于基准市值权重，且只与因子信号值函数相关，以实现更纯粹的因子倾斜。这些加权方案通常比市值加权法和市值调整法具有更高的换手率和更低的策略容量。

- 第二类"重新加权"是基准不可知的，旨在将给定范围的证券从市值加权重新加权为由因子信号值或其他投资目标确定的权重，例如构建最小方差投资组合。该类别包括诸如等权加权、信号加权和积极风险无约束优化等加权方案。这些加权方案通常具有较高的分散性，但也可能具有较高的换手率、较低的策略容量和较小的因子捕获偏差。

  - 我们运用多种加权方案创设智能贝塔因子组合。我们分析历史回测业绩表现，并针对市值加权因子组合（基于市值调整法的因子倾斜）和信号倾斜法因子组合（独立于市值的因子倾斜）进行主动收益和积极风险的分解。[注]有以下主要发现：

  - 全部基于多元化加权方案的智能贝塔因子组合均胜过市场基准（罗素1000指数）。

  - 市值调整法因子组合仅在信息比率方面实现了边际改善，而在风险分解方面相较于市值加权因子组合并未产生有意义阿尔法收益。

  - 相较于市值加权法因子组合和市值调整法因子组合，信号倾斜法因子组合的信息比率更高。这证明信号倾斜越纯粹，风险调整的业绩表现越好。

  - 与罗素1000指数相比，等权重法和信号加权法因子投资组合表现类似。与市值加权法、市值调整法和信号倾斜法因子投资组合相比，二者实现了

○ 实务中常用的赋权方法包括：市值加权法（capitalization weighting）、市值调整（因子信号）法（capitalization scaling）、信号倾斜法、信号加权法（signal weighting）、等权法（equal weighting）。——译者注

○ 主动收益（active return），常指相对于基准的收益；积极风险（active risk），常指主动收益的标准差（也称为跟踪误差或跟踪风险）。后者是前者的标准差，前者的方差通常被称作 active risk squared（=active factor risk + active specific risk）。此系 CFA Level Ⅱ 的常见知识点，有兴趣的读者可查阅相关资料。——译者注

更高的信息比率。和市值加权因子组合相比，这些投资组合在风险分解中也产生了各种可观且具有统计意义的阿尔法。

- 如本章所示，等权重法和信号加权法因子组合相当于从等权重基准选样空间开始，然后向期望因子倾斜。因此，这些因子投资组合的显著表现在很大程度上可以解释为同等权重的罗素 1000 投资组合优于罗素 1000 指数。

- 等权重法和信号加权法因子投资组合的表现在风险分解中几乎得到了充分的解释，以等权重的罗素 1000 投资组合和基于信号倾斜法的价值因子、动量因子、波动率因子和质量因子投资组合间的比较分析为例。

- 在比较各种智能贝塔方法的因子捕捉效率时，我们认为，相较于基于风险调整收益的历史业绩简单比较分析，主动收益和积极风险的分解可能是一种更具洞察力的方法。这是因为，鉴于主动收益的显著差异，在评估夏普比率或信息比率的差异时很难达到统计显著性。另外，主动收益和积极风险的分解为理解因子敞口和因子贡献提供了一个视角。在这项工作中，产生的阿尔法（无法解释的主动收益）的大小、统计显著性和积极风险贡献（active risk contribution）是衡量投资策略效率的有益指标。

- 市值加权法的总基准（parent universe）（如，罗素 1000 指数）不是对所有智能贝塔策略都合适的比较基准。而一些加权方案，诸如等权重法和相对于等权重法实现了因子信号加权的总基准（例如罗素 1000 等权重指数），并非市值加权法的总基准。若旨在测定因子倾斜的效率，那么应该相对于等权重法的总基准对它们的性能进行评估。

4.1 引言

在学术文献中，通常使用与法玛和弗伦奇（1992）研究中概述的方法相似的方法构建因子组合。法玛和弗伦奇投资组合是零投资因子模拟组合（zero-investment，factor-mimicking portfolios[⊖]），依靠多元化的概念来捕捉规模因子、价值因子或动量因子的效应。但这些投资组合也有缺点。它们需要允许做空和高换手率，且无现成的投资工具来复现它们的业绩。尽管法玛和弗伦奇因子投资组合在投资研究中很有用，但在投资和复制时此类组合既不简便又不划算。

因此，智能贝塔指数编制机构设计构建方法，以创建纯多头、易于投资的因子投资

⊖ 参见第 2 章译者注。

组合，其业绩实际上可被投资者低成本复制。在本章中，我们讨论了一个简单的概念框架，用于分析智能贝塔指数编制机构使用的不同权重方案，以及更好地了解是什么驱动了它们的性能。

4.2　用于捕捉因子收益率的加权方案

所有寻求捕捉因子收益率的智能贝塔策略都有一个共同特点：它们采用在各成分股基准市值权重之上衍生而来的加权方案。在市值加权基准之上进行衍生通常可以通过两种方式实现：①将基准市值权重向所期望因子倾斜；②通过所期望因子或某些其他构建目标（如等权重或构建最小方差组合）对基准成分进行"重新加权"。这两大类加权机制如图 4-1 所示。

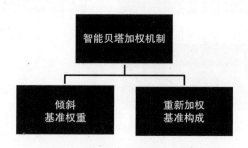

图 4-1　智能贝塔两类加权机制

在倾斜这一大类别中，各成分股的总权重是基准市值权重的函数。然而，这一大类中的加权方案在具体如何确定因子倾斜方面可能有所不同。一种方法是将基准市值权重乘以因子信号值（如，因子得分）。这一乘性过程（multiplicative process）意味着成分股的有效权重（active weights）也成为基准市值权重的函数。我们将这种加权方案称为"市值比例式"（cap-scaled）因子倾斜。第二种方法仅根据因子信号值的函数确定有效权重，而不依赖于基准市值权重，然后将导出的有效权重添加到市值权重中，以确定各成分股的总权重。我们将这种加性过程（additive processes）称为传递"与市值无关"（cap-independent）的因子倾斜，或者称作改进因子信号值和有效权重之间的关系后的更纯粹的因子倾斜。因此，在倾斜大类中，各成分股的总权重始终是基准市值权重的函数，而有效权重可能是（基准市值权重的函数），也可能不是。

在重新加权（reweighting）这一大类中，由于成分股基准是基于因子信号值或其他一些经构造的指标（construction objective）而重新加权的，因此各成分股的总权重独立于基准市值权重，而有效权重则不是。

图 4-2 概述了各种权重方案的分类及其总权重和有效权重特征。

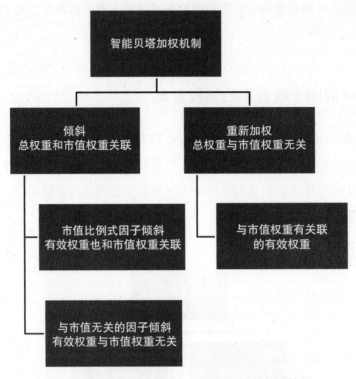

图 4-2 智能贝塔加权机制：总权重和有效权重特征

4.2.1 倾斜：总权重与基准市值权重关联

作为一个含义宽泛的大类，这些加权方案寻求实现相对于各成分股基准市值权重（benchmark capitalization weights of constituents）的因子倾斜。因子倾斜可以通过缩放基准市值权重或独立于基准市值权重来实现。

1. 市值比例式（cap-scaled）因子倾斜

这一类别包括市值加权法（capitalization-weighted，CW）和市值调整法（也称"因子信号法"；capitalization-scaled，CS）等加权方案，其中各成分股的总权重和有效权重是其基准市值权重的函数。

（1）市值加权法 市值加权法下的投资组合采用了一套简单易懂的加权方案。由指数编制机构提供的传统风格指数（价值风格、成长风格）就是典型的市值加权因子组合。更普遍的是，独立的市值加权因子组合大多通过表 4-1 所概述的方法构建组合。构建过程从市值加权因子投资组合的基准选样空间特定化（the specification of a benchmark universe）开始。选样空间中的所有股票都是根据一个因子信号（如，动量）从高到低独立排列的。在累计覆盖率达到一定水平时（表 4-1 中为 50%），比较基准中排名最高的股票被因子（动量）投资组合收入囊中。在这个例子中，选择股票 1 至股票 n，因为它们的累计覆盖率达到 50%。然后，选定的股票按其市值加权。因此，表 4-1 中倒数第二列显示，动量因子投资组合中每只股票的总权重是该股票在基准指数中的权重的 2 倍，因为我们有 50% 的基准市值覆盖率。每只股票的有效权重（最后一列）等于其在基准中的市值权重。如果因子指数的目标覆盖率为总基准权重的 25%，那么各成分股的总权重和有效权重将分别是基准市值权重的 4 倍和 3 倍。⊖

表 4-1 CW 因子投资组合的构建过程说明

	股票动量 （总收益）	基准权重（%）	基准权重的累计 覆盖率（%）	动量因子投资组合 中的总权重（%）	动量因子投资组合 中的有效权重（%）
股票 1	90.20	0.50	0.50	1.00	0.50
股票 2	85.40	1.00	1.50	2.00	1.00
股票 3...	82.50	0.50	2.00	1.00	0.50
... 股票 n	8.20	3.00	50.00	6.00	3.00
股票 $n+1$...	7.50	0.75			−0.75

资料来源：GSAM.

表 4-1 中概述的构建过程是这样一种方法：成分选择是基于因子排名，但成分权重基于市值，无论是在独立因子组合（如表 4-1 所示）中，抑或是在二维构建（如传统价值 / 成长风格指数）中均适用。对于选定的成分股，因子组合中的总权重和有效权重是基准市值权重和基准覆盖率的函数，而不是基于因子信号的因子排序或因子信号值的函数（这些结果在附录 4A 中得到了更正式的推导）。⊖例如，由于表 4-1 中的股票 n 是一只大盘股（基准市值权重为 3%），因此它获得的总权重（即 6%）和有效权重最高（即 3% 的增持），哪怕在所选证券中股票 n 是最不具吸引力的动量证券。尽管市值加权因子组合具有很高的可投资性和容量，但它们的构建方法也扰乱了因子信号与成分股的总权重和有效权重之间的联系。

（2）市值调整法 一种改进因子信号与权重关系的方法是利用因子信号来衡量各成分股的基准市值权重。这种加权方案称为市值调整法。本德和王（2015）提供了一个使用市值调整法构建因子组合的例子。更一般地，市值调整法因子投资组合中证券的权重是通过证券的因子得分与其基准市值权重的乘积来确定的。因此，在这种方法中，因

⊖ 对于股票 i，有效权重 = 总权重 − 基准权重。读者可以将"恒生大中型股动量 50（HSLMMOI.HI）"作为配套案例阅读。而下文中提及的市值调整法，可以将"恒生大中型股动量偏向（HSLMMOTI.HI）"作为配套案例阅读。——译者注

⊖ 因子排序有时也被称为"因子的秩"，有兴趣的读者可以学习"斯皮尔曼秩相关"的相关知识。——译者注

子得分高（低）的股票相对于其基准市值权重是超配（低配）的。在市值调整法中，一些智能贝塔产品使用了基准全体样本空间，而另一些则使用一个子集来创建集中度更高的投资组合。MSCI 动量因子倾斜和质量因子倾斜指数就是前一种情况的例子。在讨论价值因子投资时，价值因子加权指数也是众多将全体选样空间进行市值调整产品的一个例子。在这些指数中，与市场水平相比具有高（低）价值因子特征的成分股相对于其基准权重被超配（低配）。集中度高的市值调整法产品首先选择基准选样空间的一个子集，例如基于因子得分的前 30% 的标的，然后对选定的成分应用市值比例（加权）。MSCI 动量因子和质量因子指数便是此类产品的例子。

与市值加权法因子投资组合相比，市值调整法因子投资组合改善了因子信号值与标的权重之间的关系，因此，可以提高因子捕捉效率。然而，在这样的投资组合中，由于权重仍然是基准指数中市值权重的函数，因此因子信号与标的权重之间的关系仍然不确切。例如，如果两个具有相同价值因子特征的成分股在基准指数中的市值权重不同，那么它们在市值调整价值因子组合中的权重便可能不同。更具体地说，大盘股将获得更高的总权重和有效权重，即使它们具有与小盘股相似的因子特征。因此，该乘性加权方案（multiplicative weighting scheme）在因子组合结构中产生了一个市值比例式（cap-scaled）因子倾斜（这些结果的推导过程见附录 4A）。最后，我们注意到尽管基本面指数在构造时没有明确考虑市值权重，基本面指数（fundamental indexation）其实也等同于市值调整加权方案。附录 4A 中也给出了推导过程。

2. 与市值无关的因子倾斜

这一大类包括积极风险约束优化（active risk constrained-optimized）和信号倾斜（signal tilted，ST）等加权方案，其中总权重是基准市值权重的函数，但有效权重不是。

（1）积极风险约束优化 积极风险约束优化的因子组合提供了在期望的跟踪误差水平下实施因子倾斜的能力，同时还满足其他诸如换手率、行业敞口等约束条件。众多智能贝塔基金经理，尤其是量化基金经理，都采用这一构建方法。在任意一个积极风险约束优化的解决方案里，有效权重由阿尔法信号（即，因子信号）和积极风险考量（active risk considerations）来综合确定。这明显改进了风险调整后的因子信号值与有效权重之间的关系。与市值加权法和市值调整法的市值比例倾斜相比，积极风险约束优化带来了更加纯粹的风险调整后的因子倾斜。

（2）信号倾斜法 一些投资者认为经优化的因子组合是不透明的，并使捕捉智能贝塔因子的复杂度达到非必需的水平。然而，优化方案的基本目标也可以通过更简单的、基于规则的且更透明的加权方案来实现，这些方案实现了与市值无关的因子倾斜。在这种加权方案中，各成分股的有效权重是基于因子信号的强度来确定的，独立于纯多头约束条件下的基准市值权重。然后，将基准权重加上或减去有效权重，以计算总权重。与市值调整法不同，在市值调整法中信号倾斜是通过乘以基准市值权重来实现的，而这些加权方案使用加减法来实现更纯的信号倾斜。我们称这些加权方案为信号倾斜法。

在纯多头约束下，当将相对于比较基准的积极风险确定在一个特定水平时，信号倾斜加权法便致力于在因子信号与加诸因子组合中各证券之上的有效权重之间建立直接联系。这种直接联系意味着在给定因子信号值下最具吸引力的证券将获得最大幅度超配，吸引力次之者予以第二大幅度的超配，依次类推。与之相似地，最不具吸引力的证券将获得最大幅度低配。对于被超配者而言，因子组合可实现因子信号与超配幅度的完美正相关，但对于被低配者而言则不然。纯多头的限制要求标的证券的低配幅度必能超过其基准权重，这对于小盘股而言将使实现预想低配效果的能力受限。一旦基于因子信号确定有效权重，则将总权重定义为市值权重加上或减去经确定的有效权重。信号倾斜法因子投资组合可以提高因子捕捉效率，因为除了要受纯多头的约束外，证券的有效权重独立于基准市值权重。富时罗素高效防御指数（FTSE Russell High Efficiency Defensive Index）就是一个运用信号倾斜法构建投资组合的例子。一些智能贝塔基金经理在设计智能贝塔产品时也使用了信号倾斜加权方案。附录4A提供了信号倾斜加权方案的详细示例，该方案在因子得分和有效权重之间建立了线性比例关系，以创建信号倾斜智能贝塔因子组合。

4.2.2 重新加权：总权重与市值权重无关

第二大类囊括了诸如等权重法（equal-weighted, EW）、信号权重法（signal-weighted, SW），以及积极风险无约束优化等加权方案。表4-2为等权重法因子投资组合的构建过程说明。

表 4-2 EW 因子投资组合的构建过程说明

	股票动量 （总收益）	基准权重（%）	基准公司的累计 覆盖率（%）	动量因子投资组合 中的总权重（%）	动量因子投资组合 中的有效权重（%）
股票 1	90.20	0.05	0.20	0.40	0.35
股票 2	85.40	1.00	0.40	0.40	−0.60
股票 3...	82.50	0.25	0.60	0.40	0.15
... 股票 250	8.20	3.00	50.00	0.40	−2.60
股票 251...	7.50	0.75			−0.75
... 股票 500	−50.50	1.00			−1.00

资料来源：GSAM.

1. 等权重法

在等权重法智能贝塔策略中，一个常见的例子就是等权重的基准选样空间，例如罗素 1000 等权重指数（Russell 1000 Equal Weight Index）。然而，在给定基准选样空间（benchmark universe）下，等权重法也可以用于构造因子组合。市值加权法和市值调整法因子组合或许可以提供更高的策略容量与可投资性，但与之相伴的是在因子捕捉上的潜在低效，并使投资者暴露在个股水平的显著高集中度下。为了使因子捕捉更具多样性，等权重法通常被视作一种另类的组合构造方法（如，布利茨（2012）、阿蒙克等（2016））。表 4-2 说明了如何构建独立的等权重因子组合。该例中，初始基准选样空间包括 500 只证券。这些证券依给定因子排序，例如动量因子。排序前 50% 的证券（即，250 只）被选中纳入到动量因子组合中。最后，被选中的证券被等权化。如此一来，单个证券的总权重是 0.4%（=1/250）而其有效权重是 0.4% 减去相应的基准市值权重（见表 4-2 最后一列）。在这种构造方法中，总权重是独立于基准市值权重的，而有效权重仍是市值权重的函数。在最终的组合里，小盘股被超配而大盘股被低配（具体细节详见附录 4A）。因此，等权重法因子投资组合偏重捕捉小盘股因子。

2. 信号加权法

在信号加权法方案中，整个基准选样空间或基准选样空间的一个子集直接依据因子信号加权。MSCI 风险加权指数（MSCI Risk-Weighted Indexes）和标普低波指数（S&P Low Volatility Indexes）便是信号加权因子投资组合的例子。在这些指数中，基准选样空间各成分股的权重与其历史收益率波动率成反比，因而波动率较低的股票相对于波动率较高的股票具有更高的权重。因此，在这种构造方法中，总权重独立于基准市值权重，这是因为因子信号重新加权了基准选样空间的各成分股。有效权重仍然是市值权重的函数，因为它们是通过从总权重中减去市值权重得出的（有关更多详细信息，请参阅附录 4A）。

3. 无约束的积极风险优化

许多智能贝塔产品在投资组合构建过程中也使用了无约束的积极风险优化。最小方差（minimum variance）、风险有效（risk-efficient）和最大多元化（maximum diversification）投资组合是采用积极风险无约束优化的智能贝塔策略的例子。例如，在构建最小方差投资组合时，证券的总权重受简单波动率（total volatility）和协方差的驱动，使得具有高分散潜力的低波动率股票比具有低分散潜力的高波动率股票获得更大的权重。因此，总权重独立于基准市值权重，而有效权重是通过从总权重中减去市值权重来确定的。

为了总结本节中用于构建智能贝塔因子产品的各种加权方案，我们归纳了以下几点：

- 市值加权法与市值调整法具备低换手率、低交易成本和高策略容量，但它们也将投资者暴露在潜在的高集中度风险之下。市值加权法仅在选择标的证券时引入了因子倾斜，但在证券加权时未引入。市值调整法则引入了市值比例式因子倾斜（或偏重大盘股（large-cap biased）的因子倾斜）。

- 等权重法和信号权重法因子组合或更具分散性，但会带来较高的换手率与较低的策略容量，并在因子捕捉时更偏重小盘股。

- 积极风险约束优化和信号倾斜法因子组合试图在因子信号值与有效权重之间建立直接的联系，继而产生更加纯粹的因子倾斜。它们通过将有效权重作为仅与因子信号吸引力有关而与基准市值权重（与市值无关的因子倾斜）无关的函数来实现。虽然一些智能贝塔基金经理旨在通过运用此类方法增强多元化并降低换手率，进而提升策略容量，但是此类投资组合与市值加权法或市值调整法因子组合相比策略容量仍偏小。

在图 4-3 中，我们罗列了与本部分所述加权方案相对应的各类智能贝塔产品的样例。

倾斜 与基准市值权重有关的总权重和有效权重：市值比例式因子倾斜	倾斜 与基准市值权重有关的总权重，但没有有效权重：纯因子倾斜	重新加权 总权重不依赖于基准市值权重
• 市值因子权重（CW） 　• 传统（价值/成长）风格指数 • 市值比例（CS） 　• 价值因子加权投资组合 　• 基本面指数 　• S&P动量和低波动率因子指数 　• MSCI动量、质量和低波动率因子倾斜指数 　• MSCI动量和质量因子指数 　• 富时双倾斜指数	• 有效风险约束优化 　• 特定智能贝塔基金经理的产品 • 信号倾斜（ST） 　• 富时罗素高效防御指数 　• 高盛有效贝塔指数 　• 特定智能贝塔基金经理的产品	• 等权重（EW） 　• 等权重基准，例如罗素1000等权指数 • 信号加权（SW） 　• S&P内在价值加权和低波动率指数 　• MSCI风险加权指数 • 有效风险无约束优化 　• MSCI单因子优化指数 　• 不同的多因子优化指数 　• 最小方差指数 　• 最大多元化、最大去相关、最大夏普比率投资组合

图 4-3　加权机制和智能贝塔产品的样例

4.3 评估用于捕捉因子收益率的加权方案的投资业绩与效率

我们现在进一步分析各种加权方案在捕捉因子收益率方面的投资业绩与效率（被定义为"因子调整后的阿尔法"（factor-adjusted alpha））。由于实操中的商业产品在构建过程中包含了大量的（主观）决策，因此使用这些产品来评估加权方案的性能和效率变得非常困难。例如，由于用于信号特定化和/或解决投资组合构建的其他方法（如，多元化、换手率或投资组合再平衡）不同，采用相同加权方案的两个智能贝塔产品性能特征就可能不同。接下来，在本章中，我们在一个受控的内在稳定的（internally consistent）研究环境中比较各种加权方案的业绩表现，这样方便进行横向比较。

然而，在我们查看历史业绩的对比之前，根据前面几节介绍的概念框架，列出我们希望看到的内容可能是有益的。总的来说，我们希望：

- 考虑到现有的学术证据，以及一些市值加权因子指数的历史表现，如传统价值因子指数，市值加权智能贝塔因子投资组合优于市场。
- 市值调整法智能贝塔因子投资组合可以实现比市值加权法投资组合更高的信息比率，因为它们改善了因子信号值和有效权重之间的联系。
- 信号倾斜法智能贝塔因子投资组合可以及积极风险约束优化解决方案，可以实现比市值加权法和市值调整法投资组合更高的信息比率，因为它们进一步改善了有效权重和因子信号值之间的联系。
- 信号加权法和等权重法智能贝塔因子投资组合以及无约束的积极风险优化解决方案，也能提供比市值加权法和市值调整法投资组合更高的内部收益率，因为它们提供的是偏重小盘股而非大盘股的因子捕捉。

排除掉优化方案，我们运用前述基于规则的加权方案构建智能贝塔因子组合。这些被构建的智能贝塔因子组合基于相同的因子信号规范（factor signal specifications）。我们对各类智能贝塔因子进行以下设定。规模因子被定义为市值权重的倒数。价值因子定义为净资产对市价比率、销售业务收入对市价比率和现金流对市价比率（无法获得现金流数据时以盈利价格比代替）的复合信号。动量因子被定义为滞后一阶的前 11 个月总收益。波动率因子被定义为前 12 个月的每日总收益的标准差的倒数。最后，盈利因子/质量因子被定义为单位资产毛利。这些基本面信息取自标普数据库[⊖]和世界观测数据库（Worldscope）[⊖]并适当滞后以避免前视偏差（look-ahead bias）。如第 2 章所述，这些信号规范在学术文献中有详细记录，不应引起争议。在下一章中，我们还将更详细地讨论这

⊖ 标普数据库，也称"标准普尔公司会计数据库"，是美国著名信用评级公司标准普尔（Standard & Poor's）的产品。数据库收录有全球 80 多个国家的 5 万多家上市公司及北美地区公司的资料，其中包括 7000 多家亚洲的上市公司。——译者注

⊖ 世界观测数据库（Worldscope），全称为 WorldScope Fundamental，是路孚特公司（Refinitiv，原汤森路透）旗下重要的金融数据库之一，数据覆盖了占全球 99% 的市值的在 120 多个国家的 30 多个发达和新兴市场进行交易的 9 万多家企业。——译者注

些及其他智能贝塔因子规范。

在初步构建之后，所有智能贝塔因子投资组合都需要定期重新平衡。投资组合再平衡涉及保持当前因子倾斜和保持低换手率之间的内在权衡。随着市场价格的变动，保持因子倾斜或风险敞口的流动性将需要频繁的再平衡，例如月频或周频。保持低换手率将有助于低频因子指数重构，例如年度重构。我们认为，季度再平衡频率在这两个相互冲突的目标之间提供了良好的平衡。

在这一章中，我们将以罗素 1000 指数作为选样空间，重点研究美国大盘股。分析期从 1979 年 1 月开始，也就是罗素指数的开始日期，到 2017 年 6 月结束。在后面的章节中，我们将分析扩展到其他发达市场和新兴市场。

4.3.1 市值加权法

市值加权法智能贝塔因子投资组合是使用表 4-1 中概述的过程构建的，在表 4-1 中，根据其市值选择并加权某个因子中贡献了前 50% 基准权重累计覆盖率的排名最高的股票。表 4-3 显示了市值加权因子投资组合的历史表现。正如预期的那样，所有投资组合的表现都超过了罗素 1000 指数，并得到了更高的夏普比率和正的信息比率。然而，在 5% 的水平上，只有市值加权价值因子组合的积极收益率具有统计学意义。

表 4-3　CW 因子投资组合历史业绩

	毛收益总额 (%)	总风险 (%)	夏普比率	主动毛收益 (%)	积极风险 (%)	信息比率
罗素 1000 指数	11.84	15.05	0.49			
CW 规模因子投资组合	12.69	16.17	0.52	0.85	3.52	0.24
CW 价值因子投资组合	13.45	15.05	0.59	**1.60**	3.80	0.42
CW 动量因子投资组合	12.92	16.09	0.53	1.08	5.33	0.20
CW 波动率因子投资组合	12.19	12.15	0.60	0.35	6.10	0.06
CW 质量因子投资组合	12.89	15.24	0.55	1.04	3.26	0.32

注：加粗部分为统计显著（5% 水平）。
资料来源：GSAM.

4.3.2 市值调整法

市值调整因子组合是根据基准市值权重与因子得分的乘积创建的，乘积介于 0（含）到 1（不含）之间，详见附录 4A。

由于因子信号被定义为市值的倒数，在创建市值调整法因子投资组合时，我们不考虑规模因子，它在这个结构中变得无关紧要。对于其他因子，表 4-4 报告了历史表现。

所有市值调整法智能贝塔因子投资组合的表现也优于罗素 1000 基准，价值因子和质量因子的主动收益率具有统计意义。正如预期的那样，在所有情形下，与市值加权投资组合相比，市值调整法因子投资组合产生了更高的信息比率。

表 4-4 CW 和 CS 因子投资组合历史业绩

	毛收益总额（%）	总风险（%）	夏普比率	主动毛收益（%）	积极风险（%）	信息比率
罗素 1000 指数	11.84	15.05	0.49			
CW 价值因子投资组合	13.45	15.05	0.59	**1.60**	3.80	0.42
CS 价值因子投资组合	13.15	15.05	0.57	**1.31**	2.81	0.47
CW 动量因子投资组合	12.92	16.09	0.53	1.08	5.33	0.20
CS 动量因子投资组合	12.61	15.43	0.53	0.77	2.97	0.26
CW 波动率因子投资组合	12.19	12.15	0.60	0.35	6.10	0.06
CS 波动率因子投资组合	12.23	13.24	0.57	0.39	3.25	0.12
CW 质量因子投资组合	12.89	15.24	0.55	1.04	3.26	0.32
CS 质量因子投资组合	12.55	14.95	0.54	**0.71**	1.68	0.42

注：加粗部分为统计显著（5% 水平）。

资料来源：GSAM.

评估投资效率：主动收益和积极风险的分解

市值调整法投资组合的优异表现是否仅仅是因为市值调整法加权方案引入了相对于市值加权投资组合的其他因子偏差？为了回答这个问题，我们进行了一个类似于法玛和弗伦奇风险分解框架的主动收益和积极风险的分解，在这个框架中，一个策略的超额收益会根据市场和其他法玛和弗伦奇因子进行回归。这般操作的目的是了解各种因子敞口，并确定给定策略是否产生"因子调整后的"阿尔法。阿尔法，也被称为无法解释的收益，可能来自不同的来源。例如，用于投资组合构建的初始选样空间中的差异可能会导致阿尔法的产生。因子信号特定化的差异可能导致阿尔法的产生，例如与单一的账面市值比相对应的复合价值因子信号。即使使用了相同的信号特定化规范，投资组合构建方法也可以提供阿尔法，因为阿尔法也可能来自行业风险敞口，例如将行业中性价值因子策略与对截面价值因子的捕捉相比。

在我们的案例中，我们将市值调整法因子组合相对于市值加权法因子组合进行分析。由于除加权方案外，所有因子组合在所有方面（相同的初始选样空间、相同的因子信号等）都相似，因此我们将生成的任何阿尔法解释为由加权方案所致的更"有效的"因子捕获。换言之，在我们的框架中，因子调整阿尔法代表了加权方案相对于市值加权法因子投资组合提供的主动收益的改善。附录 4B 更详细地描述了我们用于进行主动收益和积极风险分解的时间序列回归模型。

表 4-5 显示了市值调整法因子投资组合相对于市值加权法因子投资组合的主动收益和积极风险分解的结果。在各种情况下，市值调整法因子组合相对于对应的市值加权法因子组合的敞口都是最高的。例如，市值调整法价值因子投资组合对市值加权法价值因子投资组合的敞口最高为 0.61。此外，至少 80% 的市值调整法因子组合的积极风险由相应的市值加权法因子组合解释。例如，市值加权法价值因子投资组合解释了市值调整法价值因子投资组合积极风险的近 80%（=2.22/2.81）。市值调整法因子组合产生了较小的阿尔法，其中价值因子和质量因子均具有统计显著性。然而，仍有不到 10% 的市值调整法因子投资组合的积极风险需用阿尔法来解释。这些结果表明，市值调整法与市值加权法非常接近，与市值加权法因子投资组合相比，市值调整法智能贝塔因子投资组合在因子捕获效率方面仅取得了边际改善。

表 4-5　CS 因子投资组合主动收益和积极风险的分解

	CW 规模因子	CW 价值因子	CW 动量因子	CW 波动率因子	CW 质量因子	阿尔法	总积极风险
CS 价值因子投资组合敞口	**0.06**	**0.61**	−0.05	**0.03**	−0.05	**0.37**	
对积极风险的贡献	0.07	2.22	0.17	0.06	0.08	0.20	2.81
CS 动量因子投资组合敞口	**0.03**	−0.02	**0.54**	**0.02**	−0.03	0.16	
对积极风险的贡献	−0.02	0.03	2.79	−0.01	−0.02	0.18	2.97
CS 波动率因子投资组合敞口	**−0.02**	**0.04**	0.01	**0.51**	**0.01**	0.08	
对积极风险的贡献	0.01	0.05	0.00	3.08	0.00	0.10	3.25
CS 质量因子投资组合敞口	0.00	−0.02	**0.00**	0.03	**0.47**	**0.23**	
对积极风险的贡献	0.00	0.04	0.00	0.02	1.47	0.15	1.68

注：加粗部分为统计显著（5% 水平）。
资料来源：GSAM.

4.3.3　信号倾斜法

我们使用附录 4A 中概述的方法创建信号倾斜因子投资组合。表 4-6 显示信号倾斜因子投资组合的业绩表现，并将其与市值加权法和市值调整法投资组合进行了比较。为了便于比较，且为了积极风险可以在信号倾斜加权方案中实现一定程度上定制，信号倾斜法因子投资组合可以被塑造得与市值加权法因子投资组合的积极风险大致相当。所有信号倾斜因子投资组合的表现均优于基准罗素 1000 指数，并产生了更高的夏普比率和正信息比率。信号倾斜值、动量和质量因子投资组合的主动收益也具有统计学意义。除规模因子外，所有信号倾斜法因子投资组合的表现都远好于市值加权法和市值调整法投资组合，提供了更高的夏普比率以及信息比率的改善。

表 4-6　CW、CS 和 ST 因子投资组合历史业绩

	毛收益总额 (%)	总风险 (%)	夏普比率	主动毛收益 (%)	积极风险 (%)	信息比率
罗素 1000 指数	11.84	15.05	0.49			
CW 规模因子投资组合	12.69	16.17	0.52	0.85	3.52	0.24
ST 规模因子投资组合	12.72	16.49	0.51	0.88	3.63	0.24
CW 价值因子投资组合	13.45	15.05	0.59	**1.60**	3.80	0.42
CS 价值因子投资组合	13.15	15.05	0.57	**1.31**	2.81	0.47
ST 价值因子投资组合	13.84	15.31	0.60	**2.00**	3.76	0.53
CW 动量因子投资组合	12.92	16.09	0.53	1.08	5.33	0.20
CS 动量因子投资组合	12.61	15.43	0.53	0.77	2.97	0.26
ST 动量因子投资组合	13.58	16.62	0.56	**1.74**	5.04	0.34
CW 波动率因子投资组合	12.19	12.15	0.60	0.35	6.10	0.06
CS 波动率因子投资组合	12.23	13.24	0.57	0.39	3.25	0.12
ST 波动率因子投资组合	12.86	11.69	0.67	1.01	5.94	0.17
CW 质量因子投资组合	12.89	15.24	0.55	1.04	3.26	0.32
CS 质量因子投资组合	12.55	14.95	0.54	**0.71**	1.68	0.42
ST 质量因子投资组合	14.04	15.61	0.61	**2.20**	3.54	0.62

注：加粗部分为统计显著（5% 水平）。
资料来源：GSAM.

为了评估信号倾斜法投资组合相对于市值加权法投资组合的优异表现是否仅仅是由于其他因子的偏差所致，我们进行了一次主动收益和积极风险的分解。表 4-7 载明了结果。在各种情况下，除规模因子外，信号倾斜法因子投资组合相对于市值加权法的风险敞口总是最高，对积极风险的贡献也最高。所有信号倾斜法因子投资组合均产生正阿尔法，阿尔法值、动量因子和质量因子均达到统计显著性。与市值调整法因子投资组合（见表 4-5）相比，信号倾斜法因子投资组合的阿尔法值要高得多，阿尔法项解释了更高比例的积极风险。这些结果表明，与市值加权法和市值调整法投资组合相比，信号倾斜法投资组合总体上获得了更高的因子捕获效率。这一结果证实，使有效权重仅为因子信号值而非市值权重的函数，这样的加权方案通常比市值比例式因子倾斜更能有效地捕获因子。

表 4-7　ST 因子投资组合主动收益和积极风险分解

	CW 规模因子	CW 价值因子	CW 动量因子	CW 波动率因子	CW 质量因子	阿尔法	总积极风险
ST 规模因子投资组合敞口	**0.28**	**0.15**	(0.22)	(0.29)	(0.01)	0.85	
对积极风险的贡献	0.50	0.16	0.51	0.88	0.01	1.57	3.63
ST 价值因子投资组合敞口	**0.19**	**0.66**	−0.14	0.02	−0.07	**1.02**	
对积极风险的贡献	0.26	2.16	0.48	0.03	0.10	0.73	3.76
ST 动量因子投资组合敞口	**0.39**	−0.10	**0.81**	−0.09	0.01	**0.69**	

（续）

	CW 规模因子	CW 价值因子	CW 动量因子	CW 波动率因子	CW 质量因子	阿尔法	总积极风险
对积极风险的贡献	0.16	0.19	3.74	0.15	0.01	0.79	5.04
ST 波动率因子投资组合敞口	**0.13**	**0.09**	0.02	**0.92**	**−0.07**	0.45	
对积极风险的贡献	−0.06	0.12	−0.01	5.26	0.01	0.63	5.94
ST 质量因子投资组合敞口	**0.44**	0.07	**−0.06**	−0.03	**0.91**	**0.79**	
对积极风险的贡献	0.35	−0.04	0.00	0.02	1.92	1.29	3.54

注：加粗部分为统计显著（5% 水平）。
资料来源：GSAM.

4.3.4　信号加权法

将因子信号值标准化至 0（含）到 1（不含）之间，借此为基准选样空间中各成分股赋权，通过这种方法创建信号加权法因子组合。单一成分股依据其因子信号值除以选样空间全体成分股因子信号值之和来计算其权重（更多细节请详见附录 4A）。在表 4-8 中，我们罗列了信号加权法因子投资组合的业绩表现，并将其与市值加权法、市值调整法和信号倾斜法因子投资组合的业绩进行了比较。所有信号加权法因子投资组合的表现均优于罗素 1000 指数，并在除规模因子外的所有因子上都显示出具有统计意义的主动收益。除了质量因子，信号加权法因子组合产生与其他因子组合相似或更高的信息比率。

表 4-8　CW、CS、ST 和 SW 因子投资组合历史业绩

	毛收益总额（%）	总风险（%）	夏普比率	主动毛收益（%）	积极风险（%）	信息比率
罗素 1000 指数	11.84	15.05	0.49			
CW 规模因子投资组合	12.69	16.17	0.52	0.85	3.52	0.24
ST 规模因子投资组合	12.72	16.49	0.51	0.88	3.63	0.24
SW 规模因子投资组合	14.06	18.62	0.54	2.22	7.45	0.30
CW 价值因子投资组合	13.45	15.05	0.59	**1.60**	3.80	0.42
CS 价值因子投资组合	13.15	15.05	0.57	**1.31**	2.81	0.47
ST 价值因子投资组合	13.84	15.31	0.60	**2.00**	3.76	0.53
SW 价值因子投资组合	15.20	17.07	0.63	**3.36**	6.51	0.52
CW 动量因子投资组合	12.92	16.09	0.53	1.08	5.33	0.20
CS 动量因子投资组合	12.61	15.43	0.53	0.77	2.97	0.26
ST 动量因子投资组合	13.58	16.62	0.56	**1.74**	5.04	0.34
SW 动量因子投资组合	14.75	16.75	0.61	**2.91**	4.86	0.60
CW 波动率因子投资组合	12.19	12.15	0.60	0.35	6.10	0.06
CS 波动率因子投资组合	12.23	13.24	0.57	0.39	3.25	0.12
ST 波动率因子投资组合	12.86	11.69	0.67	1.01	5.94	0.17
SW 波动率因子投资组合	14.30	14.17	0.67	**2.46**	5.14	0.48
CW 质量因子投资组合	12.89	15.24	0.55	1.04	3.26	0.32

（续）

	毛收益总额（%）	总风险（%）	夏普比率	主动毛收益（%）	积极风险（%）	信息比率
CS 质量因子投资组合	12.55	14.95	0.54	**0.71**	1.68	0.42
ST 质量因子投资组合	14.04	15.61	0.61	**2.20**	3.54	0.62
SW 质量因子投资组合	14.68	17.20	0.60	**2.84**	5.29	0.54

注：加粗部分为统计显著（5% 水平）。
资料来源：GSAM.

信号加权法因子组合相较于市值加权法更高的效率在表 4-9 中通过主动收益与积极风险的分解加以进一步突显。除动量因子和波动率因子外，所有的信号加权法因子投资组合都产生了较大且具有统计意义的阿尔法，并且阿尔法项解释了高比例的积极风险。我们还注意到，除规模因子外，所有信号加权法因子投资组合对市值加权法规模因子投资组合的敞口最高，而不是对其相应的市值加权法因子组合敞口最高。例如，信号加权法动量因子投资组合对市值加权法规模因子投资组合的敞口高于其对市值加权法动量因子投资组合的敞口。此外，至少 40% 的信号加权法因子投资组合的积极风险是由市值加权法规模因子投资组合解释的。在所有情况下，除规模因子外，市值加权法规模因子投资组合的积极风险比例高于相应的市值加权法因子投资组合。

表 4-9 SW 因子投资组合主动收益和积极风险的分解

	CW 规模因子	CW 价值因子	CW 动量因子	CW 波动率因子	CW 质量因子	阿尔法	总积极风险
SW 规模因子投资组合敞口	**1.26**	**0.29**	**−0.33**	**−0.43**	0.00	**1.46**	
对积极风险的贡献	3.38	0.36	0.70	1.15	0.00	1.86	7.45
SW 价值因子投资组合敞口	**1.05**	**0.69**	**−0.26**	**−0.09**	−0.04	**1.85**	
对积极风险的贡献	2.73	1.69	0.77	0.05	0.06	1.21	6.51
SW 动量因子投资组合敞口	**1.15**	0.04	**0.46**	**−0.07**	0.03	**1.33**	
对积极风险的贡献	3.06	−0.01	0.85	0.14	−0.01	0.84	4.86
SW 波动率因子投资组合敞口	**1.01**	**0.26**	−0.04	**0.54**	0.01	**0.95**	
对积极风险的贡献	2.09	0.55	0.07	1.73	−0.01	0.71	5.14
SW 质量因子投资组合敞口	**1.18**	**0.23**	**−0.14**	**−0.21**	**0.45**	**1.28**	
对积极风险的贡献	3.41	0.21	0.22	0.46	−0.12	1.11	5.29

注：加粗部分为统计显著（5% 水平）。
资料来源：GSAM.

表 4-9 中信号加权法因子组合在因子捕获方面取得的更高效率有些令人惊讶。然而，这个结果可以解释如下。信号加权方案实际上相当于以等权重法选样空间为基准，然后根据所考察的因子加以倾斜。如图 4-4 所示。例如，信号加权法价值因子组合是等权重法基准空间加上价值因子倾斜的组合。同样，MSCI 风险加权指数的加权方案相当于从等权重法 MSCI 总选样空间（EW MSCI parent universe）开始，然后按历史波动率

的倒数倾斜。这解释了为什么信号加权法因子组合在表 4-9 中对市值加权法规模因子投资组合有如此高且显著的敞口。

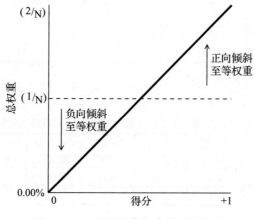

图 4-4　SW 因子投资组合总风险特征

等权罗素 1000 投资组合的表现如表 4-10 所示。该投资组合每年产生 1.71% 的主动收益，具有统计学意义，夏普比率高于罗素 1000 指数，信息比率超过 0.3。如表 4-11 中的风险分解分析所示，等权罗素 1000 投资组合的表现也没有完全由市值加权法因子投资组合解释。事实上，我们发现有统计学意义的阿尔法为 0.90%。此外，等权罗素 1000 投资组合确实相对于市值加权法规模因子投资组合具有最高的风险敞口，但市值加权法规模因子投资组合仅解释了等权罗素 1000 投资组合积极风险的 60%（=3.18/5.22）。这一结果也可能意味着等权罗素 1000 投资组合具有市值加权法（或信号倾斜法）规模因子投资组合无法完全捕捉的非线性规模分布特性。

等权罗素 1000 投资组合的表现在很大程度上解释了表 4-8 中报告的信号加权法因子投资组合的优异表现，以及表 4-9 中信号加权法因子投资组合相对于市值加权法因子投资组合产生的具有统计意义的阿尔法。由于信号权重本质上实现了相对于等权选样空间的因子倾斜，我们可以将信号加权法因子投资组合相对于等权罗素 1000 投资组合（作为市值加权法或信号倾斜法规模因子投资组合的替代）和信号倾斜法价值因子、动量因子、波动率因子以及质量因子投资组合的业绩进行分解。表 4-12 展示该主动收益和积极风险的分解。我们注意到，除波动率因子外，所有信号加权法因子投资组合都对等权罗素 1000 投资组合具有较高的风险敞口，至少 50% 的信号加权法因子投资组合的积极风险由等权罗素 1000 投资组合解释。相对于市值加权法因子投资组合报告的高且统计学显著的诸种阿尔法现在已经消失。表 4-12 中的所有阿尔法接近于零，而信号加权法因子投资组合不超过 8% 的积极风险归因于阿尔法项。信号加权法因子投资组合的表现几乎完全可以用等权罗素 1000 投资组合和信号倾斜法因子投资组合的组合来解释。

表 4-10 EW 罗素 1000 投资组合的历史业绩

	毛收益总额 （%）	总风险 （%）	夏普比率	主动毛收益 （%）	积极风险 （%）	信息比率
罗素 1000 指数	11.84	15.05	0.49			
EW 罗素 1000 投资组合	13.55	17.23	0.54	**1.71**	5.22	0.33

注：加粗部分为统计显著（5% 水平）。
资料来源：GSAM.

表 4-11 EW 罗素 1000 投资组合主动收益和积极风险的分解

	CW 规模 因子	CW 价值 因子	CW 动量 因子	CW 波动 率因子	CW 质量 因子	阿尔法	总积极 风险
EW 罗素 1000 投资组合敞口	**1.06**	**0.18**	（0.17）	（0.23）	0.00	**0.90**	
对积极风险的贡献	3.18	0.23	0.34	0.56	0.00	0.91	5.22

注：加粗部分为统计显著（5% 水平）。
资料来源：GSAM.

表 4-12 SW 投资组合对 EW 罗素 1000 投资组合和 ST 因子投资组合的主动收益和积极风险的分解

	EW 罗素 1000	ST 价值 因子	ST 动量 因子	ST 波动率 因子	ST 质量 因子	阿尔法	总积极 风险
SW 规模因子投资组合敞口	**1.32**	**0.10**	−0.07	−0.11	**0.06**	−0.02	
对积极风险的贡献	6.79	0.20	0.02	0.21	0.06	0.17	7.45
SW 价值因子投资组合敞口	**0.76**	**0.91**	0.01	**0.05**	**0.03**	0.13	
对积极风险的贡献	3.48	2.94	−0.01	0.01	0.02	0.08	6.51
SW 动量因子投资组合敞口	**0.72**	**−0.06**	**0.69**	**0.15**	0.00	0.33	
对积极风险的贡献	2.50	−0.01	2.30	−0.21	0.00	0.27	4.86
SW 波动率因子投资组合敞口	**0.64**	**0.17**	**0.09**	**0.70**	0.03	−0.06	
对积极风险的贡献	1.71	0.42	−0.10	2.66	0.01	0.44	5.14
SW 质量因子投资组合敞口	**0.81**	0.09	**0.06**	−0.03	**0.47**	0.13	
对积极风险的贡献	3.97	0.16	0.01	0.04	0.92	0.18	5.29

注：加粗部分为统计显著（5% 水平）。
资料来源：GSAM.

4.3.5 等权重法

我们使用表 4-2 中概述的构建方法创建等权重因子组合。表 4-13 描述了等权重因子投资组合的历史表现，该表还再现了市值加权法、市值调整法、信号倾斜法和信号权重法因子投资组合的表现，以便于比较。所有等权重因子投资组合的表现均优于罗素 1000 基准，也产生了更高的夏普比率以及约 0.3 或更高的信息比率。等权重因子组合的有效收益率除规模因子外均具有统计学意义。与市值权重法和市值调整法投资组合以及信号倾斜法投资组合相比，等权重法因子投资组合除了质量因子外均产生了更高的信息比率。总体而言，等权重法因子投资组合的表现与信号加权法因子投资组合相似，总体上比市值加权法、市值调整法和信号倾斜法投资组合要好得多。

与信号加权法因子组合相似，等权重法因子组合同样在对市值加权法因子组合的收益分解中产生了大额阿尔法（见表4-14）。除规模因子外，所有的阿尔法都很大且统计学显著。

布利茨（2017）也报告了我们记录的等权重因子投资组合的优异表现。布利茨（2017）在文章中指出，许多研究，如法玛和弗伦奇（2012）、德格鲁和惠吉（2011）以及阿斯尼斯等（2015）的研究结果显示，智能贝塔因子倾向于在小盘股市场中提供更高的溢价。例如，与大盘股相比，小盘股的价值溢价往往更高。这些发现导致布利茨（2017）得出结论，在捕捉智能贝塔因子时，小盘股倾斜在"释放这些因子溢价的全部潜力"上可能是必要的。

在诠释等权组合的优异表现时我们提供了一个独特的视角。类似于信号加权法因子组合，等权投资组合的加权方案等价于在等权基准选样空间的基础上根据所考虑的因子加以倾斜，如图4-5所示。

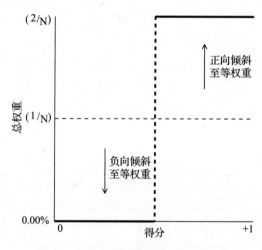

图4-5　EW因子投资组合总权重特征

因此，等权重因子投资组合的表现也可以同等权罗素1000投资组合和因子倾斜法下的价值因子、动量因子、波动率因子和质量因子投资组合进行比较分析，如表4-15所示。等权罗素1000投资组合和信号倾斜法因子投资组合相结合几乎完全解释了等权因子投资组合的表现。所有等权因子组合的阿尔法接近于零，显著小于表4-14中针对市值加权法因子组合的阿尔法。此外，阿尔法解释的积极风险比例不超过10%。

表 4-13　CW、CS、ST、SW 和 EW 因子投资组合历史业绩

	毛收益总额（%）	总风险（%）	夏普比率	主动毛收益（%）	积极风险（%）	信息比率
罗素 1000 指数	11.84	15.05	0.49			
CW 规模因子投资组合	12.69	16.17	0.52	0.85	3.52	0.24
ST 规模因子投资组合	12.72	16.49	0.51	0.88	3.63	0.24
SW 规模因子投资组合	14.06	18.62	0.54	2.22	7.45	0.30
EW 规模因子投资组合	14.21	19.23	0.53	2.37	8.30	0.29
CW 价值因子投资组合	13.45	15.05	0.59	**1.60**	3.80	0.42
CS 价值因子投资组合	13.15	15.05	0.57	**1.31**	2.81	0.47
ST 价值因子投资组合	13.84	15.31	0.60	**2.00**	3.76	0.53
SW 价值因子投资组合	15.20	17.07	0.63	**3.36**	6.51	0.52
EW 价值因子投资组合	15.94	17.28	0.66	**4.09**	7.50	0.55
CW 动量因子投资组合	12.92	16.09	0.53	1.08	5.33	0.20
CS 动量因子投资组合	12.61	15.43	0.53	0.77	2.97	0.26
ST 动量因子投资组合	13.58	16.62	0.56	**1.74**	5.04	0.34
SW 动量因子投资组合	14.75	16.75	0.61	**2.91**	4.86	0.60
EW 动量因子投资组合	14.78	17.08	0.61	**2.94**	5.73	0.51
CW 波动率因子投资组合	12.19	12.15	0.60	0.35	6.10	0.06
CS 波动率因子投资组合	12.23	13.24	0.57	0.39	3.25	0.12
ST 波动率因子投资组合	12.86	11.69	0.67	1.01	5.94	0.17
SW 波动率因子投资组合	14.30	14.17	0.67	**2.46**	5.14	0.48
EW 波动率因子投资组合	14.70	13.52	0.72	**2.86**	6.38	0.45
CW 质量因子投资组合	12.89	15.24	0.55	1.04	3.26	0.32
CS 质量因子投资组合	12.55	14.95	0.54	**0.71**	1.68	0.42
ST 质量因子投资组合	14.04	15.61	0.61	**2.20**	3.54	0.62
SW 质量因子投资组合	14.68	17.20	0.60	**2.84**	5.29	0.54
EW 质量因子投资组合	15.07	17.60	0.61	**2.94**	5.73	0.51

注：加粗部分为统计显著（5% 水平）。

资料来源：GSAM.

表 4-14　EW 投资组合的主动收益和积极风险的分解

	CW 规模因子	CW 价值因子	CW 动量因子	CW 波动率因子	CW 质量因子	阿尔法	总积极风险
EW 规模因子投资组合敞口	**1.33**	**0.38**	**(0.34)**	**(0.03)**	（0.01）	1.50	
对积极风险的贡献	3.43	0.48	0.72	1.21	0.01	2.46	8.30
EW 价值因子投资组合敞口	**1.06**	**0.96**	−0.27	−0.03	−0.05	**2.16**	
对积极风险的贡献	2.47	2.61	0.80	0.00	0.08	1.55	7.50
EW 动量因子投资组合敞口	**1.14**	−0.01	**0.74**	−0.03	0.01	**1.13**	
对积极风险的贡献	2.31	0.01	2.23	0.05	0.00	1.13	5.73
EW 波动率因子投资组合敞口	**1.02**	**0.30**	−0.01	**0.82**	0.07	**1.08**	
对积极风险的贡献	1.48	0.61	0.02	3.53	−0.04	0.77	6.38
EW 质量因子投资组合敞口	**1.24**	**0.26**	−0.14	−0.25	**0.73**	**1.28**	
对积极风险的贡献	3.29	0.17	0.19	0.54	0.14	1.46	5.78

注：加粗部分为统计显著（5% 水平）。

资料来源：GSAM.

4.3.6 总结

通过对多种加权方案的分析我们所得出的重要观点总结如下：

▶ 所有市值加权因子投资组合相对于罗素 1000 指数都产生了正的主动收益，但这些主动收益通常在统计上并不显著。

▶ 与市值加权因子投资组合相比，所有市值调整法因子投资组合在信息比率和阿尔法中仅产生边际改善。

▶ 与市值加权或市值调整组合相比，所有的信号倾斜因子组合都实现了相近或更优的信息比率。在对市值加权因子组合的风险分解分析中，它们还产生了更大的正向阿尔法，对价值因子、动量因子和质量因子都显著。

▶ 信号加权法和等权重法因子组合的主动收益具有共同的组成部分；等权罗素 1000 组合的主动收益高于市值加权罗素 1000 指数。

▶ 信号加权法和等权重法因子组合相较于市值加权罗素 1000 指数的显著优异表现很大程度上可以通过等权罗素 1000 组合的主动收益高于市值加权罗素 1000 指数所解释。

▶ 等权罗素 1000 组合的表现不能被市值加权因子组合完全解释，由于产生了一个正的且显著的阿尔法，这在很大程度上解释了信号加权法和等权重法因子组合相对于市值加权法因子组合也产生了一些正的且显著的阿尔法。

▶ 信号加权法和等权重法因子组合可视为等权罗素 1000 组合和信号倾斜法因子组合提供的更纯粹的信号倾斜组合的结合。针对这种结合，信号加权法和等权重法因子组合的表现几乎得到了充分的解释，没有显著的阿尔法。

表 4-15 EW 因子投资组合对 EW 罗素 1000 投资组合和 ST 因子投资组合的主动收益和积极风险的分解

	EW 罗素 1000	ST 价值因子	ST 动量因子	ST 波动率因子	ST 质量因子	阿尔法	总积极风险
EW 规模因子投资组合敞口	**1.40**	**0.21**	（0.04）	**(0.13)**	**0.08**	−0.26	
对积极风险的贡献	7.08	0.44	0.02	0.24	0.09	0.44	8.30
EW 价值因子投资组合敞口	**0.64**	**1.35**	**0.04**	**0.06**	**0.05**	0.10	
对积极风险的贡献	2.67	4.63	−0.08	0.04	0.02	0.22	7.50
EW 动量因子投资组合敞口	**0.59**	−0.07	**0.98**	**0.18**	−0.02	0.12	
对积极风险的贡献	1.32	0.04	4.05	−0.22	−0.02	0.55	5.73
EW 波动率因子投资组合敞口	**0.52**	**0.25**	**0.10**	**0.94**	**0.09**	0.03	
对积极风险的贡献	0.75	0.56	−0.13	4.40	0.03	0.77	6.38
EW 质量因子投资组合敞口	**0.78**	0.04	**0.04**	**−0.07**	**0.71**	0.26	
对积极风险的贡献	3.49	0.06	0.02	0.12	1.62	0.47	5.78

注：加粗部分为统计显著（5% 水平）。

资料来源：GSAM.

4.4 投资者的常见问题

4.4.1 投资者应该如何分析、比较各种智能贝塔策略的业绩

许多投资者只是比较不同策略相对于给定基准的超额或主动收益。这往往不是一个有意义的比较。如果智能贝塔策略具有不同的总风险或积极风险水平，那么比较夏普比率和 / 或信息比率可能更有意义。然而，在比较夏普比率和 / 或信息比率时，还必须认识到差异的统计显著性很难实现。例如，信号倾斜法、信号加权法和等权重法智能贝塔因子投资组合产生的信息比率高于市值加权法和市值调整法因子投资组合，如表 4-13 所示。然而，信息比率的差异在统计学上并不显著，即使在信息比率增加了 100% 或更多的情况下也是如此。这突出表明，考虑到不同方法之间的主动收益的显著差异，不同因子投资组合之间的主动收益差异还不够大，使得信息比率的差异显著。

同将历史业绩进行简单的比较分析相比，主动收益与积极风险的分解在比较各种智能贝塔策略的因子捕获效率方面是一个更有见地的方法。考虑下面的例子。表 4-16 中的统计数据表明，市值加权法和信号倾斜法规模因子投资组合是相似的策略，因为它们的表现几乎相同。

然而，表 4-17 的风险分解显示出信号倾斜法规模因子组合在市值加权法规模因子组合具有适度敞口，并且信号倾斜法规模因子组合的积极风险仅有 14%（=0.50/3.63）可以被市值加权法规模因子组合所解释。不仅如此，信号倾斜法规模因子组合产生了一个正的阿尔法，达到了 t 值等于 1.9 的统计显著性，这几乎相当于信号倾斜法规模因子组合相对于罗素 1000 指数的主动收益（见表 4-16）。并且，信号倾斜法规模因子组合 43%（=1.57/3.63）的积极风险被阿尔法项所解释，或者反过来说其不能被市值加权因子组合所解释。显而易见，基于历史业绩进行简单的比较分析很容易被误导得出市值加权规模因子组合与信号倾斜法规模因子组合是相同的策略。其实它们不是。它们具有非常不同的因子敞口和业绩表现。事实上，在分析期间内，尽管表 4-16 所示的业绩表面上相似，但市值加权法和信号倾斜法规模因子投资组合之间的跟踪误差为 3.5%。这就是为什么大多数学术研究使用某种形式的风险分解分析来更好地理解因子敞口和解释给定策略的业绩表现。一般来说，在风险分解过程中产生的阿尔法及其来源、大小、统计显著性和积极风险贡献是衡量策略效率的更好指标。

表 4-16 CW 和 ST 规模因子投资组合的历史业绩

	毛收益总额（%）	总风险（%）	夏普比率	主动毛收益（%）	积极风险（%）	信息比率
罗素 1000 指数	11.84	15.05	0.49			

（续）

	毛收益总额（%）	总风险（%）	夏普比率	主动毛收益（%）	积极风险（%）	信息比率
CW 规模因子投资组合	12.69	16.17	0.52	0.85	3.52	0.24
ST 规模因子投资组合	12.72	16.49	0.51	0.88	3.63	0.24

资料来源：GSAM.

表 4-17 ST 规模因子投资组合的主动收益和积极风险的分解

	CW 规模因子	CW 价值因子	CW 动量因子	CW 波动率因子	CW 质量因子	阿尔法	总积极风险
ST 规模因子投资组合敞口	**0.28**	**0.15**	**（0.22）**	**（0.29）**	（0.01）	0.85	
对积极风险的贡献	0.50	0.16	0.51	0.88	0.01	1.57	3.63

注：加粗部分为统计显著（5% 水平）。

资料来源：GSAM.

4.4.2 市值加权基准是众多智能贝塔策略的合适的业绩比较基准吗

对于一些寻求相对于基准市值权重实现因子倾斜的加权方案，如市值加权法、市值调整法、信号倾斜法和积极风险约束优化，市值加权基准是合适的业绩比较基准。对于其他加权方案，如等权重法和信号加权法以及一些积极风险的无约束优化，等权基准是一个更合适的基准。回想一下，等权重法、信号加权法和积极风险无约束优化加权方案相当于一个等权选样空间加上一个因子倾斜。因此，分析它们相对于市值加权基准的表现可能会产生误导。

为了详尽地分析这一点，考虑将等权重法或信号加权法因子组合相对于市值加权基准的主动收益分解为 2 个部分：①等权基准超越市值加权基准的主动收益；②等权重法或信号加权法因子组合超越等权基准的主动收益。例如，等权重法动量因子组合相对于市值加权法罗素 1000 指数的主动收益是以下 2 部分之和：①等权罗素 1000 指数超越市值加权罗素 1000 指数的主动收益；②等权动量因子组合超越等权罗素 1000 组合的主动收益。表 4-18 显示了等权和信号加权因子投资组合的主动收益分成两部分。组 A 显示了等权罗素 1000 投资组合相对于市值加权罗素 1000 基准的表现。在分析期内，等权罗素 1000 投资组合的年收益率高达 1.71%。组 B 显示了等权因子投资组合相对于等权罗素 1000 投资组合的表现。所有的等权重因子组合的表现都优于等权罗素 1000 投资组合，其中两个投资组合（价值因子和质量因子）达到了统计显著性。用等权动量因子组合来举例，表 4-13 中市值加权罗素 1000 组合主动收益总额 2.94% 由等权罗素 1000 组合超越市值加权罗素 1000 指数的主动收益（1.71%）和等权动量因子组合超越等权罗素 1000 组合的主动收益（1.23%）两部分组成（即，1.71% + 1.23% = 2.94%）。因此，

表 4-13 中等权重法和信号加权法因子组合相对于市值加权罗素 1000 指数的显著优异表现很大程度上归因于一个共同因子，即等权罗素 1000 组合的优异表现。

若旨在确定信号加权法或等权重法因子组合因子倾斜的效率，则应将其业绩与等权基准进行比较，因为这些加权方案中的因子倾斜是相对于该基准选样空间实施的。表 4-6 和表 4-18 的比较就明确表明，信号倾斜法因子投资组合相对于市值加权法罗素 1000 指数产生的信息比率与信号加权法和等权重法因子投资组合相对于等权重法罗素 1000 指数产生的信息比率相近或更高。此外，当相对于等权重法罗素 1000 投资组合和信号倾斜法投资组合进行分解时，信号加权法和等权重法因子投资组合不会产生阿尔法。因此，等权重法因子投资组合提供更高的效率是因为需要小盘股偏差来释放智能贝塔因子的全部潜力的论断（布利茨，2017）是不正确的。各等权因子投资组合之所以看起来有更高的效率，是因为它们与错误的基准（市值加权，而非等权重的基准）进行了比较。

表 4-18　EW 股票池和 EW、SW 因子投资组合的历史业绩

	毛收益总额（%）	总风险（%）	夏普比率	主动毛收益（%）	积极风险（%）	信息比率
组 A						
罗素 1000 指数	11.84	15.05	0.49			
EW 罗素 1000 投资组合	13.55	17.23	0.54	1.71	5.22	0.33
组 B						
EW 罗素 1000 投资组合	13.55	17.23	0.54			
EW 规模因子投资组合	14.21	19.23	0.53	0.67	3.49	0.19
EW 价值因子投资组合	15.94	17.28	0.66	**2.39**	4.55	0.52
EW 动量因子投资组合	14.78	17.08	0.61	1.23	5.86	0.21
EW 波动率因子投资组合	14.70	13.52	0.72	1.16	7.01	0.16
EW 质量因子投资组合	15.07	17.60	0.61	**1.53**	2.97	0.51
组 C						
EW 罗素 1000 投资组合	13.55	17.23	0.54			
SW 规模因子投资组合	14.06	18.62	0.54	0.51	2.49	0.20
SW 价值因子投资组合	15.20	17.07	0.63	**1.66**	3.11	0.53
SW 动量因子投资组合	14.75	16.75	0.61	1.20	4.10	0.29
SW 波动率因子投资组合	14.30	14.17	0.67	0.75	5.13	0.15
SW 质量因子投资组合	14.68	17.20	0.60	**1.13**	1.89	0.60

注：加粗部分为统计显著（5% 水平）。
资料来源：GSAM.

4.4.3　是否有些投资组合构建方法可能与原理所揭示的因子投资相左

具有集中度的因子投资组合将是构建方法的一个样例，该方法已成为业内一些争论的主题。一些分析师，如阿蒙克等（2016），认为在获取因子收益方面需要广泛的多元

化，这在文献中有充分的记录并获公认。智能贝塔指数编制机构在设计它们的产品时有时会忽略因子投资的这一基本特征。譬如，我们最近会见到一些"改进的"（enhanced）或"增强的"（strong）因子指数面世。它们是高度集中的投资组合，旨在实现对给定因子的高敞口。这类产品背后的隐含前提是，如果因子奏效，具备对因子的高敞口就会带来更高的收益。这种高敞口是通过在组合中对给定因子排序最高的那些股票进行集中投资加以实现的，譬如投资于价值因子排序最高的前 20% 的股票。在其他条件不变的情况下，对溢价补偿因子越高的敞口确实可以带来越高的收益。然而，在实践中，这取决于如何获得更高的敞口。一个极端是，我们可以通过投资一只在某个因子上排名最有吸引力的股票来获得对某个因子可能的最高敞口。该例中，高敞口通过个股特定风险加以实现，而理论告诉我们该风险是可分散的，因而没有风险补偿。即使持有多只股票，在某些情况下，该因子的高敞口可能伴随着明显的行业或国家押注。例如，在 2017 年初，一个高集中度的公开披露的动量因子指数较之美股指数（US index）对信息技术行业有 15% 的超配，较之全球指数（global index）又对美股有 18% 的超配和对日本股市有 15% 的低配。

另外，高集中度因子组合的倡导者指出多元化原理表明投资于选样空间中 20% 的标的物便足以实现充分的多元化，因为不相关的异质性风险会被大大削弱。而且，投资于高集中度因子投资组合通常会达到与更多元化的因子投资组合相同水平的信息比率。这表明潜在的无溢价补偿的风险应当会被增加的因子敞口度带来的收益改进所抵消。因此，对于资本受限的投资者（capital-constrained investors）来说，高集中度因子投资组合可能提供一个有意义的机会。

在我们看来，高集中度因子投资组合并不理想，但可能对具有特定收益要求的资本受限的投资者是一种选择。然而，此类操作应慎用。应仔细评估所承担的股票特定风险、行业风险或国家风险水平，并应清楚地认识到，此类投资组合可能表现为高换手率、高交易成本和低策略容量。

4.5　结论

各类智能贝塔产品运用的加权方案，要么被归类为市值加权基准之上的倾斜，要么被归类为市值加权法之外的基准成分股重新加权。在因子倾斜被运用在市值加权基准选样空间（如，罗素 1000 指数）的情形，较之市值加权法和市值调整法因子组合，信号倾斜法因子组合往往具备更高的效率。在运用加权方案对基准成分股重新加权的情形，如信号加权或等权重，因子倾斜被运用在等权基准选样空间。这些加权方案的业绩应当在等权基准（如，罗素 1000 等权指数）之上加以评估。在风险分解分析中，加权方案的业绩被解释为等权基准和信号倾斜因子组合的结合。

在下一章，我们将注意力转向智能贝塔产品间的因不同的信号特定化所产生的差异。我们还将讨论对标准因子定义不时进行潜在调整或校正的优缺点。

附录 4A　不同因子组合的成分权重

市值加权法

创建市值加权因子组合的流程可被细分为 3 个主要步骤。第一，将给定基准选样空间中的成分股依因子信号排序。第二，将累计覆盖了基准选样空间市值权重一定百分比的排序最靠前的成分股加以筛选以供组合创建。第三，被选成分股依市值权重加权。在这种方法下，成分股的选择是基于因子的排序，而成分股加权是基于市值权重。这种创建方法削弱了因子排序与成分权重间的联系。不考虑其因子排序，在被选的成分股中，大盘股会在因子组合中拥有更高的权重。更正式地说，成分股 i 在市值加权因子指数中的总权重（total weight，TW）和有效权重（active weight, AW）由下式给出：

$$TW_i = Cap_i / (\sum(Cap_i)) \times (1/p) = CapW_i \times (1/p) \tag{4-1}$$

$$AW_i = CapW_i \times [(1/p) - 1] \tag{4-2}$$

其中：

Cap_i = 成分股 i 的市值

$\sum(Cap_i)$ = 基准指数的所有成分股的市值之和

p = 基准指数中被因子组合覆盖到的市值比例⊖

$CapW_i$ = 基准指数中成分股 i 的市值权重

对于一个覆盖市值加权法基准指数（parent index）50% 的市值加权因子组合（p=0.5），式（4-1）说明了成分股的总权重是其在基准指数中市值权重的 2 倍，而这些成分股的有效权重（式（4-2））与其在基准指数中的市值权重相等。这表明成分股有效权重是仅关于基准指数市值权重的函数而非关于因子排序或因子信号强度的函数。因而，这种安排造成了在因子捕捉纯洁度和有效性上的潜在不足。

⊖　例如，基准指数中 10 只股票，权重各异，因子组合囊括了其中 7 只，这 7 只股票权重合计 80%，那么 p=0.8。——译者注

市值调整法

为改进有效权重与因子信号值或因子的秩之间的联系，通常使用市值调整法加权。在这种加权方案中，市值权重与因子得分的乘积决定成分股的总权重。更一般地说，成分股 i 在市值调整法因子组合中的总权重和有效权重由下式给出：

$$TW_i = CapW_i \times S_{i,j} \tag{4-3}$$

$$AW_i = CapW_i \times (S_{i,j} - 1) \tag{4-4}$$

其中：

$$CapW_i = 基准指数中成分股 \; i \; 的市值权重$$

$$S_{i,j} = 成分股 \; i \; 在因子 \; j \; 中的得分$$

价值因子加权指数和基本面加权指数也是市值调整法指数的例子。在价值因子指数构造中，因子信号先被特定化，例如以账面市值比（book value-to-price，BP）来代表价值因子。继而，给定基准选样空间中的成分股的市值权重便根据该成分股的账面市值比 BP_i 与市场水平的账面市值比 BP_m 加以调整（即，调增或调减）。因此，成分股 i 的在账面市值比市值调整因子组合（BP CS factor portfolio）中的总权重和有效权重由下式给出：

$$TW_i = CapW_i \times (BP_i / BP_m) \tag{4-5}$$

$$AW_i = CapW_i \times [(BP_i / BP_m) - 1] \tag{4-6}$$

通过化简，式（4-5）也简记为成分股账面价值与市场账面价值的比值，这与账面价值加权结构等价。[⊖]因而，基本面加权指数也是市值调整法价值因子指数的一种表现形式。

如式（4-6）所示，在一个市值调整法因子组合中，一个成分股的账面市值比与市场相同则其有效权重为 0，而那些账面市值比高于（低于）市场水平的成分股的有效权重将相较其基准指数市值权重调增（调减）。如此一来，相比于市值加权法因子组合，市值调整法因子组合改善了因子信号与有效权重之间的联系。然而，由于有效权重仍然是基准指数中市值权重的函数，因子信号和有效权重之间的关系仍不确切。例如，具有相同账面市值比的两只股票如果在基准指数中的市值权重不同，那么在市值调整法因子组合中二者的权重也会有差异。更具体地说，大市值公司将获得更高的有效权重。

⊖ 将 $CapW_i$ 的定义代入式（4-5）中，即可化简为 book_value_i/ book_value_m。需要特别提醒初学者的是，此处 m 所代表的市场（market）其实就是基准指数。——译者注

信号倾斜法

在我们的构建中，信号倾斜法投资组合的基本目标是在给定的积极风险水平下，相对于指定的基准，在因子捕获方面获得更好的纯度和效率。通过加权方案建立因子信号值（调整在 –1 到 1 之间）与成分股的有效权重之间的线性比例关系来实现前述目标，并满足纯多头（long-only）限制。事实上，对于纯多头组合而言，因子信号值和构成有效权重之间的直接联系只能在权重调增时实现，而不能在权重调减时实现。纯多头约束对给定的成分股构成实际可达到的最大权重调减限额施加了基准权重限制。因而，在构建信号倾斜法因子组合时，构建流程的第一步就是确定在给定纯多头限制条件下实际上可以达到的权重调减的总仓位，继而再将总的可调减的权重仓位根据各成分股的得分等比例地配置在调增侧。具体实现如下：

用以区分成分股权重调减和调增的划界分数（cut-off score）随最大减持仓位（maximum stock underweight position，MaxUW）一并被确定。例如，以 0 为划界分数意味着所有得分低于 0 的成分股都会相对于其基准权重加以调减而高于 0 的成分股则被调增。以罗素 1000 指数作为基准选样空间举例，划界分数为 0 意味着 500 只股票将被调减权重而另 500 只将被调增。最大减持仓位为 1% 意味着得分为 –1 的成分股将相对于其基准权重（$CapW_i$）调减 1%。得分为 –0.5 的成分股权重会被调减 0.5%，依次类推。然而，考虑到纯多头约束，对于得分（S_i）小于划界分数的成分股实际达到的权重调减量由下式给出：

$$UnderWgt_i = Max(S_i \times MaxUW - CapW_i) \tag{4-7}$$

当各成分股的实际权重调减额被计算出来后，这些被调减的权重就被加总以得到因子组合的减持总仓位（total underweight position，$\sum UnderWgt_i$）。根据下式，减持总仓位随即依据得分成比例地配置在得分高于划界分数的全部股票上。

$$OverWgt_i = (S_i / \sum S_i) \times \sum UnderWgt_i \tag{4-8}$$

如式（4-7）和式（4-8）所示，在纯多头约束下，信号倾斜法组合中各成分股的有效权重与其因子得分直接相关。与市值加权法（式（4-2））和市值调整法（式（4-4））因子组合不同，这些有效权重独立于基准指数中各成分股的基准权重，只有纯多头约束除外。假设因子信号收益呈线性关系，则这些关系应该会提高信号倾斜法因子组合中因子倾斜的纯度和效率。一旦有效权重被确定，成分股 i 的总权重依下式计算：

$$TW_i = CapW_i - UnderWgt_i \tag{4-9}$$

或者

$$TW_i = CapW_i + OverWgt_i \qquad (4\text{-}10)$$

信号倾斜组合的积极风险通过调整划界分数与最大减持仓位来控制。这 2 个参数共同决定了减持总仓位（total underweight position）或者说是因子组合的积极份额，以及相对于基准指数的积极风险。为了便于说明，图 4A-1 显示了使用这两个参数的不同值所构造的两个投资组合。投资组合 B 采用了更高的划界分数和更大的最大减持仓位，继而获得了相对于投资组合 A 更高的积极风险。

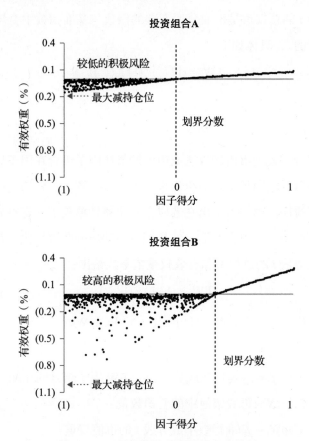

图 4A-1　示例投资组合的积极风险特征

信号加权法

在信号加权法因子组合中，基准选样空间的成分股根据因子得分重新加权。通常情况下，因子得分在 0 和 +1 之间缩放。信号加权法因子组合中成分股 i 的总权重和有效权重计算如下：

$$TW_i = S_{i,j} / (\sum(S_{i,j})) \qquad (4\text{-}11)$$

$$AW_i = S_{i,j} / (\sum(S_{i,j})) - CapW_i \qquad (4\text{-}12)$$

其中：

$$S_{i,j} = 成分股 \ i \ 在因子 \ j \ 中的得分$$

$$\sum(S_{i,j}) = 所有成分股在因子 \ j \ 中的得分之和$$

$$CapW_i = 基准指数中成分股 \ i \ 的市值权重$$

因此，在信号加权组合构建中，成分股的总权重独立于基准市值权重，而有效权重则不是。指数编制机构提供的风险加权指数就是信号加权法因子组合的一个例子。在此类指数中，成分股 i 的总权重是由成分股方差的倒数与基准指数中全体成分股方差倒数之和的比值来确定的$^{\ominus}$，具体如下：

$$TW_i = (1 / \ell_i^2) / (1 / \sum(\ell^2)) \qquad (4\text{-}13)$$

等权重法

等权重因子组合相较于市值加权法或市值调整法因子组合在因子捕捉方面提供了更多的多元化。创设等权重因子组合的流程也分为三步。第一，将给定选样空间中的成分股按因子信号加以排序。第二，选出在选样空间中累计覆盖了一定百分比的一定数量的排序最靠前的成分股并纳入组合。第三，将被选中的成分股等权化。在这个架构中，等权重因子组合中成分股 i 的总权重和有效权重依下式给出：

$$TW_i = (1 / p) \times (1 / N) \qquad (4\text{-}14)$$

$$AW_i = (1 / p) \times (1 / N) - CapW_i \qquad (4\text{-}15)$$

其中：

$$p = 基准指数成分中包含 \ EW \ 因子组合的比例$$

$$N = 母股票池中的公司数量$$

$$CapW_i = 基准指数中成分股 \ i \ 的市值权重$$

对于覆盖了基准选样空间中 50% 成分股的等权重因子组合（即，p=0.50），式（4-15）表明成分股的有效权重等于 2 / N 减去它们在选样空间中的市值权重。这表明，类似于市值加权法和市值调整法因子组合，成分股有效权重依然是关于基准选样空间中市值权重的函数。然而，与市值加权法和市值调整法因子组合不同的是，等权重因子组合会将权重较大的股票予以调降，将权重较小的股票予以调增。因此，综上所述，市值加权法

$\ominus$ 原书式（4-13）有误，正确的等式应为：$TW_i = (1/\ell_i^2) / (\sum(1/\ell^2))$。——译者注

和市值调整法因子组合引入了大盘股偏差，而等权重因子组合则在因子捕捉方面引入了小盘股偏差（small cap bias）。

附录 4B 运用市值加权法和信号倾斜法因子组合的主动收益和积极风险的分解

在法玛和弗伦奇风险分解过程中，策略的超额收益与市场因子和其他法玛和弗伦奇因子进行回归。法玛和弗伦奇模型中的市场因子是市值加权市场投资组合。市场投资组合的风险敞口集中在一个方面，即市场投资组合的贝塔系数。市场投资组合也是风格中性的，即没有因子倾斜。法玛和弗伦奇因子投资组合从市场上做多和做空头寸。因此，它们的贝塔以 0 为中心。这意味着贝塔高于（低于）0 的股票对这些因子的敞口为正（负）。

针对市值加权法或信号倾斜法投资组合投资策略的主动收益分解所采用的方法与法玛和弗伦奇风险分解框架相似。它是基于一个时间序列回归的模型，在该模型中，投资组合的主动收益（超过市场或基准的收益）是对市值加权法或信号倾斜法投资组合的主动收益做回归。由于回归是基于主动收益的，贝塔因子或对因子指数或投资组合的风险敞口也以 0 为中心。回归定义如下。

$$(R_{Port} - R_{BM}) = \alpha_{Port} + \beta_{Value}\,(R_{Value} - R_{BM}) + \beta_{Momen}\,(R_{Momen} - R_{BM}) +$$
$$\beta_{Vol}\,(R_{Vol} - R_{BM}) + \beta_{Qual}\,(R_{Qual} - R_{BM}) + \beta_{Size}\,(R_{Size} - R_{BM}) + \varepsilon_{Port}$$

其中

$$R_{Port} - R_{BM} = 超越基准的组合收益$$

$$R_{Value} - R_{BM} = 超越基准的 CW 或 ST 价值因子组合收益$$

$$R_{Momen} - R_{BM} = 超越基准的 CW 或 ST 动量因子组合收益$$

$$R_{Vol} - R_{BM} = 超越基准的 CW 或 ST 波动率因子组合收益$$

$$R_{Qual} - R_{BM} = 超越基准的 CW 或 ST 质量因子组合收益$$

$$R_{Size} - R_{BM} = 超越基准的 CW 或 ST 规模因子组合收益$$

$$\alpha_{Port} = 组合阿尔法（已控制组合对因子的敞口）$$

$$\beta_{Factor} = CW 或 ST 因子组合的因子载荷$$

| 第 5 章 |

因子规范

在第 4 章中，我们提出了一个框架来理解和分析用于捕捉智能贝塔因子收益的一些不同加权方案的业绩特征。在本章，我们将讨论一些在智能贝塔产品设计中常用的各种因子信号规范。选择不同的加权方案可以让各种智能贝塔产品产生差异，因子信号规范也可以达到这一目的。

本章概要

- 智能贝塔提供商通常关注记录完善且验证过的因子，如规模因子、价值因子、动量因子、低波动率因子和质量因子，并经常引用学术文献来证明他们的因子选择是合理的。

- 然而，在设计智能贝塔产品时，提供商也倾向于偏离文献中使用的标准或常规的因子定义。例如，价值因子通常被定义为多个估值比率的组合，而不仅仅是账面市值比。

- 这种脱节可能是因为投资的实际执行往往不是学术研究的重点。另外，智能贝塔提供商还需要特别关注其产品的可复制性、相对于给定业绩基准的风险控制，或者降低换手率和交易成本。

- 这些考虑因素自然会迫使（指数）提供商的实操偏离学术上的因子规范。当然，对于标准因子定义的一些"调整"可能比其他的更容易接受。

- 就价值因子而言，使用单一的估值比率，如账面市值比，可能会让投资者担心投资组合的多元化、积极风险控制、换手率和一些辅助性的因子敞口。一个精心设计的综合估值指标可以缓解投资者的担忧。

- 就动量因子而言，通常会对常规动量指标进行风险调整，以减轻市场反转的影响。这种调整通常会产生更高的信息比率，同时具备相似的换手率以及与传统动量 90% 的收益相关性。将常规动量指标与短期动量指标相结合的动机就不那么明确了，因为短期动量指标的换手率要高 50%，而且不能改善风险调整后的业绩。

- 就低波动率因子而言，提供商使用不同的风险衡量标准，如 CAPM 贝塔、简单波动率或异质波动率。然而，不同的测度产生了相似的业绩特性。

- 就质量因子而言，各提供商之间的信号规范似乎有很大的差异。这种差异还会导致各个质量因子的投资组合和将质量作为因子之一的多因子策略之间产生明显的业绩差异。

- 投资者使用的一些质量因子规范通常没有与防御性投资风格相关的业绩表现，例如回撤保护。其他的规范，例如复合质量因子，可能会导致对复合质量因子的各个成分的多重敞口。而且，一些质量因子在某些智能贝塔因子存在时变得多余。在因子多元化投资策略中，这种测度不会产生明显益处。

- 当使用的因子规范没有得到文献支持时，所使用的因子经过验证的说法就会被削弱，进而导致数据挖掘风险的增加，并引发投资者对样本外业绩持续性的怀疑。

- 当没有在跨市场和跨时间段使用一致的因子定义时，还会引起与数据挖掘和选择偏差相关的担忧。

- 最近的研究认为，应该避免使用复合因子，因为这可能会导致严重的过拟合偏差。这种偏差不同于众所周知的选择偏差或多重检验偏差。该研究并不意味着所有的复合因子都是无用的。但是，它确实强调了在选择复合因子和给复合因子加权时需要一个清晰的理论基础。

5.1 引言

智能贝塔投资通常专注于公认的共同因子，如规模因子、价值因子、动量因子、波动率因子和质量因子，这些因子在几十年来的学术文献中得到了良好的记录和验证。在研究大量因子时，即使考虑数据挖掘或多重检验，这些因子仍然非常显著。大部分因子提供商也关注这些因子，并且经常引用学术研究来证明他们的选择是合理的。然而，当涉及设计智能贝塔产品时，提供商可能会偏离文献中使用的标准因子规范或定义。例如，价值因子可以被定义为几个估值比率的组合，而不是学术文献中经常使用的标准的账面市值比。戈尔茨（2017）等学者认为，这种对标准定义的"调整"削弱了学术研究和如何在各种产品中定义和捕获智能贝塔因子之间的联系，这也削弱了学术文献支持给定智能贝塔产品的论点。

事实上，在学术文献中使用的标准因子定义和因子实施之间，以及智能贝塔产品如何寻求捕捉因子收益之间，存在脱节。但要记住的是，现实生活中的因子实施通常不是学术研究的焦点。在设计智能贝塔产品时，提供商有一系列问题需要解决。例如，他们可能特别关注其产品的可复制性、相对于给定策略基准的风险控制或者最小化换手率和交易成本。这些考虑可能会迫使智能贝塔产品提供商偏离学术规范。在本章中，我们将探讨一些用于定义智能贝塔因子的各种测度标准，并讨论各种方法和调整的优缺点。

5.2 价值因子

1992 年，著名的法玛和弗伦奇的文章发表了，该文章研究了股票的横截面收益。在当时，与平均收益和风险呈正相关关系的最突出的股票特征是市场贝塔因子（布莱克、詹森和斯科尔斯（1972）；法玛和麦克贝思（1973））、规模因子（班茨，1981）、市盈率（巴苏，1983）、账面市净率（斯塔特曼（1980）；罗森堡等（1985））和杠杆（班达里，1988）。法玛和弗伦奇（1992）研究了这些变量解释横截面收益的能力，单变量检验结果显示，除市场贝塔外，所有变量都具有预测能力。作者进一步认为，由于规模、市盈率、账面市值比和杠杆率都是价格的衍生指标，它们可能捕捉到了一些信息，而该信息与价格中隐含的风险和预期收益相关的信息类似。因此，这些变量中的某些可能是多余的。实际上，在多重检验中，法玛和弗伦奇（1992）发现，至少在 1963～1990 年的样本期内，通过添加市盈率和杠杆率两个变量，在包含规模因子和账面市值比的模型中解释预期横截面收益的能力并没有得到提高。换句话说，市盈率和杠杆率独立解释了平均收益，但在存在规模因子和账面市值比的情况下，它们成为多余的变量。由于这些发现，市值和账面市值比成为学术文献中衡量规模因子和价值因子的标准。

具体地说，就价值指标而言，一些智能贝塔基金经理使用账面市值比指标作为标准（book value-to-price specification），而其他一些基金经理则偏离了这一标准定义，他们创造了一个复合的价值指标标准，其中包括学术文献中已有完善记录的一些估值比率。调整该指标有多个原因,如多元化、风险控制、降低换手率和降低辅助因子敞口。估值比率是时变的,所以估值比率和多元化并不是完全正相关的,即使它们都以价格作为衡量的基本变量。作为说明,表5-1展示了由5个常用估值比率构建的因子投资组合的收益相关性,这5个常用估值比率是账面市值比、市盈率、市销率、自由现金流与价格之比和运营现金流与价格之比。这些市值加权因子投资组合是使用第4章概述的方法构建的。所有投资组合的收益相关性在25%(自由现金流与价格之比和市销率)到78%(市销率和账面市值比)之间。这5个投资组合的平均收益相关性仅为50%左右。因此,将估值比率与相对较低的收益相关性结合起来,对多元化是有利的。

表5-1　SW价值因子投资组合的主动收益相关性:罗素1000股票池(1995年1月至2017年6月)

	账面市值比	市盈率	市销率	自由现金流与价格之比	运营现金流与价格之比
账面市值比	100				
市盈率	57	100			
市销率	78	59	100		
自由现金流与价格之比	28	40	25	100	
运营现金流与价格之比	66	67	70	31	100

资料来源:GSAM.

使用单一的估值指标,如账面市值比,也会带来潜在的与给定基准相关的风险控制问题。横截面价值策略,即所有股票都根据整个股票池的估值指标进行排名,会导致结构性的行业偏差。也就是说,相对于给定的基准,一些行业权重被系统性地分配过多或过少。此外,单个估值指标往往具有不同的行业偏差。以美国市场为例,表5-2显示了账面市值比构建的投资组合在金融行业多持有了11.2%的权重,而在信息技术行业少持有了8.6%的权重。复合估值指标会降低较大的行业权重,因此可以更好地进行风险控制。例如,市销率投资组合在金融行业没有明显地分配过多权重,而自由现金流价格比投资组合在信息技术行业分配权重较大。另外,与账面市值比投资组合相比,自由现金流与价格之比投资组合的主动权重变化幅度要小得多。

表5-2　罗素1000股票池:SW价值因子投资组合的平均主动行业权重(1995年1月至2017年6月)

	账面市值比	市盈率	市销率	自由现金流与价格之比	运营现金流与价格之比
非必需消费品	−0.7	−2.3	4.8	−2.0	−1.0
必需消费品	−4.8	−1.1	−0.5	−3.9	−3.1
能源	4.3	3.0	3.8	−3.5	5.1
金融	11.2	7.6	0.2	7.2	4.7
医疗健康	−6.2	−4.2	−8.2	−1.2	−6.7
工业	**0.4**	**0.1**	**3.8**	**−0.3**	**0.1**

（续）

	账面市值比	市盈率	市销率	自由现金流与价格之比	运营现金流与价格之比
信息技术	−8.6	−4.8	−8.5	6.4	−5.2
材料	0.2	0.0	1.9	−1.0	0.9
地产	0.7	−1.1	−1.6	−1.2	−1.0
通信服务	1.1	0.2	0.7	−1.4	3.2
公用事业	3.0	1.5	2.1	−0.2	2.0

资料来源：GSAM.

不同的估值指标有着不同的换手率。例如，销售额通常比盈利更稳定，因此，市销率往往比市盈率有更低的换手率。事实上，尽管存在着很高的收益相关性，但市销率的换手率平均也比账面市值比低 20%（见表 5-1）。因此，将低换手率的估值比率囊括在价值因子投资组合中以降低交易成本是有利的。最后，估值比率可能与其他智能贝塔因子有很大的不同，有时甚至可以相互抵消风险敞口。如表 5-3 所示，它展示了账面市值比和自由现金流与价格之比投资组合相对于其他市值加权智能贝塔因子投资组合的主动收益和积极风险的分解。如该表所示，账面市值比对规模和波动率有很高的正敞口，且统计显著，对质量和动量有负敞口，尽管这个投资组合也贡献了 1.37% 的统计显著的阿尔法。另外，自由现金流对价格的比更高，为 2.52%，没有对规模因子和波动率因子的敞口，对质量因子有着正的且统计显著的敞口，对动量因子的负敞口要低得多。这些差异部分解释了表 5-1 中描述的账面市值比和自由现金流与价格之比之间的低收益相关性。鉴于辅助因子风险敞口的差异，将自由现金流与账面市值比结合起来将是有益的，因为这将减少小盘股和高波动率偏差，并减少对质量因子和动量因子的负风险敞口。反过来，在多因子策略的背景下，这将是有益的，在该策略中，价值因子与其他因子相结合，通过多元化实现更好的风险调整后的收益。

总而言之，构建复合价值指标是合理的。例如，将自由现金流与价格之比和账面市值比结合起来是有益的，因为这两个比率的收益相关性较低（见表 5-1），而且具有不同的行业权重倾向（见表 5-2）和辅助因子敞口（见表 5-3）。不过，自由现金流与价格之比也有很高的换手率。另外，市销率的换手率通常比账面市值比低 20%，比自由现金流与价格之比低 45%。因此，在账面市值比和自由现金流与价格之比的组合中增加市销率也是有益的。这是我们在第 4 章创造各种价值因子投资组合时使用的组合。

表 5-3 估值比率的主动收益和积极风险的分解（1995 年 1 月至 2017 年 6 月）

	CW 规模因子	CW 动量因子	CW 波动率因子	CW 质量因子	阿尔法	总积极风险
账面市值比敞口	**0.30**	**−0.36**	**0.16**	**−0.57**	**1.37**	
对积极风险的贡献	0.56	1.36	0.15	1.31	1.19	4.57

（续）

	CW 规模因子	CW 动量因子	CW 波动率因子	CW 质量因子	阿尔法	总积极风险
自由现金流与价格之比敞口	−0.01	**−0.20**	0.00	**0.14**	**2.52**	
对积极风险的贡献	0.00	0.41	0.00	0.01	2.41	2.83

注：加粗部分为统计显著（5% 水平）。

资料来源：GSAM.

5.3　动量因子

　　许多智能贝塔提供商所使用的学术文献对动量的定义是将最近 11 个月的总收益滞后一个月。就业绩特征而言，传统的动量策略往往在趋势性市场表现良好，但在市场反转期间表现不佳。减轻市场反转对动量因子投资组合业绩的影响的一种潜在方式是使用风险调整后的动量定义。风险调整可以根据股票特定风险或简单波动率进行。表 5-4 展示了市值加权（capitalization-weighted，CW）传统动量策略和风险调整动量策略的历史表现。在这种情况下，简单波动率被用来调整传统的风险动量。在相同的积极风险水平下，风险调整动量比传统动量具有更高的主动收益、夏普比率和信息比率。这两种投资组合的年化换手率相同，且呈高度正相关，主动收益相关性高达 93%。因此，传统动量的风险调整提供了略高的风险调整收益，同时保持了传统动量投资的精神。一些智能贝塔提供商还将传统动量与短期动量相结合来创造一个复合指标，短期动量定义为最近 5 个月的总收益滞后一个月。不太清楚这样做的理由，因为短期动量没有或只有有限的优于大盘的市场表现，但换手率明显较高（见表 5-4）。

表 5-4　罗素 1000 股票池：动量因子投资组合的历史业绩（1979 年 1 月至 2017 年 6 月）

	毛收益总额（%）	总风险（%）	夏普比率	主动毛收益（%）	积极风险（%）	信息比率	年化换手率（%）	与传统动量的相关性（%）
罗素 1000 指数	11.84	15.05	0.49					
传统动量因子	12.92	16.09	0.53	1.08	5.33	0.20	106	
风险调整动量因子	13.38	15.69	0.57	1.53	4.98	0.31	106	93
短期动量因子	11.79	15.50	0.48	−0.05	4.75	−0.01	157	63

资料来源：GSAM.

5.4　低波动率因子

　　就波动率因子而言，早期的研究（例如，布莱克等（1972））使用 CAPM 贝塔作为因子规范，而最近的研究也使用了简单波动率（例如，加尤尔等（2013））和异质波动性（例如，洪崇理（2006））规范。智能贝塔提供商通常在其产品中使用这些不同的定义来捕捉波动率因子。然而，克拉克等（2010）认为，波动率信号是用简单风险还是异质风险来定义，并没有实际差别。此外，根据我们的研究，用于计算波动率指标的窗口长度，例如1年或3年，也不会显著地改变业绩表现，因为历史波动率是一个缓慢变化的信号指标。

表 5-5 显示了使用不同波动率规范构建的市值加权投资组合的历史表现。首先，我们注意到，将窗口从1年历史波动率增加到3年历史波动率会导致业绩的边际差异。其次，将波动率信号指定为3年期 CAPM 贝塔，而不是3年的简单波动率，也导致了业绩的边际差异。最后，波动率无论是被指定为1年的简单波动率还是1年的异质风险，业绩差异不大。总而言之，表5-5中列出的所有波动率因子投资组合所实现的总风险水平非常相似。它们的夏普比率高于市场水平，范围在0.54到0.59之间。信息比率从0到0.11不等。事实上，正如克拉克等（2010）指出的那样，各种波动率规范在业绩特征方面实际差别不大。

表 5-5　罗素 1000 股票池：波动率因子投资组合的历史业绩（1981 年 1 月至 2017 年 6 月）

	毛收益总额（%）	总风险（%）	夏普比率	主动毛收益（%）	积极风险（%）	信息比率
罗素 1000 指数	11.06	14.95	0.47			
1 年期历史波动率	11.72	12.17	0.59	0.65	6.03	0.11
3 年期历史波动率	11.27	12.34	0.54	0.20	5.93	0.03
3 年期历史贝塔	11.04	12.22	0.54	−0.02	5.59	0.00
1 年期异质风险	11.55	12.60	0.56	0.49	5.37	0.09

资料来源：GSAM.

5.5　质量因子

与价值、动量和波动率因子不同，质量因子的定义有着很大的分歧。在学术文献（诺维·马克斯（2013）、法玛和弗伦奇（2015））中，质量因子通常被定义为盈利能力（毛利润占总资产的比例），有时也被定义为投资能力（总资产的增长）。然而，智能贝塔提供商可能会明显偏离这些标准定义，转而使用应计利润、杠杆、稳定性或其他指标等特征。这些信号定义的差异还可能导致智能贝塔提供商提供的各种单个质量因子的投资组合之间的显著业绩差异，以及使用了质量因子的因子多元化策略之间的业绩差异。

在我们看来，除了随着时间的推移实现合理的投资收益率以外，质量投资的另一个重要特性为防御性投资风格，主要源于其在高风险厌恶时期的市场表现，例如在市场大幅下跌的时期。这个特性意味着给定的质量因子应该更容易导致某些业绩特性，例如回撤低于市场。这些业绩特性使得质量因子和其他智能贝塔因子显著不同。例如，价值和动量可以带来优异的市场表现，但与市场相比，其回撤幅度也会更大。低波动率投资寻求提供回撤保护，但是因为其 CAPM 贝塔远远低于 1，所以导致其在市场上涨时期表现不佳。另外，质量因子的目标是在 CAPM 贝塔远高于低波动率因子的情况下降低回撤，这还能带来更高的上涨参与度。这些业绩特征导致特定的质量因子与其他智能贝塔因子具有较低的主动收益相关性，这也有利于因子多元化投资策略的构建。（我们将在第 7 章更详细地讨论智能贝塔因子的业绩特征。）

一些质量因子规范，例如杠杆，体现了与防御性投资风格相当不同的业绩特征。杠杆投资组合通常导致 CAPM 贝塔显著大于 1，回撤也会远大于市场的回撤。其他所使用的质量定义可能会导致重复暴露。例如，考虑一个将权益利润率（ROE）与杠杆率相结合的组合。由于杠杆已经包含权益利润率（例如，传统的杜邦分解 ROE = 利润率 × 资产周转率 × 杠杆率），这样的组合将导致相对于盈利能力，杠杆率被赋予更高的权重。

最后，智能贝塔提供商通常使用的许多质量属性在其他智能贝塔因子存在的情况下会变得多余，也就是说，它们的表现在很大程度上可以由其他智能贝塔因子来解释。表 5-6 展示了各种 CW 质量因子投资组合相对于其他 CW 智能贝塔因子投资组合的主动收益和积极风险的分解。我们首先注意到，相对于总资产的毛利产生了 1.27% 的统计显著阿尔法，超过 80%（=2.26/2.73）的积极风险是由阿尔法项所解释的。也就是说，总盈利能力提供了显著的主动收益，独立于其他智能贝塔因子。超过 90% 的 ROE（净收入以账面价值衡量）的积极风险也可以用阿尔法项来解释，但这一衡量标准没有产生显著的阿尔法。此表中描述的所有其他质量指标也产生了小而无关紧要的阿尔法，至少 65% 的积极风险可以通过暴露于其他智能贝塔因子来解释。例如，就收益变化性（营业收入 5 年的变化减去利息后再用账面价值标准化）而言，超过 85% 的积极风险可以由对波动率因子的高敞口来解释。这意味着收益变化性本质上是一种低波动率的策略。杠杆显示了对规模的高且正的敞口（即小盘股偏向）。资产增长（总资产的年度变化）与价值高度相关，因为超过 50% 的积极风险是由这一因子解释的。最后，流通股的增长（流通股总量的年度变化）本质上是价值策略和低波动率策略的结合，因为这两个因子几乎解释了其积极风险的 70%。

表 5-6　罗素 1000 股票池：不同质量指标的主动收益和积极风险的分解（1979 年 1 月至 2017 年 6 月）

	规模因子	价值因子	动量因子	波动率因子	阿尔法	总积极风险
毛利率对总资产的敞口	**0.59**	**−0.28**	0.02	**0.21**	**1.27**	
对积极风险的贡献	0.53	0.06	0.01	−0.13	2.26	2.73

（续）

	规模因子	价值因子	动量因子	波动率因子	阿尔法	总积极风险
权益资产敞口回报	**0.22**	−0.04	0.08	**0.15**	0.27	
对积极风险的贡献	0.09	−0.02	0.02	0.05	1.72	1.86
盈利波动性敞口	**0.20**	−0.04	−0.01	**0.64**	0.05	
对积极风险的贡献	−0.15	−0.07	0.01	2.32	0.62	2.72
杠杆敞口	**0.91**	**−0.62**	**−0.23**	**−0.31**	0.35	
对积极风险的贡献	1.39	0.97	−0.14	0.97	0.97	4.34
资产成长性敞口	**0.22**	**0.53**	0.04	**0.14**	−0.15	
对积极风险的贡献	0.19	1.59	−0.06	0.24	1.18	3.14
流通股成长性敞口	**0.12**	**0.39**	**0.13**	**0.35**	0.05	
对积极风险的贡献	0.02	1.06	−0.14	0.92	1.08	2.94

注：加粗部分为统计显著（5% 水平）。
资料来源：GSAM.

在因子多元化的背景下，表 5-6 所示的分析暗示总盈利能力是一个很好的候选因子，因为它在很大程度上与其他智能贝塔因子正交（或互相独立）。其他质量指标没有产生显著的因子调整后的主动收益，并且对其他智能贝塔因子有很高的敞口。它们在多因子策略中的贡献更加值得怀疑。

5.6 投资者的常见问题

5.6.1 在智能贝塔产品中使用学术上不完全支持的因子规范或者对标准定义做了调整时，会引发哪些问题

一般而言，因子规范以及对未经充分研究和缺乏学术支持的公认因子定义的调整，可能会给投资者带来问题。首先，这种因子规范和调整的使用大大削弱了智能贝塔提供商经常提出的主张，即他们使用的因子得到了学术研究的大力支持。他们所使用的某些因子规范可能已由一两个学者研究过，但没有以与标准定义相同的方式进行审查，也没有经过跨市场、跨地域和随时间推移的大量学者的审查，例如，定义质量因子中资产周转率的变化，定义价值因子的营运指标中的企业价值与现金流之比的变化，或定义动量的收益预期的变化。其次，当因子规范没有被很好地研究的时候，投资者不得不依赖智能贝塔提供商的回测结果。当然，这也会增加数据挖掘的风险。最后，标准因子定义已经与业绩的样本外持续性联系在一起（例如，迪姆松等（2017）），但非标准因子定义通常不具备这种特性。因此，即使智能贝塔提供商的回测体现出良好的业绩，但样本外的持续性仍值得怀疑。

5.6.2 为什么定义给定的跨地域或时变的因子时，因子的一致性很重要

一般而言，在定义给定的跨地域或时变的因子方面，缺乏一致性也会引发数据挖掘、选择偏差或过拟合偏差的相关问题。在学术研究中，在不同的市场上遵循对某个因子的一致定义，这样的担忧会随着时间推移得到缓和。例如，作为价值规范的账面市值比，该因子首先是针对美国市场进行研究和记录的。随后的研究使用相同的因子规范来研究其他市场的价值效应。这些研究结果提供了一定程度的安慰和信心，即账面市值比因子是全球股票的系统收益来源（收益因子）。

一些智能贝塔基金经理在不同地域对相同的因子使用不同的规范，主要基于这些市场中因子的历史表现。考虑表 5-7 所展示的例子，该表显示了五个市值加权价值因子投资组合在美国市场和新兴市场的历史表现。该表根据每个地域的信息比率突出显示了表现最好的投资组合。假设据此，某智能贝塔基金经理将美国市场的价值指标定义为自由现金流与价格之比，将新兴市场的价值指标定义为运营现金流与价格之比。该基金经理可能会为每个地域所选择的变量提供基本面方面的解释，但不太可能得到学术界的支持。最后，基金经理对每个地域的价值因子的规范提供出色的样本内回测结果，但在样本外的持续性仍然值得担忧。

表 5-7 不同价值因子投资组合的历史业绩（1988 年 1 月至 2017 年 6 月）

	毛收益总额 (%)	总风险 (%)	夏普比率	主动毛收益 (%)	积极风险 (%)	信息比率
组 A：美国市场						
罗素 1000 指数	9.91	14.89	0.53			
账面市值比	10.23	16.00	0.52	0.33	4.57	0.07
市盈率	11.77	14.40	0.66	1.86	4.87	0.38
市销率	10.77	15.25	0.57	0.87	4.52	0.19
自由现金流与价格之比	**12.56**	**15.46**	**0.67**	**2.66**	**2.83**	**0.94**
运营现金流与价格之比	11.41	14.99	0.62	1.50	4.75	0.32
组 B：新兴市场						
MSCI 新兴市场指数	7.48	23.54	0.33			
账面市值比	9.32	25.18	0.39	1.84	4.73	0.39
市盈率	9.32	24.55	0.40	1.83	4.63	0.40
市销率	10.17	25.39	0.42	2.69	4.38	0.61
自由现金流与价格之比	9.04	22.55	0.40	1.55	3.55	0.44
运营现金流与价格之比	**10.81**	**24.57**	**0.45**	**3.33**	**4.11**	**0.81**

注：加粗部分为统计显著（5% 水平）。
资料来源：GSAM.

其他智能贝塔基金经理对一些因子的定义，例如价值因子，会随着时间推移而有所变化。在我们看来，在智能贝塔投资的环境下，该做法不太可能有合理的经济解释，可

能会引起人们对数据挖掘和数据窥探的担忧。例如，一个指数提供商提供了两种在不同时间节点发布的指数，但定义完全不一样。该指数提供商还为其他因子提供多个指数，例如质量因子和动量因子。这些指数也是在不同的时间节点发布的。但有趣的是，这些指数使用了一致的因子规范，数值却不一样。

5.6.3 在定义因子或期望收益信号的时候使用合成指标会有什么问题呢

学术文献习惯于使用简单和单一维度的因子规范，如账面市值比或毛利润与总资产之比，以衡量盈利能力或盈利质量。然而，智能贝塔提供商通常使用复合指标，其中一些指标在构成上比较复杂。例如，本德和王（2016）将价值定义为五个估值比率的等权组合，这五个指标分别是账面价值、收益、现金流、销售额和股息。阿斯尼斯等（2013）考虑了包括盈利、增长、安全和支付等20多个股票特征来定义质量。

在学术文献中通常会避免使用复合指标，因为复合指标通常会导致严重的过拟合偏差。正如诺维·马克斯（2015）所指出的，从大量的测试信号中选择一个子集来合成新的指标，会导致过拟合偏差。过拟合偏差可能会产生非常显著的回测业绩，即使在构成复合指标的单个信号没有显著性的情况下也是如此。过拟合偏差不同于众所周知的选择偏差或多重检验偏差，这种偏差的产生原因是从大量的潜在信号中选择业绩表现最好的信号。诺维·马克斯（2015）认为即使没有选择偏差，过拟合偏差也可能非常大，如果有选择偏差，那可能会更大。

该研究并不意味着复合指标没有用处。正如本章所讨论的，从多元化和其他实施角度看，某些复合指标确实有用。然而，诺维·马克斯（2015）强调，应该谨慎使用复合指标，至少构成复合指标的信号的选择和加权方法有清晰的理论基础。在缺乏合理的解释的情况下，复合指标的历史业绩可能受到过拟合偏差的影响。

复合指标也可以用来构造因子多元化策略。例如，价值、动量和质量指标可以通过等权重或其他加权方式构造为复合指标。然后，复合指标构成了构造多因子投资组合的基础。在这方面一个有趣的例子是使用乘法来合成指标，而不是加法。在乘法过程中，将各个因子的信号相乘来构成复合指标。例如，将价格和动量指标相乘形成价值–动量策略的复合指标。在我们的研究中，一些乘法复合指标通常会导致多因子投资组合表现出较高的小盘股偏向和集中度的问题，因此，其策略容量较低。

5.6.4 投资者应如何处理质量因子规范中的常见变化

正如前面所描述的，智能贝塔产品之间最重要的区别可能与质量因子的规范有关。

一些智能贝塔提供商使用学术文献中的标准盈利能力衡量标准（毛利润与总资产之比）。而其他提供商则使用能够考虑到质量投资的多个维度的更全面的复合指标。智能贝塔提供商可能有合理的理由来选择一种定义而不是另一种定义。然而，在我们看来，在评估各种质量规范时，投资者可以发现以下几点是有用的。

质量复合指标可能会引发某些担忧。在一定程度上，质量复合指标是多维的，和其他复合因子（如价值）相比，它们更容易产生过拟合风险。一些质量复合指标可能会引起与重复暴露相关的担忧。一个例子是权益利润率和杠杆的复合指标，该指标隐含了对杠杆的重复暴露，这会导致组合中杠杆的权重远高于指定权重。最后，质量复合指标可能包含与其他智能贝塔因子高度正相关的变量。如表5-6所示，收益波动因子本质上是一种低波动率策略。杠杆因子有明显的小盘股倾向。资产的增长与价值高度相关。如果把质量因子当作一个独立的策略来对待，那么其他智能贝塔因子的高暴露可能就不是一个令人担忧的问题了。然而，在多因子策略中，如果质量因子规范与其他智能贝塔因子正交，那么对策略将是有利的。

最后，投资者可以寻求一个明确的理由，来选择和加权给定的质量因子规范。

5.7　结论

在获取智能贝塔因子时，智能贝塔提供商对标准或常规因子所做的一些调整可能是有必要的。这些调整包括为了降低市场反转影响的风险调整后的动量因子和为了更好地应对多元化、积极风险控制或辅助风险敞口。其他调整可能会引发与选择和过拟合偏差相关的担忧，包括使用没有得到广泛文献支持的因子规范、因子跨地域的不一致、时变因子或在没有足够合理理由下创建的复合指标。投资者应该谨慎对待这些情况。

在第4章和第5章中，我们分析了智能贝塔提供商通常采用的各种加权方案和因子规范。我们希望这两章中的讨论将有助于投资者更好地理解各种智能贝塔产品之间的潜在差异。在下一章中，我们使用第4章中构建的因子组合对大量公开可用的智能贝塔和主动策略进行风险分解。这项练习为理解这些策略的积极风险和主动收益的驱动因子提供了有趣的见解。

第6章

智能贝塔与主动管理策略之积极风险和主动收益分解

在本章，我们以第 4 章中所构建的因子组合为背景分析一系列公开市场可行的智能贝塔投资策略。尽管我们专注于智能贝塔策略，但我们也会运用这些因子组合来进行一些主动管理策略的风险分解。我们相信，本章所进行的分析会在领悟智能贝塔策略与主动管理策略的业绩驱动源泉以及评估因子捕捉的效率方面，或者更一般地说评估基金经理能力的存在性方面提供有益的见解。

本章概要

- 学术研究普遍表明，相对于法玛和弗伦奇三因子模型或卡哈特四因子模型，智能贝塔策略作为一个整体并不产生显著的因子调整阿尔法（factor-adjusted alpha）。

- 为了提供另一个视角，我们运用第 4 章构造的（纯多头）因子组合来分析一系列智能贝塔策略，跟法玛和弗伦奇因子相比，这些因子组合更易于复制且成本效益也更高。

- 与之前的研究一致，我们分析了美国的大盘股单因子产品、多因子产品和另类股票贝塔策略，并发现大多数智能贝塔投资对市值加权（capitalization-weighted）因子投资组合没有产生统计上显著的阿尔法。

- 相对于覆盖了罗素 1000 指数 50% 市值权重的市值加权因子组合，一小部分高度聚焦于动量因子和质量因子的指数产生了数额可观且统计学显著的阿尔法。相对于占罗素1000指数25%权重的更集中的市值加权因子组合，这些指数的因子调整阿尔法显著减少或被消除。

- 就多因子产品而言，除了两种策略外，其他所有策略都在统计上产生了显著的主动收益。然而，在与市值加权因子组合相关的风险分解分析中，只有一个策略实现了在5%水平上显著的阿尔法。

- 在可供选择的权益类贝塔产品中，等权重的罗素1000策略在主动收益上实现了最高的显著性（t统计量）。两个产品产生了显著的因子调整阿尔法，其中一个是等权重策略。

- 一些多因子产品是由同等权重的单个因子投资组合来创建的，这些投资组合的构建使用与众不同的方法，并且相对于基准具有迥异的积极风险。此类产品通常既无法实现目标因子的平衡风险敞口，也无法取得来自目标因子的积极风险贡献。

- 一些智能贝塔产品在规模因子方面具有非常高的、统计上显著的风险敞口。历史证据显示，美国小盘股在1980～1999年表现不佳，2000年以来表现尤为出色，因此，与2000年后的表现相比，通过分析长期回测来评估此类产品的表现特征更为恰当。

- 一些积极风险无约束优化方案有助于产生相较于市值加权因子组合而言可观的阿尔法。这是因为与市值加权基准选样空间相比，这些方案等价于在等权重法基础上加以因子倾斜。因此，当对等权重的罗素1000投资组合和信号倾斜法价值因子、动量因子、低波动率因子和高质量因子投资组合进行风险分解时，这些策略的阿尔法往往会消失。

- 关于主动策略，主要基于共同基金的表现来看，学术研究发现总的来说主动管理型基金经理在提供市场平均水平的费前收益，而费后净收益表现不佳。学术研究还发现，作为一个整体，主动管理型基金经理看起来就像市场，没有任何有意义的因子敞口。超越市场水平的表现确实存在，很大程度上是由对智能贝塔因子的敞口来解释的。因子调整的阿尔法是稀缺的，而且与正向因子敞口产生的市场表现相比持续性较差。

- 在分析个别机构资产经理时，我们发现的一个共同的结果是，智能贝塔因子的净敞口为正（net positive exposures）且存在主动收益贡献，以及一个不那么显著的阿尔法。然而我们也发现，与学术研究相比，因子调整阿尔法的频率更高，尽管这一发现可能是由于我们数据中的选择偏差所致。

- 在风险分解的实操中并非所有的阿尔法都能代表基金经理的能力。一个阿尔法可能纯粹由于信号、模型或者被分析投资策略与因子组合（或风险组合）之间的构造不匹配而出现。

6.1 引言

正如我们在第 4 章和第 5 章中所讨论的，智能贝塔产品采用多种加权方案和信号规范来捕获智能贝塔因子。此外，智能贝塔供应商通常会宣称他们的方法能够更高效地提供智能贝塔因子收益。因此，一个自然而然的问题是：在基于相对简单的因子组合的风险分解中，各种智能贝塔策略的表现如何？为了回答这个问题，我们首先对现有的文献进行了简要的回顾，然后讨论了我们的分析结果。在分析主动策略时，我们遵循类似的结构。

6.2 智能贝塔策略的风险分解

6.2.1 文献综述

总的来说，对智能贝塔策略进行收益分解分析的研究发现，此类策略并未产生相较于法玛和弗伦奇因子而言显著的阿尔法。

例如，周子文等（2011）分析了一众智能贝塔策略的业绩表现，包括等权重法、风险聚类等权重法（risk-clustered equal-weighting）、分集加权（diversity weighting，如费恩霍尔茨（1998））、基本面因子加权（fundamental weighting，如阿诺特等（2005））、最小方差（如豪根和贝克，1991）、最大多元化（如舒维法提和夸尼亚尔，2008）以及风险效率（如阿蒙克等，2010）。这些作者根据在期刊杂志或其他研究文献中公开披露的方法复现了这些策略。为了对各种策略进行比较，作者在一个受控的研究环境中生成了回测业绩，而不是使用实盘业绩或商业产品的已发布回测结果，这些回溯测试包含了许多操作细节。作者发现所有的策略都优于市值加权市场投资组合。然而，法玛和弗伦奇三因子模型或卡哈特四因子模型几乎完全解释了这一表现。也就是说，智能贝塔策略的表现优于市场指数，因为它们对智能贝塔规模因子和价值因子的敞口很高。在统计学上，这些策略作为一个整体，相对于"三因子"或"四因子"模型，没有产生显著的阿尔法。这些发现使作者得出以下结论。在某种程度上，不同的智能贝塔策略是由相同的因子或收益来源（即，市场、规模因子和价值因子）解释的，它们可以组合起来复现彼此的业绩表现。此外，如果一个简单的等权重投资组合也通过对规模因子和价值因子的敞口获得其市场表现，那么所分析的策略（其中一些策略使用高度复杂的方法）就与朴素的等权重法直接相关。最后，如果这些策略可被精妙组合以复现其他策略，那么投资者应该关注那些智能贝塔策略，这些策略的特点是更低的换手率和更好的多元化、流动性以及策略容量。

如果智能贝塔策略是用简单的规模因子和价值因子来解释的，而没有有意义的额外主动收益（即阿尔法），那么它们的附加值是多少？周子文等（2011）辩称，这些策略仍然代表着有益的创新，因为与法玛和弗伦奇因子相比，这些策略允许投资者更经济有效地获取规模因子和价值因子溢价，与市值加权规模因子和风格因子指数相比，这些策略更有效。事实上，法玛和弗伦奇的因子不易复制且复制成本效益低。正如阿诺特等（2005）和许仲翔等（2010）的研究所示，现有的市值加权规模因子和风格因子指数的效率低于我们讨论的智能贝塔策略，因为它们倾向于产生负的法玛和弗伦奇阿尔法（Fama-French alpha）。

其他研究表明，各种低风险策略都是由波动率因子解释的。谢勒（2010）得出的分析结果表明，最小方差投资组合主要投资于低贝塔和低特质风险股票（low-idiosyncratic risk）。类似地，克拉克等（2011）和莱奥特·德·卡瓦略等（2011）发现，纯多头最小方差的投资组合主要是低贝塔证券。此外，莱奥特·德·卡瓦略等（2011）的研究还表明最小方差和最大多元化是相似的策略，产生了大量重叠的投资组合。

在周子文等（2011年）的研究成果发表之后，一些分析师认为，尽管他们关于所分析的策略缺乏显著的法玛和弗伦奇因子调整阿尔法的一般性结论可能成立，但他们的研究设计更青睐于特定策略而非其他策略。例如，阿蒙克等（2012）指出，周子文等（2011）的分析偏向基于优化的方法，这种方法在包含大量证券的基准选样空间中往往表现不佳（也被称为"维度灾难"（curse of dimensionality））。他们还认为周子文等（2011）所采用的实现方法与实操中指数构建规则有较大悖离，由此导致部分策略集中度和换手率较高。例如，EDHEC（法国北方高等商学院）-Risk Efficient 指数通常有 25% 左右的换手率，而周子文等（2011）的报告称其复现的风险效率策略的换手率水平约为 75%。

6.2.2 我们的分析

尽管在一个自成体系的受控的研究环境中分析各种投资策略是一场有意义的实践，

但却无法产生对所研究策略业绩表现的精准复现。真实的产品运作中包含了太多的操作细节，难以全盘模拟。因而，在我们的分析中，我们选择使用公开收集的各类策略的实盘表现，而不是仅仅在研究环境中运用公开披露的方法复现它们的业绩表现。

学术研究也通常针对法玛和弗伦奇因子进行风险分解。如前所述，法玛和弗伦奇因子是不易实操的，因为它们不易复制且复制的成本效益不高。风险分解工作中的另一个选择是使用（纯多头）可低成本复制的被动替代品或涵盖所有智能贝塔因子的因子组合。我们在第 4 章中开发了这样的因子组合，例如市值加权法和信号倾斜法因子组合。在我们看来，这些因子组合代表了有用的被动替代品，因为目前没有一家指数提供商提供涵盖所有智能贝塔因子的一致市值加权指数系列。因此，我们使用这些因子组合来分析各种智能贝塔策略的风险敞口和效率（阿尔法）。

1. 一般性发现

我们分析了 30 个公开发行的美国大盘股智能贝塔指数，包括一些在第 4 章图 4-2 中列出的指数。这些策略包括价值因子、动量因子、波动率和高质量因子的单因子产品、多因子产品和另类股票贝塔策略。我们针对第 4 章讨论的市值加权法和信号倾斜法因子投资组合对这些策略进行了主动收益和积极风险的分解。与之前的研究一致，我们发现大多数产品与基本的市值加权法因子投资组合相比没有产生统计上显著的阿尔法。

对于单因子产品，被评估的指数对每个因子进行了各种信号特定化，采用了不同的加权方案，包括市值加权法、市值调整法、信号加权法和优化法。当与市值加权法因子投资组合进行对比分析时，所讨论的价值因子策略中无一能够产生具有统计学意义的阿尔法。动量因子产品通常产生正阿尔法，但它们仅对一个高度集中的指数具有统计意义。波动率因子策略没有实现有意义的阿尔法。两个集中的质量因子指数（two concentrated quality indexes）显示了数额可观且统计学显著的阿尔法。回想一下，此次分析中使用的市值加权法因子投资组合占罗素 1000 市值权重的 50%。我们还发现，当与涵盖罗素 1000 市值权重 25% 的更为集中的市值加权法因子组合做对比，去分析集中的动量因子和质量因子指数时，它们的阿尔法显著减少乃至被消除。

关于多因子产品，我们分析的一些产品结合了使用各种加权方案分别构建的因子组合。例如，一款产品结合了六个因子指数，即价值因子（市值调整法）、动量因子（市值调整法）、质量因子（市值调整法）、最小波动率（优化）、股息率因子（市值加权法）和规模因子（等权重法）。其他产品构建了由各种优化加权方案组成的多因子联合解决方案，以便通过模型多元化来降低模型风险。例如，一款产品采用了对最大夏普比率、最小方差、最大去相关、最大去中心和多元化风险平价等权赋权的加权方案。一些产品将单个因子信号组合成一个复合信号，然后使用积极风险无约束优化或简单的实质调整构建多因子策略。我们分析的所有多因子策略在评价期（the sourced period）内都超过了罗素 1000 指数，除两个产品外，所有产品都实现了统计显著的主动收益。然而，在相对于市值加权因子投资组合的风险分解中，只有一个策略产生了在 5% 水平上显著的阿尔法。

在另类权益贝塔策略的分析中，诸如等权重策略、最小波动率策略和基本面因子指数等所有策略的表现都优于罗素 1000 指数，其中等权重策略实现了最显著的主动收益。相较于市值加权因子组合，两款产品产生了统计学意义上显著的阿尔法，其中一个就是等权重策略。

2. 其他见解

本节我们展示一些已分析策略的实例以展现其他可能在风险分解实例中潜在获得的有用见解。

（1）策略多样性的因子敞口　智能贝塔供应商通过结合单个因子组合或单个因子信号组合来创建多因子策略。根据所运用的流程，多因子策略可能无法展现所考虑因子之间的多元化均衡风险敞口。表 6-1 提供了一个例子。多因子策略 1 是一个公共指数，它将独立构建的价值因子、波动率因子和质量因子指数平等地结合起来，创建一个因子多元化策略。价值因子指数是基于销售额、账面价值、盈利和现金收益的价值加权。波动率因子指数是一个最小波动率的投资组合。而质量因子指数则以净资产收益率、杠杆率和收益变动性（earnings variability）为质量因子信号，以市值调整法为加权方案。当与市值加权法因子投资组合进行对比分析时，尽管市值加权法价值因子投资组合还将价值因子定义为销售额、账面价值和现金流的组合，但多因子策略 1 并未显示出价值因子敞口。更有趣的是，该策略对波动率因子的敞口很高，几乎 63%（$\approx 2.09/3.33$）的积极风险是由该因子解释的。这一发现可以解释为：

①最小波动率因子投资组合对罗素 1000 基准的积极风险（约 6%）远高于价值因子和质量因子投资组合（约 3%）；②质量因子使用收益变动性作为衡量标准，本质上是一种低波动性策略，如第 5 章表 5-6 所示。此示例强调，在创建多因子策略过程中，在糅合因子组合或因子信号时采用某种形式的积极风险平价将有助于在所考虑的因子之间实现更均衡的风险敞口。此示例还强调，在选择各种信号规范和组合信号的单个组件时，应进行仔细分析，以评估它们的敞口和与其他已选中的智能贝塔因子的相关性。

表 6-1 智能贝塔策略案例：对市值加权因子组合的主动收益和积极风险的分解（罗素 1000 股票池，1994 年 7 月至 2017 年 6 月）

	CW 规模因子	CW 价值因子	CW 动量因子	CW 波动率因子	CW 质量因子	阿尔法	总积极风险
多因子策略 1 敞口	**-0.16**	0.00	**-0.21**	**0.54**	**0.16**	0.21	
对积极风险的贡献	0.23	0.00	0.24	2.09	0.05	0.71	3.33

注：加粗部分为统计显著（5% 水平）。

资料来源：GSAM.

（2）智能贝塔策略的规模因子敞口 一般来说，由于智能贝塔策略偏离了市值权重法，它们往往会有一个正向的规模因子敞口，即偏重小盘股。然而，一些策略可能有一个非常高的且统计上显著的规模因子敞口。考虑表 6-2 中的多因子策略 2（使用乘性复合信号强调在所有目标因子上排名良好的股票）和另类股票贝塔策略 1（最大夏普比率策略）。2002 年 7 月至 2017 年 6 月，多因子策略 2 的年收益率超过罗素 1000 指数 1.37%，积极风险为 3.09%。该策略对规模的敞口非常高且显著，对主动收益率的贡献率为 0.96%。规模因子也解释了该策略 37% 的积极风险。类似地，另类股权贝塔策略 1 的积极风险中有 57% 是由规模因子来解释的。这里的一般观点是，在评估对小盘股具有高敞口的智能贝塔策略的历史表现特征时，应谨慎行事。从第 2 章回顾的学术研究和第 4 章讨论的规模因子投资组合中我们知道，美国小盘股在 1980 ～ 1999 年表现不佳，2000 年以来表现尤为出色。因此，如果这些策略是根据只描述 2000 年后业绩的回溯测试来评估的，那么它就不能完全代表策略的潜在业绩特征。在这种情况下，分析长期回溯测试将更有意义。

表 6-2 智能贝塔策略案例：对市值加权因子组合的主动收益和积极风险的分解（罗素 1000 股票池，2002 年 7 月至 2017 年 6 月）

	CW 规模因子	CW 价值因子	CW 动量因子	CW 波动率因子	CW 质量因子	阿尔法	总积极风险
多因子策略 2 敞口	**0.81**	0.04	**0.19**	**0.38**	**0.16**	0.40	
对积极风险的贡献	1.15	-0.04	0.44	0.76	0.08	0.69	3.09
另类权益贝塔策略 1 敞口	**0.87**	-0.08	0.09	**0.22**	**0.23**	0.37	
对积极风险的贡献	1.21	0.09	0.11	0.15	0.05	0.51	2.13

注：加粗部分为统计显著（5% 水平）。

资料来源：GSAM.

◎ 应用实例 6-1

在 2016 年，一个指数编制机构发行了一系列多因子智能贝塔指数。在该指数系列发行的同时，还描述了用于创建指数的方法，并模拟了指数的历史业绩。美股大盘股的历史业绩期间是 2001 ～ 2015 年。在这段时间里，指数以 4.5% 的跟踪误差每年超越美股大盘股比较基准 5.4%，继而实现了不俗的 1.19 的信息比率。我们所开展的针对新发行指数的主动收益与积极风险的分解显示出非常强烈的小盘股偏差，其中规模因子几乎可以解释 47% 的积极风险。

运用指数编制机构披露的指数编制与维护规则，新指数的历史业绩可以被独立验证。当我们进行这样一个实例练习时，美国大盘股指数的历史表现以 0.5% 的跟踪误差和 0.5% 的收益率被复制（即，90% 的收益率）。这并不是对历史性能的精确复制，但在我们看来，这将被视为一个非常独立的近似值。复制指数实现了 0.96 的信息比率，接近 1.19 的报告信息比率。

考虑到小盘股的强劲偏股，作为另一个步骤，我们将复制的美国大盘指数的历史表现延长至 1980 年。在 1980 ~ 2015 年，复制指数产生的信息比率仅为 0.53，约为 2001 ~ 2015 年信息比率的一半。换言之，2001 年之后的期间（报告期）复制指数的信息比率为 0.96，而 1980 ~ 2000 年的信息比率则接近于零。这些较长期间的表现特征应该不奇怪，因为它们与我们所知道的小盘股的历史表现是一致的。然而，这些结果确实强调了审查智能贝塔策略性能的重要性，这些策略在 2000 年以前的时间段内严重依赖于规模因子。这一问题对多元化策略的关注度可能较低，该类策略对规模因子的风险敞口低得多并且被更为恰当地多元化，因为这些策略还将包括近期表现相对较差但在 2000 年以前表现强劲的因子，如价值因子和动量因子。

（3）积极风险无约束优化方案　在第 4 章中已提及，一些积极风险无约束优化方案可能产生的投资组合，与从等权基准选样空间出发而后向智能贝塔各类因子加以倾斜后产生的投资组合几乎等价。在对市值加权因子投资组合进行分解时，这种策略可能会产生一些显著的阿尔法，但并不针对在等权基准空间之上加以信号倾斜的因子投资组合。表 6-3 展示了此类情形的一个例子。另类权益贝塔策略 2 是积极风险无约束最大化多样性策略。在 2002 年 11 月 ~ 2017 年 6 月，相对于罗素 1000 指数，该策略每年产生 3.22% 的主动收益，积极风险为 4.74%（信息比率为 0.68）。与表 6-3 的组 A 市值加权因子投资组合相比，该策略实现了每年 2% 的可观阿尔法。阿尔法项还解释了超过 70% 的积极风险。该策略在规模因子上的因子载荷为 0.81，带来了由市值加权规模因子贡献的 1.33% 的主动收益。然而，同等权基准空间（用来替代规模因子）与信号倾斜法下价值因子、动量因子、波动率因子和质量因子投资组合的结合相比，该策略的阿尔法完全消失，而且阿尔法可解释的积极风险的比重也降至 47%。对等权基准空间的敞口（0.69）贡献了 2.6% 的主动收益，占到了主动收益（3.22%）的 80% 以上。尽管用于另类权益贝塔策略 2 的优化构造方法相当复杂，该策略与在等权基准空间基础上进行因子倾斜的结果也不过大体相当。

表 6-3　智能贝塔策略示例：主动收益和积极风险的分解：罗素 1000 指数（2002 年 11 月至 2017 年 6 月）

	CW 规模因子	CW 价值因子	CW 动量因子	CW 波动率因子	CW 质量因子	阿尔法	总积极风险
组 A							
另类权益贝塔策略 2						**2.00**	
敞口	**0.81**	0.04	**0.19**	**0.38**	**0.16**		
对积极风险的贡献	0.73	−0.01	0.04	0.44	0.11	3.43	4.74
	EW 样本因子	ST 价值因子	ST 动量因子	ST 波动率因子	ST 质量因子	阿尔法	总积极风险
组 B							
另类权益贝塔策略 2						−0.08	
敞口	**0.69**	−0.19	−0.10	**0.58**	**0.47**		
对积极风险的贡献	1.13	−0.03	−0.02	0.91	0.50	2.25	4.74

注：加粗部分为统计显著（5% 水平）。
资料来源：GSAM.

6.2.3　总结

根据前面的分析，我们得出以下结论。

▶ 我们分析的所有智能贝塔策略在尽可能长的时间内都优于罗素 1000 指数，在这段时间内，这些策略的历史表现可以公开获取。

▶ 很多智能贝塔策略所产生的积极风险皆具有统计显著性。

▶ 相对于市值加权因子组合，许多智能贝塔策略没有产生正的或有意义的因子调整阿尔法，只有少数实现了正的阿尔法，在 5% 的水平上是显著的。

▶ 一些高集中度的动量因子和质量因子指数对市值加权因子组合产生了显著的阿尔法，后者占罗素 1000 市值权重的 50%。然而，当对占基准权重 25% 的更为集中的市值加权因子投资组合进行分析时，各类阿尔法被有目的地减少或消除。

▶ 一些多因子智能贝塔策略将单个因子组合或因子信号组合在一起，不会产生所考虑因子之间的多元化和平衡风险敞口。

▶ 一些智能贝塔策略对规模因子的敞口非常高，它们的主动收益很大一部分归因于这个因子。仅仅通过分析 2000 年以后的时间段，无法正确理解这些策略的业绩特征。

▶ 一些积极风险无约束优化方案导致相对于等权重基准空间的因子倾斜被实现。这些解决方案可能针对市值加权因子投资组合会产生一个阿尔法，而针对等权罗素和信号倾斜法下价值因子、动量因子、波动率因子与质量因子投资组合的结合则不会。

6.3　主动管理策略的风险分解

6.3.1　文献综述

鉴于围绕市场效率和主动与被动的争论，分析主动管理共同基金的业绩一直是研究者关注的一个领域，多年来已经产生了大量的文献。这些研究中产生的普遍性结论被总结罗列如下。

总结来说，主动管理型基金经理兑现了费前与市场水平相似而费后不及市场水平的收益（如，特雷诺（1965）和夏普（1966）及詹森（1969））。作为一个整体，主动管理型基金经理也体现出了因子中性。例如，法玛和弗伦奇（2011）发现总体而言主动管理型基金经理相对于市场并不具有大的因子敞口，即他们看起来与市场非常相似。继而，文献作者们发现即便一些主动管理型基金经理产生了因子调整后的阿尔法，也只有3%的基金实现了足以覆盖其费用的因子调整后的阿尔法。

其他文献则记录了超越市场的业绩表现确实存在，且大多可以被智能贝塔类因子解释。例如，格林布拉特和蒂特曼（1989、1993）发现成长型基金表现优异的证据。而后，在杰加迪西和蒂特曼（1993）的研究公诸于众后，格林布拉特等（1995）发现了可由动量效应解释的优异表现。无独有偶，亨德里克斯等（1993）发现了一些共同基金业绩表现的稳定性并将其命名为"热手"（hot hands）现象。[一]继而，卡哈特（1997）发现热手现象同样也可以被动量因子所解释。对主动管理基金持仓的研究发现，平均来看基金经理所持股票费前确实超越他们的比较基准（如，格林布拉特和蒂特曼（1989，1993）和沃默斯（1997））。而这些优异表现中的大多数可以归因于所持股票的风格特征。实践中，所持股票显示出对规模因子、价值因子和动量因子等特征的高敞口。

与这些发现相反，其他研究发现了主动管理能力存在的证据，超出了特征选择的范畴。例如，沃默斯（2000）发现，在调整因子敞口后，平均基金的费前阿尔法为正值。关于主动管理能力的持续性，卡哈特（1997）发现，持续的市场表现在很大程度上是由对因子投资成本的敞口所解释的。因子调整后的优异表现或主动管理能力随着时间的推移显现出较低的持久性。

6.3.2　我们的分析

为了对主动策略进行风险分解，我们使用信号倾斜法因子投资组合，而不是智能

〇　形容持续性的运气好。——译者注

贝塔策略的市值加权法因子组合，主要原因如下。首先，正如我们将在第 10 章中更详细地讨论的那样，我们认为，在构建涉及对智能贝塔进行配置的投资组合时，应相对于实际实施的智能贝塔解决方案进行因子调整后的阿尔法评估。信号倾斜法因子投资组合通常在因子捕获方面表现出更高的效率，因为它们产生了相对于市值加权法因子投资组合的阿尔法。在我们的框架内，它们代表了一种可行的选择，即以政策基准可知的方式实施智能贝塔投资。其次，总的来说，主动管理型基金经理所使用的加权方案与最常用的市值加权法或市值调整法智能贝塔指数相比更加接近于信号调整法。最后，如果需要的话，信号调整法因子投资组合可以由主动管理型基金经理在类似于主动策略的跟踪误差水平下使用的基准选样空间来构建。这可能有助于在给定范围内更准确地确定因子敞口和因子调整阿尔法。此外，信号倾斜法因子投资组合的历史业绩也会根据交易成本进行调整，以使其更符合主动策略的历史业绩。第 7 章更详细地讨论了所适用实施方法的成本假设，但数额接近于美国为 0.50%、发达国家市场为 0.80%、新兴市场为 1.5%，均为双边。

在将智能贝塔与在整体投资组合框架中的其他主动策略相结合的背景下，资金方通常使用商业风险模型（如巴拉模型（Barra）或阿希奥马模型（Axioma））来评估因子敞口和投资组合多元化潜力。资金方还常常匿名地向我们提供他们投资或正在考虑投资的主动管理型基金经理的历史业绩，以便从另一个角度了解业绩和技能评估的驱动因素。在以这种方式分析了大量资产管理机构之后，我们在下面报告了一些已经执行的分析示例。

1. 主动管理型基金经理收益的中位数

为了了解典型主动策略的因子敞口，我们可以研究主动管理型基金经理过去一段时间的收益率中位数。我们按照以下方式计算收益序列。运用晨星数据库中一个基金经理业绩表现数据库，每月我们按照给定的分类原则识别统计主动管理型基金经理的收益率中位数。然后我们将收益率中位数联系起来，建立一个随时间变化的收益序列。我们将这一收益率序列称为主动管理型基金经理的收益率中位数。一般而言，我们发现主动管理型基金经理的收益率中位数无因子敞口或敞口很低，且伴随数额较大的负阿尔法。这是描述在表 6-4 中的晨星美国大盘混合型基金。组 A 显示，在所分析的时间段内，主动管理型基金经理的管理费费前平均收益率比罗素 1000 指数每年低 1.26%，伴随 1.04% 的低积极风险水平。组 B 报告显示，主动管理型基金经理的收益率中位数降低了对智能贝塔因子的敞口，这些因子敞口对主动收益的总贡献为 0.27%（=0.14%+0.01%+0.09%+0.03%）。然而，阿尔法值为 −1.53%，且具有统计学意义，这导致了整体表现不佳。对于美国大盘混合型基金，阿尔法解释的积极风险比例也接近 70%（=0.72/1.04）。

表 6-4　主动管理型基金经理收益率中位数：主动收益和积极风险的分解：晨星美国大盘混合型基金，收益以美元计算（包含管理费）(1995 年 1 月至 2014 年 9 月）

	总收益	总风险	夏普比率	CAPM 贝塔	主动收益	积极风险	信息比率
组 A：历史业绩							
罗素 1000 指数	9.91	15.42	0.50	1.00			
主动管理型基金经理的收益率中位数	8.65	14.93	0.43	0.97	−1.26	1.04	−1.22
	ST 规模因子	ST 价值因子	ST 动量因子	ST 波动率因子	ST 质量因子	阿尔法	总积极风险
组 B：风险分解							
主动管理型基金经理的收益率中位数							
敞口	0.00	**0.05**	0.01	**0.10**	0.01		
对主动收益的贡献	0.00	0.14	0.01	0.09	0.03	**−1.53**	
对积极风险的贡献	0.00	0.09	−0.01	0.23	0.00	0.72	1.04

注：加粗部分为统计显著（5% 水平）。

资料来源：GSAM.

表 6-5 表明晨星海外大型混合行业中也具备相似的结果。与 MSCI 欧澳远东指数相比，主动管理型基金经理的平均收益率表现落后 1.02%（=4.59%−3.57%）（组 A）。除了动量因子和质量因子外，其他因子敞口不显著（组 B）。智能贝塔因子对主动收益净贡献为 0.14%，[○]但主动管理型基金经理的收益率中位数表现不佳，因为 −1.16% 的阿尔法系数数额大且统计显著。在这种情况下，90% 以上的积极风险是由阿尔法项解释的。

如果可以假设主动管理型基金经理的平均收益率代表基金经理作为一个整体的典型业绩特征，那么这些结果可能被视为与法玛和弗伦奇（2011）的研究结果一致。

表 6-5　主动管理型基金经理收益率中位数：主动收益和积极风险的分解：晨星海外大型混合行业，收益以美元计算（包含管理费）(1995 年 1 月至 2014 年 9 月）

	总收益	总风险	夏普比率	CAPM 贝塔	主动收益	积极风险	信息比率
组 A：历史业绩							
MSCI 欧澳远东指数	4.59	17.94	0.24	1.00			
主动管理型基金经理的收益率中位数	3.57	17.78	0.18	0.99	−1.02	1.89	−0.54
	ST 规模因子	ST 价值因子	ST 动量因子	ST 波动率因子	ST 质量因子	阿尔法	总积极风险
组 B：风险分解							
主动管理型基金经理的收益率中位数							
敞口	−0.02	−0.03	**0.11**	−0.09	**0.14**		
对主动收益的贡献	−0.03	−0.09	0.15	0.20	0.31	**−1.16**	

○ 原文此处疑似错误，按原文字面所述，表 6-5 的组 B 中智能贝塔因子对主动收益的净贡献之和应为 0.54%（=−0.03% −0.09% +0.15% + 0.20% + 0.31%），而非 0.14%。——译者注

（续）

	ST 规模因子	ST 价值因子	ST 动量因子	ST 波动率因子	ST 质量因子	阿尔法	总积极风险
组 B：风险分解							
对积极风险的贡献	0.00	0.02	0.07	−0.03	0.08	1.75	1.89

注：加粗部分为统计显著（5% 水平）。

资料来源：GSAM.

2. 主动管理型基金经理的个体分析

我们现在讨论通过对单个主动策略进行风险分解所获得结果的一些示例。我们分析的主动策略相对于其相应基准的历史业绩通常由资金方提供给我们。如果资金方进行了某种程度的筛选，以确定他们希望进一步评估的基金经理，我们的结果可能会受到选择偏差的影响。因此，我们的分析并不是对主动策略的总体描述，而是对机构资金方通常关心的那一部分主动管理型基金经理的描述。

（1）超越市场的表现　我们所分析的大量主动管理型机构投资者的确能超越各自相应的基准。总的来说，超越市场的表现在全球权益市场中那些效率较低的市场（如，新兴市场）与效率较高的市场（如，美国大盘股）中更为多见、更为明显。

（2）正向因子敞口　各类被研究的主动管理投资策略的普遍特征是它们超越市场的表现主要受到智能贝塔因子净正向敞口来驱动，而同因子调整后的阿尔法的贡献是正向还是负向无关。表 6-6 显示了 MSCI 全球基金经理的案例。在分析期间，这些基金经理的表现优于 MSCI 全球指数 2.49%，积极风险为 5.19%，因此在管理费前产生了可观的 0.48 的信息比率（组 A）。基金经理在价值因子、动量因子和质量因子上也有较高的敞口（组 B）。来自这 3 个因子的主动收益贡献合计达 2.3%（=1.06%+0.12%+1.12%），因而几乎完全解释了相对于基准的已实现超额收益总额。阿尔法（0.58%）对整体主动收益的适度正贡献被规模因子（−0.55%）所贡献的负项主动收益所稀释。

表 6-6　样本基金经理历史业绩和主动收益和积极风险的分解：MSCI 全球基准，收益以美元计算（包含管理费）（2003 年 1 月至 2015 年 9 月）

	总收益	总风险	夏普比率	CAPM 贝塔	主动收益	积极风险	信息比率
组 A：历史业绩							
MSCI 全球指数	8.29	15.14	0.50	1.00			
样本基金经理	10.77	14.17	0.68	0.88	2.49	5.19	0.48
	ST 规模因子	ST 价值因子	ST 动量因子	ST 波动率因子	ST 质量因子	阿尔法	总积极风险
组 B：风险分解							
样本基金经理							
敞口	−0.30	**0.57**	**0.38**	0.20	**0.49**		
对主动收益的贡献	−0.55	1.06	0.12	0.20	1.12	0.58	
对积极风险的贡献	0.07	−0.05	0.29	0.24	0.76	3.87	5.19

注：加粗部分为统计显著（5% 水平）。

资料来源：GSAM.

（3）不同水平的主动管理能力　虽然在我们的分析中，一个常见的结果是一个不显著的阿尔法值，但许多基金经理能够有效地将特征选择与其他产生显著阿尔法值的来源相结合，例如股票选择。表 6-7 显示了以罗素 1000 价值因子指数为基准的价值投资基金经理的例子。该基金经理的表现超出了基准 2.54%，产生了令人印象深刻的 1.04 的信息比率。这位基金经理对价值因子的敞口很高，对动量因子的敞口也较适中。因子选择对主动收益的贡献率为 1.10%，其余（1.43%）来自具有统计学意义的阿尔法。

表 6-7　样本基金经理历史业绩和主动收益和积极风险的分解：罗素 1000 价值基准，收益以美元计算（包含管理费）(2010 年 10 月至 2015 年 9 月)

	总收益	总风险	夏普比率	CAPM 贝塔	主动收益	积极风险	信息比率
组 A：历史业绩							
罗素 1000 价值因子指数	12.29	12.13	1.00	1.00			
样本基金经理	14.83	13.70	1.07	1.12	2.54	2.44	1.04
	ST 规模因子	ST 价值因子	ST 动量因子	ST 波动率因子	ST 质量因子	阿尔法	总积极风险
组 B：风险分解							
样本基金经理							
敞口	**-0.17**	**0.69**	**0.23**	-0.16	-0.06		
对主动收益的贡献	0.13	1.18	0.01	-0.12	-0.08	**1.43**	
对积极风险的贡献	-0.17	1.46	0.05	0.43	0.03	0.64	2.44

注：加粗部分为统计显著（5% 水平）。
资料来源：GSAM.

在一些例子中，基金经理或许具有足够的阿尔法生成能力以抵消特征选择（characteristic selection）对主动收益的负向贡献。表 6-8 提供了一个以罗素 1000 成长因子指数为基准的成长型基金经理的情况示例。该基金经理对规模因子、动量因子、质量因子具有适中却又统计学显著的敞口。动量因子与质量因子对主动收益是正贡献，而对规模因子的敞口则产生了负贡献，分析期间内规模因子在样本空间中表现落后了 1.68%。总而言之，智能贝塔因子对主动收益的贡献合计为 -0.29%（≈ -0.43% - 0.10% + 0.10% + 0.06% + 0.07%），主要是规模因子的表现不佳所致。然而，2.07% 这一数值较大且统计学显著的正向阿尔法有助于实现 1.78%（= 16.25% - 14.47%）的超额收益和 0.93 的信息比率。

表 6-8　样本基金经理历史业绩和主动收益和积极风险的分解：罗素 1000 成长基准，收益以美元计算（包含管理费）(2010 年 10 月至 2015 年 9 月)

	总收益	总风险	夏普比率	CAPM 贝塔	主动收益	积极风险	信息比率
组 A：历史业绩							
罗素 1000 成长因子指数	14.47	11.76	1.20	1.00			

(续)

	总收益	总风险	夏普比率	CAPM 贝塔	主动收益	积极风险	信息比率
组 A：历史业绩							
样本基金经理	16.25	12.09	1.30	1.02	1.78	1.92	0.93
	ST 规模因子	ST 价值因子	ST 动量因子	ST 波动率因子	ST 质量因子	阿尔法	总积极风险
组 B：风险分解							
样本基金经理							
敞口	**0.26**	−0.15	**0.26**	0.13	**0.20**		
对主动收益的贡献	−0.43	−0.10	0.10	0.06	0.07	**2.07**	
对积极风险的贡献	0.17	0.01	0.21	−0.03	0.14	1.41	1.92

注：加粗部分为统计显著（5% 水平）。

资料来源：GSAM.

在其他一些情况下，特征选择的正面影响被负面的主动管理能力所稀释。表 6-9 提供了一个例子。在这种情况下，对规模因子、价值因子和动量因子的高敞口导致智能贝塔因子的总主动收益贡献为 4.24%。然而，该策略只实现了超过标普 500 指数 0.31% 的总体表现，因为因子选择的积极影响被 3.93% 的大额负阿尔法所抵消。

表 6-9　样本基金经理历史业绩和主动收益和积极风险的分解：标普 500 基准，收益以美元计算（包含管理费）（1999 年 1 月至 2015 年 9 月）

	总收益	总风险	夏普比率	CAPM 贝塔	主动收益	积极风险	信息比率
组 A：历史业绩							
S&P500 指数	4.64	15.01	0.23	1.00			
样本基金经理	4.95	18.65	0.23	1.02	0.31	10.68	0.03
	ST 规模因子	ST 价值因子	ST 动量因子	ST 波动率因子	ST 质量因子	阿尔法	总积极风险
组 B：风险分解							
样本基金经理							
敞口	0.49	**1.21**	**0.40**	0.24	−0.27		
对主动收益的贡献	0.75	3.35	0.54	0.34	−0.74	−3.93	
对积极风险的贡献	0.70	3.62	−0.41	0.19	0.08	6.50	10.68

注：加粗部分为统计显著（5% 水平）。

资料来源：GSAM.

在评估因子敞口和主动管理能力时，额外的分析也可能被证明是有用的。例如，在有相当长的业绩历史的情况下，3 年或 5 年的滚动风险分解可提供关于因子敞口和 / 或阿尔法随时间变化的持续性的有用见解。如果基金经理在不同的地区提供投资策略，区域分析可能对评估风险敞口和主动管理能力的持续性具有指导意义。表 6-10 显示了基金经理的历史业绩和风险分解，基金经理在不同地区采用了基本相同的系统化流程。在分析期间内，该基金经理在每个地区的表现都超过了相应的基准，并取得了令人印象深刻的信息比率。基金经理还在每个地区都实现了大额且统计学显著的阿尔法。在美国，该基金经理没有任何有意义的因子敞口，其跑赢大盘的主要原因来自阿尔法。在美国以外，该基金经理拥有统计意义上的价值因子和动量因子敞口。不过，仍有 60% 或更高的已实现主动收益归因于每个地区的阿尔法。

表 6-10　样本基金经理历史业绩和主动收益和积极风险的分解：不同基准，收益以美元计算（包含管理费）（2013 年 1 月至 2017 年 12 月）

	总收益	总风险	夏普比率	CAPM 贝塔	主动收益	积极风险	信息比率
组 A：美国							
罗素 1000 指数	15.71	9.59	1.53	1.00			
样本基金经理	17.39	10.12	1.60	1.05	1.68	1.38	1.22
	ST 规模因子	ST 价值因子	ST 动量因子	ST 波动率因子	ST 质量因子	阿尔法	总积极风险
样本基金经理							
敞口	−0.17	0.13	0.07	**−0.20**	−0.03		
对主动收益的贡献	0.16	0.13	−0.05	0.00	−0.01	**1.46**	
对积极风险的贡献	−0.05	0.09	−0.01	0.18	0.01	1.16	1.38
	总收益	总风险	夏普比率	CAPM 贝塔	主动收益	积极风险	信息比率
组 B：欧洲							
MSCI 欧洲指数	7.98	12.80	0.63	1.00			
样本基金经理	12.49	12.59	0.97	0.97	4.51	2.21	2.05
	ST 规模因子	ST 价值因子	ST 动量因子	ST 波动率因子	ST 质量因子	阿尔法	总积极风险
样本基金经理							
敞口	0.00	**0.47**	0.59	0.04	**0.21**		
对主动收益的贡献	0.00	0.75	0.29	0.01	0.33	**3.14**	
对积极风险的贡献	0.00	0.15	0.85	0.01	0.20	0.99	2.21
	总收益	总风险	夏普比率	CAPM 贝塔	主动收益	积极风险	信息比率
组 C：发达市场							
MSCI 全球指数	12.26	9.86	1.18	1.00			
样本基金经理	16.08	10.01	1.50	0.99	3.82	2.04	1.87
	ST 规模因子	ST 价值因子	ST 动量因子	ST 波动率因子	ST 质量因子	阿尔法	总积极风险
样本基金经理							
敞口	0.09	**0.39**	**0.42**	−0.11	−0.01		
对主动收益的贡献	0.07	0.81	0.05	−0.03	−0.02	**2.95**	
对积极风险的贡献	0.04	0.28	0.25	0.04	0.00	1.44	2.04

（续）

	总收益	总风险	夏普比率	CAPM 贝塔	主动收益	积极风险	信息比率
组 D：新兴市场							
MSCI EM 指数	4.73	14.39	0.36	1.00			
样本基金经理	7.66	14.60	0.55	1.00	2.93	2.63	1.12
	ST 规模因子	ST 价值因子	ST 动量因子	ST 波动率因子	ST 质量因子	阿尔法	总积极风险
样本基金经理							
敞口	−0.25	**0.35**	**0.37**	0.07	0.02		
对主动收益的贡献	0.42	−0.06	0.15	0.01	0.04	**2.95**	
对积极风险的贡献	0.10	0.03	0.40	0.00	0.00	1.44	2.04

注：加粗部分为统计显著（5% 水平）。

资料来源：GSAM.

（4）总结 我们对大量个体机构的基金经理的分析得出以下结论。

▶ 大量主动管理型基金经理实际表现超出了他们的业绩基准。

▶ 跑赢大盘通常归因于智能贝塔因子的净正敞口（net positive exposures）和正主动收益贡献。

▶ 另一个常见的结果是，基金经理产生了一个阿尔法，在统计上不显著，与 0 大体相当。

▶ 尽管因子调整阿尔法通常很难找到，但总体而言，较之研究大量共同基金的学术研究，我们在机构分析中发现了更多的因子调整阿尔法。

我们的研究发现可能与现有的学术研究不一致，包括超越市场的表现、净正因子敞口和更为频现的因子调整阿尔法等。然而，如前所述，如果资产所有人或资产管理人自己以某种方式预先筛选了资金方提供给我们的历史业绩，我们的结果可能会存在选择偏倚。

6.4 投资者的常见问题

6.4.1 在收益分解中阿尔法总能代表基金经理的主动管理能力吗

不尽然。风险分解仅仅确定了与对应于该案例的因子组合相关的阿尔法。在这种分析中，许多因子特定化问题可能会产生阿尔法，但不一定是基金经理的主动管理能力，业界通常认为这些能力来自于诸如股票选择、大盘择时、因子择时等行为。接下来讨论以下情况。

1. 信号错配

一个采用复合信号规范的价值因子策略会体现出相对于仅采用账面市值比的因子组

合的阿尔法。这一结果并不令人惊讶，因为复合型价值因子在过去的表现总是优于账面市值比。从已知各类估值指标的简单组合中获得的阿尔法可能代表更高效的价值因子捕获能力，但在我们看来，这并不代表真正的能力。另外，如果一个主动管理型基金经理创造了更为复杂巧妙的复合型价值因子，譬如基于基金经理独特视角的特定行业的复合型价值因子，那么这种阿尔法就被视作基金经理的主动管理能力。类似的论断也适用于其他智能贝塔因子的信号错配。

2. 模型错配

若用法玛和弗伦奇三因子模型来分析一个传统的动量策略，很可能会体现出阿尔法。简单地说，这种阿尔法意味着策略的主动收益并非完全由三因子模型所解释。这亦不会被视为代表某种形式的基金经理主动管理能力。相似地，低波动率因子与质量因子策略也会产生相对于卡哈特四因子模型的阿尔法。或者一个质量因子策略会产生相对于风险模型的阿尔法，而其实风险因子并不包含质量因子。

3. 因子组合错配

在某些情况下，一个策略可能仅仅因为它是针对不适当的因子组合进行评估而显示出阿尔法的。正如我们在第 4 章和本章中所讨论的，等权重因子组合和信号加权因子组合以及某些智能贝塔积极风险无约束优化解决方案等价于相对于在等权重比较基准之上的因子倾斜。这些投资组合可能会产生相对于市值加权因子投资组合的阿尔法，而非相对于等权重基准和价值因子、动量因子、波动率因子、质量因子信号倾斜法因子投资组合的组合。

在评估阿尔法及其与基金经理主动管理能力的联系时，投资者应做出合理努力以知其所以然。在风险分解的实操中，并不是所有的阿尔法都能代表基金经理主动管理能力，正如我们通常所定义的那样。

6.4.2 为什么风险模型有时会显示出反常的因子敞口

资金方通常运用诸如阿希奥马、巴拉、彭博等商业化的风险模型来评估主动管理型投资策略的因子敞口度。在大多数案例中，分析结果体现出反常的因子敞口度。例如，一个旨在明确获取价值因子、动量因子、波动率因子和质量因子敞口的投资策略却显示出对其中一个或多个策略的负敞口。若在价值因子上显示负敞口，则导致资金方得出该策略针对价值因子无溢价的结论。若基金经理的投资流程导致价值因子与其他因子之间的高负相关性，这将稀释对价值因子的敞口，继而导致对价值因子负敞口的产生。或者只是因为主动管理型投资策略与风险模型简单错配也会产生负敞口。一个主动投资策略可能构建有别于风险模型的因子组合，譬如行业中心价值因子与截面价值因子，又如序数排序与风险模型中的 Z 计分法。一个主动投资策略或许采用了有别于风险模型的因子集，比如说风险模型重点风险因子并不包含质量因子，又比如将其他诸如风险模型中的流动性因子等风险因子纳入其中。

此外，由于风险模型无法捕捉相关关系，有时可能导致违背直觉的因子敞口结果。例如，一个主动管理投资策略是利用低波动效应在小盘低波动股票中更强这一发现加以设计的。风险模型通常无法捕捉到这类背景收益。最后，由于先前述及的原因，不同的风险模型通常也会产生不同的暴露结果。

6.4.3　既然风险模型会产生有悖于常识的风险敞口，该风险敞口可能无法完全反映真实的风险敞口，那么投资者还有什么其他方法来评估因子敞口吗

通过运用风险模型来评估因子敞口一般而言是很好的第一步。然而，由于前文提及的一些原因，投资者并不能将此类模型的输出结果奉若圭臬。在有悖于常识的因子敞口结果出现时，应以其他评估因子敞口的方法来辅助分析。

如果眼前正在分析的是一个智能贝塔投资策略，那么在我们看来，直接计算特定因子的实际敞口是一个合理的选择。特定因子的实际敞口可以用"净因子得分"来衡量，该因子的定义是投资组合对某个因子的加权平均得分减去基准对该因子的加权平均得分。表 6-11 中，组 A 显示了单个因子投资组合实现的平均净因子得分的示例。例如，该表显示，价值因子投资组合的平均净因子得分（即因子敞口度）为价值因子 0.52，规模因子 0.23，动量因子 -0.08，波动率因子 -0.03，质量因子 -0.06。单一因子组合对相应因子的敞口最高，而对其他因子的敞口较小。当多个单一因子组合在一起形成多元化策略时，我们可以预期因子敞口度会有所稀释，因为某一特定因子对其他因子的敞口为负。表 6-11 的组 B 展示了一种多元化策略，该策略将单一价值因子、动量因子、波动率因子和质量因子投资组合等比例组合。被组合的投资组合对所有因子的净因子得分均为正。即使组合中没有明确包含规模因子投资组合，被组合的投资组合的规模因子敞口度也为正（0.11）。值得注意的是，当使用巴拉风险模型分析该组合投资组合时，计算得出 -0.15 的价值因子敞口度。使用彭博风险模型，确定价值因子敞口度仅为 -0.02。然而，以净因子得分衡量，实际实现的价值因子敞口度为 0.10（表 6-11 的组 B）。

如果眼前正在分析的是一个主动管理投资策略，那么在我们看来，相对于实际采用的智能贝塔因子投资组合，评估因子敞口度是一个很好的方法。这是因为投资组合（包

括智能贝塔和主动管理投资策略）的多元化收益是由这两个组成部分之间的关联结构驱动的。此外，主动管理投资策略组成部分中的多元化收益应通过因子调整的阿尔法与智能贝塔实施的相关性来评估。

表6-11 智能贝塔策略案例：平均净因子得分

	规模因子	价值因子	动量因子	波动率因子	质量因子
组 A：单因子组合					
规模因子组合	0.68	0.09	−0.11	−0.15	−0.12
价值因子组合	0.23	0.52	−0.08	−0.03	−0.06
动量因子组合	0.11	−0.08	0.43	−0.05	0.03
波动率因子组合	0.18	0.05	−0.02	0.23	−0.01
质量因子组合	0.11	−0.07	0.03	0.05	0.53
组 B：分散策略					
组合的投资组合	0.11	0.10	0.10	0.07	0.18

资料来源：GSAM.

6.5 结论

由我们对各种智能贝塔和主动管理投资策略的分析产生了以下一般性结论。

大多数智能贝塔策略在很大程度上是由基础的市值加权因子组合来解释的，也就是说，相对于这些投资组合，它们没有产生因子调整的阿尔法。一些高度集中的单因子投资组合相对于宽基市值加权因子投资组合产生了显著的阿尔法，但对于集中度更高的投资组合而言就未必了。一些智能贝塔策略确实产生了具有显著统计意义的阿尔法。在所有被分析的智能贝塔产品中，简单的等权重策略在因子调整阿尔法中实现了第二高的显著性，t统计量几乎为 3。

在对大量机构基金经理的分析中，大多数主动管理投资策略在很大程度上是由信号倾斜因子组合来解释的。在我们的风险样本中，可能会受到选择偏倚的影响，主动管理型基金经理的表现通常优于他们的基准。然而，他们的优异表现通常是通过对智能贝塔因子的净正敞口来实现的，而因子调整后的阿尔法贡献通常被弱化。我们还发现，与研究过大量共同基金的学术文章相比，阿尔法统计显著的频率更高。

在本书的下一部分中，我们将注意力转向更深入地理解智能贝塔因子的性能特征。我们将在第 7 章讨论单个因子的表现，接着在第 8 章中讨论因子多元化策略的特点和益处。

EQUITY SMART BETA AND FACTOR INVESTING FOR PRACTITIONERS

智能贝塔因子策略
的业绩特征

| 第 7 章 |

单个智能贝塔因子的业绩特征

在本章，我们基于交易执行成本调整的信号倾斜因子投资分析组合来分析单个智能贝塔因子的历史业绩。我们讨论了三个市场的表现：美国市场、非美国发达市场和新兴市场。为了能更好地代表"真实"业绩，我们扣除了交易执行成本来调整历史模拟业绩。

本章概要

- 我们使用第 4 章中创建的信号倾斜（ST）因子投资组合的历史业绩来了解单个智能贝塔因子的业绩特征。

- 为了更贴近真实实操，我们计算了扣除成本的历史业绩指标。

- 根据我们的分析，在美国市场完成一笔交易的交易执行成本大约为 0.5%，非美国发达市场为 0.8%，新兴市场为 1.5%。这些成本是根据信号倾斜因子投资组合的年化换手率来估算的。

- 为了减少换手率，我们采用了基于缓冲的投资组合再平衡方案。该方案大约减少了 50% 的换手率，而且不会影响扣除成本的投资业绩。

- 除了非美国发达市场中的规模因子投资组合，其他因子投资组合的表现都超过了各自的基准。

- 总体而言，与之前的学术研究一致，规模因子投资组合在 1979～1999 年并没有表现优异，但在 2000 年后出现了强劲的收益。

- 价值因子投资组合在这三个市场的费后信息比率大约为 0.5 或者更高。价值因子投资组合表现最差的时候大多为市场强势上涨时期。

- 与三个市场的其他因子相比，动量因子投资组合的主动收益和信息比率较低。这在很大程度上是因为动量因子自 2009 年以来表现不佳。动量因子投资组合表现最差的时期是市场反转的时候，即先是高的正（负）收益，而后是高的负（正）收益。

- 低波动率因子投资组合的目标是基准的 4% 的积极风险，并且降低了美国市场和非美国发达市场的 16% 的总风险，降低了新兴市场的 11% 的总风险。波动率因子投资组合也产生了正的主动收益，继而给夏普比率带来相对于市场的显著提升。这些投资组合在主动收益方面和市场的涨跌体现了一致的模式，即在市场下跌时期表现优异，在市场上升时期表现不佳。

- 质量因子投资组合在这三个市场的费后信息比率都在 0.5 以上。质量因子投资组合体现了防御性特征，因为所有股票池的下跌捕获比率一直低于 100%。然而，质量因子投资组合和低波动率因子投资组合的区别在于，在同等水平的积极风险的情况下，质量因子投资组合能产生更高的主动收益和信息比率。

- 基于信号倾斜因子投资组合的历史业绩特征，我们可以得出以下观察结果。规模因子是高风险因子，因为规模因子投资组合产生了更高的风险、更大的回撤以及比市场更大的 CAPM 贝塔。波动率因子是低风险因子，因为波动率因子投资组合显著降低了总风险和回撤。质量因子是一个混合因子，因为质量因子投资组合体现了防御性特征，但有着比低波动率因子投资组合更高的主动收益和信息比率。价值因子投资组合和动量因子投资组合在这三个市场没有体现出一致的业绩特征。

- 所有单个智能贝塔因子都让投资者面临重大的市场表现不佳风险。这些因子不仅仅在给定的年份远远落后于市场，而且会持续多年。

- 个体智能贝塔因子的市场表现不佳风险表明，要实现与智能贝塔因子相关的收益溢价，投资者必须愿意并有能力坚守长期投资的理念。

7.1　引言

在第 4 章，我们分析了各种经典的用于捕捉智能贝塔因子的加权方案。从分析中得出的一个重要结论是，信号倾斜（ST）因子投资组合在对市值加权（CW）因子投资组合分解后，往往能产生统计显著的阿尔法。等权（EW）和信号加权（SW）因子投资组合也会产生显著的阿尔法。然而，EW 和 ST 因子投资组合等价于实施相对于等权的股票池的因子倾斜。因此，它们的业绩可以分解为等权投资组合和 ST 价值因子、动量因子、质量因子、低波动率因子投资组合。此外，在第 6 章，我们讨论了所分析的大多数智能贝塔策略在基础 CW 因子投资组合中没有产生显著的阿尔法。某些智能贝塔策略，如积极风险的无约束优化方案，也非常接近于实施相对于等权投资组合的因子倾斜。这类策略相对于 CW 因子投资组合可能会产生阿尔法，但不会相对于等权投资组合和 ST 因子投资组合产生阿尔法。

因此，基于第 4 章和第 6 章的这些发现，我们将注意力集中在作为潜在实施对象的 ST 因子投资组合上。通过这些投资组合，我们寻求对规模、价值、动量、质量和低波动率智能贝塔因子的业绩特征的了解。我们使用第 4 章附录 4A 所描述的构造方法来构建 ST 因子投资组合。为了涵盖全球股票市场，我们研究了美国市场、非美国发达市场和新兴市场。美国市场以罗素 1000 指数为代表，另外两个市场以 MSCI 标准指数为代表。为了便于比较，所有 ST 因子投资组合的构建目标都是对基础指数的 4% 的积极风险。这项分析中，美国市场的数据起始日期是 1979 年 1 月，与罗素指数的开始日期相对应。非美国发达市场的起始日期是 1995 年 1 月，新兴市场则是 1998 年 1 月。起始日期的选择主要基于这些市场是否有高质量的基础数据。至于截止日期，则都是 2017 年 6 月。我们将规模因子信号定义为市值的倒数，价值因子定义为三个估值比率的组合，即账面价值与价格比、销售额与价格比和现金流与价格比（现金流数据不可用时用收益与价格比代替），动量因子定义为滞后一个月的前 11 个月的总收益，波动率因子定义为前 12 个月的每日收益标准差的倒数，质量因子或盈利能力因子定义为毛利润比总资产。我们的基本面数据来于标普数据库和世界观测数据库，并适当滞后以避免前瞻性偏差。我们在第 4 章和第 5 章详细讨论了这些信号规范。本章所介绍的所有信号倾斜法因子投资组合的再平衡周期为一个季度。在我们看来，季度再平衡频率为保持最新的投资组合（即反映因子得分的变化）和将换手率保持在合理的水平这两个互相矛盾的目标提供了良好的平衡。

7.2 费后业绩：考虑交易成本

第 4 章构建的 ST 因子投资组合没有考虑交易执行成本。为了使这些投资组合更能代表真实实务，我们从计算费后 ST 因子投资组合的业绩开始分析，并讨论了减少换手率的方法。

7.2.1 确定交易执行成本

费后业绩通常是用交易执行成本的估计值乘以换手率来计算的。因此，我们需要确定假设条件中应该使用什么样的交易执行成本。复制 CW 因子投资组合（如，罗素 1000 价值因子指数）所涉及的成本是确定 ST 因子投资组合交易执行成本的良好开端。根据我们的经验以及和被动投资基金经理、交易员的访谈，美国大盘股风格指数的一个交易来回的合理成本约为 0.15%。考虑潜在的可投资性和策略容量，ST 因子投资组合有更高的交易执行成本也是合理的。但相对于 CW 因子投资组合，交易执行成本高多少才是合理的呢？

回答该问题的方案之一是比较 ST 因子投资组合和 CW 因子投资组合的平均市值比率。而市值比率是按照以下方法来计算的：每次再平衡时，市值比率的计算方式为股票在 ST 因子投资组合中的权重除以其在基准中的权重。例如，某种股票在 ST 因子投资组合中的权重为 5%，在基准中的权重为 2%，则其市值比率为 2.5。ST 因子投资组合的市值比率为组合中每个股票的市值比率的加权求和。表 7-1 的第 2 列显示了五个 ST 因子投资组合的平均市值比率。第 3 列显示，就我们在第 4 章构建的覆盖基准权重 50% 的 CW 因子投资组合而言，其平均市值比率始终为 2。然后，ST 因子组合的交易执行成本可以通过将 ST 对 CW 的平均市值比率乘以 CW 因子组合的交易执行成本（0.15%）来假设。第 4 列显示了 ST 对 CW 的平均市值比率。最后，通过将 ST 对 CW 的平均市值比率乘以 0.15% 的成本假设，得到 ST 因子投资组合（第 5 列）的交易执行成本。例如，ST 质量因子投资组合的 ST 对 CW 的平均市值比率是最高的，为 3.42，其交易执行成本估计为 0.51%（0.15% 乘以 3.42）。我们还需要指出的是，当一只股票的最大市值比率被限制为 5 时，我们分析了 ST 因子投资组合的表现。我们发现，与表 7-1 所示的无约束的因子投资组合相比，信息比率几乎没什么不同。

表 7-1　ST 投资组合的交易执行成本估计值：以罗素 1000 成分股为例（1979 年 1 月至 2017 年 6 月）

	ST 平均市值比率	CW 平均市值比率	ST 对 CW 的平均市值比率	估计的交易执行成本（%）
规模因子投资组合	6.60	2.00	3.30	0.49
价值因子投资组合	3.22	2.00	1.61	0.24
动量因子投资组合	2.34	2.00	1.17	0.18
波动率因子投资组合	1.96	2.00	0.98	0.15
质量因子投资组合	6.85	2.00	3.42	0.51

资料来源：GSAM.

基于该分析，为了简单和保守起见，我们假设所有美国市场的 ST 因子投资组合的交易执行成本统一为 0.50%。该成本假设接近表 7-1 最后一列中显示的数字上限。对于非美国发达市场和新兴市场，我们遵循了类似的流程，并分别使用 0.80% 和 1.5% 的交易执行成本。这些成本是根据 ST 因子投资组合的换手率进行估算的，以此来计算费后业绩。

表 7-2 显示了美国市场 ST 因子投资组合的扣除成本前和费后历史业绩。成本调整并没有影响 ST 因子投资组合的风险状况，但降低了收益。收益降幅最大的是 ST 动量因子投资组合，该投资组合的年化换手率也是最高的，为 92%。然而，在扣除了成本后，所有 ST 因子投资组合表现都好于罗素 1000 基准指数，也产生了更高的夏普比率。

表 7-2　ST 因子投资组合的费前和费后历史业绩：以罗素 1000 成分股为例（1979 年 1 月至 2017 年 6 月）

	毛收益总额（%）	总风险（%）	夏普比率	年化换手率（%）
罗素 1000 指数	11.84	15.05	0.49	
ST 规模因子投资组合—费前	12.91	16.95	0.51	
ST 规模因子投资组合—费后	12.61	16.95	0.50	54
ST 价值因子投资组合—费前	14.29	15.51	0.62	
ST 价值因子投资组合—费后	13.96	15.51	0.60	58
ST 动量因子投资组合—费前	13.32	16.08	0.55	
ST 动量因子投资组合—费后	12.81	16.08	0.53	92
ST 波动率因子投资组合—费前	12.74	12.53	0.63	
ST 波动率因子投资组合—费后	12.58	12.53	0.62	30
ST 质量因子投资组合—费前	14.41	15.76	0.62	
ST 质量因子投资组合—费后	14.17	15.77	0.61	43

资料来源：GSAM.

7.2.2　减少换手率

从实操的角度看，管理和减少换手率是智能贝塔产品的一个重要且必要的特征。换手率确定了执行一项策略的成本，但策略的收益却仅仅是一个预期回报。因此，投资者倾向于选择在减少换手率的情况下能提供因子收益的投资过程。我们采用基于缓冲的再平衡方法，在不牺牲费后投资业绩的情况下，降低 ST 因子投资组合的换手率。该方法的详细过程如下：在每次再平衡时，每个股票的目标权重由更新后的因子得分来决定。然后，对目标权重设置缓冲区。缓冲区由以下两者中较高的那个来决定：①用于构建给定 ST 因子投资组合的最大减持头寸的 20%；② 0.20%（有关 ST 因子投资组合的构建方法的详情，请参阅第 4 章附录 4A）。在再平衡日，若股票当前的权重在缓冲范围内，则不交易。否则，交易该股票，但并不是一直交易到目标权重，而是将权重带到缓冲区的上界（对于卖出交易）或下界（对于买入交易）。表 7-3 显示了基于缓冲的再平衡策略对美国市场 ST 因子投资组合换手率的影响。基于缓冲的再平衡策略使得投资组合的换手率显著下降，从动量策略换手率下降 42% 到低波动率因子策略下降 60% 不等。所有 ST 因子投资组合的平均换手率下降了 52%。

表 7-3　基于缓冲的再平衡对 ST 因子投资组合换手率的影响：以罗素 1000 成分股为例（1979 年 1 月至 2017 年 6 月）

	没有缓冲的年化换手率	有缓冲的年化换手率	年化换手率的降低（%）
ST 规模因子投资组合	54	30	44
ST 价值因子投资组合	58	26	55
ST 动量因子投资组合	92	53	42
ST 波动率因子投资组合	30	12	60
ST 质量因子投资组合	43	18	58
平均值			52

资料来源：GSAM.

　　基于缓冲的再平衡对 ST 因子投资组合的历史业绩有何影响？一方面，缓冲的使用可能会干扰因子捕获的纯洁性，因为股票权重与基于当前因子得分的目标权重并不完全一致。在其他条件不变的情况下，这应该会对 ST 因子投资组合的表现产生负面影响。另一方面，基于缓冲的再平衡显著降低了换手率，这对费后业绩有所改善。表 7-4 所展示的美国股票市场的统计数据表明，在我们构建投资组合的过程中，这两种影响大致互相抵消。基于缓冲构建的 ST 因子投资组合的夏普比率与不使用缓冲区构建的 ST 因子投资组合的夏普比率相近。换句话说，换手率减少了 50%，却没有任何显著的费后业绩损失。在非美国发达市场和新兴市场也出现了相似的结果。如前所述，大幅减少换手率（这是有保证的交易执行成本），同时保持费后投资业绩，将被视为设计智能贝塔策略的一个非常必要的特性。

表 7-4　ST 因子投资组合有和没有缓冲的费后历史业绩：以罗素 1000 成分股为例（1979 年 1 月至 2017 年 6 月）

	毛收益总额（%）	总风险（%）	夏普比率	年化换手率（%）
罗素 1000 指数	11.84	15.05	0.49	
ST 规模因子投资组合—没有缓冲	12.61	16.95	0.50	54
ST 规模因子投资组合—有缓冲	12.85	16.51	0.52	30
ST 价值因子投资组合—没有缓冲	13.96	15.51	0.60	58
ST 价值因子投资组合—有缓冲	13.73	15.18	0.60	26
ST 动量因子投资组合—没有缓冲	12.81	16.08	0.53	92
ST 动量因子投资组合—有缓冲	12.77	16.10	0.52	53
ST 波动率因子投资组合—没有缓冲	12.58	12.53	0.62	30
ST 波动率因子投资组合—有缓冲	12.66	12.68	0.62	12
ST 质量因子投资组合—没有缓冲	14.17	15.77	0.61	43
ST 质量因子投资组合—有缓冲	14.14	15.61	0.61	18

资料来源：GSAM.

7.3 费后业绩特征

在概述了交易执行成本假设和基于缓冲的投资组合平衡方法后，我们继续分析 ST 因子投资组合的费后业绩表现，表 7-5 展示了三个股票市场的情况。

7.3.1 规模因子

在美国市场，ST 规模因子投资组合每年的业绩比罗素 1000 指数高 1%，但也产生了更高的总风险和系统风险（CAPM 贝塔为 1.07）。然而，在扣除成本后，该投资组合产生的夏普比率高于基准，信息比率为 0.27。ST 规模因子投资组合的最大回撤高于市场，也反映了较高的市场表现不佳风险。表现最差的一年为 8.46%，滚动 3 年的最差表现情况为 5.61%。在市场上涨期间，ST 规模因子投资组合表现比市场好（上涨捕获比率为 108，即平均比市场多上涨 8%），但在下跌市场中也表现不佳（下跌捕获比率为 107，即平均比市场多下跌 7%）。

与迪姆松等（2017 年）所讨论的规模因子业绩特征一致，美国 ST 规模因子投资组合也体现了较长的相对业绩周期。图 7-1 显示了该规模因子投资组合的累计主动收益的概况。一般来说，整个分析期间可以分为两个子时期。1979 ～ 1999 年这段时间的特点是表现平平，其中规模因子投资组合的表现并不比罗素 1000 指数好。然而，从 2000 年开始，规模因子投资组合的表现明显优异。正如迪姆松、马什、斯汤顿（2017）所说，尽管长期表现平平，但很难将规模因子的这些特征作为减持小盘股的理由。然而，这里提供的证据确实突显了分析 2000 年以前的规模因子具有较高且集中的敞口的智能贝塔策略的必要性。（另请参阅第 6 章中的应用实例 6-1。）

为了能够代表美国以外的市场，表 7-5 中列出了从 1995 年 1 月起的 MSCI 非美国全球指数的历史业绩和从 1998 年 1 月起的 MSCI 新兴市场指数的历史业绩。在这三个股票市场中，规模因子投资组合体现了一致的风险特征。与市场相比，这些投资组合具有更高的总风险和 CAPM 贝塔。一般来说，规模因子投资组合在市场上涨时期表现良好，在市场下跌时期表现不佳。在明晟非美国全球指数的股票池中，规模因子投资组合在整个分析周期中没有产生主动收益。这在很大程度上要归因于 1995 ～ 1999 年小盘股的表现。在此期间，该规模因子投资组合经历了连续 5 年的市场表现不佳时期，累计主动收益的回撤接近 40%。然而，自 2000 年以来，规模因子投资组合产生了显著的收益，与规模因子在其他市场的表现一致。

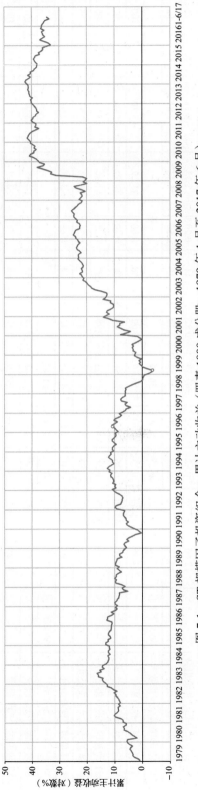

图 7-1　ST 规模因子投资组合：累计主动收益（罗素 1000 成分股，1979 年 1 月至 2017 年 6 月）

资料来源：GSAM.

表 7-5 ST 因子投资组合的费后历史业绩——年化结果（结束时间 2017 年 6 月）

	开始时间	毛收益总额 (%)	总风险 (%)	夏普比率	CAMP 贝塔	最大回撤 (%)	主动毛收益 (%)	积极风险 (%)	信息比率	最差年份的业绩 (%)	滚动 3 年年化最差业绩 (%)	上涨捕获率	下跌捕获率
罗素 1000 指数	1979 年 1 月	11.84	15.05	0.49	1.00	-51.13							
ST 规模因子投资组合		12.85	16.51	0.52	1.07	-52.73	1.00	3.78	0.27	-8.46	-5.61	108	107
ST 价值因子投资组合		13.73	15.18	0.60	0.98	-55.97	1.89	3.92	0.48	-10.91	-7.91	102	93
ST 动量因子投资组合		12.77	16.10	0.52	1.04	-50.56	0.93	3.86	0.24	-8.35	-4.09	106	104
ST 低波动率因子投资组合		12.66	12.68	0.62	0.82	-43.88	0.82	4.11	0.20	-13.33	-8.11	88	75
ST 质量因子投资组合		14.14	15.61	0.61	1.00	-43.57	2.30	4.18	0.55	-5.38	-2.81	104	94
MSCI 非美国全球指数	1995 年 1 月	5.66	16.25	0.25	1.00	-56.34							
ST 规模因子投资组合		5.66	16.79	0.25	1.01	-58.86	0.00	3.56	0.00	-11.29	-8.30	100	100
ST 价值因子投资组合		7.66	17.30	0.36	1.04	-60.51	2.00	4.06	0.49	-10.59	-5.96	105	97
ST 动量因子投资组合		6.64	15.99	0.31	0.95	-55.94	0.98	3.97	0.25	-11.86	-4.94	100	95
ST 低波动率因子投资组合		7.09	13.69	0.37	0.83	-47.96	1.43	3.93	0.36	-10.72	-2.84	88	78
ST 质量因子投资组合		8.08	14.85	0.41	0.89	-49.78	2.42	3.54	0.68	-3.08	-3.96	95	83
MSCI 新兴市场指数	1998 年 1 月	7.48	23.54	0.33	1.00	-61.44							
ST 规模因子投资组合		8.03	24.49	0.35	1.03	-63.27	0.54	3.65	0.15	-4.45	-3.04	103	101
ST 价值因子投资组合		10.21	24.64	0.43	1.04	-61.00	2.72	3.62	0.75	-2.89	-2.58	108	100
ST 动量因子投资组合		8.25	23.44	0.36	0.98	-66.41	0.77	4.36	0.18	-12.68	-6.71	101	98
ST 低波动率因子投资组合		9.00	20.89	0.41	0.88	-55.24	1.51	3.56	0.43	-14.56	-0.93	92	85
ST 质量因子投资组合		9.82	21.78	0.44	0.92	-56.82	2.34	3.61	0.65	-7.02	-1.74	97	88

资料来源：GSAM.

7.3.2　价值因子

对于美国市场，ST 价值因子投资组合每年的业绩比罗素 1000 指数高 1.89%，总风险只略高一点，因此夏普比率会高得多。该投资组合还产生了非常可观的费后 0.48 的信息比率，但最大回撤高于市场且有很高的市场表现不佳风险，最差的年度业绩低于市场 10.91%，3 年滚动的年度业绩比市场低 7.91%。在其他两个股票市场，价值因子投资组合也产生了比市场更高的夏普比率和信息比率，但总风险和回撤与市场相近或更高。

有时有人认为，价值投资往往在低风险厌恶时期，也就是市场上涨时期表现好，而在高风险厌恶时期，也就是市场下跌时期表现不佳。基于 ST 价值因子投资组合的表现，我们没有发现能支撑这一论点的论据。在这三个市场，我们确实发现价值因子投资组合的上涨捕获比率超过了 100，然而，在下跌的市场中，价值因子投资组合的下跌捕获比率也为 100 或更低。在新兴市场，价值因子投资组合的优异表现来自于市场上涨，但在美国市场，其优异表现主要归因于在低迷市场中表现较好。事实上，在分析表现较差的时期时，我们发现，在历史较长的美国，价值因子投资组合表现最差的五个年份出现在日历效应年份，在这五个例子中，有四个市场的涨幅至少为 20%。表 7-6 显示了这一点。此外，如图 7-2 所示，价值因子投资组合的最大累计表现不佳也出现在 20 世纪 90 年代末，当时强劲的市场反弹正是由大型科技股推动的。

表 7-6　ST 价值因子投资组合表现最差的五年：以罗素 1000 成分股为例（1979 年 1 月至 2017 年 6 月）

	ST 价值因子投资组合—主动收益（%）	罗素 1000 指数—总收益（%）
1999	−10.91	20.91
1998	−8.08	27.02
1980	−7.61	31.87
2007	−7.56	5.77
1989	−3.72	30.43

资料来源：GSAM.

7.3.3　动量因子

ST 动量因子投资组合在三个市场的表现都优于其基准，但与其他因子投资组合相比，费后信息比率更低。在三个市场中，动量因子投资组合的总风险和回撤更高。在美国市场，动量因子投资组合的 CAPM 贝塔超过 1。在其他两个市场却不到 1，这导致动量因子投资组合成为了防御性策略。也就是说，在市场低迷期间表现良好（即下跌捕获比率低于 100）。

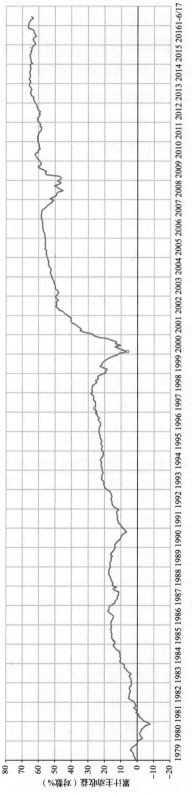

图 7-2 ST 价值因子投资组合：累计主动收益（罗素 1000 成分股，1979 年 1 月至 2017 年 6 月）

资料来源：GSAM.

在趋势性的市场中，动量因子往往表现更好。但是，动量因子也会将投资者暴露在周期性和严重的市场表现不佳时期，尤其是在市场反转期间。这些周期性可以用先涨（跌）后跌（涨）来描述。尽管不是每一次的市场反转都会导致动量策略表现不佳，但表现最差的时候确实往往发生在市场反转时期。表7-7显示，在每个市场中，动量因子投资组合表现最差的三个时期都发生在反转的日历年。例如，美国市场在2008年经历了大幅下跌（-37.60%），然后在2009年又强劲反弹（+28.43%）。2009年，动量因子投资组合相比市场跑输了8.35%。动量因子投资组合在美国以外市场也经历了极高的负主动收益，其中新兴市场表现最差，跑输了12.68%。事实上，如图7-3所示，美国市场自2009年以来，动量因子投资组合一直表现较差，这导致了较低的主动收益和信息比率，表7-5也体现了这一点。

表 7-7　市场行情反转及 ST 动量因子投资组合业绩表现——分年度展示

	1980	1981	1999	2000	2008	2009
罗素 1000 指数—全收益	31.87	-5.10	20.91	-7.79	-37.60	28.43
ST 动量因子投资组合—主动收益		-7.38		-7.05		-8.35
	1999	2000	2008	2009	2015	2016
MSCI 非美国全球指数—全收益	28.27	-13.16	-42.23	34.39	-2.60	3.29
ST 动量因子投资组合—主动收益		-5.61		-11.86		-6.09
	2007	2008	2008	2009	2015	2016
MSCI 新兴市场指数—全收益	39.82	-53.19	-53.19	79.02	-14.60	11.60
ST 动量因子投资组合—主动收益		-6.04		-12.68		-6.4

资料来源：GSAM.

7.3.4　低波动率因子

基于一年的历史简单日波动率，ST低波动率因子投资组合增持了低波动率、低贝塔因子股票，减持了高波动率、高贝塔因子的股票。波动率因子投资组合实现的总风险和CAPM贝塔都低于各自的市场基准，这一事实表明，至少在多元投资组合上，历史波动率是未来波动率和CAPM贝塔的良好预测指标。在相对于基准约4%的积极风险为目标的情况下，波动率因子投资组合在美国市场和非美国发达市场降低了16%的总风险，在新兴市场降低了11%的总风险。尽管总风险降低了，但波动率因子投资组合在各个市场实现了比市场更高的收益，进而实现了夏普比率的显著提升。波动率因子投资组合在上涨的市场和下跌的市场也体现了一致性。下跌捕获比率一直低于100，另外，上涨捕获比率也一直低于100，这意味着当市场上涨时，低波动率因子策略表现不佳（因为它们的CAPM贝塔较低）。波动率因子投资组合的市场表现不佳风险也相当高。表现最差的情况通常发生在市场大幅上涨的时候。就美国市场而言，如图7-4所示，在1979～1980年和1998～1999年，市场强劲上涨时，策略明显表现不佳。

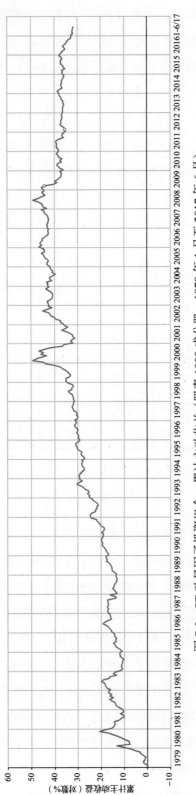

图 7-3 ST 动量因子投资组合：累计主动收益（罗素 1000 成分股，1979 年 1 月至 2017 年 6 月）

资料来源：GSAM.

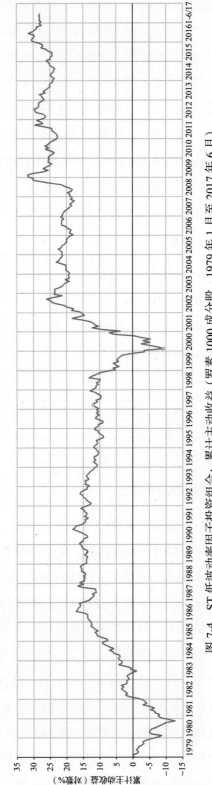

图 7-4 ST 低波动率因子投资组合：累计主动收益（罗素 1000 成分股，1979 年 1 月至 2017 年 6 月）

资料来源：GSAM.

7.3.5　质量因子

ST 质量因子（盈利因子）投资组合的表现优于市场，在三个市场产生了超过 0.50 的扣除成本后信息比率。在美国市场，简单风险和 CAPM 贝塔与市场相似，然而，与 ST 波动率因子投资组合实现的目标相似，最大总回撤比市场低 15%。在非美国发达市场，在较短的分析期内，ST 质量因子投资组合的 CAPM 贝塔显著低于 1，更接近于 ST 波动率因子投资组合。这在很大程度上可能是因为在较短的分析期内，质量因子和波动率因子之间的主动收益相关性很高，我们将在下一章详细讨论这一点。

质量因子通常被认为是一种防御性的投资策略，它可以在避险情绪高涨的时期表现良好。在市场下跌时期，避险情绪往往很高，在这些时期，投资者通常会倾向于质量因子好的股票，从而导致质量因子投资组合表现优异。除了较低的总回撤，这一特征也反映在下跌捕获比率中，质量因子投资组合在所有股票市场的下跌捕获比率都低于 100%。虽然质量因子投资是一种防御性投资风格，但它也有着与低波动率因子投资不同的业绩特征。特别地，在相似的积极风险水平下（例如 4%），相对于低波动率因子投资组合，质量因子投资组合的主动收益和信息比率要高得多。如图 7-5 中的美国市场 ST 质量因子投资组合所示，主动收益体现了更高的一致性。

7.3.6　业绩特征的总结

基于信号倾斜法因子投资组合的业绩特征，我们总结了以下观察结论。

▶ 规模因子是一个高风险因子。在三个市场中，规模因子投资组合实现了比市场更高的总风险、最大回撤和 CAPM 贝塔。通常来说，规模因子投资组合在上涨市场中表现好，而在下跌市场中表现不佳。

▶ 根据定义，低波动率因子是低风险因子。低波动率因子投资组合的 CAPM 贝塔一直显著低于 1。这些投资组合显著降低了总风险和回撤。因为贝塔因子低，低波动率因子投资组合在下跌市场中表现优异，在上涨市场中表现不佳。

▶ 质量因子是一个混合因子。质量因子投资组合提供了某种形式的风险降低，例如和市场相比有着更低的回撤，但在三个不同的市场也实现了更高的主动收益和信息比率。质量因子投资组合的优异表现大部分源于其在下跌市场中的表现。

▶ 价值因子和动量因子投资组合在三个市场中并没有体现出一致的业绩特征。

▶ 所有因子投资组合都经历了大规模和较长时间的表现不佳，因此体现出了较高的市场表现不佳风险。

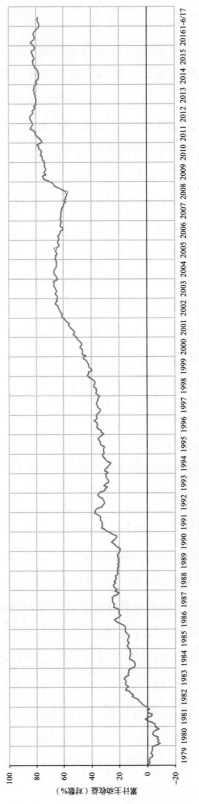

图 7-5 ST 质量因子投资组合：累计主动收益（罗素 1000 成分股，1979 年 1 月至 2017 年 6 月）

资料来源：GSAM.

7.4 投资者的常见问题

7.4.1 扣除成本后，动量因子策略还能盈利吗

学术研究证明，动量因子投资在很长一段时间内产生了令人印象深刻的超额收益。然而，动量因子策略也有非常高的换手率，而学术研究通常不考虑交易执行成本。因此，许多投资者自然会怀疑，一旦考虑高换手率和相关的交易成本，动量因子策略是否还是一个能盈利的策略。

诚然，在智能贝塔因子中，ST 动量因子投资组合具有最高的换手率，在 4% 的积极风险水平下换手率接近 100%。然而，可以技术性地减少这种换手率。例如，我们已经证明，基于缓冲的再平衡策略可以将换手率减少约 50%。假设相对于保守的交易执行成本，换手率的减少是在不牺牲费后收益的情况下实现的。根据本章的历史业绩分析，尽管自 2009 年以来动量因子投资组合经历了不顺，但在不同市场仍然取得了相当高的费后主动收益和信息比率。

7.4.2 从单个智能贝塔因子的历史业绩分析中可以得出哪些重要的结论

跨不同市场和时间段的单个智能贝塔因子，相对于市场基准而言，取得了可观的费后主动收益和信息比率。然而，在我们看来，就单个智能贝塔因子而言，投资者应该注意以下两个重要的考虑因素。

1. 市场表现不佳风险

所有单个智能贝塔因子都会将投资者暴露在严重的市场表现不佳风险中。这些因子在单个年份中的表现可能明显差于市场。例如，就美国市场而言，最差的表现不佳的年份从质量因子的 5.38% 到波动率因子的 13.33%（见表 7-5）。另外，单个因子不仅会在一个给定的年份表现不佳，而且还可能持续数年。对于单个因子，经历连续两年、三年甚至五年的市场表现不佳都是常见的。随着时间的推移，这可能会积累非常严重的表现不佳。例如，1998 ~ 1999 年，美国市场中的 ST 价值因子投资组合相对于罗素 1000 指数的累计表现不佳超过 25%。此外，请注意，在表 7-5 中，三个市场的所有因子在滚动三年计算的基础上都是表现不佳的。

2. 投资周期

因子的市场表现不佳风险有时也被认为是能带来收益溢价的一个原因（洪崇理，

2014）。也就是说，观察到的因子溢价是对承担长期表现差于市场的风险的补偿。这一论点在理论上讲得通，但它不能解释：①尽管面临相似的市场表现不佳风险，为什么某些因子会获得收益，而其他因子不会；②为什么尽管市场表现不佳风险较低，但某些因子也比其他因子能获得更高的收益（例如，表 7-5 中的质量因子）。然而，有一个结论是明确的，那就是为了获得与智能贝塔溢价补偿因子（即规模因子、价值因子、动量因子、低波动率因子和质量因子）相关的收益溢价，投资者必须保持长期投资。也就是说，如果投资者希望实现智能贝塔因子投资的全部收益，他们必须愿意在市场显著长期表现不佳时期坚持到底。

7.5 结论

使用交易执行成本的保守估计和减少换手率的方法，我们在本章已经指出，单个智能贝塔因子在全球股票市场都提供了吸引人的历史业绩。然而，一个值得警惕的发现是，单个智能贝塔因子也会让投资者面临相对于市场而言显著的长期的表现不佳风险。这一结果暗示，投资者需要承受短期痛苦，才能在长期获得因子收益溢价。

然而，与因子投资相关的市场表现不佳风险是可以减少的。实际上，智能贝塔因子具有吸引人的相关性。因此，结合智能贝塔因子来创建因子多元化策略，可以显著降低市场表现不佳的风险，同时还会提高风险调整后的相对收益。我们将在下一章讨论因子多元化的课题。

第 8 章

因子多元化策略的业绩特征

人们常说多元化投资是投资领域里唯一的免费午餐。多因子智能贝塔投资策略可能就是这样一个免费午餐的例子。在本章中，我们将讨论智能贝塔因子引人入胜的相关性特征，并展示对因子加以组合（combine）[⊖]如何提高风险调整后的相对业绩，同时潜在地降低市场表现不佳的风险。

本章概要

- 从长期来看，智能贝塔因子描述了低的或负的主动收益的配对相关性（pair-wise correlations），这有可能在多因子策略中提供显著的多元化收益。

- 在短期内，如滚动的五年期，配对相关性是不稳定的。一般而言，负相关因子变为正相关，中度正相关因子变为高度正相关。这一发现可能导致一个结论，即在较短的时间范围内，因子多元化可能不会起到很好的作用。

- 然而，多因子策略中的多元化收益是由所有单个因子对（individual factor pair）的相关性的"非对角线平均值"（off-diagonal average）驱动的。从长期来看，这个平均值通常描述了智能贝塔因子之间接近于零的相关性。

⊖ 英语原文中有多个近义词，分别是 combine、blend、integrate。如无特别说明，译文中统一按组合（combine）、混合（blend）、整合（integrate）进行翻译。——译者注

- 非对角线平均值的短期变化也显著小于单个因子对的变化。即使是五年滚动平均值所达到的最高值也相当温和。这是因为在给定的时间点，正相关因子对被负相关因子对所抵消。也就是说，智能贝塔因子的相关结构中存在"多元化"。

- 非对角线平均值的特征表明，即使在短期内，如五年滚动期，多因子策略也应提供多元化收益。

- 为研究因子多元化的各种特性，我们将跟踪误差相匹配的信号倾斜法（ST）价值因子、动量因子、低波动率因子以及质量因子投资组合加以等权组合，并将其称作信号倾斜法多因子投资组合（ST Multifactor Portfolio，ST MFP）。

- 在对我们分析的三个市场（即美国市场、非美国发达市场和新兴市场）的长期模拟中，与各因子投资组合的积极风险平均值相比，信号倾斜法多因子投资组合实现了约 50% 的积极风险降低。这种积极风险的降低被称为"多元化收益"。

- 由于积极风险的显著降低，信号倾斜法多因子投资组合实现了比三个市场的所有单个因子投资组合更高的信息比率。

- 信息比率的改善显著提高了多因子投资组合的主动收益的统计显著性，t 统计量在美国市场超过了 5，在其他市场超过了 4。

- 在一定程度上，所有因子很少在同一时间跑输大盘，信号倾斜法多因子投资组合也表明与单一因子投资组合相比，其跑输大盘的概率更低。

- 此外，由于非对角线平均值的稳定性，各多因子投资组合在五年滚动期内实现了积极风险的持续降低，平均降低了 56%，最少的也降低了近 30%。

- 在五年滚动期基础上，各多因子投资组合的信息比率均值也显著高于单一因子投资组合。

- 我们还利用市值加权法、市值调整法、信号加权法和等权重法等因子投资组合构建了多因子投资组合，以分析其他加权方案实现的多元化收益。

- 市值加权法、市值调整法和信号倾斜法多因子投资组合构成了第 4 章讨论的倾斜类权重方案，实现了类似的积极风险降低或多元化收益。这意味着，在倾斜类别中，主动收益相关性结构不受各种加权方案的实质性影响。

- 作为重赋权类别的一部分，信号倾斜法多因子投资组合和等权重法多因子投资组合仅带来了边际上的积极风险降低和多元化收益。这一结果是由信号加权法和等权重法因子投资组合的高度正相关的主动收益的配对相关性所驱动的。如第 4 章所讨论的，信号加权法和等权重法因子投资组合有一个共同的影响因素，即等权重组合相对于市值加权比较基准的表现。因此，当根据市值加权基准进行评估时，信号加权法和等权重法多因子投资组合实现的多元化收益要低得多。

- 相较于市值加权法因子投资组合，市值调整法多因子投资组合产生了小额的因子调整后阿尔法。信号倾斜法、信号加权法、等权重法多因子投资组合则实现了更为客观且统计学上更显著的阿尔法。然而，在按照等权重基准以及信号倾斜法下的价值因子、动量因子、低波动率因子和质量因子投资组合分解时，信号加权法和等权重法多因子投资组合[⊖]的阿尔法却消失了。

- 在投资组合构建方面，组合混合（portfolio blending）和信号混合（signal blending）这 2 种构建因子多元化策略的方法成为业内新近争论的话题。

- 一些研究认为，信号混合是一种更有效的方法，因为它可以避免证券间抵消因子敞口，从而实现对目标因子的更高敞口。

- 我们的研究基于对敞口相匹配的投资组合的比较分析，挑战了信号混合的普遍优势。它表明，在适度的因子敞口和积极风险水平下，组合混合能够产生更好的信息比率。在高水平的因子敞口和积极风险下，信号混合保持了更好的多样性，并产生了更高的信息比率。

- 然而，我们对这场讨论的看法是，使用哪种方法需要在特定的投资过程中做出决定。

8.1　引言

在上一章中，我们强调了单一智能贝塔因子描述了不同的主动收益特征。例如，一般来说，规模因子投资组合在上涨市场表现出色，在下跌市场表现不佳。而波动率因子投资组合则表现出相反的模式：在下跌市场表现出色，在上涨市场表现不佳。当市场出现负收益或适度正收益时，价值因子投资组合最大程度跑赢市场，而最大程度跑输市场则发生在市场大幅上涨的时期。动量因子投资组合最大程度跑赢市场发生在趋势强劲的市场中，而表现最差的时候则发生在大部分市场反转的年份。这些主动收益特征意味着智能贝塔因子可能具有引人入胜的主动收益相关性特征，这可能会带来显著的多元化收益。因此，在本章中，我们首先分析因子主动收益的长期和短期相关性特征。

8.2　主动收益的相关性

我们分析了美国市场（1979 年 1 月至 2017 年 6 月）、非美国发达市场（1995 年 1 月至 2017 年 6 月）和新兴市场（1998 年 1 月至 2017 年 6 月）等 3 个地区的智能贝塔因子间的主动收益相关性特征。

⊖　原文是 FPD，疑似笔误。——译者注

8.2.1　长期相关性

表 8-1 报告了信号倾斜法因子投资组合的主动收益的配对相关性。在这三个地区，规模因子投资组合的收益率与价值因子正相关，与波动率因子负相关。这意味着价值股倾向于是小盘股，而低波动率股票似乎有大盘股偏好。价值因子投资组合与动量因子呈负相关，因为估值比率低的股票通常缺乏动力，而动量因子高的股票往往估值比率上升。价值因子投资组合也与质量因子负相关，质量因子定义为经总资产调整后的毛利润。这意味着高盈利能力股票往往具有成长型特征。然而，盈利能力并不是传统的成长型投资，因为成长型股票与价值因子存在负相关性（接近 −100%）。总的来说，各因子对的长期主动收益相关性较低或为负。表 8-1 中所有因子对的“非对角线平均”主动收益相关性，在美国市场为 −0.4%，在非美国发达市场为 3.6%，在新兴市场为 2.7%。也就是说，一般而言，所有的智能贝塔因子间的主动收益相关性几乎为零。这些相关性特征可能是引人瞩目的，并可能意味着，从长远来看，多因子策略应带来有意义的多元化收益。

表 8-1　ST 因子组合的主动收益平均配对相关性

	规模因子	价值因子	动量因子	波动率因子	质量因子	非对角线平均值
组 A：美国市场（罗素 1000 成分股：1979 年 1 月至 2017 年 6 月）						
规模因子	100					
价值因子	29	100				
动量因子	8	−36	100			
波动率因子	−39	28	−20	100		
质量因子	24	−17	27	−8	100	**−0.4**
组 B：非美国发达市场（MSCI 非美国全球指数成分股：1995 年 1 月至 2017 年 6 月）						
规模因子	100					
价值因子	55	100				
动量因子	−12	−30	100			
波动率因子	−10	−16	19	100		
质量因子	13	−22	18	21	100	**3.6**
组 C：新兴市场（MSCI 新兴市场成分股：1998 年 1 月至 2017 年 6 月）						
规模因子	100					
价值因子	55	100				
动量因子	−7	−14	100			
波动率因子	−15	−11	5	100		
质量因子	−18	−35	15	52	100	**2.7**

8.2.2　相关性的短期变化

表 8-1 展示了长期以来的主动收益的配对相关性。然而，从投资组合的运作与监测

的角度看，有两个深层次的问题被提出：这些相关系数在短期内有多稳定？以及，它们在短期内又是如何影响潜在的多元化收益？

表 8-2 显示了三个市场在五年滚动周期内的主动收益相关性。该表显示了五年平均滚动相关性以及每个市场中每个因子对所实现的最小值和最大值。根据所报告的统计数据，可以公平地说，在短期内，主动收益配对相关性一直不稳定。常见的负相关因子，如价值因子与动量因子或价值因子与质量因子，变成正相关。而质量因子、动量因子等低正相关因子则呈高度正相关，相关度超过 60%。

单个主动收益配对相关性是不稳定的，而因子对可以变得高度正相关，这一事实可能表明，因子多元化可能不会在短期内提供有意义的收益。然而，事实并非如此。在多因子策略中，投资组合的多元化潜力很大程度上取决于所有单个因子对相关性的非对角线平均值，尤其是当各因子权重相等且与积极风险匹配时。表 8-2 最后一列显示了基于滚动五年期的非对角线平均值的变化。在所有的市场中，非对角线平均值的变化明显小于任何单个因子对的变化。非对角线平均值达到的最高水平在美国市场仅为 12%，在非美国发达市场为 21%，在新兴市场为 16%。尽管个别因子对变得高度正相关，但非对角线平均值仅达到中等正水平。这意味着所有因子对并没有同时变得高度正相关。由于正相关因子对被负相关因子对所抵消，智能贝塔因子的相关结构中也存在"多元化"。作为一个例子，表 8-3 显示了三个市场的前五年子期所有因子对的相关性。报告的统计数据很好地突显了个别因子对相关性的多元化和抵消作用，使非对角线平均值保持在较低水平。

8.2.3　总结

从上述讨论中可以得出以下一般性结论。

▶ 从长期来看，智能贝塔因子表现出令人瞩目的低的或负的主动收益配对相关性。

▶ 然而，在较短的周期（如，五年的滚动子期）主动收益配对相关性并不稳定，表现为以负相关为特征的因子，往往变成正相关，而适度正相关的因子往往会显著增加相关性水平。

▶ 尽管如此，在多因子策略中，投资组合多元化是由单个因子对相关性的非对角线平均值所驱动的。得益于配对相关性的抵消，这一平均值所描述的变化要小得多，即使是滚动五年的最大值也保持在极具吸引力的低水平。

上述相关性特征表明，将智能贝塔因子加以组合来创建多因子策略，无论从长期来看，还是在较短的时间内，都会带来显著的多元化收益。

表 8-2 ST 因子组合的主动收益平均配对相关性：五年滚动数据

	规模因子—价值因子	规模因子—动量因子	规模因子—波动率因子	规模因子—质量因子	价值因子—动量因子	价值因子—波动率因子	价值因子—质量因子	动量因子—波动率因子	动量因子—质量因子	波动率因子—质量因子	非对角线—平均值
组 A: 美国市场（罗素 1000 成分股：1979 年 1 月至 2017 年 6 月）											
1979～2017 年	29	8	-39	24	-36	28	-17	-20	27	-8	-3
最小值	-27	-32	-75	-7	-64	-65	-62	-55	-28	-62	-12
最大值	75	37	-16	43	0	78	15	11	59	29	12
组 B: 非美国发达市场（MSCI 非美国全球指数成分股：1995 年 1 月至 2017 年 6 月）											
1995～2017 年	55	-12	-10	13	-30	-16	-22	19	18	21	6
最小值	14	-44	-17	12	-48	-74	-70	-7	-4	17	-10
最大值	72	4	-9	24	-5	30	30	33	41	83	21
组 C: 新兴市场（MSCI 新兴市场成分股：1998 年 1 月至 2017 年 6 月）											
1998～2017 年	55	-7	-15	-18	-14	-11	-35	5	15	52	1
最小值	43	-34	-44	-41	-62	-43	-67	-23	-5	24	-15
最大值	57	5	1	1	19	20	4	38	47	69	16

表 8-3 ST 因子组合的主动收益平均配对相关性：五年子期

	规模因子—价值因子	规模因子—动量因子	规模因子—波动率因子	规模因子—质量因子	价值因子—动量因子	价值因子—波动率因子	价值因子—质量因子	动量因子—波动率因子	动量因子—质量因子	波动率因子—质量因子	平均值
组 A: 美国市场（罗素 1000 成分股：1979 年 1 月至 2017 年 6 月）											
1979～1983 年	0	33	-16	43	-64	7	14	-53	10	29	6
组 B: 非美国发达市场（MSCI 非美国全球指数成分股：1995 年 1 月至 2017 年 6 月）											
1995～1999 年	68	-44	-17	24	-38	9	30	13	-1	34	8
组 C: 新兴市场（MSCI 新兴市场成分股：1998 年 1 月至 2017 年 6 月）											
1998～2002 年	57	4	-5	1	19	9	-28	38	10	24	13

8.3　因子多元化策略的业绩特征

为了分析因子多元化的好处，我们建立了一个等权重的组合投资组合（equally weighted combination portfolio），包括信号倾斜的价值因子、动量因子、波动率因子和质量因子投资组合。回想第 7 章，单个因子投资组合相对于相应基准的积极风险约为4%。因此，我们的加权方案不仅根据市场价值（和收益）对因子投资组合进行等权处理，而且还对积极风险（即，积极的风险均衡）进行加权。我们将这种混合投资组合称为信号倾斜法多因子投资组合（ST MFP）。在构建信号倾斜法多因子投资组合时，不包括信号倾斜法规模因子投资组合。原因如下：由于信号倾斜法因子投资组合偏离了证券的市值权重，它们已经在不同程度上纳入了规模因子偏差。因此，多因子投资组合还具有对规模因子的辅助敞口。因此，尽管规模因子投资组合没有明确包含在多因子投资组合的结构中，但多因子投资组合提供了所有五个因子的敞口。

8.3.1　潜在的多元化收益

在我们研究多因子投资组合的历史表现之前，先列出我们预期会看到的情况。一般来说，组合低相关性的资产可以带来以下主要的多元化收益。

1. 积极风险的降低：得益于多元化

由令人瞩目的相关性特征所驱动的多元化应导致相对于组成资产的平均风险的显著的风险降低。这种风险降低通常被称为"多元化收益"。在智能贝塔因子的背景下，由于总收益包括一个共同的影响因子，即市场因子，各因子投资组合之间的"总收益"配对相关性非常高。因此，我们预计，与各因子投资组合的平均总风险相比，多因子投资组合实现的总风险（如有）最小。然而，在"主动收益"空间中，因子投资组合具有较低的或负的配对相关性以及较低的非对角平均相关性。相对于各因子投资组合的平均积极风险而言，这将显著降低多因子投资组合的积极风险。

2. 更高的风险调整收益

多元化策略的总收益和主动收益水平不受资产相关性的影响。也就是说，多元化的收益主要是在风险维度实现的。因此，多元化策略的总收益率和主动收益率将大致等于构成该策略的资产的平均收益率。因此，我们预计，多因子投资组合的总收益率和主动收益率大致等于各因子投资组合等构成成分的平均水平。由于我们知道因子投资组合的表现优于市场，我们预计多因子投资组合也会表现出色。如果多因子投资组合的总风险与市场相似，也就是说，高的总风险因子被低的总风险因子抵消，那么由于更高的预期收益的存在，多因子投资组合会产生比市场更高的夏普比率。但是，预计多因子投资组合不会产生比所有单独因子都高的夏普比率。例如，由于低波动率因子投资组合实现了显著的总风险降低，同时表现优于市场，其夏普比率可能高于多因子投资组合。

另外，由于预期积极风险显著降低，多因子投资组合可能产生比因子投资组合等构成成分更高的信息比率。信息比率的改善将转化为多因子投资组合主动收益的更高的统计显著性（ t 统计量）。这也意味着，多因子投资组合的主动收益率比单因子投资组合的主动收益率稳定。此外，如果单因子投资组合表现出不同的业绩特征，即它们可能不会同时跑输市场，那么与单因子投资组合相比，多因子投资组合可能表现出更低的跑输市场的风险。

8.3.2 信号倾斜法多因子投资组合的长期历史业绩

表 8-4 展示了 3 个地区 4 个信号倾斜法单因子投资组合以及多因子投资组合的长期历史业绩。

1. 积极风险的降低：得益于多元化

与预期一样，与四因子投资组合的平均总风险相比，多因子投资组合实现了最小的总风险降低。在美国，四因子投资组合的平均总风险为 14.9%。在总风险为 14.5% 的情况下，多因子投资组合仅带来了约 3% 的风险降低。在其他两个地区，总风险的下降幅度相似或更低。

多因子投资组合的积极风险带来的多元化收益要高得多。就美国市场而言，各因子投资组合的平均积极风险为 4%。因此，多因子投资组合实现了 55% 的风险降低，积极风险为 1.8%。非美国发达市场和新兴市场的积极风险降低率分别为 47% 和 48%。

2. 风险调整收益

各多因子投资组合所实现的夏普比率比美国市场和新兴市场高出约 23%，比非美国发达市场高出 48%。然而，多因子投资组合的夏普比率并不是某一市场达到的最高水平。例如，在美国市场，波动率因子投资组合实现的夏普比率高于多因子投资组合，而在除美国市场和新兴市场以外的地区，质量因子投资组合的夏普比率更高。

表8-4 ST多因子投资组合的历史业绩：年化结果（结束时间：2017年6月）

	开始时间	毛收益总额（%）	总风险（%）	夏普比率	CAPM贝塔	最大回撤（%）	主动毛收益（%）	积极风险（%）	信息比率	最差年份的业绩（%）	滚动3年年化最差业绩（%）	上涨捕获率	下跌捕获率
罗素1000指数	1979年1月	11.84	15.05	0.49	1.00	-51.13							
价值因子		13.73	15.18	0.60	0.98	-55.97	1.89	3.92	0.48	-10.91	-7.91	102	93
动量因子		12.77	16.10	0.52	1.04	-50.56	0.93	3.86	0.24	-8.35	-4.09	106	104
波动率因子		12.66	12.68	0.62	0.82	-43.88	0.82	4.11	0.20	-13.33	-8.11	88	75
质量因子		14.14	15.61	0.61	1.00	-43.57	2.30	4.18	0.55	-5.38	-2.81	104	94
多因子投资组合		**13.40**	**14.51**	**0.60**	**0.96**	**-48.23**	**1.55**	**1.80**	**0.86**	**-2.92**	**-1.38**	**100**	**91**
MSCI非美国全国指数	1995年1月	5.66	16.25	0.25	1.00	-56.34							
价值因子		7.66	17.30	0.36	1.04	-60.51	2.00	4.06	0.49	-10.59	-5.96	105	97
动量因子		6.64	15.99	0.31	0.95	-55.94	0.98	3.97	0.25	-11.86	-4.94	100	95
波动率因子		7.09	13.69	0.37	0.83	-47.96	1.43	3.93	0.36	-10.72	-2.84	88	78
质量因子		8.08	14.85	0.41	0.89	-49.78	2.42	3.54	0.68	-3.08	-3.96	95	83
多因子投资组合		**7.43**	**15.16**	**0.37**	**0.93**	**-53.74**	**1.76**	**2.05**	**0.86**	**-5.16**	**-0.89**	**97**	**88**
MSCI新兴市场指数	1998年1月	7.48	23.54	0.33	1.00	-61.44							
价值因子		10.21	24.64	0.43	1.04	-61.00	2.72	3.62	0.75	-2.89	-2.58	108	100
动量因子		8.25	23.44	0.36	0.98	-66.41	0.77	4.36	0.18	-12.68	-6.71	101	98
波动率因子		9.00	20.89	0.41	0.88	-55.24	1.51	3.56	0.43	-14.56	-0.93	92	85
质量因子		9.82	21.78	0.44	0.92	-56.82	2.34	3.61	0.65	-7.02	-1.74	97	88
多因子投资组合		**9.37**	**22.50**	**0.41**	**0.95**	**-60.05**	**1.89**	**1.97**	**0.96**	**-2.23**	**0.26**	**99**	**93**

然而，由于在积极风险领域多元化带来的显著收益，三个地区的所有多因子投资组合的信息比率都远远高于单因子投资组合的信息比率。多因子投资组合产生了较高的"费后"信息比率，超过 0.85。在美国市场，多因子投资组合的信息比率比各因子投资组合的平均信息比率高 134%，比信息比率最高的单因子投资组合（价值因子）高56%。在其他两个地区，多因子投资组合的信息比率比平均信息比率高出约 92%，比信息比率最高的单因子投资组合高 27%（非美国发达市场的质量因子和新兴市场的价值因子）。

信息比率的改善有意义地增强了多因子投资组合主动收益的统计显著性和稳定性。美国市场多因子投资组合的"费后"主动收益为 1.55%，相应的 t 统计量大于 5。其他地区的多因子投资组合主动收益率的 t 统计量超过 4。因此，尽管因子投资组合的主动收益率在个别统计上并不都是显著的，但由于多元化带来的可观收益，它们的组合在统计上是非常显著的。

图 8-1 至图 8-3 显示了这三个地区多因子投资组合的累计主动收益率。与第 7 章中报告的单因子投资组合的类似图表相比，多因子投资组合描述的主动收益的易变性要小得多。

3. 跑输市场的风险

所有因子同时跑输市场的可能性有多大？表 8-5 提供了一个基于自然年度主动收益的透视图。在美国，在整个分析期内，所有四个因子在任何一年中表现都没有同时逊于市场。在非美国发达市场，这四个因子仅在一个日历年内跑输市场，占总时间的 5%。两个或两个以上的因子表现不佳的情况在美国 59% 的时间里发生，在非美国发达市场、新兴市场的这一比率分别是 40% 和 50%。我们还注意到，在所有三个市场中，全部四个因子同时跑赢大盘的概率高于它们同时跑输大盘的概率。由于这些特征，如表 8-6 所示，与单因子投资组合相比，多因子投资组合跑输市场的概率要低得多。

在表 8-4 中，我们还注意到，除美国以外的世界其他地区，多因子投资组合最差的年度表现不如单因子投资组合明显，但在美国以外的市场质量因子表现较差。与所有市场的单因子投资组合相比，多因子投资组合的最大三年年化收益跑输市场的概率明显较低。

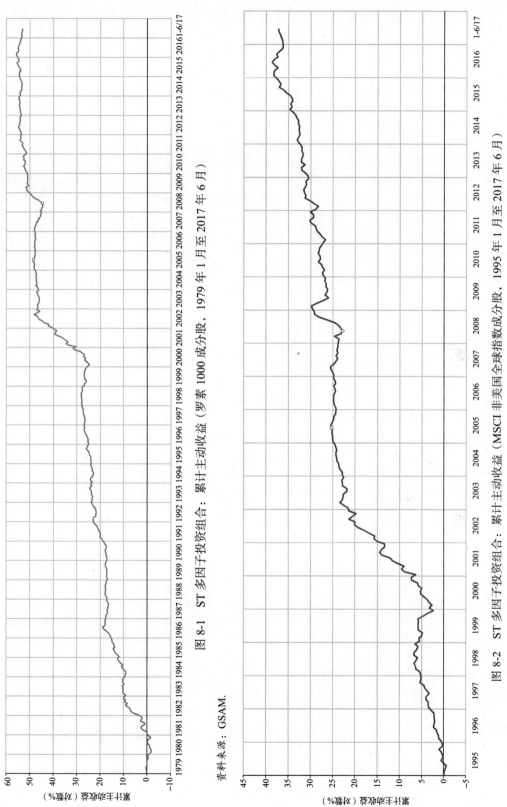

图 8-1　ST 多因子投资组合：累计主动收益（罗素 1000 成分股，1979 年 1 月至 2017 年 6 月）

资料来源：GSAM.

图 8-2　ST 多因子投资组合：累计主动收益（MSCI 非美国全球指数成分股，1995 年 1 月至 2017 年 6 月）

资料来源：GSAM.

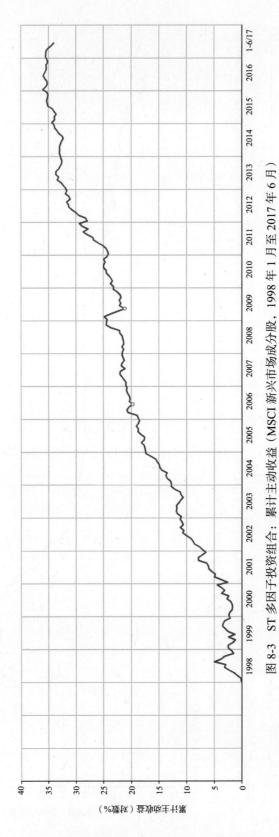

图 8-3 ST 多因子投资组合：累计主动收益（MSCI 新兴市场成分股，1998 年 1 月至 2017 年 6 月）

资料来源：GSAM.

表 8-5 一个自然年度同时跑输市场的概率：不同时期

	分析周期	% 次数	累计 % 次数
组 A：罗素 1000 成分股	1979 年 1 月至 2017 年 6 月		
四因子跑输		0	0
三因子跑输		21	21
两因子跑输		38	59
单因子跑输		28	87
所有因子跑输		13	
组 B：MSCI 非美国全球指数成分股	1995 年 1 月至 2017 年 6 月		
四因子跑输		5	5
三因子跑输		9	14
两因子跑输		26	40
单因子跑输		43	83
所有因子跑输		17	
组 C：MSCI 新兴市场成分股	1998 年 1 月至 2017 年 6 月		
四因子跑输		5	5
三因子跑输		5	10
两因子跑输		40	50
单因子跑输		30	80
所有因子跑输		20	

表 8-6 一个自然年度跑输市场的概率：不同时期

	分析周期	% 次数
组 A：罗素 1000 成分股	1979 年 1 月至 2017 年 6 月	
价值因子		36
动量因子		46
波动率因子		46
质量因子		38
多因子投资组合		**28**
组 B：MSCI 非美国全球指数成分股	1995 年 1 月至 2017 年 6 月	
价值因子		35
动量因子		30
波动率因子		43
质量因子		30
多因子投资组合		**22**
组 C：MSCI 新兴市场成分股	1998 年 1 月至 2017 年 6 月	
价值因子		40
动量因子		35
波动率因子		35
质量因子		35
多因子投资组合		**10**

8.3.3 信号倾斜法多因子投资组合的短期历史业绩

如表 8-2 和表 8-3 所示，在滚动五年的基础上，相较于单个因子对的相关系数，主动收益配对相关性的非对角线平均值的变化要小得多。这表明即便在短期视角多因子投资组合也提供了有意义的多元化收益。

1. 积极风险的降低：得益于多元化

我们对美国市场的研究展现在图 8-4 中。该图显示了四因子投资组合的平均积极风险和五年滚动基础上的多因子投资组合的积极风险。多因子投资组合的积极风险始终低于四因子投资组合的平均积极风险。这意味着在每一个时间点上都实现了从多元化中获得有意义的收益。在滚动五年的基础上，多因子投资组合实现的积极风险平均降低了56%，降幅最小为 28%，降幅最大为 72%。在其他地区也发现了类似的结果。

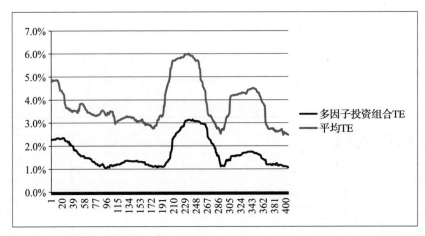

图 8-4 多因子投资组合积极风险对比单因子投资组合平均积极风险（罗素 1000 成分股，1979 年 1 月至 2017 年 6 月）

资料来源：GSAM.

2. 风险调整后的主动收益

积极风险的显著降低，加之所有因子通常不会同时跑输市场，将有利于经风险调整的多因子投资组合的短期表现。对于美国市场来说，这一点体现在表 8-7 中。在五年滚动期内，除价值因子的信息比率外，多因子投资组合的平均信息比率远高于单因子投资组合，而最小信息比率更大，最高信息比率更高。我们还发现，基于独立的五年子期，多因子投资组合在三个地区的任何一个子期中都没有跑输市场，而个别因子投资组合却跑输大盘。在一个独立的五年子期内，多因子投资组合实现的最低信息比率在美国市场为 0.34，在非美国发达市场为 0.22，在新兴市场为 0.45。

表 8-7   五年滚动信息比率：罗素 1000 成分股（1979 年 1 月至 2017 年 6 月）

	平均值	最小值	最大值
价值因子	0.60	−0.93	2.16
动量因子	0.26	−0.85	1.65
波动率因子	0.64	−0.61	1.82
质量因子	0.19	−1.08	1.66
多因子投资组合	**0.90**	**−0.41**	**2.10**

8.3.4 增强改进

  智能贝塔基金经理通常也会做增强改进，以提高策略的性能。此类增强措施可能包括：降低可能稀释单个因子捕获的信息比率的非溢价补偿风险，例如动量反转、控制行业或国家的有效权重，减少不合乎需求的辅助因子敞口，如低波动率因子投资所固有的大盘股市值偏差，并寻求通过合并流动性限制和降低换手率等方法来改善费后业绩。作为一个例子，表 8-8 显示了降低换手率的方法对单个信号倾斜法因子投资组合以及信号倾斜法多因子投资组合的影响。这种方法采用两次调整来控制换手率。首先，在构建单一信号倾斜法因子投资组合时，使用了交易"缓冲区"，如第 7 章所述。在单因子投资组合中应用缓冲区，使多因子投资组合的换手率从 56% 降低到 27%，也就是说，减少了52%。其次，采用了一种换手率最小化技术。该技术旨在利用智能贝塔因子之间低的或负的横截面相关性，这可能导致证券在一个因子投资组合（如价值因子）中买入，而在另一个因子投资组合（如动量因子）中卖出。通过对单因子投资组合的交易进行净额结算，换手率最小化技术旨在降低因子组合投资组合的换手率。与带缓冲手段的多因子投资组合相比，该技术的应用使多因子投资组合的换手率减少了 45%（从 27% 减少到 15%）。总的来说，与简单地将单个因子加以组合的"朴素"多因子投资组合相比，换手率管理过程的两个步骤将多因子投资组合的换手率从 56% 降低到 15%，即年化换手率减少 74%。

表 8-8   换手率最小化技术对 ST 多因子投资组合换手率的影响：罗素 1000 成分股（1979 年 1 月至 2017 年 6 月）

	没有缓冲的年化换手率	有缓冲的年化换手率	使用换手率最小化技术的年化换手率（%）
ST 价值因子投资组合	58	26	
ST 动量因子投资组合	92	53	
ST 波动率因子投资组合	30	12	
ST 质量因子投资组合	43	18	
ST 多因子投资组合	**56**	**27**	**15**

  作为一个例子，表 8-9 比较了信号倾斜法多因子投资组合与包含上述增强的多因子投资组合的业绩。在这三个地区，增强型信号倾斜法多因子投资组合实现了比信号倾斜法多因子投资组合更高的夏普比率，并实现了从新兴市场的 17% 到非美国发达市场的 26% 的信息比率增长。虽然下跌捕获的概况相似，但该增强改进略微提高了上涨捕获率。

表 8-9 ST 多因子投资组合和增强型 ST 多因子投资组合历史业绩：年化结果（截至 2017 年 6 月）

	开始时间	毛收益总额（%）	总风险（%）	夏普比率	CAMP贝塔	最大回撤（%）	主动毛收益（%）	积极风险（%）	信息比率	最差年份的业绩（%）	滚动 3 年年化最差业绩（%）	上涨捕获率	下跌捕获率
罗素 1000 指数	1979 年 1 月	11.84	15.05	0.49	1.00	−51.13							
ST 多因子投资组合		13.40	14.51	0.60	0.96	−48.23	1.55	1.80	0.86	−2.92	−1.38	100	91
增强型 ST 多因子投资组合		13.76	14.70	0.62	0.97	−48.58	1.92	1.83	1.05	−3.59	−1.26	102	92
MSCI 非美国全球指数	1995 年 1 月	5.66	16.25	0.25	1.00	−56.34							
ST 多因子投资组合		7.43	15.16	0.37	0.93	−53.74	1.76	2.05	0.86	−5.16	−0.89	97	88
增强型 ST 多因子投资组合		7.79	15.32	0.39	0.94	−54.17	2.12	1.97	1.08	−4.29	−0.86	99	88
MCSI 新兴市场指数	1998 年 1 月	7.48	23.54	0.33	1.00	−61.44							
ST 多因子投资组合		9.37	22.50	0.41	0.95	−60.05	1.89	1.97	0.96	−2.23	0.26	99	93
增强型 ST 多因子投资组合		10.02	22.53	0.44	0.95	−59.51	2.54	2.27	1.12	−3.98	0.41	100	92

8.3.5　采用其他加权方案的多元化策略

到目前为止，在所进行的因子多元化分析中，我们均采用信号倾斜法因子投资组合构建多因子投资组合。现在我们要将由曾在第4章提及的市值加权法、市值调整法、信号加权法及等权重法等因子投资组合所构建的多因子投资组合与信号倾斜法多因子投资组合进行比较研究。表8-10列出了费后收益比较。对于美国市场，组A和组B分别显示市值加权法（CW）和市值调整法（CS）多因子投资组合。在这两种情况下，与四因子投资组合的积极风险均值相比，多因子投资组合的积极风险降低约为54%，这与信号倾斜法多因子投资组合实现的55%的积极风险降低相似（组E）。与市值加权法多因子投资组合相比，市值调整法多因子投资组合的信息比率提高了38%。然而，信号倾斜法多因子投资组合的信息比率比市值加权法多因子投资组合和市值调整法多因子投资组合分别高132%和69%。组C中信号加权法多因子投资组合（SW MFP，16%）和组D中等权重法多因子投资组合（EW MFP，27%）的积极风险降幅明显更小。[⊖]与单因子投资组合相比，多元化带来的有限收益仅导致信号加权法和等权重法多因子投资组合的信息比率适度增加。例如，信号加权法多因子投资组合的信息比率仅比各因子投资组合的平均信息比率高21%，比信息比率最高的因子投资组合（动量因子）高14%。尽管个别信号加权法和等权重法因子投资组合的信息比率与信号倾斜法多因子投资组合的信息比率相似或更高，但信号加权法和等权重法多因子投资组合的信息比率还是远低于信号倾斜法多因子投资组合。

通过将信号加权法和等权重法因子投资组合加以组合所带来的有限的多元化收益并不令人惊讶。正如先前在第4章所展示的，信号加权法与等权重法因子投资组合等价于在等权初始基准上施以因子倾斜。这意味着所有的信号加权法和等权重法因子投资组合相较于市值加权基准都具有在主动收益上的共同影响。这种共同影响是等权基准相对于市值加权基准的表现。因此，如表8-11所示，这些加权方案的主动收益配对相关性往往要高得多。市值加权法、市值调整法和信号倾斜法加权方案构成第4章讨论的"倾斜"权重方案大类的一部分，描述了类似的配对相关性，表明因子之间的相关性结构不受该类别中不同权重方案的影响，尽管因子捕获的效率是受其影响。然而，构成"重新加权"类别一部分的信号加权法和等权重法因子投资组合产生了显著不同的相关性结构。由于等权基准对其主动收益的共同影响，所有的主动收益相关因子对都具有较高的正相关性。市值加权法、市值调整法和信号倾斜法因子对的非对角线平均值为负，而信号加权法和等权重法因子对的非对角线平均值较大且为正值。信号加权法和等权重法因子投资组合的相关性结构如表8-11所示，解释了为什么在市值加权基准下，此类组合的组合只能带来适度的多元化收益。

⊖　此处 $16\% \approx 1-4.57 \div [\,(6.51+4.89+5.15+5.3) \div 4\,]$，即信号加权法多因子投资组合的积极风险较之于单因子投资组合的积极风险的均值的降幅；等权重法下，此降幅为27%；信号倾斜法下，此降幅为55%。后者降幅显著高于前二者。——译者注

表 8-10　不同多因子投资组合的历史业绩：年化结果（罗素 1000 成分股：1979 年 1 月至 2017 年 6 月）

	毛收益总额 (%)	总风险 (%)	夏普比率	CAPM 贝塔	最大回撤 (%)	主动毛收益 (%)	积极风险 (%)	信息比率	最差年份的业绩 (%)	滚动 3 年年化最差业绩 (%)	上涨捕获率	下跌捕获率
罗素 1000 指数	11.84	15.05	0.49	1.00	−51.13							
组 A：市值加权												
价值因子	13.16	15.05	0.57	0.97	−54.19	1.32	3.80	0.35	−10.45	−7.30	101	94
动量因子	12.33	16.10	0.50	1.01	−50.19	0.49	5.36	0.09	−11.94	−7.91	103	101
波动率因子	11.97	12.15	0.59	0.74	−39.42	0.13	6.10	0.02	−18.60	−13.84	82	68
质量因子	12.72	15.24	0.54	0.99	−43.31	0.88	3.26	0.27	−7.75	−4.77	100	96
CW 多因子投资组合	**12.65**	**14.09**	**0.57**	**0.93**	**−46.07**	**0.80**	**2.18**	**0.37**	**−5.68**	**−2.71**	**97**	**90**
组 B：市值调整												
价值因子	12.96	15.05	0.56	0.98	−53.88	1.11	2.81	0.40	−8.30	−5.72	101	96
动量因子	12.26	15.43	0.51	1.00	−48.88	0.41	2.98	0.14	−6.81	−4.13	102	101
波动率因子	12.12	13.24	0.56	0.86	−44.35	0.28	3.25	0.09	−10.40	−7.11	91	82
质量因子	12.44	14.95	0.53	0.99	−46.55	0.60	1.68	0.36	−4.67	−2.17	100	97
CS 多因子投资组合	**12.48**	**14.48**	**0.55**	**0.96**	**−48.28**	**0.63**	**1.24**	**0.51**	**−2.09**	**−1.21**	**99**	**94**
组 C：信号加权												
价值因子	14.88	17.07	0.61	1.05	−58.02	3.04	6.51	0.47	−18.16	−11.89	110	100
动量因子	14.32	16.75	0.59	1.07	−52.05	2.47	4.89	0.51	−12.80	−7.28	111	104
波动率因子	14.09	14.17	0.66	0.89	−47.98	2.25	5.15	0.44	−19.24	−14.12	96	81
质量因子	14.43	17.20	0.59	1.09	−51.60	2.59	5.30	0.49	−11.91	−8.68	112	105
SW 多因子投资组合	**14.48**	**16.06**	**0.62**	**1.02**	**−52.45**	**2.64**	**4.57**	**0.58**	**−7.02**	**−8.78**	**107**	**97**
组 D：等权重												
价值因子	15.43	17.28	0.63	1.04	−60.55	3.59	7.50	0.48	−18.90	−14.34	110	97
动量因子	13.98	17.09	0.57	1.07	−52.79	2.14	5.77	0.37	−11.22	−6.14	111	106
波动率因子	14.35	13.52	0.70	0.81	−44.56	2.50	6.38	0.39	−22.26	−17.18	92	71
质量因子	14.67	17.60	0.59	1.11	−49.94	2.83	5.79	0.49	−10.54	−8.11	114	107
EW 多因子投资组合	**14.72**	**15.86**	**0.64**	**1.01**	**−52.17**	**2.87**	**4.64**	**0.62**	**−6.98**	**−8.22**	**107**	**95**
组 E：信号倾斜												
价值因子	13.73	15.18	0.60	0.98	−55.97	1.89	3.92	0.48	−10.91	−7.91	102	93
动量因子	12.77	16.10	0.52	1.04	−50.56	0.93	3.86	0.24	−8.35	−4.09	106	104
波动率因子	12.66	12.68	0.62	0.82	−43.88	0.82	4.11	0.20	−13.33	−8.11	88	75
质量因子	14.14	15.61	0.61	1.00	−43.57	2.30	4.18	0.55	−5.38	−2.81	104	94
ST 多因子投资组合	**13.40**	**14.51**	**0.60**	**0.96**	**−48.23**	**1.55**	**1.80**	**0.86**	**−2.92**	**−1.38**	**100**	**91**

表 8-11 因子组合的平均配对主动收益相关性：罗素 1000 成分股（1979 年 1 月至 2017 年 6 月）

	价值因子	动量因子	波动率因子	质量因子	非对角线平均值
组 A：市值加权					
价值因子	100				
动量因子	−42	100			
波动率因子	18	−1	100		
质量因子	−43	18	1	100	**−9**
组 B：市值调整					
价值因子	100				
动量因子	−47	100			
波动率因子	19	−3	100		
质量因子	−47	21	5	100	**−9**
组 C：信号加权					
价值因子	100				
动量因子	55	100			
波动率因子	67	45	100		
质量因子	78	75	46	100	**61**
组 D：等权重					
价值因子	100				
动量因子	30	100			
波动率因子	52	22	100		
质量因子	60	58	21	100	**41**
组 E：信号倾斜					
价值因子	100				
动量因子	−36	100			
波动率因子	28	−20	100		
质量因子	−17	27	−8	100	**−2**

8.3.6　评估效率：因子调整阿尔法

表 8-12 报告了主动收益和积极风险的分解产生的各种多因子投资组合的因子调整阿尔法。对于罗素 1000 基准选样空间，组 A1 显示，当对照市值加权法因子投资组合进行分析时，市值调整法多因子投资组合仅在效率方面取得了微小的提高，年化阿尔法为 0.19%。该阿尔法与 2.89 的 t 统计量相关，分别对主动收益和积极风险的贡献是 30% 和 8%。相比之下，信号倾斜法多因子投资组合和增强型信号倾斜法多因子投资组合产生了更高的阿尔法和统计显著性（t 统计量），并解释了更高比例的主动收益和积极风险。信号加权法和等权重法多因子投资组合还针对市值加权法因子投资组合提供了大量阿尔法。但是，正如之前在第 4 章所记录的，这些阿尔法在对等权重基准和信号倾斜法因子投资组合进行分解时消失了（组 A2）。组 B 和组 C 的资料表明，信号倾斜法多因

子投资组合和增强型信号倾斜法多因子投资组合在其他市场也产生了大量且具有高度统计意义的阿尔法。

表 8-12 不同多因子投资组合的因子调整后阿尔法

	年化阿尔法（%）	t 统计量	归因于主动收益的阿尔法（%）	归因于积极风险的阿尔法（%）
组 A：罗素 1000 成分股：1979 年 1 月至 2017 年 6 月				
组 A1：对比 CW 因子投资组合				
CS 多因子投资组合	0.19	2.89	30	8
ST 多因子投资组合	0.76	3.90	39	34
增强型 ST 多因子投资组合	1.12	5.09	58	42
SW 多因子投资组合	1.31	3.61	31	18
EW 多因子投资组合	1.27	3.34	32	20
组 A2：对比 EW 成分股和 ST 因子投资组合				
SW 多因子投资组合	−0.15	−0.78	—	4
EW 多因子投资组合	−0.37	−1.23	—	8
组 B：MSCI 非美国全球指数成分股（1995 年 1 月至 2017 年 6 月）				
对比 CW 因子投资组合				
ST 多因子投资组合	0.68	2.66	39	26
增强型 ST 多因子投资组合	1.12	3.75	53	40
组 C：MSCI 新兴市场成分股（1998 年 1 月至 2017 年 6 月）				
对比 CW 因子投资组合				
ST 多因子投资组合	1.14	3.86	60	32
增强型 ST 多因子投资组合	1.50	3.55	59	50

8.3.7 总结

关于因子多元化策略，基于上述讨论，我们提炼了以下一般性结论。

- ▶ 智能贝塔因子描述主动收益配对相关性的低的或负的非对角线平均值，与单因子投资组合相比，通过积极风险降低和信息比率增强的形式从多元化中获得显著收益。
- ▶ 虽然在短期内，配对相关性非常不稳定，但非对角线平均值的变化较小。因此，多因子策略不仅在长期，而且在短期内均可提供多元化的增益。
- ▶ 在智能贝塔因子不会同时跑输大盘的前提下，与单因子策略相比，多因子策略展现出更低的跑输大盘的概率。
- ▶ 具有类似目标的权重方案，例如倾斜类或重新加权类，不会对智能贝塔因子之间的关联性结构产生有意义的影响。
- ▶ 然而，给定类别内的加权方案（如，倾斜类别）在获取智能贝塔因子收益方面仍然产生有意义的不同效率（即，因子调整阿尔法）。

8.4　构建多元化策略：投资组合混合与信号混合之辨

根据我们的经验，随着人们对多因子策略的兴趣日益增长，投资者的注意力已转向投资组合构建问题。两种构建方法，即组合混合和信号混合，最近成为业界争论的话题。

投资组合混合方法（portfolio blending approach）是一个两步法构建投资组合的过程。在第 1 步中，构建单因子投资组合。然后，在第 2 步中，将单因子投资组合加以组合以创建多因子多元化策略。组合投资组合可以使用等权重法、市值加权法或优化过程来确定分配给单因子投资组合的权重。我们在本章中构建和讨论的各种多因子投资组合遵循投资组合混合方法。其他运用投资组合混合方法的多因子策略例子是 MSCI 因子多元化混合指数和科学贝塔多贝塔多策略指数。

信号混合方法（signal blending approach）是一个单步构建组合的过程。在这个过程中，单因子信号（即，因子得分或因子秩）被组合以产生一个复合信号。例如，对于选样空间中的每一标的证券，价值因子信号和动量因子信号被组合成一个价值因子与动量因子的复合信号。然后利用复合信号构建价值因子加动量因子投资组合。遵循信号混合法的多因子产品包括 MSCI 多元化多因子指数和富时罗素双倾斜指数（FTSE Russell Tilt-Tilt Index）。

业内争论的焦点是哪种方法能带来更高的投资效率（即，风险调整后的收益）。

8.4.1　文献综述

有关该主题的第一批论文之一来自克拉克等（2016），作者在其中讨论了对这两种方法进行比较分析的理论框架。比较是基于评估单个证券的纯多头投资组合（信号混合）和由单因子投资组合构建的多头最优组合投资组合（组合混合）的平均方差效率（即，夏普比率）。作者在分析中考虑了四个因子，即低贝塔因子、小规模因子、价值因子和动量因子。基于对预期因子信息比率的相关结构和二次暴露（secondary exposures）的某些假设，作者发现了以下结果。相对于不受约束的多空最优组合投资组合，纯多头最优组合投资组合实现了潜在夏普比率约 50% 的提升。相比之下，长期投资的单个证券投资组合实现了 70%～80% 的潜在增长，而这主要是由于"风险敞口更大"。根据来自市值最高的 1000 只美国股票的经验结果，作者还报告说，单个证券的投资组合的夏普比率和信息比率比最优混合投资组合高 20%。

本德和王（2016）采用基于规则的加权方法，通过秩乘数（市值比例）来衡量市值权重。他们考虑了四个权益类因子，即价值因子、动量因子、质量因子以及波动率因子。作者发现，自下而上的投资组合（信号混合）比组合投资组合（组合混合）的信息比率高出 20%。

菲茨吉本斯等（2016）比较了 1993 年 2 月～ 2015 年 12 月从类似于 MSCI 全球指数的选样空间衍生出来的与积极风险相匹配的投资组合的表现。他们考虑了价值因子和动量因子。作者发现，在 4% 的跟踪误差下，经整合的投资组合（信号混合）比将投资组合加以混合（组合混合）产生的信息比率高出 40%。此外，当因子之间的相关性负值越高、因子个数越多或跟踪误差越大时，进行整合的益处就越大。作者认为，整合方法获得了更高的风险调整后收益，因为它"避免了具有抵消风险敞口的证券"（即在一个因子上排名很高，但在另一个因子上排名很差的证券），同时强调了对所需因子具有平衡正风险敞口的证券。

路易波德和吕埃格（2017）对前面提到的三项研究得出的一般性结论，即信号混合主导着组合混合，提出了质疑。他们表明，相较于组合混合法，信号混合法只对少数几个因子投资组合产生了更好的风险调整收益。此外，当他们进行鲁棒性测试时，没有发现两种方法之间存在显著差异的证据；也就是说，两种方法相同的假设不能被否定。因此，他们得出结论，早期研究报告的信号混合优势是一种"统计上的侥幸"（statistical fluke）。

弗雷泽·詹金斯等（2016）考虑了价值因子、动量因子和质量因子。他们以明晟全球指数中市值最高的 500 只股票作为选样空间。单因子投资组合被定义为按因子排名的前五分位数股票，且权重相等。在他们的积木构建法（组合混合）中，各因子投资组合按相等权重组合。在混合法（信号混合）中，对每只股票的单个因子排名进行平均，并根据综合排名选出股票的前五分位数并做等权处理。弗雷泽·詹金斯等（2016）报告称，对于测试的各种策略，积木构建法和混合法都位于一条笔直的风险 / 收益线上，因此，提供了相似水平的风险调整后收益。

8.4.2　我们的观点

为了研究组合混合和信号混合方法的相对优劣，我们对这一主题进行了广泛的研究，并在加尤尔、希尼、普拉特（2018）(GHP) ⊖上发表了我们的研究结果。在本节中，

⊖　原著作者将加尤尔、希尼、普拉特提出的方法简称为 GHP 方法（取各自姓氏首字母）。下文中也将采用这种简称，不再另行翻译。——译者注

我们将简要讨论我们的研究结果。

1. 潜在的方法偏差

GHP 认为，现有的研究可能会引入潜在的方法偏差，从而阻碍对这两种方法进行横向比较。一个重要的偏差是，所观察到的业绩差异可能仅仅是由于两种方法下实现的因子敞口的差异而产生的，即使使用相同的方法也会如此。考虑图 8-5 所示的例子。在图中，通过选择基于复合信号的前 25% 的内容来构造价值动量混合信号。投资组合混合是通过将独立构建的价值因子投资组合和动量因子投资组合加以组合来创建的，这两个组合根据单因子信号选择了各自前 25% 的内容。这种方法导致信号混合持有前 25% 的内容，而组合混合持有更高比例的内容（例如，约 40%）。因此，与投资组合混合相比，信号混合实现了对目标因子更高的敞口，因为它是一个集中度更高的投资组合。如果因子起作用，那么我们预计信号混合（高风险敞口）比组合混合（低风险敞口）表现更好。但是，这并不是因为信号混合是一种更有效的方法。这仅仅是因为所使用的研究方法使得信号混合对溢价补偿因子获得了更高敞口，因此，优于投资组合混合。在 GHP 的评估中，上面引用的文章在不同程度上都暴露在这种偏差中。例如，克拉克等（2016）将持有 200 只股票的信号混合与将单个价值因子投资组合（200 只股票）、低贝塔组合（200 只股票）、动量因子投资组合（200 只股票）和规模因子投资组合（800 只股票）组合而成的投资组合进行了比较。比较两种基于积极风险匹配投资组合的方法，如菲茨吉本斯等（2016）所做的那样：缓解了这一偏差，但并未消除，因为积极风险匹配是匹配因子敞口的一种间接方法。事实上，菲茨吉本斯等（2016）辩称，他们的信号混合比投资组合混合更出色，因为它通过排除具有抵消风险敞口的证券，实现了对目标因素的更强敞口。

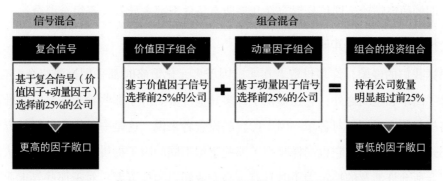

图 8-5　信号生成和组合生成方法示例：不匹配的因子敞口

资料来源：GSAM.

在本德和王（2016）的研究中，我们认为所使用的方法也可能引入一些潜在偏差，因为他们的投资组合没有显示出有意义的多元化收益。该研究文献的图表 5 表明，投资组合混合的积极风险为 4.78%，仅比前述四个因子投资组合的平均积极风险（5.31%）低 10%。他们的混合投资组合的信息比率（0.59）仅显示出边际改善，实际上低于信息比率最高的因子投资组合（动量因子，信息比率为 0.61）。这些结果令人惊讶，并且与我们在本章中使用各种加权方案强调的因子多元化的强大优势相悖。此外，本德和王（2016）使用的加权方案也导致了两种方法之间实现因子敞口的隐性差异。事实上，GHP 表明在这个加权方案中风险敞口可以通过在信号混合中重新加权信号或在组合混合中重新加权组合来匹配。当风险敞口以这种方式匹配时，得到的组合混合和信号混合是相似的组合，没有表现上的差异。

2. 比较风险匹配投资组合

比较两种投资组合构建方法的目的是确定它们提供因子敞口的效率（即风险调整收益）。在一个与进行比较的投资组合的因子风险敞口不匹配的研究环境中，这一目标很难实现，因为业绩差异可能仅仅是由于风险敞口的差异所致。因此，GHP 讨论了在比较这两种方法时所遵循的信息更丰富的框架，以此来：①直接在因子敞口上对组合混合与信号混合加以匹配；②评估这两种方法所产生的敞口的效率（如，信息比率）。

GHP 研究表明，基于风险敞口匹配的投资组合，在中低等水平的因子敞口和积极风险（通常小于 4%）下，在遍及全球不同区域权益市场中，对于各种二因子、三因子和四因子投资组合，投资组合混合产生的信息比率高于信号混合。投资组合混合表现较强的主要原因是各因子之间的交互作用。在高水平的因子敞口和积极风险下，信号混合实现了更好的多元化，实现了比投资组合混合更高的信息比率。因此，GHP 的研究挑战了早期的研究结论，即信号混合在几乎所有条件下都主导着投资组合混合。

3. 投资组合混合的其他优势

根据我们的经验，许多投资者在实施因子多元化策略时都采用投资组合混合方法，因为除了简单和透明之外，它还提供了许多其他优势。对于那些希望随着时间推移仍保留战略战术能力以调整对各单一因子配置的投资者来说，这是一种迎合他们的方法，即某种形式的因子择时。它也同样吸引了那些坚信不同的因子提供商及其编制方法在捕捉组合混合所允许涉及的特定因子时具有更高专业知识的投资者。对于那些寻求业绩归因透明性从而更深入地了解多因子策略中所包含的风险和收益多重来源的投资者，组合混合较好地引起了共鸣。那些出于治理考虑而决定根据单因子投资组合定义因子和风险敞口的投资者也更喜欢投资组合混合方法。最后，投资组合混合可能会吸引那些使用实际实施的因子投资组合来评估因子敞口和主动管理型基金经理实现的阿尔法的投资者，在第9章中有更详细的讨论。

4. 投资过程考虑因素和辩论焦点

除了前面分析的方面，基金经理定义、构建和实施因子投资的方式也可能影响因子捕获的相关性结构和效率，从而潜在地影响一种方法相对于另一种方法的优劣。例如，考虑一个简单的价值因子案例。菲茨吉本斯等（2016）将价值因子定义为账面市值比。弗雷泽·詹金斯等（2016）将价值因子定义为账面市值比、12个月远期市盈率和股息收益率的混合值。本德和王（2016）将价值因子定义为五种估值比率的等权组合，其中基本变量为五年来销售额、收益、账面价值、股息和现金流的指数加权平均值。这些不同的价值因子定义很可能导致价值因子与其他因子（如传统动量因子）之间的不同相关性。此外，因子标准化和因子信号构建方法因基金经理而异。一些基金经理使用 Z 评分法，其他人使用序数排名，还有一些使用固定乘数。最后，用于构建因子投资组合的加权方案也可能有所不同。基金经理可以使用等权重、市值加权、市值调整法加权、信号加权或优化方案加权。

在某种程度上，方法上的差异导致了不同的结果，我们认为，当前投资组合混合与信号混合辩论的焦点可能是错误的，这种争论试图就一种方法与另一种方法的优越性达成一个普适性结论。基金经理定义、构建和实施因子策略的方式对因子捕获的关联结构和效率有着重要的影响。因此，我们认为，在投资过程给定的背景下找寻捕捉因子效应的最佳方式最为恰当。

8.5 投资者的常见问题

8.5.1 在建立多因子策略时，是否有投资组合构建方法可以提供比其他方法更好的多元化收益

如本章所述，在倾斜类加权方案中，市值加权法、市值调整法和信号倾斜法因子投资组合以及积极风险约束优化方案为智能贝塔因子产生一个主动收益相关性结构，在很大程度上是相似的。而这些加权方案会在多因子策略中产生相似的多元化收益（即，积极风险的减少）。然而，这些加权方案在因子捕获的实现效率上（即，因子调整后的阿尔法）则各有异同。总的来说，信号倾斜法因子投资组合与积极风险约束优化方案比市

值加权法和市值调整法因子投资组合更有效率。

当以市值加权法样本空间作为基准时，信号加权法与等权重法因子投资组合展现出在主动收益上高的正相关性。因而，它们提供有意义的多元化收益的能力是有限的。这是一个重要的结果，这表明投资者在将信号加权法和等权重法因子投资组合以及基金风险无约束优化方案加以组合以实施多因子策略时，可能无法从因子多元化中充分受益。

8.5.2 在多因子策略中，哪些因素会影响被考虑因子的选择

在实施多因子策略时，投资者可以使用多种因子来组合。对所选因子的选择可能受到各种因素的影响。所信奉的投资哲学可能会影响所考虑的因子。一些投资者可能不相信规模因子或低波动率溢价的存在，因此可能不会投资于这些因子。一些关注信息比率的对基准敏感的投资者可能不会将波动率因子纳入多因子策略，因为低波动率投资通常会产生低的信息比率。在实施防御性多因子策略时，投资者可能只考虑波动率和质量因子，因为其他智能贝塔因子并不带有防御特征。

◎ **应用实例 8-1**

在考虑多因子策略时，一个机构投资者决定不纳入波动率因子。该机构投资者具有长期的投资周期且具备承担权益市场风险的能力和意愿。因而，在投资目标方面，该机构投资者欲将多因子策略的 CAPM 贝塔保持在接近 1 的水平并以获得合情合理的费后信息比率为目标。纳入波动率因子会降低 CAPM 贝塔和多因子策略的信息比率。

一些智能贝塔基金经理并未将动量因子纳入其多因子策略产品中。他们可能会说动量因子的高换手率会增加策略的实施成本并减少投资策略容量。另一些基金经理则强调纳入动量因子所带来的多元化收益，这是因为它独立产生正的主动收益并与其他一些智能贝塔因子负相关。这些基金经理还会引入换手率管理方法使自己能够在多因子策略中纳入动量因子来获得其潜在的多元化收益，同时显著减少策略自然换手率。表 8-8 中展示了此类技术，即便将诸如动量因子之类的高换手率因子纳入，多因子投资组合产生的换手率也仅为 15%。

我们认为，在缺乏投资哲学信念和具体投资目标的情况下，在多因子策略中加入更多的智能贝塔因子是首选。正如我们在本章中所讨论的，多因子策略的多元化收益是由所考虑因子的所有配对相关性的非对角线平均值所驱动的。

非对角线平均值受益于因子相关结构中存在的“多元化”，这是因为正相关的因子

对被负相关的因子对所抵消。在其他条件相同的情况下，非对角线平均值内所嵌入的多元化更多地受益于低的或负的相关因子，而非更少。

8.5.3　在投资组合混合方法中，同投资于各单因子投资组合相比，经整合的多因子方案是否会是对多因子策略更高效的执行

通过组合混合的方法实施多因子策略时，投资者通常有 2 个实施选项：

- ▶ 投资于由一个或多个指数编制机构创设的各单因子投资组合
- ▶ 投资于由一个指数编制机构整合的单一指数方案，该方案对所有目标因子均保持敞口。

一般而言，我们认为对于以下投资者而言投资于各单因子投资组合是合情合理的实施选项：

- ▶ 希望能够保持战略上或战术上的时间因子，和 / 或
- ▶ 认为不同的指数编制商在捕捉特定因子时具有更高水平的专业度，和 / 或
- ▶ 有能力通过利用交易轧差（trade-netting）的优势进行内部交易以实现对由不同指数供应商授权的各单因子投资组合在同一时间的执行（即，复制）。

◎ **应用实例 8-2**

某机构投资者分别投资于一个智能贝塔基金经理的动量策略、以得到对价值因子的敞口为目的的基本面指数策略以及 2 个以获得对质量因子和低波动率因子的敞口为目的的内部开发策略。外部策略得到了外部指数编制机构的授权并在组合内部实施。在执行投资组合再平衡时，这一计划同一时间在组合内部对各因子投资组合进行交易，以通过利用交易轧差的优势降低换手率和交易成本。

不考虑因子择时、不同方法论的投资哲学信念各异以及内部执行能力参差不齐，我们认为一个经整合的多因子解决方案通常是更高效的实施选项，原因如下：

- ▶ 原则上，整合解决方案（integrated solution）可确保使用一致的方法构建单因子投资组合。这意味着，资金方的投资人员和各种监督委员会 / 董事会必须熟悉并交流单一的投资过程，而不是使用多个产品 / 指数编制机构的多种方法。
- ▶ 原则上，整合解决方案还可确保因子多元化的实施方式能够为所需因子提供均

衡的敞口，例如通过积极的风险均衡（active risk parity）。[⊖]

▶ 一个经整合的解决方案可以提供更好的能力来盯住整个多因子策略的期望跟踪误差。一些智能贝塔指数产品，如锐联资产管理公司（Research Affiliates）的基本面指数或明晟动量因子指数和质量因子指数，并没有针对所挂钩的业绩基准的特定水平的跟踪误差，这可能导致因子投资组合的跟踪误差以及整体多因子策略的跟踪误差的不可控变化。

▶ 也许最重要的是，一个整合解决方案通常可以利用交易轧差的优势来减少换手率和交易成本。例如，与单纯地组合单因子投资组合相比，表 8-8 中所示的换手率缓解技术实现了 74% 的换手率的降低。

8.5.4 投资组合混合方法的一个优点是投资组合业绩归因简单而透明。业绩归因的透明度意味着什么？为什么投资组合混合方法更适合于实现这一目标

在一个包含了多种因子的投资策略中，风险与收益的多重来源被引入。业绩归因的透明度仅仅意味着投资组合的事后表现以一种有助于理解这些风险和收益的多重来源的方式进行解释。根据我们的经验，业绩归因的透明度已成为投资者的一个关键目标，尤其是在执行多因子策略方面。投资组合混合方法可能比信号混合方法更好地满足这一关键目标。这是因为投资组合混合的积木式框架（building-block framework）有助于因果关系业绩归因，即投资组合的总体收益直接归因于每一个潜在因子投资组合。

表 8-13 来源于 GHP 的研究，显示了通过投资组合混合实现的因子级业绩归因。在信号混合中，投资组合的业绩不容易分解为构成因子投资组合的业绩。然而，在投资组合混合中，投资组合的业绩可以很容易地归因于基础因子投资组合。投资组合混合的信息比率是价值因子和动量因子投资组合的平均值，动量因子表现略好于价值因子（3.31% 对 3.01%）。价值因子与动量因子之间的主动收益负相关性所产生的多元化收益，可以通过投资组合混合的积极风险显著低于单因子投资组合来证明。积极风险的降低（或多元化带来的收益）导致投资组合混合相对于单因子投资组合的信息比率更高。同时注意，动量因子投资组合的积极风险高于价值因子投资组合（9.32% 对 6.85%），这表明可以通过更好地平衡积极风险来改善多元化。

⊖ 关于积极的风险均衡可参见海通证券金工团队研报《大类资产配置及模型研究（六）——积极的风险均衡策略（Active Risk Parity）》以及研报中提及的 Active risk parity（BHANSALI, & VINEER. (2012). Active risk parity. Journal of Investing.）。——译者注

表 8-13　因子层面的业绩归因：罗素 1000 成分股（1979 年 1 月至 2016 年 6 月）

	主动收益（%）	积极风险（%）	信息比率
信号混合	2.52	4.25	0.59
组合混合	3.15	3.55	0.89
价值因子组合	3.01	6.85	0.44
动量因子组合	3.31	9.32	0.36

资料来源：*Financial Analysts Journal*，2018 年春季。

投资组合混合和单因子投资组合也有助于在国家、行业或单个股票的水平上详细透明地进行业绩归因。表 8-14 也来自 GHP 的研究，其中，总的主动收益和积极风险被分解为行业内的行业分配和行业选择。首先，从投资组合混合的主动收益来看，我们注意到，使用价值因子和动量因子选择行业对主动收益贡献了 0.67%。使用这些因子进行行业内选股对主动收益贡献了 2.49%，总主动收益率为 3.15%。在单一因子层面，对价值因子而言，行业选择贡献率（0.47%）较动量因子更低，而行业内选股贡献率（2.54%）较动量因子更高（动量因子的二者贡献率分别为 0.89% 和 2.43%）。在风险调整收益方面，动量因子的行业选择信息比率高于价值因子（0.23 对 0.12），而价值因子的行业内选股的信息比率高于动量因子（0.57 对 0.40）。这些见解在信号混合方法中不容易被观察到。

表 8-14　行业层面的业绩归因：罗素 1000 成分股（1979 年 1 月至 2016 年 6 月）

	主动收益（%）			积极风险（%）			信息比率		
	行业	行业内	总体	行业	行业内	总体	行业	行业内	总体
信号混合	0.47	2.06	2.52	2.44	2.44	4.25	0.19	0.84	0.59
组合混合	0.67	2.49	3.15	2.08	2.14	3.55	0.32	1.16	0.89
价值因子组合	0.47	2.54	3.01	3.94	4.42	6.85	0.12	0.57	0.44
动量因子组合	0.89	2.43	3.31	3.95	6.11	9.32	0.23	0.40	0.36

资料来源：*Financial Analysts Journal*，2018 年春季。

8.5.5　在投资组合混合与信号混合的争论中，争论和反驳似乎很复杂。在实操层面上，投资者应该如何决定遵循哪种构建方法

随着多因子策略越来越受欢迎，投资组合混合与信号混合的争论渐具实际意义，争论的焦点是这些策略实施的效率。根据我们的经验，许多投资者目前使用投资组合混合法实施多因子投资，因为它可能更适合满足某些目标，例如投资组合构建和业绩归因的简单性和透明度。然而，一些研究认为，信号混合是构建多因子策略的更有效的方法，因此，当投资者热衷于使用投资组合混合方法时，他们这样做是以牺牲投资效率为代价的。换言之，在投资效率和其他目标之间存在权衡，因此追求这些目标可能会导致风险

调整后的收益更低。

然而，正如 GHP 所强调的，现有的研究引入了各种方法上的偏差，这些偏差并不能产生横向比较。如果目标是确定这两种方法提供因子敞口的效率，那么在所比较的投资组合的因子敞口不匹配的情况下，就无法合理地进行确定。例如，本德和王（2016）指出，在他们的模拟设置中，信号混合的表现优于组合混合。但是，正如 GHP 在他们的研究中指出的那样，如果使用本德和王（2016）的流程将被比较的投资组合在因子敞口上加以匹配，那么这两个投资组合将产生相同的表现。

广义地说，当比较风险敞口匹配的投资组合时，如 GHP 所示，信号混合方法的一般性优势受到挑战。他们的研究结果表明，只有在考虑高风险多因子策略时，投资效率与其他目标之间的权衡才是有效的。在积极风险的中低水平（通常低于 4%），资金方往往追求对多因子智能贝塔策略加以配置，投资组合混合和信号混合提供了相似的风险调整后收益。因此，投资者可以追求额外的目标，而不必担心投资效率的损失。

此外，目前辩论的焦点对我们来说似乎是不适宜的。先前引用的研究使用"特定"方法论和投资过程来确定一种方法相对于另一种方法的优越性，然后将这些结果推广到"一般"结论，就好像从其他投资过程的角度来看，同样的结果也会成立。因此，我们认为，投资者必须在特定的投资过程中处理这一问题。

8.5.6 因子择时能够改善多因子策略的业绩表现吗

近年一些文献（如，阿诺特等（2016））曾讨论过智能贝塔投资的日益普及使得许多因子相对于其过去成本愈发昂贵，因此动辄拥挤碰撞。当然，这里的隐含前提是投资者应当避开这类昂贵定价的因子而俯就加仓价格诱人的因子。因子策略的贵贱通常使用当前估值价差或估值比率确定，且有时将它们与历史均值和 / 或其他因子投资组合的估值信息相比较。基于估值信号来改变一个多因子策略中的因子配置是因子择时的一种形式，如减配昂贵因子、超配廉价因子。基于估值信息进行择时的一般性假设是，如果价值因子有效果，那么它能够有助于因子择时。

阿斯尼斯等（2017）没有发现随着资产在某类投资策略中的增长智能贝塔因子承受估值指标稳步上升的证据。此外，他们还探讨了对因子择时使用估值指标的问题，并得出结论，这是"看似困难"。他们发现，在比较价值因子择时策略（value-timed strategy）和非择时多元化多因子策略时，总收益率和毛夏普比率没有显著差异。

我们的研究普遍支持阿斯尼斯等（2017）的研究发现。我们发现，因子投资组合的估值并不能以可预测的方式进行均值回归，而当前的估值至少可以粗略地预测因子的未来表现，哪怕是预测对于从业者而言至关重要的表现周期。然而，因子择时有可能在投资组合中引入额外的风险源，降低因子分散度，并显著增加换手率。价值因子在某些情况下起作用，例如股票选择，并不一定意味着它适用于所有的应用情形。例如，几十年来，投资者一直试图用聚合的估值比率（aggregate valuation ratios）来对市场择时，结果好坏参半。而这还仅是一个因子而已。尝试使用这些技术和一个不特定的价值因子对其他多个因子进行择时是一项极其困难的任务。在这里，我们并未表明应该避免所有形式的因子择时安排。例如，一些资金方一直在寻求利用因子溢价的中期均值回归的因子轮换策略，并取得了一定程度的成功。

8.5.7 在很多案例中，智能贝塔策略都是基于历史回测与模拟而推广的新型产品。投资者如何评估历史回测的代表性

在我们看来，回测的代表性总的来说通过以下三大维度着手评估：

▶ 信号或因子的特定化。

▶ 组合构建。

▶ 交易成本。

下文中我们讨论更多这些方面的细节。

1. 信号或因子特定化

拥有广泛的学术支持、简单且透明的因子特定化更具代表性，这是相对于具有专有的、有限的学术支持或在其设计中高度复杂等特征的因子特定化（如，包含多个单独信号的复合特定化）而言的。我们认为，学术支持有限的信号特定化的一个例子是以企业价值与经营活动产生的现金流的比值来定义价值因子。复杂因子特定化的一个例子是使用一个质量因子复合组合（quality composite），它包括20多个不同维度的单个信号，如盈利能力、稳定性、杠杆率和大额支付。复杂的复合组合可能会受到过拟合偏差（overfitting bias）的影响（如，诺维·马克斯（2016））。这种偏差会导致复合组合产生具有统计意义的结果，即使复合组合中使用的大多数单一信号在独立基础上不具有统计意义。

2. 组合构建

并非完全透明且无法由自身独立复制历史表现的组合构建方法或许被视为更容易受到潜在数据挖掘的影响。例如，基于内部开发的风险模型的高度复杂的优化解决方案。

3. 交易成本

不考虑或使用与换手率和交易成本相关的相对宽松假设的历史模拟可能被视为不太代表预期的样本外业绩。

根据我们的经验，投资者通常会采用"折扣"，即降低策略的回测中的主动收益和信息比率，以使它们未来的表现更具代表性。折扣通常介于 0% ～ 50%，取决于回测业绩所感知的或实际的透明度和可复制性。对于基于无学术支撑的因子特定化、不透明的投资组合构建方法以及不考虑换手率和交易成本的模拟，一些投资者可能认为 50% 的折扣是合适的。

8.6　结论

与单个因子相比，因子多元化策略倾向于产生更高的相对风险调整收益（即，信息比率），跑输市场的风险可能更低。与那些集中暴露于特定的智能贝塔因子的另类股票贝塔产品相比，它们通常还描绘出更优的风险调整后业绩。根据我们的经验，这种多因子策略的主导地位现在已被投资者充分理解和接受。

第 9 章

低波动率异象

罗杰·G. 克拉克

分析投资者公司研究顾问

哈林德拉·德·席尔瓦

分析投资者公司 / 富国资产管理公司投资组合经理

史蒂文·索利

杨百翰大学万豪商学院 H.Taylor Peery 金融学教授

9.1　引言

在本章，我们将低波动率作为股票的一个因子来讨论。低风险股票的业绩被称为股市异象，因为从历史上看，投资低风险股票并不存在收益惩罚。在第一部分中，我们回顾了支持低波动率因子存在的经验数据，并注意到为解释异象而提出的解释。在第二部分中，我们检验了低波动率异象是由个股的系统性风险驱动的还是由异质风险驱动的。我们给出了从未发表过的实证结果，即这种异象几乎完全与市场贝塔相关，因此应该被称为低贝塔异象。在第三部分中，我们考察了低波动率因子的一些特征，包括它与其他众所周知的因子（如价值因子和动量因子）的相关性。在第四部分，我们描述了建立低波动率因子投资组合的各种方式。在第五部分，我们评论了试图捕获低波动率效应并将其提供给投资者的商业化 ETF 的增长。我们以简短的总结和结论结束本章。

9.2 低波动率因子的历史业绩

与资本市场理论相反，在美国市场和全球股票市场，众所周知的低波动率异象是低风险股票的收益至少和高风险股票的收益相等。这种异象的证据最早出现在夏普（1964）的资本资产定价模型的文献中，并被记录在一些较新的从业人员的出版物中，如克拉克、德·席尔瓦和索利（2006）。例如，图 9-1 展示了过去半个世纪（1967～2016 年）五个风险分位（risk-quintile）的投资组合和大盘股的表现。图 9-1 的纵轴是减去同期的无风险收益的平均投资组合收益，横轴是以这些收益的实现标准差衡量的投资组合风险。表 9-1 展示了市场投资组合和风险分位投资组合的平均收益和风险。

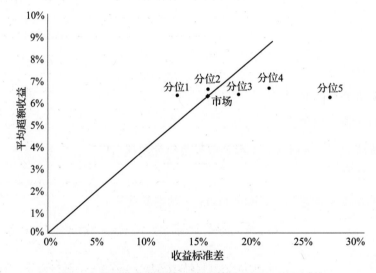

图 9-1 总风险分位投资组合业绩（1967～2016 年）

表 9-1 总风险分位投资组合业绩（1967～2016 年）

	市场	1 低	2	3	4	5 高	分位 1- 分位 5
平均收益	6.23%	6.27%	6.54%	6.31%	6.59%	6.17%	0.10%
标准差	15.21%	12.34%	15.23%	18.08%	20.97%	26.73%	20.99%
夏普比率	0.41	0.51	0.43	0.35	0.31	0.23	0
市场贝塔	1	0.73	0.96	1.15	1.3	1.54	−0.8
市场阿尔法	0.00%	1.69%	0.58%	−0.86%	−1.48%	−3.41%	5.10%
积极风险		5.26%	4.43%	4.57%	7.16%	12.94%	17.07%
信息比率		0.32	0.13	−0.19	−0.21	−0.26	0.3

图 9-1 和表 9-1 展示的市场投资组合以美国普通股中市值最高的 1000 只股票（不包含 ETF）、按市值加权、股息再投资和月频再平衡的方式构成，大致代表罗素 1000 指数。正如表 9-1 和图 9-1 的证券市场线的斜率所示，过去 50 年市场投资组合的平均超额收益为 6.23%，除以其风险 15.21%，夏普比率为 0.41。根据对风险和收益的基本直觉，0.41 的夏普比率证实了整个股票市场相对于无风险利率的实质性溢价。

图 9-1 所展示的五个风险分位的投资组合是每个月将市场基准的 1000 只股票按照每只股票的前 36 个月的收益标准差排序分成 5 个 200 只股票的投资组合。这 5 个投资组合使用市值加权且逐月再平衡，其业绩指标如表 9-1 所示。由于美国市场的大盘股风险较低，因此投资组合 1（低风险）中的 200 只股票约占总市值的 36%，而非 20%，而投资组合 5（高风险）中的 200 只股票仅占总市值的 7% 左右。市值分布的偏度导致了图 9-1 中的投资组合 2 比"中等风险"的投资组合 3 更接近市场水平。

图 9-1 和表 9-1 的结果说明了两个众所周知的历史事实：首先，个股风险的横截面变化是可持续和可预测的，因此根据股票的历史风险（前 36 个月）排序分为较低和较高分位组，产生可靠的较低和较高的实现风险的投资组合。例如，如表 9-1 所示，投资组合 1 的实现风险为 12.34%，不到投资组合 5（26.73%）的一半。其次，个股的平均收益并不会随着风险的增加而增加，因为五个风险分位投资组合都实现了 6.23% 的市场平均收益上下 0.5 个百分点以内的收益，从统计上和经济意义上看都没有显著差异。该结果与人们对美国股市高风险高收益的预期背道而驰。风险没有产生更多收益补偿的模式在其他国家的股票市场也有记录，例如布利茨和弗利特（2007），以及 1967年之前的时期。我们关注过去半个世纪以来的美国股票市场，因为在 CRSP 数据库中有大量准确和全面的股票收益数据（约 1000 只股票）。⊖

图 9-1 和表 9-1 所展示的投资组合业绩与投资者对高风险要求更高收益的概念背道而驰。历史数据可能是投资者对高风险股票有着更高收益预期的有偏差的代表，因此投资者在过去会一再地失望。但是美国股票市场的悠久历史和在其他国家股票市场出现的类似结果表明对此可能还有其他解释。研究人员提出了几种与投资者行为偏差或杠杆约束相关的理论。一种解释是，如博耶和沃金克（2014）所阐述的，投资者对高风险股票

⊖ CRSP 是学术界及金融界最重要的数据库之一，由芝加哥大学商学院创立，目的是进一步推动证券市场研究以及商业应用，主要包括：CRSP 1925 US Stock Database，CRSP 1925 US Indices Database，CRSP/COMPUSTAT Merged Database，Daily & Monthly CRSP US Treasury Database，CRSP Survivor-Bias-Free US Mutual Fund Database，CRSP/Ziman Daily/Monthly Real Estate Database Series，CRSP/Ziman Monthly Real Estate Database Series 等。有时，也会被译作"证券价格研究中心数据库"。不过人们通常直接使用英文简称 CRSP，不再另行翻译。——译者注

的上涨潜力所代表的"彩票"效应的偏好，可能会导致这些股票的价格被抬高，以至于超出其公允价值。另外，如弗拉奇尼和佩德森（2014）所讨论的，高风险股票可能是好的"故事"的股票，其收益可以有选择性地展示一些技巧，因此可以吸引更多的投资者。如贝克等（2011）所解释的，对一些投资者进行做空的限制，可能会阻碍更多有经验的投资者纠正高风险股票的错误定价。

另一种理论认为，资产管理行业关注的是市场相对收益和投资组合的跟踪误差，而不是绝对收益和波动率，可能会导致专业的基金经理回避波动率较低的股票，这些股票对大盘的跟踪误差相对较高。例如，表 9-1 展示的最低风险（即五分位的第一个）投资组合的 5.26% 的积极风险实际上高于五分位投资组合 2 和投资组合 3。无论如何，异常现象存在的理由对预测未来是否会延续同样的模式是至关重要的。具体来说，对股市在过去为什么会有这样的表现有更好的理解，可能会为这种异常现象是否延续提供一个视角。

表 9-1 所展示的业绩说明了低波动率股票收益的另一个特征。根据策略设计，低波动率因子投资组合的市场贝塔系数低于 1。这意味着当市场下跌时，低波动率因子投资组合的表现往往优于市场，但在市场上涨时表现不佳。平均而言，低波动率因子投资组合的节奏与市场一致，但是其市场相对收益具有周期性，和市场相比也没有那么有方向性。例如，用表 9-1 所展示的低风险投资组合（第 5 分位）收益减去高风险投资组合（第 1 分位）收益形成的零净头寸投资组合，平均收益仅为 0.10%（=6.27%-6.17%），但收益标准差达到 20.99%。另外，该多空投资组合已实现的市场贝塔为 -0.8，是一个很大的负数，这表明了对市场投资组合的一个显著的对冲。因此，根据表 9-1 所示，Q1-Q5 的投资组合有一个良性的信息比率，为 0.30。

9.3　"低波动率"是如何定义的呢

衡量股票风险的三个通用测度是简单波动率、贝塔风险、残差波动率或异质波动率。根据公式，这三个测度是互相关联的，因为股票的简单波动率可以分解为对市场指数（即贝塔系数）和异质风险的灵敏度。

$$\sigma_i = \sqrt{\beta_i^2 \sigma_M^2 + \sigma_{\varepsilon,i}^2} \qquad (9-1)$$

股票市场的观察人士提出的一个悬而未决的问题是，低波动率异象如果与贝塔风险相关，那么更准确的称呼应该是"低贝塔异象"，如果是与异质风险相关，准确的称呼应该是"低异质风险异象"。图 9-1 中对个股的分位数排序用的是简单风险，尤其是式（9-1）中的参数 σ_i。相反地，图 9-2 和图 9-3 使用的是参数 β_i 和 $\sigma_{\varepsilon,i}$，其每个月将 1000 只股票分类为五个分位风险投资组合。

直观地比较图 9-2 和图 9-3，可以看出，简单地按照风险参数 β_i 和 $\sigma_{\varepsilon,i}$ 进行排序，对解析低波动率异象的潜在来源并没有什么作用。就相关收益而言，这两种风险来源都是异常的，或者说，一种风险来源隐藏在异常背后，但却与另一种风险来源呈现正相关关系。事实上，仔细检查数据就会发现，股票风险参数 β_i 和 $\sigma_{\varepsilon,i}$ 的历史观测数据之间的横截面相关性始终是正的，而且相当高，在任意给定的月份的开始都能达到 0.2～0.7 的量级。换句话说，具有高市场贝塔系数的股票也往往具有很高的异质风险。

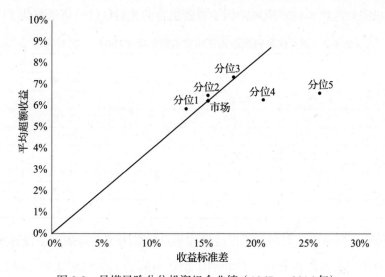

图 9-2　贝塔风险分位投资组合业绩（1967～2016 年）

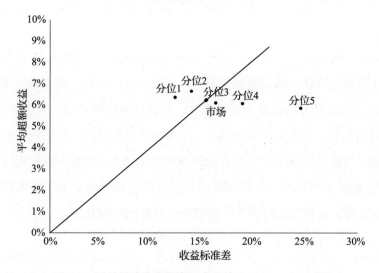

图 9-3　异质风险分位投资组合业绩（1967～2016 年）

多元回归分析是检验因变量和两个或多个自变量之间相互作用的常用工具。为了研究哪个股票风险参数对低波动率异象的影响最大，我们将每只股票的历史市场贝塔系数和异质风险都转化为每月的市值加权 z 分值。然后，如克拉克等（2017）所描述的，将两种风险测度当作自变量，按月对已实现的股票收益进行市值加权的法玛 - 麦克贝思（1973）横截面回归[⊖]，给定截距项，1000 只股票的月度横截面回归的斜率等价于每个因子投资组合对每个风险来源和市场基准收益之间的差额。因此，如表 9-2 所示，截距项和给定的斜率之和就是因子投资组合的总超额收益（相对于无风险收益）。因为两种股票风险测度都包含在月度回归中，所以每种风险因子投资组合都控制着另一个因素的影响，因此是"纯"因子投资组合。具体而言，纯贝塔因子投资组合的权重与全市场平均异质风险敞口完全匹配，纯异质风险因子投资组合的先验估计贝塔恰好为 1。

表 9-2　主要的和纯风险因子投资组合业绩（1967 ～ 2016 年）

	市场	单变量		多变量	
		贝塔因子	异质因子	纯贝塔	纯异质
平均收益	6.23%	6.34%	5.97%	6.78%	5.60%
标准差	15.21%	12.23%	12.87%	12.79%	14.12%
夏普比率	0.41	0.52	0.46	0.53	0.4
市场贝塔	100.00%	74.00%	78.00%	79.00%	88.00%
市场阿尔法	0.00%	1.75%	1.11%	1.85%	0.11%
积极风险		4.90%	4.97%	4.32%	4.38%
信息比率		0.36	0.22	0.43	0.02

表 9-2 的第 3 列和第 4 列展示了单变量或重点贝塔因子和异质因子投资组合 1967 ～ 2016 年（600 个月）的收益表现，其利用了两种不同的市值加权法玛 – 麦克贝思回归。表中的第 5 列和第 6 列展示的是用多元市值加权的法玛 – 麦克贝思回归得到的纯风险因子投资组合的表现。

表 9-2 的第 3 列和第 4 列显示，过去 50 年来，不受控制的贝塔因子和不受控制的异质风险因子投资组合在风险调整的情况下的表现都好于市场，其夏普比率分别为 0.52 和 0.46，而市场投资组合的夏普比率为 0.41。要计算年化阿尔法，只需要对整个 50 年的时间序列进行回归，就可以得到表 9-2 下半部分的主动收益。贝塔因子投资组合的阿尔法为 1.75%，异质风险因子投资组合的阿尔法为 1.11%，这两个指标可以表明两者都实质性地存在低波动率异常，尽管贝塔因子投资组合的信息比率（阿尔法除以积极风险）略高，为 0.36，而异质风险因子投资组合的信息比率为 0.22。

⊖ 不论在学术上还是在实务中，人们都更习惯直接称作"Fama-Macbeth 回归"或"FM 回归"。——译者注

表 9-2 的第 5 列和第 6 列展示了基于对两个纯因子自变量的月度市值加权的法玛 – 麦克贝思回归得到的业绩指标。这两个单纯因子投资组合的业绩表明，很明显应将低波动率异常归因于贝塔系数而不是异质风险。纯贝塔因子投资组合的信息比率为 0.43，高于单变量回归的 0.36。另外，纯异质风险因子投资组合的信息比率（0.02）远低于单变量回归的 0.22，并且在统计显著性上与零没有区别。就因果推断而言，原假设中零阿尔法的 t 值是信息比率（如表 9-2 所示）乘以 50（年）的平方根。因此，纯贝塔因子投资组合的 t 值为 0.43 乘以 SQRT(50) 等于 3.0（极显著），而纯异质风险因子投资组合的 t 值为 0.02 乘以 SQRT(50) 等于 0.1（接近于零）。

图 9-4 绘制了表 9-2 的投资组合数据，就像图 9-1 展示的那样，不同之处在于两个轴的范围都进行了调整，以重点关注投资组合较集中的风险 – 收益区域。这两个主要的风险因子投资组合都高于斜率为 0.41 的资本配置线（Capital Allocation Line，CAL）。但纯异质风险投资组合实际上位于该线以下，其夏普比率为 0.40，然而纯粹的低贝塔投资组合远高于市场的资本配置线，其夏普比率为 0.53。多元法玛 – 麦克贝思回归分析的结论显示，众所周知的低波动率异象与低贝塔相关，而不是与低异质风险相关，因为更准确的称呼应该是低贝塔异象。这一实证结果（本书新章节）具有讽刺意义，因为基于洪崇理（2006）对股票异质风险的检验，低波动率异常获得了很大程度的学术可信度。

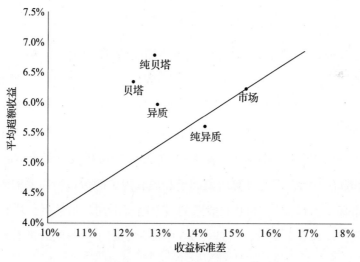

图 9-4　主要的和纯风险因子投资组合业绩（1967 ～ 2016 年）

9.4　低贝塔投资组合的次要因子

一般来说，低贝塔投资组合的收益和其他受欢迎的股票因子收益并不是独立的。

为了说明这点，我们采用类似于克拉克、德·席尔瓦和索利（2016）的方法，计算了 1967～2016 年这半个世纪期间美国市值最高的 1000 只股票的几个额外因子的收益。除低贝塔因子外，具有敞口的因子还包括：

▶ 价值因子：使用月初的股价（来自 CRSP 数据库）和每股收益计算的市盈率或盈利率的倒数，并滞后于最近的年报（来自标普数据库）一个季度。盈利率是账面市值比（年度资产负债表账面股本与股本市值之比）的替代品，最早在法玛和弗伦奇（1996）的研究中被确定为价值因子。

▶ 动量因子：过去 11 个月的收益加上分红收益，滞后一个月，有时也被称作卡哈特（1997）动量。本文中的动量因子指的是股票的价格动量，最早是由杰加迪西和蒂特曼（1993）发现，不是公司的盈利动量。

▶ 小市值因子：法玛和弗伦奇（1996）使用的 1 除以月初市值后取对数（即负的对数市值）。该因子衡量了美国市场市值最高的 1000 只普通股（约等于罗素 1000 指数）中可投资范围的最小程度，而不是对罗素 2000 指数这样规模更小的指数的敞口。

▶ 盈利因子：毛利率被定义为最近财报中的收入减去销售成本后再除以最近年度资产负债表的总资产。我们对这些财务数据的使用有一个季度的滞后，以确保这些数据在时间上对投资者是可用的。这一因子通常被称为诺维·马克斯（2013）盈利因子，但也被某些投资者称为质量因子。

我们将因子风险敞口转化为 Z 分值，并使用市值加权的法玛－麦克贝思回归计算因子投资组合的相对收益。表 9-3 展示了单变量因子投资组合的业绩，类似于表 9-2 的第 3 列和第 4 列。然而，在表 9-3 中，我们调整了展示方式，将重点放在了市场相对收益上。例如，价值因子投资组合的平均相对收益为 1.05%，包含市场收益在内的总收益为 7.30%（＝6.25%+1.05%）。请注意，表 9-3 中 6.25% 的市场投资组合收益率与前几节6.23% 的收益率略有不同，因为计算价值因子和盈利因子的敞口所需要的额外的财务数据导致了美国市场市值最高的 1000 只股票的名单略有不同。虽然低贝塔投资组合的相对收益率相当低，仅为 6 个基点，但是表 9-3 中展示的因子投资组合都有着正的长期平均水平。

表 9-3　主要因子投资组合的收益（1967～2016 年）

| | 相对市场 | | | | | |
	市场因子	价值因子	动量因子	小市值因子	低贝塔因子	盈利能力
均值	6.25%	1.05%	2.32%	1.32%	0.06%	0.92%
标准差	15.22%	4.55%	6.12%	4.22%	6.33%	3.93%

（续）

	相对市场					
	市场因子	价值因子	动量因子	小市值因子	低贝塔因子	盈利能力
市场贝塔	1	−0.08	−0.01	0.08	−0.26	−0.02
市场阿尔法	0.00%	1.54%	2.39%	0.84%	1.70%	1.02%
积极风险		4.40%	6.13%	4.06%	4.93%	3.93%
信息比率		35.00%	39.00%	21.00%	34.00%	26.00%

表 9-3 的下面几行显示，低贝塔投资组合的附加值是以 −0.26 的已实现市场贝塔系数来表示的，而其他因子投资组合的已实现市场贝塔系数更接近于零。表 9-3 展示的是相对收益，所以低贝塔投资组合的已实现贝塔 −0.26 等价于我们更熟悉的总收益贝塔 0.74（=1.00−0.26）。由于这个低的已实现贝塔，低贝塔投资组合的市场阿尔法和信息比率与其他因子相比更具有竞争力。

表 9-3 展示的单变量或"主要"因子投资组合有相当大的次级风险敞口（secondary exposures），因此因子之间存在收益相关性。表 9-4 展示了 1967 ～ 2016 年这 50 年间各种因子投资组合的已实现相对收益相关性。相关性并不稳定，所以稍后讨论的时间点敞口相关性（point-in-time exposure correlations）提供了一个更好的视角来了解各种因子之间的依赖关系。然而，价值因子和动量因子之间的已实现收益相关性相当显著，为 −0.41，而价值因子和低贝塔之间的已实现收益相关性也显著，在数值上相反，为正的 0.44。请注意，表 9-4 中的收益相关系数是针对市场相对收益的。6 个因子投资组合的总收益（包括市场收益）之间会有很大的正相关关系。

为了直观地了解表 9-3 中因子投资组合的记录，图 9-5 绘制了截至 2016 年年底的累计市场相对收益，以 1967 年为起点，从零开始。例如，动量因子投资组合的优异市场相对收益在 20 世纪初的科技股泡沫后似乎趋于平缓，同时标志着价值因子和低贝塔投资组合的大幅回撤，而盈利因子投资组合的表现似乎更为缓慢和稳定，至少 20 世纪 80 年代以来是这样。低贝塔投资组合的累计收益在 2016 年底时接近 0，与表 9-3 中展示的平均相对收益率（0）是一致的。但同样地，低贝塔投资组合的优势不是用累计相对收益来衡量的，而是用这些收益相对于市场而言的负贝塔来衡量的。

表 9-4　主要因子投资组合相对收益相关性（1967 ～ 2016 年）

	价值因子	动量因子	小市值因子	低贝塔因子	盈利能力
价值因子	1	−0.42	0.2	0.44	−0.48
动量因子	−0.42	1	−0.14	0.02	0.25
小市值因子	0.2	−0.14	1	−0.27	−0.32
低贝塔因子	0.44	0.02	−0.27	1	−0.04
盈利能力	−0.48	0.25	−0.32	−0.04	1

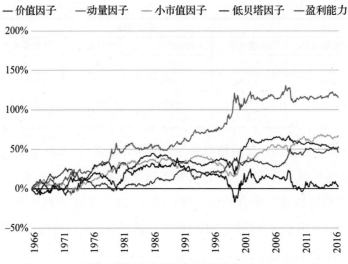

图 9-5 主要因子投资组合累计相对收益（1967～2016 年）

尽管表 9-4 中低贝塔和价值因子投资组合收益之间的巨大的正相关性表明个股的低贝塔和价值因子敞口之间存在实质性的对应关系，但收益相关性并不稳定，因为敞口相关性每个月都会变化。逐月的因子敞口提供了更好的时间点视角，而不是依赖于随着时间的推移实现的因子投资组合收益的相关性。具体而言，图 9-6 展示了 1967～2016 年每个月月初低贝塔投资组合的标准化风险敞口。请注意，根据图 9-6 的设计，低贝塔投资组合的低贝塔因子风险敞口正好是常数，而其他风险敞口是时变的。

例如，低贝塔投资组合对价值的敞口通常是正的，范围在 0.0 到 0.4 之间，但是在 20 世纪 70 年代出现了负敞口的情况，最近几年又出现了这种情况。负敞口表明低贝塔投资组合比市值加权的市场基准投资组合更"昂贵"，因为到期收益率比市场更低（即市盈率高于市场）。然而这不是常见的情况，因为随着时间的推移，低贝塔的价值敞口往往都是正的，因此低贝塔投资组合和价值因子投资组合在 50 年间的相关系数相当大，正如表 9-4 所展示的，为正的 0.44。图 9-6 显示，低贝塔投资组合的敞口中唯一一个随着时间的推移仍保持一致的是小市值因子，其在 −0.4 到 0 之间波动，尽管在 21 世纪初有一段时间为正。这意味着，除了 21 世纪初的科技股泡沫外，低贝塔股票往往是市场基准范围内的市值较大的股票。因此，如表 9-4 所示，低贝塔和小市值投资组合在 50 年间的相关系数为负的 0.27。

如克拉克、德·席尔瓦和索利（2017）所用的方案，我们可以将市值加权的法玛 – 麦克贝思回归方法应用于多个因子敞口，来计算单纯因子投资组合的业绩。这些投资组合是因子单纯的，因为因子对其他非市场因子的标准化敞口在每个月月初被设定为 0。表 9-5 和表 9-6 展示了单纯因子投资组合的业绩表现，格式与表 9-3 和表 9-4 一样。

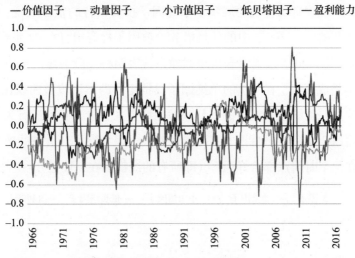

—价值因子 — 动量因子 — 小市值因子 — 低贝塔因子 — 盈利能力

图 9-6 主要低贝塔因子投资组合的标准化敞口（1967～2016 年）

表 9-5 中纯低贝塔投资组合的平均收益率和阿尔法分别为 0.58% 和 1.96%，略高于表 9-3 中具有非恒定次级风险敞口的低贝塔投资组合。更重要的是，表 9-5 的积极风险为 4.26%，略低于表 9-3，因为次级敞口和风险已经被中性化。结果就是低贝塔投资组合的信息比率从表 9-3 的 0.34 上升至表 9-5 的 0.46，剔除次级敞口的其他单纯因子投资组合也一样。如表 9-6 所示，尽管数值较低，但因子投资组合之间的收益相关性仍然不为零。低贝塔投资组合和价值因子投资组合的收益相关性大约下降了一半，从表 9-4 的 0.44 降至表 9-6 的 0.19。低贝塔和小市值的收益相关性从表 9-4 的 −0.27 变为表 9-6 的 −0.15。

表 9-5 纯因子投资组合的收益（1967～2016 年）

	相对市场					
	市场因子	价值因子	动量因子	小市值因子	低贝塔因子	盈利能力
均值	6.25%	1.91%	2.73%	1.16%	0.58%	1.44%
标准差	15.22%	3.17%	4.81%	3.67%	5.41%	3.25%
市场贝塔	1	−0.04	−0.008	0.049	−0.219	−0.01
市场阿尔法	0.00%	2.16%	2.78%	0.86%	1.96%	1.50%
积极风险		3.11%	4.81%	3.60%	4.26%	3.25%
信息比率		0.69	0.58	0.24	0.46	0.46

表 9-6 纯因子投资组合相对收益相关性（1967～2016 年）

	价值因子	动量因子	小市值因子	低贝塔因子	盈利能力
价值因子	1	−0.15	0.04	0.19	−0.17
动量因子	−0.15	1	−0.06	0.02	0.03
小市值因子	0.04	−0.06	1	−0.15	0.01
低贝塔因子	0.19	0.02	−0.15	1	−0.12
盈利能力	−0.17	0.03	0.01	−0.12	1

图 9-7 用累计收益曲线直观地展示了单纯因子投资组合的整体表现，并可与图 9-5 相比较。值得注意的是，图 9-5 中的低贝塔和价值因子投资组合在 21 世纪初同时回撤，但在图 9-7 中，只有低贝塔投资组合出现回撤，这表明科技股泡沫的形成更多是因为高贝塔股票，而不是成长股。图 9-7 的单纯因子投资组合的累计收益曲线比图 9-5 中包含次级风险敞口的主要因子投资组合的累计收益曲线更加平滑。我们没有为单纯因子投资组合的次级风险敞口单独绘制像图 9-6 那样的曲线，因为除了低贝塔的敞口，其他市场相对风险敞口在每个时间点都恰好为零（即所有的线都画在 x 轴上）。

图 9-7　纯因子投资组合累计相对收益（1967～2016 年）

9.5　构建低波动率投资策略

任何因子投资组合的构建都涉及多个步骤，例如构建低波动率因子投资组合，每一步都涉及影响投资组合最终业绩的多个决策。总体而言，这些步骤可以被概括为：选择可投资股票的范围（如市场、市值大小、流动性、ESG[⊖]），包括任何可以缩小投资范围的筛选条件（例如数据充分性要求）；选择一种用来组合股票的投资组合构建方法（例如加权方案）；明确投资组合的约束和限制条件。

就低波动率因子投资组合而言，我们提到了三种业界所采用的投资组合构建方法。第一种，针对各种目标函数的优化，包括最小方差、最大夏普比率、跟踪误差目标、最大多元化以及风险平价。第二种，应用启发式规则，例如排序后选择排名最高的 N 个

⊖ ESG 是英文 Environmental（环境）、Social（社会）和 Governance（公司治理）的缩写，是一种关注企业环境、社会、治理绩效而非财务绩效的投资理念和企业评价标准。——译者注

股票，然后用等权、风险加权或市值加权来组合。第三种，应用来自法玛－麦克贝思回归的投资组合权重来复制因子收益。第三种方法包括之前描述过的主要贝塔和纯贝塔投资组合。第二种方法包含第一节中简要讨论过的五分位数分类法。

对低波动率异象的首要观察之一源于其优化过程。我们接下来讨论上述的第一种方法。克拉克等（2006）研究了美国股票市场的最小方差投资组合，其中的目标函数是简单的投资组合风险最小化，而不考虑对股票收益的任何特定预测。数值优化器中的唯一输入项是股票协方差矩阵的合理估计值。例如，使用美国市场可投资股票池的市值最大的 1000 只股票，基于其之前 36 个月的超额收益矩阵，转置后乘以自身，可以得到一个 100 万元素的协方差矩阵。这个 1000 乘 1000 的样本矩阵与先验矩阵相结合，其中这1000 只股票具有相同的波动率，并且每只股票与其他股票间具有平均相关系数。

"贝叶斯收缩"的先验估计可以基于股票数量（例如 1000 只）和历史收益的观测时间长度（例如 36 个月）来统计得出，但这里我们使用一种简单的贝叶斯收缩参数估计，只用到了 50% 的数据。通过向优化器添加纯多头的约束条件（即只允许股票权重为正数），然后求解得到平均约 150 只股票的投资组合，股票数量会随着时间在 50 到 250 之间缓慢变化。该纯多头的最小方差投资组合在过去半个世纪中的业绩已经在表 9-7 的第3 列给出。尽管高收益并不是目标函数的一部分，但该投资组合的平均收益为 6.64%，略高于市场收益（6.24%），并且风险也大幅降低。最小方差投资组合的市场贝塔系数（基于过去 50 年的数据）为 0.70，年化阿尔法为 2.26%，信息比率为 0.37。

低波动率投资的一个重要概念是，投资组合对整体市场的表现仍然很敏感，因此在市场上涨时往往表现不佳。如表 9-7 所示，如果在给定的年份，市场上涨了 15%，那么最小方差投资组合的平均涨幅仅为 12.76%（＝2.26%+0.70×15.00%）；如果市场下跌了15%，那么最小方差投资组合平均仅会下跌 8.24%，即 2.26%+0.70×（−15.00%）。另外，值得注意的是，表 9-7 中的 6.08% 的积极风险是基于已实现的贝塔系数（0.70）乘以市场收益得出的。跟踪误差是最小方差投资组合和市场投资组合收益之间的差，为 7.60%，相对于 6.08% 的积极风险而言，关心相对收益的投资者不可能接受如此高的跟踪误差。

表 9-7 最小方差投资组合业绩

	50 年（1967～2016 年）		11 年（2006～2016 年）	
	市场	纯多头	市场	纯多头
		最小方差		最小方差
平均收益	6.24%	6.64%	7.72%	7.57%
标准差	15.24%	12.28%	14.64%	12.51%
夏普比率	0.41	0.54	0.53	0.61
市场贝塔	100.00%	70.00%	100.00%	77.00%

（续）

	50 年（1967 ～ 2016 年）		11 年（2006 ～ 2016 年）	
	市场	纯多头	市场	纯多头
市场阿尔法	0.00%	2.26%	0.00%	1.61%
积极风险		6.08%		5.47%
信息比率		0.37		0.3

值得注意的是，表 9-7 的第 4 列和第 5 列展示了自克拉克等（2006）的研究发表以来的纯多头的最小方差投资组合的业绩。与一些市场异象不同的是，那些异象在论文发表后，超额收益似乎消失了（要么该因子是数据挖掘的结果，要么是因为投资者对该异象的普遍认知导致了它的消失），而最小方差投资组合的市场相对收益在论文发表后仍和发表前类似。2006 ～ 2016 年最小方差投资组合的平均收益虽然不如市场，但风险为12.51%，和市场的 14.64% 相比有实质性降低。已实现的市场贝塔系数为 0.77，年化阿尔法为 1.61%，信息比率为 0.30，和过去 50 年期间的信息比率（0.37）接近。

9.6　公开发行的低波动率 ETF

投资者对低波动率异象的兴趣使得很多低波动率 ETF 上市交易，这些 ETF 在构建过程中使用了多种选择。这些 ETF 涵盖了美国市场、非美国市场、特定区域市场、发达市场和新兴市场，并且在股票市值范围、对冲或者非对冲方面存在着不同。另外，在如何构建投资组合方面也有区别。ETF 供应商可以通过优化来最小化波动率以构建组合，或者按波动率或市场贝塔系数对股票进行排名，然后从排名低的股票中构建组合。表 9-8 按照截至 2017 年 3 月 21 日的管理规模排序列出了 ETF。

表 9-8　低波动率因子 ETF

代码	名称	受托管理规模（百万美元）
USMV	iShares Edge MSCI Min Vol USA	12,292
SPLV	PowerShares S&P 500 Low Volatility	6,463
EFAV	iShares MSCI EAFE Min Vol	6,236
EEMV	iShares MSCI Emerging Markets Min Vol	3,727
ACWV	iShares MSCI All Country World Min Vol	2,968
XMLV	PowerShares S&P MidCap Low Volatility	957
XSLV	PowerShares S&P SmallCap Low Vol	934
IDLV	PowerShares S&P International Developed Low Volatility	446
ONEV	SPDR Russell Low Volatility Focus	422
EELV	PowerShares S&P Emerging Markets Low Volatility	248
SMLV	SPDR Russell 2000 Low Volatility	201
LGLV	SPDR Russell 1000 Low Volatility	89
JPMV	iShares MSCI Japan Min Vol	30

（续）

代码	名称	受托管理规模（百万美元）
EUMV	iShares MSCI Europe Min Vol	24
AXJV	iShares Edge MSCI Min Vol Asia ex Japan	6

9.7 结论

低波动率股票的历史业绩在美国市场和非美国发达市场均有记录。这些记录表明，与传统的以高风险换取高收益的风险收益权衡相比，投资风险更高的股票几乎没有收益惩罚。鉴于低波动率股票的系统风险较低，其收益风格取决于市场的走向。低波动率股票在市场上涨时往往表现不佳，在市场下跌时表现比市场好。该收益风格与其他市场投资组合相比有着很大的跟踪误差，即便是在平均收益相同的情况下也是如此。从长期视角来看，尽管随着时间的推移收益风格会变化，但低波动率因子投资组合提供了以较低波动率获得市场收益的希望。

许多方法可以用来构建能够捕获低波动率异象的投资组合。一些投资组合使用启发式方法，比如根据简单波动率或者市场贝塔对股票进行排序，并选择波动率低的股票。另一些投资组合则使用相关系数矩阵来优化最小方差。在本章，我们重点介绍了由法玛－麦克贝思回归生成的投资组合，该回归旨在捕获低波动率异象。基于异质风险和系统性风险的"赛马"结果，我们证明了低波动率异象应该被称作低贝塔异象。不同的投资组合构建方法可以根据不同的约束和限制来定制，因此也会产生不同的业绩，因为投资组合之间的头寸也会略有不同。对低波动率因子的关注通常会让投资组合暴露在与低波动率相关的次级因子中，因此应该小心控制次级风险敞口。如果控制不好，那么无论是正的业绩还是负的业绩，可能都是由于低贝塔之外的因子导致的。

EQUITY SMART BETA AND FACTOR INVESTING FOR PRACTITIONERS

智能贝塔的实施

第 10 章

构建更优的权益组合：将智能贝塔
与智能阿尔法相结合

在本章中，我们将分析投资者在构建多策略、多投资经理投资组合时面临的各种潜在挑战。这些挑战部分源于近年的投资组合构建实务，在我们看来，这些实践没有为如何实施有效的风格和投资经理多元化提供足够的指导。因此，我们提出了一个替代的投资组合结构框架，该框架旨在通过促进潜在的更有效的整体投资组合结构的构建来改进当前的实践。

本章概要

- 原则上，包含不相关的投资策略和主动管理型基金经理的投资组合结构通过降低积极风险和提高信息比率提供多元化收益。

- 然而，在实务中，在与投资者合作时，我们发现，在许多情况下，这种多元化的好处可能无法充分实现。

- 我们认为，这是由当前投资组合构建实务导致的。包括阿尔法 – 贝塔投资组合结构、将业绩基准分解为规模（大盘／小盘）和风格（价值／增长）部分，并通过主动管理寻求基于风险模型的因子敞口，因为它们没有提供足够的指导，说明哪些策略和主动管理型基金经理应该包括在一个综合投资组合中。

- 我们提出了一个构建多策略、多经理人投资组合的替代框架，以潜在地改进当前的实操。

- 该框架将主动收益分解为两个部分：一个来自于对基本因子的静态敞口，另一个由基本因子所无法解释的来源驱动。这种分解认识到某些因子或风格的存在，通过主动管理明确追求哪些主动收益，由于两个主动收益成分基本上不相关，因此引入了一个分散的层。

- 在我们的框架中，基本因子是指五个智能贝塔因子，即规模因子、价值因子、动量因子、波动率因子和质量因子。如第 8 章所述，当这些因子合并在一起时，可以提供显著的多元化效益，从而引入一个风格多元化的重要的层。风格多元化的进一步收益可以通过增加主动策略来实现，这些策略可以从智能贝塔系数的静态敞口以外的其他来源获得主动收益。这些积极的策略可能包括高级量化过程、高集中度的基本面投资（focused fundamental）、市场择时、因子择时。

- 我们将"智能阿尔法"定义为经智能贝塔因子调整后的主动收益。智能阿尔法是相对于主动管理投资组合中实际使用的智能贝塔实现工具计算的。在我们看来，这个定义使得智能阿尔法成为一种投资者特有的度量标准。

- 投资者在分析主动管理型基金经理时应关注智能阿尔法，并通过选择相关度较低的智能阿尔法实现基金经理多元化。

- 在确定智能贝塔和智能阿尔法之间的分配时，投资者可以采用各种方法，例如按积极风险贡献加权、按积极风险加权或优化。

10.1 引言

投资者的整体权益投资组合通常由一个被动部分（复制业绩基准的收益）和一个主动部分（通过主动管理寻求超越业绩基准）组成。在实现主动部分时，鲜有（如果有的话）投资者诉诸单一策略或单个主动管理型基金经理。使用多策略和多基金经理显然是一种常态。夏普（1981）将使用多个基金经理的做法称为"分散式投资管理"。他认为，通过雇用多个基金经理，投资者可能会从"风格多元化"（如，价值和成长）以及"判断多元化"（基金经理在给定风格中持有不同的投资组合）中获得潜在收益。从投资角度看，通过投资具有不相关性的主动收益的策略和主动管理型基金经理，投资者原则上可以以较低的积极风险和较高的信息比率（IR）的形式在主动投资组合中实现多元化收益。

然而，在我们与资金方合作的经验中，主动投资组合提供有限的多元化收益的情况并不少见。我们相信，这一结果在一定程度上是由近年的投资组合构建实操所驱动的，我们将在下一节中回顾这些实操。

10.2 当前投资组合构建实务

在本节中，我们讨论被投资者广泛使用的 3 种投资组合结构。

10.2.1 阿尔法–贝塔投资组合结构

投资者广泛运用图 10-1 所示的阿尔法–贝塔投资组合结构来实施他们的权益资产配置。在这一结构中"贝塔"代表了对业绩基准的被动复制，继而带来与业绩基准相近的收益。"阿尔法"代表了权益组合的主动管理成分并伴随着主动管理来捕捉收益。这部分主动管理的目标是跑赢业绩基准。这一目标是通过假设合理水平的积极风险与预期的优异表现相一致来实现的。在传统的阿尔法–贝塔组合结构中，在实务人员看来任何超越基准的收益都被视作阿尔法。

图 10-1　阿尔法–贝塔投资组合结构

在我们看来，这种对阿尔法的浅显定义并不能很好地有助于决定如何构建权益组合的主动部分。对于是什么驱动了超额收益，它未提供任何指引。这并不能区分出超额收益究竟是受其他形式的贝塔（各种因子）驱动还是来自于基金经理真实管理能力。在主动管理投资组合中，何种策略或风格会得到多元化收益，这些风格又是如何被采用的，这些并未得到指导。这种对阿尔法的定义仅仅侧重于解释超额收益，当多重策略和多个基金经理相互结合时在提供多元化收益方面却缺乏足够的资源和能力。

10.2.2 业绩基准的规模和风格分解

如图 10-2 所示，为了能够实施某些风格分解并识别出主动管理型基金经理倾向于对特定细分市场的专注，一些资金方和指数编制商进一步将业绩基准分解为规模（大盘 / 小盘）和风格（价值 / 成长），在美国尤其如此。在我们看来这种分解未必提供足够的风格分解。例如，价值风格与成长风格可能是负相关的，但它们的主动收益却不独立。在组合构建过程中使用的风格基准具有抵消性的主动收益。如果价值因子表现好，那么成长因子表现差，反之亦然。动量风格和 / 或质量风格是更好的价值因子的分散器，因为它们具有独立的正主动收益和主动收益与价值因子间的负相关性。尽管规模因子和风格结构试图说明基金经理的专业化和选择，但它也相对复杂，风格多元化非常有限。

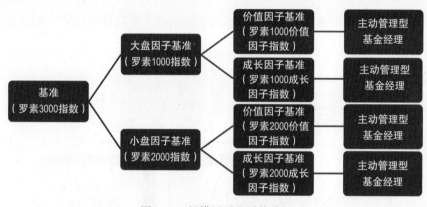

图 10-2　规模因子和风格分解

10.2.3 通过主动管理获得风险因子敞口

许多其他资金方，尤其是美国以外的资金方，并不遵循传统的价值成长分类方式。相反，他们认为，在多基金经理的投资组合中，还有其他一些风格，比如动量因子和质量因子，可以带来重要的多元化收益。这些资金方主要通过主动管理型基金经理寻求对这些风格的明确暴露。风险敞口通常使用商业风险模型（如，巴拉或阿希奥马）进行评估。例如，资金方可能会将在巴拉价值因子有高敞口的价值型基金经理与在动量或质量风险因子上有高敞口的其他基金经理结合起来，目标是实现风格和基金经理的多元化。然而，根据我们的经验，这样的投资组合结构通常会导致由基本风险模型定义的风险因子驱动的投资组合积极风险。当然，尽管这都是设计好的，但认识到风险模型因子是用来预测积极风险的，而不是用来预测主动收益的阿尔法因子，这一点可能很重要（关于这一主题的更多讨论见投资者的常见问题 10.4.6）。此外，随着智能贝塔投资的出现，从投资和成本的角度来看,通过主动管理获得风险模型因子的敞口可能不再是获取智能贝塔因子的有效实施工具。

总之,前面描述的当前投资组合构建实务有一些局限性,这可能导致低于标准的投资组合结构。接下来,我们将讨论一个另类的投资组合结构框架,该框架旨在解决其中的一些限制,从而有可能改进当前的做法。

10.3 投资组合结构:一个建议的框架

我们认为,给定的投资组合结构方法至少应明确定义资金方希望获得的主动收益的来源,以及提供关于在多策略、多基金经理结构中考虑纳入哪些策略和基金经理的指导。

我们建议的框架试图通过回答 4 个潜在的关键问题来实现这些目标,如图 10-3 所示。

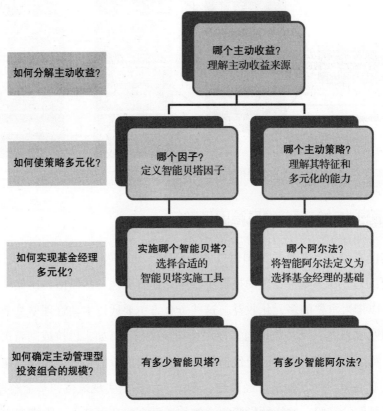

图 10-3 投资组合构建中的潜在关键问题

10.3.1 如何分解主动收益

这个问题旨在确定资金方希望获得的主动收益的来源。在我们的框架中,我们建议至少将主动收益分解为两个主要部分: 基本因子静态敞口和基本因子无法解释的主动收益, 如图 10-4 所示。

图 10-4 主动收益的分解

我们认为, 这种主动收益的分解很重要, 原因有几个。第一, 它认识到某些因子的存在, 这些因子代表了额外形式的贝塔收益或系统性收益。第二, 它澄清了资金方应该从主动管理型基金经理那里寻求的主动收益的类型, 也就是超出了基本因子所提供的主动的收益。第三, 通过设计, 引入了投资组合结构的第一层多元化。如果基本因子和基金经理的主动收益是由不同的收益来源驱动的, 那么它们也在很大程度上是不相关的。一些资金方可能不同意上述主动收益的来源, 因为他们可能不相信存在任何智能贝塔因子。他们可能只寻求从其他来源获得主动收益。只要这些资金方不会无意中通过主动管理而最终获得智能贝塔因子, 这便是一个非常合理的方法。

10.3.2 如何使策略多元化

然而, 图 10-4 中的主动收益分解提出了一个问题, 即资金方应该追求哪些因子和哪些主动策略。

1. 哪些因子

建议的主动收益分解带来的一个重要挑战是, 它迫使资金方确定要追求哪些因子 (风格), 而传统阿尔法 – 贝塔结构中的决策则留给了主动管理者。基本因子的选择可能是困难的, 因为它可能部分是由投资哲学驱动的。然而, 根据我们的经验, 行业内似乎存在某种程度的共识, 即基本因子可能包括规模因子、价值因子、动量因子、低波动率因子和质量因子。这些因子 / 风格产生了正的样本外的主动收益, 并描绘了低或负的主动收益相关性。因此, 当它们结合在一起时, 它们提供了降低积极风险和增强主动投资组合的信息比率的潜力。由于智能贝塔产品通常也关注这些基本因子，因此在前面的章节中，我们将这五个因子称为"智能贝塔因子"。

2. 哪个主动策略

下一步，我们需要确定在主动投资组合中应该考虑哪些主动策略。主动策略的选择应基于概念理论基本原理和对驱动其主动收益的因子的理解，以及为什么此类策略在与智能贝塔因子和其他考虑过的主动策略相结合时能够提供多元化收益。举例来说，积极的投资策略可能包括量化策略、基本面选股和其他投资过程，如市场择时、因子择时或备兑卖出看涨期权。

（1）量化过程 量化过程通常属于"因子"投资的大范畴。广义上讲，有两种类型的量化过程：一种是主要提供智能贝塔因子敞口和收益的量化过程，另一种是创造了相对于智能贝塔因子产品的价值主张的量化过程。在我们提出的结构中，我们称之为"传统量化过程"的前一种量化过程不应引起资金方的兴趣，因为它们与智能贝塔因子结合时提供的多元化收益有限（事实上，它们的许多策略都是智能贝塔因子）。只有后一种类型，我们称之为"高级量化过程"，应该予以考虑。高级量化过程的重点是显著改进传统的智能贝塔因子和 / 或研究和实施新的专有因子。由于高级量化过程的设计超越了传统的智能贝塔因子，它们的主动收益和积极风险将在很大程度上由智能贝塔因子无法解释的来源所驱动。这在战略层面上提供了将智能贝塔与高级量化过程相结合以实现额外多元化收益的基本原理。

（2）基本面过程 基本面过程有各种类型。一个极端是那些采取相对较小的主动管理的头寸，运行低跟踪误差和低积极份额并持有相对大量的头寸。这些基金经理通常被称为"柜中基金"经理（closet indexers）[⊖]，因为他们与基准没有太大的偏离。另一个极端，是持股集中度高或"专注的"（focused）基金经理，他们持有的证券数量非常有限，与基准相比，他们的积极份额和积极风险都很高，对自己的最佳想法也有很强的信心。二者之间的是管理者，他们适度多元化，往往对智能贝塔因子有相对较高的敞口。这些基金经理有时被称为"因子复制者"，因为他们通过主动管理或显式或隐式地复制因子收益。柜中基金经理不是一个值得考虑的有趣群体，因为他们通常倾向于提供基准收益，但却收取主动管理的费用。同样地，因子复制者收取的费用比智能贝塔指数编制商高得多，并且可能通过更高的个股特定风险在投资组合中引入某种程度的噪声。因此，

⊖ "closet indexers"直译为"躲在柜子里的指数基金经理"，真实含义是"披着主动管理外衣的指数基金经理"，这类基金经理看上去好像在精心管理基金，实际上"躲在柜子里"复制某个指数，再做一点小改动。——译者注

在我们看来，资金方的主要兴趣应该是集中／专注的基金经理。

智能贝塔和量化过程以及专注的基本面过程之间的一个重要区别是所产生的主动收益的性质。通过投资于因子，智能贝塔和量化过程倾向于利用风险溢价以及行为偏差和结构性摩擦。通过投资上市公司和深入了解公司的业务，专注的基本面过程可以利用其深刻的见解，对公司管理、成长前景、新产品和市场的开发以及公司财务状况进行卓越的评估和预测。在一定程度上，这些主动收益的来源是不相关的，在一个多策略结构中，在智能贝塔与量化策略的混合中加入有针对性的选股应该是有益的。

（3）其他投资过程　诸如那些关注于市场择时、因子择时或通过衍生品的运用以降低波动率的其他权益投资过程或许也可以在一个多策略环境中提供显著的多元化收益。图 10-5 对策略多元化的讨论提供了一个图示总结。

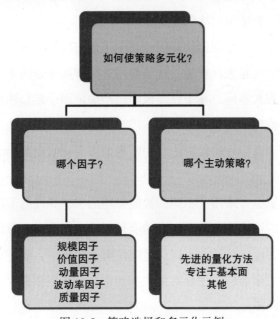

图 10-5　策略选择和多元化示例

10.3.3　如何实现基金经理多元化

1. 实施哪个智能贝塔

一旦确定了所需的智能贝塔因子，资金方还需要选择用于实现这些因子的产品和指数编制方案。选择合适的智能贝塔产品有很多考量。在前几章中，我们讨论了智能贝塔投资过程的一些显著特点，包括产品设计、产品结构和实施灵活性（第 1 章）、权重方案和执行效率（第 4 章）、信号规范（第 5 章）和因子多元化的方法（第 8 章）。

一些资金方通过不同的指数编制机构实现选定的特定智能贝塔因子。例如，他们可以选择一家机构编制价值因子、另一家机构编制动量因子等。其他资金方则通过选取单一指数编制机构实施多因子多元化策略。我们认为，对于那些希望因子择时，对选定产品进行内部交易并实施，或与指数编制机构有既存指数使用许可或其他收费安排的资金方而言，逐个使用单一因子更有效。这些产品会让指数编制机构实现显著的成本节约（另请参阅应用实例 8-2）。

在我们的框架中，第 7 章和第 8 章讨论的信号倾斜（ST）和增强型信号倾斜的单因子组合和多因子组合（MFP）将作为捕获智能贝塔因子收益的实施选项的示例。

2. 哪个阿尔法

通过选择智能贝塔因子和实现工具，我们有了正确定义阿尔法的基础。在述及主动收益分解的上下文中，阿尔法被定义为"经智能贝塔因子调整的主动收益"。我们将此种回归主动收益称为"智能阿尔法"。

在所提出的框架中，智能阿尔法是以相对于主动管理型投资组合中实际实现的超越所选定智能贝塔载体的收益来计算的。这与使用法玛和弗伦奇因子或基于商业风险模型的因子计算阿尔法有很大不同。基于此类风险模型确定因子敞口和阿尔法，虽然信息量丰富，但在投资组合结构中并不十分有用，因为风险模型中包含的风险因子与资金方所采用的因子不相匹配。在给定的投资组合中实现的多元化收益是由实施的策略之间的相关性驱动的。

在某种程度上，资金方采用了不同的智能贝塔因子，并偏好不同的执行方式，在我们看来，智能阿尔法应该成为资金方特定的衡量标准。因此，在分析和选择主动型策略和基金经理时，资金方应该关注的不仅仅是随便哪个阿尔法，而是智能阿尔法。为了实现基金经理多元化，资金方应关注具有低关联智能阿尔法的积极型基金经理（另请参阅投资者的常见问题 10.4.6）。

在我们的框架中，我们计算相对于因子倾斜（或增强型因子倾斜）因子投资组合的智能阿尔法。提供正向信号倾斜因子调整阿尔法的（与其他选定的基金经理的智能阿尔法不相关）基金经理是被纳入投资组合的候选人。作为例子，表 10-1 给出了美国大盘股高级量化基金经理针对五个信号倾斜因子投资组合的策略的风险分解。除了对质量因子和动量因子的适度敞口（这些敞口很重要）外，基金经理没有其他有意义的因子敞口。事实上，93% 的总主动收益率（4.06%）和 85% 的总积极风险是由阿尔法贡献的。每年 3.76% 的阿尔法在 1% 的水平上具有统计学意义。这是资金方应该寻求的"量化智能阿尔法"。与此类似，表 10-2 给出了某个以明晟欧澳远东指数为基准的基本面基金经理的风险分解示例。该基金经理没有统计上显著的智能贝塔因子敞口。该基金经理从智能贝塔因子以外的其他来源获得了令人印象深刻且具有统计显著性的阿尔法值，即每年为 4.67%。再强调一遍，这是资金方应该追求的"基本面智能阿尔法"。

图 10-6 简要地展示了基金经理选择和多元化等方面的讨论。

表 10-1　智能量化阿尔法示例：以罗素 1000 指数为基准

高级量化基金经理	ST 规模因子	ST 价值因子	ST 动量因子	ST 波动率因子	ST 质量因子	阿尔法	总积极风险
敞口	0.26	0.12	**0.24**	−0.12	**0.11**		
对主动收益的贡献	0.03	0.13	0.02	−0.05	0.17	**3.76**	
对积极风险的贡献	0.02	0.06	0.15	0.04	0.06	1.85	2.18

注：加粗部分为统计显著（5% 水平）。

表 10-2　智能基本面阿尔法示例：以 MSCI 欧澳远东指数为基准

基本面基金经理	ST 规模因子	ST 价值因子	ST 动量因子	ST 波动率因子	ST 质量因子	阿尔法	总积极风险
敞口	0.06	0.06	0.10	0.22	0.21		
对主动收益的贡献	0.00	−0.04	0.07	0.24	0.28	**4.67**	
对积极风险的贡献	0.00	−0.04	0.07	0.24	0.28	4.37	4.93

注：加粗部分为统计显著（5% 水平）。
资料来源：GSAM.

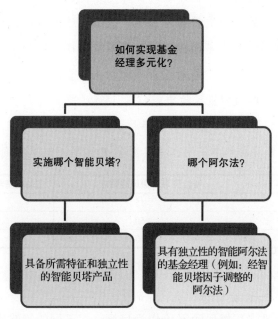

图 10-6　基金经理选择和多元化示例

10.3.4 如何确定主动管理型投资组合的规模

资金方应该如何确定智能贝塔和智能阿尔法之间的权重分配？这个问题的答案取决于资金方的投资目标。例如，倘若资金方的主要投资目标是减少投资组合的总波动性和回撤，那么就需要对低风险策略进行重要的配置，无论这些策略是通过智能贝塔产品实施的，还是通过主动管理型基金经理实现的。在这种情况下，规模决策很可能成为策略配置决策。

1. 按积极风险贡献加权

当关注主动收益和信息比率时，可能会采用各种方法在智能贝塔和智能阿尔法之间进行分配。一种方法可能是选择一种分配方式，从智能贝塔和智能阿尔法中获得特定的积极风险贡献。通常情况下，资金方会寻求超越给定基准的表现，但须遵守积极的风险预算（例如 2%）。智能贝塔和智能阿尔法的分配可以通过在这两部分之间分配积极风险预算来确定。例如，25% 的积极风险贡献（即 0.5%（=0.25×2%）的积极风险）来自智能贝塔，75%（即 1.5%（=0.75×2%）的积极风险）来自智能阿尔法。

◎ **应用实例 10-1**

某年金计划拥有相对于明晟全球基准指数 1.5% 的积极风险总预算。在评估智能贝塔和智能阿尔法权重配置时，年金计划的目标是维持积极风险总预算不变并使得来自智能贝塔和智能阿尔法的风险贡献各为 50%。以经甄选的智能贝塔产品和一揽子主动管理型智能阿尔法基金经理为基础的分析旨在确定智能贝塔和智能阿尔法间的配置比例。该分析表明当 25% 的资产配置在智能贝塔时主动型投资组合仍然接近其积极风险总预算，但来自智能贝塔的积极风险贡献仅为 15%。当 75% 的资产被投资在智能贝塔时，来自智能贝塔的积极风险贡献度的目标和积极风险总预算的目标就无法达成。本案例中，年金计划在智能贝塔和智能阿尔法各配置 50% 时可以达成期望的目标。

智能贝塔配置（%）	智能贝塔积极风险贡献（%）	主动投资组合的整体积极风险（%）
25	15	1.58
50	50	1.59
75	80	1.87

资料来源：GSAM.

2. 按积极风险加权

另一种方法或许是将积极风险平价作为目标，在不同的策略库之间分配资金，如图 10-7 所示。假设一个资金方有四个策略库，即智能贝塔、量化智能阿尔法、基本面智能阿尔法和其他智能阿尔法。如果构建了四个策略库，使得它们与业绩基准具有相同的积极风险（如3%），那么对策略库进行等权加权将在主动管理型投资组合中实现积极风险平价。如果无法构建等权的积极风险库（如，高持股集中度的基金经理往往会伴随高的积极风险），则资金方可以根据积极风险对策略库进行加权。如果各策略库之间的相关性随着时间的推移相当稳定，那么按积极风险加权也可能带来类似的时变的积极风险贡献。

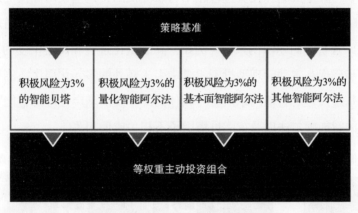

图10-7　按积极风险加权的策略库示例

3. 找到智能阿尔法的能力

智能贝塔和智能阿尔法之间的分配也可能受到与市场效率和资金方对有投资能力的主动管理型基金经理的甄别寻找能力等相关考虑因素的影响。例如，与全球新兴市场或全球小型股相比，在美国大盘股领域寻找有投资能力的主动管理型基金经理可能更为困难。因此，与全球新兴市场（如25%）相比，资金方可能会决定对美国大盘股（如75%）的智能贝塔分配更高的配置比例。

智能贝塔和智能阿尔法之间的分配也可以使用多种其他方法来确定，例如基于风险模型的优化。图10-8提供了对配置规模讨论的总结。

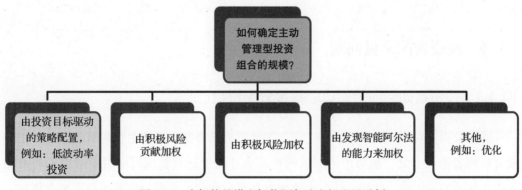

图10-8　在智能贝塔和智能阿尔法之间配置示例

10.3.5 总结

我们提出的框架（如图10-9所示）可能会产生更有效的整体投资组合结构，因为它在设计中引入了多层次多元化结果。在智能贝塔部分中，通过选择智能贝塔因子及其主动收益相关性特征，提供了一层策略多元化（请参阅第8章）。另一层是通过将选定的智能贝塔因子与其他策略和投资过程相结合来提供的，这些策略和投资过程可以合理地预期在多策略结构中提供额外的多元化收益。除了策略多元化之外，通过关注低关联的智能阿尔法以及智能阿尔法的来源（例如，高级量化过程和高集中度的基本面投资），资金方将进一步确保在主动管理型投资组合中引入额外的多元化层次。例如，高集中度的基本面投资基金经理的智能阿尔法应与其他高集中度的基金经理的智能阿尔法、高级量化基金经理的智能阿尔法以及智能贝塔因子不相关或低相关。

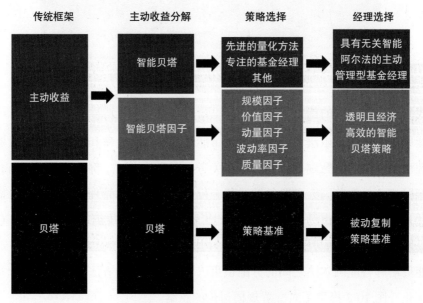

图 10-9　提出的框架总结

10.4　投资者的常见问题

10.4.1　投资者如何向智能贝塔基金分配资金

根据投资者对智能贝塔的看法，资产配置可能来自整个投资组合的被动成分、主动成分或两者兼而有之。从对市值加权的被动头寸配置到对智能贝塔因子的配置均可能受到各种因素的影响。例如，认为市值加权在某种程度上是低效的那些投资者会将这一部分的头寸配置到智能贝塔因子。这类投资者倾向于将智能贝塔视为"被动投资的替代品"。然而，根据我们的经验，被动投资的替代品很少令资金方完全替换掉其市值加权的业绩基准。通常情况下，对于大型资金方来说，对智能贝塔的配置在被动配置的5%～25%。在其他情况下，一些大型年金计划在过去几年中出现了大量资金流入。这些资金流入主要配置给了被动头寸，因为资金方担心规模不经济，无法找到更多有投资能力的基金经理或增加现有基金经理的头寸分配。结果，随着时间的推移，被动头寸已经增长到不合意的高水平。这些资金方也在通过使用智能贝塔将他们的被动头寸配置降低到更正常的水平。尽管对智能贝塔的配置被归类为被动投资，但这些资金方通常将智能贝塔视为高策略容量的主动管理替代方案。

◎ 应用实例 10-2

　　某养老金计划正在寻求通过对最小方差（低波动率）策略进行有意义的资产配置来减少简单波动率和整体权益投资组合的回撤。由于这类策略在相对基准的实现过程中是相当缺乏吸引力的（它们具有较高的跟踪误差和较低的信息比率），投资人员内部建议，应从战略资产配置的角度进行最小方差投资。他们主张将业绩基准从明晟全球指数重新指定为50%的明晟全球指数和50%的明晟全球最小波动率指数。业绩基准的重新确定将使对跟踪误差和信息比率的考虑变得无关紧要，这是因为关注重点已转移到整体投资组合的整体风险降低和夏普比率改进上。在投资运作方面，最小波动率指数将被被动复制和/或用来作为以低波动率方法进行投资运作的主动管理型基金经理的业绩基准。

◎ 应用实例 10-3

　　某投资顾问建议客户考虑将其业绩基准中市值加权被动配置的那一部分转为诸如对价值因子或低波动率因子有所倾斜的多元化的智能贝塔策略。这种对业绩基准的再规范化可能会带来资产配置策略层面更多的多元化，并可能潜在地使得整个投资组合结构更加有效（如，更高的风险调整后收益）。

◎ 应用实例 10-4

　　某主权财富基金（Sovereign Wealth Fund，SWF）的大部分股票资产都是按照其全球股票基准被动管理的。最近，他们决定将头寸配置到智能贝塔策略。他们选择了因子多元化策略，目标是较之基准0.75%的跟踪误差。主权财富基金将头寸配置到智能贝塔基金视为其被动投资组合的延展，其目的是通过寻求增加50个基点的费后额外收益，同时限制跟踪风险的大小来改进延展后的被动投资组合。

◎ **应用实例 10-5**

一项养老金计划将美国大盘股视为全球股市中效率最高的板块，认为几乎没有或根本没有机会通过主动管理实现增值。因此，过去其对美国的大盘股配置完全是通过被动投资实施的。

该计划的投资人员认为，智能贝塔是一个获取额外系统性长期超额收益来源的机会，同时较之对美国大盘股的指数化（被动）投资理念又不会偏离过多。基于这一观点，他们通过透明的、基于规则的指数式方法实施了多因子策略，目标是跟踪误差达到其美国大盘股基准的1%。该策略以模型投资组合的形式获得许可，并由该计划在其内部实施，类似于美国大盘股基准的内部复制。

◎ **应用实例 10-6**

几年前，在全球上市权益资产投资组合中，某大型机构计划将60%的资金分配给被动投资，将40%的资金分配给主动投资。随着该计划规模的扩大，它找不到更多的主动管理型基金经理来配置。由于担心规模不经济或业绩不理想，该计划对现有基金经理中的大多数也不愿意追加投资。

因此，资金流入主要"停泊"在被动投资中，随着时间的推移，股票投资组合结构变化为近80%的被动投资和20%的主动投资。智能贝塔为该计划提供了一个机会，可以将被动配置降低到更正常的水平，同时产生超额收益，而这正是主动管理所预期的结果。

许多资金方也将智能贝塔视为"主动投资的替代品"。在这种方法中，智能贝塔通常用于取代"柜中基金"和/或"因子复制"，即指那些仅提供市场水平的收益和/或其他的市场因子收益却按提供阿尔法收益来收取费用的基金经理。我们在第6章讨论主动策略的风险分解时回顾了这类管理者的几个例子。随着旨在获取因子收益的简单的、基于规则的和成本划算的方法日益发展，我们相信这样的基金经理可以很容易地被智能贝塔所取代。其他资金方，要么对自己的主动管理型基金经理感到失望，要么对自己选择具备投资能力的主动管理型基金经理的能力没有信心，也将股票投资组合的主动投资部分分配至智能贝塔。

在其他投资应用情景中，智能贝塔还被当作主动管理的替代品。例如，各种类型的投资工具的构建。

◎ **应用实例 10-7**

一家投资公司的四只共同基金由外部主动管理型基金经理提供投资建议。这些共同基金投资于一系列发达国家和新兴市场的股票。尽管主动管理型基金经理对共同因子的风险敞口很大，但他们的表现令人失望，因为择股（阿尔法）的负贡献远大于共同因子产生的正超额收益。因此，这家投资公司决定用智能贝塔策略取代那些主动管理型基金经理。由于目标是获得长期超额收益的因素，投资公司在预期的跟踪误差水平上选择了高度多元化（即，较低的个股风险）的多因子策略。在这一过程中，投资公司还将管理费降低了 50% 左右，从而大大提高了对应的共同基金的经济效益。

◎ 应用实例 10-8

一家保险公司在其产品系列中提供聘请了第三方投资顾问的国际共同基金（Sub-Advised Fund），将基金经理的中位数水平而非挂钩市场的指数视为其主要业绩基准。也就是说，对于全球权益市场中，首要目标是击败晨星全球大盘混合类基金经理榜单的中位数水平，次要目标是跑赢明晟欧澳远东指数。

对中位数水平的基金经理的主动收益的风险分解分析（例如，请参阅第 6 章）显示，中位数水平的基金经理没有有意义的因子风险敞口和高负因子调整阿尔法，这导致相对于明晟欧澳远东指数整体表现不佳。考虑到与智能贝塔因子相关的过往业绩，保险公司认为，与确定具有高于平均水平的主动管理型基金经理相比，获得有效和多元化的智能贝塔因子风险敞口是一种简单且具有成本效益的潜在解决方案，以实现其预期的主要目标，即跑赢市场中位数水平的基金经理。

投资者还通过风险敞口管理和投资组合补充策略（portfolio completion strategies），使用智能贝塔对现有投资组合进行补充。在这类实操中，智能贝塔用于缓解不良因子敞口和 / 或获得额外因子敞口。例如，某资金方的复合主动投资组合，包括多个主动管理型基金经理，可能表明它对价值因子和质量因子有正敞口，而对动量因子有负敞口。如果动量因子长期跑赢大盘，负动量敞口可能会稀释整体投资组合收益。因此，资金方可以通过一个智能贝塔动量浮层统筹策略⊖来减轻或抵消不利的负动量因子敞口，而不会过度稀释价值因子或质量因子敞口，从而潜在地提高投资组合业绩。此外，当投资

⊖ 投资组合浮层统筹管理（Overlay Portfolio Management）其实是将投资者多个账户的资产统筹在一起进行再平衡管理、风险管理、税收筹划等，通常是利用信息化手段将持仓与交易流水归集在一处。投资组合浮层统筹管理通常用于机构投资者和超高净值个人的投资组合。基金经理和财务顾问利用浮层统筹管理系统（overlay system）来监督和跟踪他们管理的投资者的各种账户。很多译者望文生义，将 overlay 直译作"覆盖"，以至于读者不明就里。在网络技术领域，Overlay 技术是指在不对基础网络进行大规模修改的条件下，在现有的物理网络之上构建一个虚拟网络，上层应用只与虚拟网络相关。由此类比，译者认为将 overlay 译作"浮层统筹"较为合适。——译者注

者无法找到一位主动管理型基金经理来获得额外因子的敞口时，可以考虑采用智能贝塔策略。例如，投资者可以使用智能贝塔质量因子策略来补充现有的价值因子、动量因子和低波动率因子主动管理型基金经理，以增强投资组合中的因子或风格分散度。当投资者使用智能贝塔作为现有投资组合的补充时，智能贝塔的分配可能来自投资组合的被动和／或主动部分。

◎ **应用实例 10-9**

某位投资顾问提供了一只美国多管理人大盘基金。在进行分析时，该基金由投资顾问根据其选股技能和基金内的多元化潜质选出的 7 名主动管理型基金经理组成。在过去 5 年中，该基金每年的表现比基准高出 1.24%。对基金业绩的主动收益和基金风险分解显示，扣除因子敞口后，基金实现了每年约 1% 的阿尔法收益。这一结果表明，投资顾问成功地确定了具有一定选股技能水平的主动管理型基金经理。然而，风险分解分析也显示，主动管理型基金经理的选股行为带来了价值因子和（低）波动率因子的负敞口。这些负风险敞口使基金的年收益率下降了 1.2%。换言之，如果通过智能贝塔浮层统筹策略抵消对价值因子和波动率因子的负敞口，该基金每年的表现将为 2.44%，这比每年 1.24% 的实际表现要好得多。这些发现促使该投资顾问考虑在多管理人基金的结构中采用智能贝塔整合风险敞口管理策略。

◎ **应用实例 10-10**

一项养老金计划在对其全球股票投资组合中美国大盘股板块投资中雇用了几位主动管理型基金经理。对基金经理主动收益的风险分解表明，对于超过 80% 的主动管理型基金经理来说，对主动收益和跟踪误差的主要贡献来自阿尔法。该养老金计划的投资团队在挑选绩优基金经理方面做得非常出色。在综合层面，美国大盘股投资组合的主动收益率也主要由阿尔法推动。除了适度的质量因子风险敞口外，该投资组合对智能贝塔因子没有任何有意义的风险敞口。这些结果表明，该计划可以受益于通过额外的智能贝塔因子倾斜补充现有的投资组合。对该计划进行的分析表明，即使仅对因子多元化策略进行适度的配置，也能合理地降低积极风险，提高整体投资组合的信息比率。

10.4.2 投资者如何设计投资组合的智能贝塔成分，以满足各种应用场景

为了实现各种投资目标，智能贝塔有时在核心成分和卫星成分之间分配，如图 10-10 所示。在核心部分，寻求对智能贝塔因子的多元化静态敞口。这一成分具有战略眼光，其业绩是在长期的基础上评估的。卫星成分在本质上更具战术性。资金方可以使

用它来践行短期市场观点或完成风险管理和投资组合管理。例如，资金方可能在短期内对美国市场的下跌或更高的波动性感到担忧。资金方可能希望在美国进行一种战术上的低波动率交易。此外，主动管理型基金经理的活动可能会导致整个投资组合中某些因子敞口为负或不被需要。卫星成分可用于实现浮层统筹策略，旨在减小这些因子敞口。

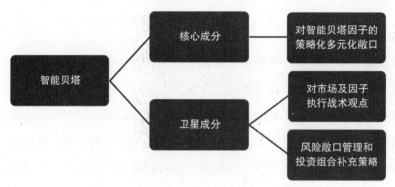

图 10-10　智能贝塔的核心成分与卫星成分

10.4.3　在许多情况下，主动投资组合的整体风险和收益最终受到基本权益因子的驱动。是什么导致了这个结果

在某些情况下，这是有意为之的，比如资金方根据风险模型的风险因子的敞口来选择主动管理型基金经理。在其他情况下，这可能是因为卡恩和莱蒙（2016）和加维等人（2017）发现的因子集中问题。这个问题的表现方式如下。一个典型的主动管理型基金经理的投资过程是通过对基本因子和股票特定风险的敞口来获得主动收益和风险的。当主要承担股票特定风险，但有共同的基本因子的单个经理组合起来时，多经理组合中基本因子对积极风险的贡献增加，因为这种风险与各个经理呈正相关。因此，按比例来说，多经理人组合比单个基金经理带来更多的因子风险。如加维等人所描述的，对于美国大型多头交易基金，当产生 1000 只随机组合了五名经理的多经理组合时，与五只基础基金的平均值所解释的比例相比，多经理组合中由因子（贝塔、规模、价值和动量）解释的积极风险比例显著增加。因子风险的增加范围从价值的 1.2 倍到规模的 2.1 倍不等。作者认为，规模的大幅增长可能由于多头基金倾向于持有更多的小型股票，而价值型基金可能会受到增长型基金的抵消。

10.4.4　在实施智能贝塔投资时，什么可能使投资者选择智能贝塔公共指数或智能贝塔基金经理提供的解决方案

出于各种原因，智能贝塔公共指数是一项重要的创新。第一，它们可以用于促进在

政策层面智能贝塔投资的被动实施。第二，它们可以作为智能贝塔经理或主动管理型基金经理方案的业绩基准。第三，智能贝塔公共指数更适合作为创建结构化产品的基础。通常，从管理和实施的角度来看，智能贝塔指数解决方案会吸引那些将简单、透明和低成本视为驱动因素的资金方。

◎ **应用实例10-11**

一个养老金计划的投资人员评估了指数提供商和投资经理提供的一系列智能贝塔策略，同时考虑将资金配置到智能贝塔。工作人员决定通过一个公共指数解决方案来实施智能贝塔配置。由于该计划已经使用指数提供商的市值加权市场指数作为业绩基准，该指数提供商非常有名，并受到员工和董事会的尊重。工作人员认为，使用简单和透明的指数解决办法，会更容易得到理事们的接受和理解。该指数提供商的数据反馈很好地被整合到了该计划的投资活动中，使得内部执行相对无缝。与指数提供商的许可协议也已就绪，并将涵盖所考虑的智能贝塔指数，从而节省时间和资源，否则这些时间和资源将花费在合同谈判上。最后，一定程度的指数产品的许可费已经包括在当前的业务预算中并得到批准。

◎ **应用实例10-12**

一家主权财富基金（SWF）正在考虑配置低波动率投资。主权财富基金邀请投资经理就智能贝塔低波动率策略提交申请建议书（Request for Proposal，RFP）。该建议书规定，智能贝塔基金经理的业绩将根据明晟最小波动率指数进行评估。投资目标概述为：与作为最小波动率指数的市场相比，风险降低的程度相类似或更好，同时在滚动的3年期内，相对于最小波动率指数，实现每年0.5%的超额表现，跟踪误差不超过3%。

◎ **应用实例10-13**

养老金计划使用基本加权指数作为主动价值型基金经理的基准。该计划并不认为基本面指数化是资本加权市场投资组合的更好选择，但承认它是一个比资本加权价值因子指数更好的价值因子指数，如罗素或MSCI价值因子指数系列。投资计划的员工认为现有的资本加权指数的使用方法效率低下（市值加权不能很好平衡企业市值所带来的权重超配和基于安全考量的权重适度配置之间的关系），而且相比基本面加权或价值加权的方法，价值捕捉的多样性较小（指数只包含了股票范围内的一个子集）。

智能贝塔指数也给投资者带来了一些挑战。第一个挑战涉及所用方法的一致性。大多数公开的指数策略仅基于指数提供商的标准市场指数。这迫使资金方使用针对不同市场／地区的不同方法的智能贝塔指数，例如针对美国市场的罗素方法，以及针对国际和新兴市场的 MSCI 方法。这些方法上的差异比由各种指数提供商创建的市值加权市场指数的差异更明显。此外，在一个指数系列中，一些指数提供者不使用一致的方法来捕获因子。例如，指数提供者可以使用多种方法来捕获单个因子，如价值或低波动率因子。指数提供商也可能使用不同的方法来捕捉不同的因子，例如使用一种方法来捕捉价值因子，使用不同的方法来捕捉动量和质量因子。这导致资金方必须理解并向投资委员会和董事会解释多种方法及其差异。这种差异有时非常微妙，即使是指数提供者也很难用清晰简洁的方式表达出来。

智能贝塔公共指数带来的另一个挑战是缺乏以风险控制方式实施因子敞口的能力。在一个基准相关的因子实施中，资金方试图在跟踪误差预约束下获得因子的敞口。尽管智能贝塔公共指数通常以潜在的市场基准为条件或从中衍生，但大多数智能贝塔公共指数所采用的方法不允许设定跟踪误差目标。这些指数的跟踪误差只是所用方法的副产品。

最后，一些指数提供商根据不同的方法（具有不同的投资组合特征）组合单因子指数，通常以相同的比例创建多因子策略。这种因子指数的简单组合可能无法充分利用因子多元化所带来的降低积极风险和改善信息比率的优势。以这种方式创建的因子组合指数可能不能充分利用各因子之间的低横截面相关性所带来的减小换手率的机会。

智能贝塔投资经理倾向于提供更高级的、可定制的、了解基准的解决方案，以便将他们的产品与公开指数区分开来。这些解决方案允许资金方选择与要实现的公共因子倾斜相关的业绩基准。业绩基准可以是涵盖全球股票的市场指数，如明晟全球指数（MSCI ACWI）；也可以是涵盖全球股票类别的基准，如标普 500 指数、罗素 2000 指数或明晟新兴市场指数；也可以是定制业绩基准，如美股全指（不含烟草和枪支）（US All Cap ex. Tobacco and Firearms）。因子倾斜是相对于投资者指定的业绩基准使用单一的、一致的方法来实施的。

然而，智能贝塔非公开解决方案也带来了一些挑战。根据我们的经验，投资者面临的一个重大问题是，弄清楚所提供的方法是真正的智能贝塔还是伪装成智能贝塔的主动管理。随着智能贝塔投资越来越受欢迎，资产越来越多，许多活跃的基金经理，不仅仅是量化基金经理，都想搭乘智能贝塔投资的顺风车，这就不足为奇了。例如，一些非公开的智能贝塔产品过程是私有的，并没有完全公开。有些是高度集中的战略，周转率很高。一些公司收取的费用，与传统的主动管理差不多，甚至更高。为了避免投资声称是智能贝塔的主动策略，投资者可能会发现预先指定他们认为在智能贝塔发行中最重要的特征，并让这些特征决定策略选股方法和选择过程是有用的。

根据我们的经验，资金方倾向于选择智能贝塔基金经理，而不是智能贝塔指数商，因为他们更重视在改进实施投资流程方面的灵活性。此外，正在考虑向智能贝塔进行大量配置的大型机构资金方，往往担心更受欢迎的智能贝塔公共指数可能产生超前效应和更高的市场影响成本。因此，这些资金方也倾向于选择非公开的、可定制的智能贝塔解决方案。

◎ **应用实例 10-14**

在经过三年多的仔细和广泛的尽职调查和分析后，某大型资金方决定使用投资管理公司来实施智能贝塔项目，而不是智能贝塔公共指数解决方案。资金方想要的是非公开的、定制的解决方案，是根据他们对业绩基准、跟踪误差和因子组合的选择量身定制的。此外，资金方预计智能贝塔配置会随着时间的推移而大幅增长，潜在的巨额美元投资引发了对公共指数解决方案相关的前期运行、执行延迟和市场影响的担忧。因此，资金方从投资经理那里获得了非公开的智能贝塔策略的许可，并在公司内部实施。这种结构为资金方提供了所需的高度灵活性和对实施的控制。

10.4.5 投资者在采用和/或实施智能贝塔程序时面临什么挑战

对于散户投资者来说，主要的挑战可能是了解智能贝塔投资。事实上，对于散户投资者来说，与市场指数基金或主动管理型基金相比，智能贝塔可能更难理解。主动管理型基金寻求通过选股打败市场。因此，客户教育可能是在散户范围广泛采用和实施智能贝塔的最大障碍。

对于机构投资者来说，挑战可能围绕着各种考量。例如，从历史上看，资金方将因子选择和配置的责任委托给了主动管理型基金经理。对智能贝塔投资的考虑将因子选择和因子配置决策抛回给了资金方的投资员工、董事会和顾问。它迫使资产所有者承担责任，识别"正确的"因子，并在选择的因子之间配置投资资金。这些决定通常被认为是困难的，资金方不愿承担责任，这可能成为实施智能贝塔程序的障碍。在其他情况下，董事会的教育有时会成为一个障碍，因为董事会可能由许多具有有限投资知识和经验的受托人组成。

◎ **应用实例 10-15**

养老金计划的投资人员认为市值加权效率低下。他们要求董事会（包括几位非投资受托人）考虑用基本面加权指数补充现有的市值加权业绩基准。这一要求导致在董事会层面就市值加权的缺点以及提议的替代解决办法进行深入的哲学和技术讨论。这些讨论始于两年多前，截至撰写本书时仍在进行中。

　　智能贝塔程序的实施和监控也会导致严肃和长时间的内部讨论。这些讨论通常涉及哪个内部团队（被动的还是主动的）应该承担监控智能贝塔程序的责任。主动管理的团队可能会争辩说，他们应该监控智能贝塔资产，因为智能贝塔是主动的。指数团队可能会回应说，智能贝塔是被动指数，可以在内部实施，类似于复制市值加权市场指数。随着对智能贝塔大规模配置，想要保留或管理更多资产的愿望必然会引发激烈的辩论和讨论。对于一些大型资金方来说，这些内部敏感性是主要障碍之一，可能会显著推迟智能贝塔程序的实施。

◎ **应用实例 10-16**

　　在内部指数团队和主动团队之间进行了长时间的内部讨论和辩论之后，大型资产所有者的投资委员会认为：①相对于业绩基准，选择和执行智能贝塔策略是委员会的责任；②实施工作将由内部指数团队负责。在一定程度上，主动团队的业绩是根据短期滚动期内产生的超额收益水平进行评估的，可以确定的是，当智能贝塔策略长期处于市场低迷状态时，他们坚持实施智能贝塔策略的能力和意愿是有限的。另外，指数团队的业绩通常是根据他们执行或监控时是否接近给定智能贝塔策略，而不是根据相对业绩基准的表现来评估的。因此，内部指数团队被认为更适合促进长期投资前景，投资委员会认为这是获得因子溢价的必要条件。

10.4.6　在投资组合的结构方面，当评估因子敞口和阿尔法时，为何建议针对已实施的智能贝塔解决方案进行风险分解分析

　　资金方通常使用商业风险模型（如巴拉或阿希奥马的模型）来分析各种主动策略的因子敞口，并构建具有预期因子敞口的投资组合。然而，在组合构建中，由于最基本的目标是选择策略和经理，并在两者结合时提供多元化的优势，在我们看来，相对于基于风险模型的分解，通过使用已实施的智能贝塔策略来分析因子敞口和相关属性更能实现这一目标。

　　正如在第6章投资者的常见问题 6.4.2 和 6.4.3 中所讨论的，使用商业风险模型进行的风险分解分析有时会显示出反直觉的因子敞口。这通常是由于主动策略和风险模型之

间的不匹配。不匹配的原因有很多。例如，使用的因子集可能不同。也就是说，与风险模型相比，主动策略可能使用不同的因子集合，例如在风险模型中不将质量作为风险因子，或在风险模型中纳入其他风险因子，比如流动性因子。因子的定义可能有所不同。一个风险模型可以将价值因子定义为一个横截面账面价值与价格的比率，而一个智能贝塔基金经理可以将价值因子定义为一个行业相关的信号和／或各种估值比率的组合。不同的方法可以用来计算因子得分。风险模型可以使用 z 分值，而基金经理可以使用序数等级作为计算因子分数的基础。其中一些不匹配的产生是因为风险模型的目标是识别和选择能够预测事前风险的因子。也就是说，可以解释横截面风险变化的因子。在智能贝塔和其他主动策略的设计中，重点是可以预测预期收益和信息比率的因子和／或特定因子。换句话说，风险因子可能与收益因子不同，从而导致基于风险模型的风险分解分析而产生的错配和违反直觉的风险敞口。

此外，风险模型无法捕捉结构关系（contextual relationship）有时可能导致违反直觉的因子敞口。例如，一个主动的策略可能被设计来利用低波动率效应在低波动率小盘股中更强的发现。风险模型通常不能获取这种结构相关的收益（contextual return）。最后，由于前面提到的原因，不同的风险模型往往也会产生不同的风险敞口。

10.5　结论

在我们的评估中，对于哪些来源能带来主动收益，哪些策略能带来多元化收益，以及对于策略内的基金经理来说，追求阿尔法的资金方应该寻求哪些策略，当前投资组合结构的实践几乎没有提供有用的指导。为了应对这些挑战，我们提出了一个更好的股票投资组合的构建框架。这个框架将传统的阿尔法分解为源自因子选择的主动收益和因子选择之外的智能阿尔法。在这个结构中，智能阿尔法是相对于实际执行的智能贝塔策略被定义的。在我们看来，资金方应该把他们的策略和基金经理选择的重点放在识别智能阿尔法上，而不仅仅是任何主动收益上。智能阿尔法可以在不同的策略（例如，量化和基本面策略）和使用特定策略的基金经理中找到。鉴于智能阿尔法与因子主动收益不相关，在不同的策略和基金经理下也没有关联，与目前的做法（如传统的阿尔法－贝塔结构）相比，提议的框架应该能提供更好的整体的多元化收益。

第 11 章

智能贝塔中的 ESG 因子

投资者越来越期待投资组合能反映环境、社会和公司治理（environmental, social, and governance，ESG）的价值与愿景。在本章，我们提出了一个框架，将 ESG 因子和智能贝塔结合起来。该框架强调业绩归因的自由度和透明度，同时保持了某种程度的基准感知能力。

本章概要

- 环境、社会和公司治理（ESG）投资是全球股市中增长最快的投资。

- 在实施 ESG 因子时，一些投资者采用行业维度或个股维度的 ESG 筛选或倾斜，另一些投资者则倾向于将 ESG 因子纳入投资策略中。

- 对于尚未将 ESG 因子纳入投资组合的投资者而言，了解 ESG 因子的风险收益及其对换手率和多元化等投资组合特征的影响仍有很大的挑战。

- 我们提出了一个框架，旨在解决将 ESG 因子纳入投资组合的挑战。

- 就 ESG 而言，数据量级不是问题，数据质量和相关性才是问题。一项研究表明，在调研的数据中，有 62% 的数据的披露比率低于 20%。此外，有 84% 的 ESG 因子由与 ESG 政策相关的答案（是或否）组成。在我们看来，这样的因子在对公司进行横截面分析时用处很小。数值指标对分析帮助更大，但指标数量是有限的，并且其中 70% 的指标的披露比率低于 20%。

- 尽管有着这些限制，但是随着时间的推移，ESG 数据质量也有所改善，覆盖率和披露率足够高，足以让许多 ESG 因子值得进行合理的分析。然而，在某种程度上由于 ESG 数据的选择偏差和前视偏差，我们认为应该谨慎对待历史回测数据。投资者的关注点不应该放在主动收益上，而应该放在其他投资组合特征上，例如积极风险、换手率和多元化。

- 将 ESG 因子纳入股票投资组合的框架的过程由两个步骤组成。第一步，对给定的股票池以两个条件进行筛选：①与产品相关的负面筛选：排除从事某些产品（如争议性武器、轻武器和烟草）制造和分销的公司股票；②纠纷负面筛选：剔除涉 ESG 纠纷的公司。第二步，将 ESG 倾斜应用于筛选股票池，以反映其他目标。例如，我们研究了将低排放倾斜纳入投资组合的影响，与市场相比，它寻求降低 70% 的排放量。

- 应用了两个筛选条件和低排放倾斜，得到的 ESG 投资组合和美国市场、非美国发达市场以及新兴市场相比，积极风险仅为 1%。ESG 投资组合的换手率为 12%，这些投资组合持有了股票池中至少 75% 的股票。

- 当 ESG 投资与智能贝塔投资相结合时，也会遵循类似的流程。在步骤 1，我们实施了排他性筛选。在步骤 2，通过建立多因子策略将智能贝塔因子倾斜应用于股票筛选。在步骤 3，实施低排放因子覆盖来构建以 ESG 为重点的多因子投资组合。

- 以 ESG 为重点的多因子投资组合的历史业绩表明，当因子倾斜应用于宽度较小的股票筛选时，仍然能提供有吸引力的扣除成本后的主动收益和信息比率。另外，低排放倾斜的应用并不会显著改变智能贝塔多因子策略的风险 — 收益表现以及其他特征。

11.1 引言

根据美银美林在 2018 年的报告，ESG 一直是权益资产中增长最快的策略之一，2013 ～ 2017 年，每年增长超过 50%。ESG 因子也越来越多地与智能贝塔因子相结合。在实施 ESG 因子时，一些投资者使用行业或股票层面的筛选机制来使他们的投资与其价值观保持一致。例如，资金方可以采用自定义基准，将某些行业排除在外，如枪支制造和烟草生产。然后，该自定义基准被用于主动管理型基金经理构建投资组合。其他资金方可能会为他们的基金经理出具一份受限投资股票清单，例如存在与滥用劳工或贿赂腐败相关的严重纠纷的公司。部分资金方可能不会采用任何股票筛选机制，相反，他们可能强烈倾向于聘请将 ESG 因子整合到投资策略中的主动管理型基金经理。这些资金方不一定从价值观一致的角度来进行 ESG 投资，他们可能只是简单地认为 ESG 因子是重要的成长驱动因素，因此也是公司未来业绩的重要驱动因素。例如，美银美林的研究报告显示，在其观察研究期间，有 17 家公司申请破产。在破产前 5 年，如果投资者只关注 ESG 得分高于平均水平的公司，那么他们就可以避开破产的 17 家公司中的 15 家。

尽管近年来 ESG 的采纳率一直很高，但仍有许多投资者持观望态度。这些投资者可能有创建专注于 ESG 的投资组合的需求，但他们可能不仅难以理解此类决定的风险和收益，还可能更难以理解其对换手率和多元化等其他投资组合特征的影响。我们试图构造这样一个框架来解决实施 ESG 策略时的一些顾虑，并将 ESG 因子和智能贝塔因子相结合。但是，我们首先要从 ESG 的数据开始。

11.2 ESG 数据

ESG 数据的数量不是问题。宾厄姆等（2017）调研了多家第三方数据供应商，发现过去几年 ESG 数据数量明显激增。他们调查的一个 ESG 数据库在 2010～2017 年数据规模从 120 万扩展到 600 多万，增长为原来的 5 倍。尽管数据数量增加了，但数据的质量和相关性仍然令人担忧。宾厄姆等（2017）指出，在他们评估的 300 个环境和社会指标中，有 62% 的披露率低于 20%。此外，他们调查的数据中有 84% 是由与 ESG 相关的二元答案（是或否）组成。例如：你们有禁止使用童工的规定吗？这样的 ESG 数据所提供的信息是有限的，对公司的横截面分析没有用处。可量化的数值指标可能更有用。然而，宾厄姆等（2017）发现此类指标的披露率甚至低于二元指标，因为超过 70% 的数值指标的披露率低于 20%。在披露率最高的 25 个指标中，只有一个是数值指标。同时，只有两个数值指标的披露率超过 50%，分别是总二氧化碳排放量和女性员工百分比。

尽管对现有 ESG 数据的质量和相关性的担忧一直存在，但在过去几年还是取得了进展。随着时间的推移，覆盖率和披露率都有所提高。对于许多 ESG 指标，全球不同地区的披露率高到足以进行合理的分析。值得注意的是，根据宾厄姆等（2017）的结论，与美国相比，欧洲和澳洲的披露率普遍要高得多，而且日本和新兴市场的披露率更高。此外，我们还看到数值指标的可用性快速上升。宾厄姆等（2017）指出，在 2007～2015 年，数值指标的数量提升了 120%，而二元指标提升了 68%。

在分析中,我们使用了 Sustainalytics[⊖]和特鲁科斯特(Trucost)数据库。我们研究了三个股票样本空间,分别是美国市场(罗素 1000 股票池)、非美国发达市场和新兴市场(MSCI 股票池)。美国市场和非美国发达市场从 2009 年 10 月开始在数据的质量、覆盖率和披露率上得以符合分析要求,而新兴市场则从 2011 年 10 月才开始符合要求。我们在此强调,由于数据填写者是自愿的,并且在某些情况下有回溯填充,我们的结果会受到选择偏差和前视偏差的影响。因此,我们认为应该谨慎看待历史回测的业绩。尤其不应该把重点放在主动收益上,而应该放在其他投资组合特征上,比如积极风险、换手率和多元化。

11.3 纳入 ESG 策略

我们构造了一个将 ESG 策略纳入股票投资组合的框架。ESG 策略可以在股票投资组合的主动投资部分或被动投资部分实施。事实上,对绝大多数资金方来说,被动投资占配置于股票资产的总资金的很大一部分。因此,要让 ESG 投资从资产配置角度产生影响力,那么 ESG 的重点需要被纳入被动投资中。然而,许多资金方及其董事会可能不愿意将 ESG 纳入被动配置中,因为担心 ESG 可能导致较大的跟踪偏差。在该框架中,我们的目标表明许多以 ESG 为重点的投资策略,包括股票筛选和倾斜,可以纳入被动投资,而且不会产生过高的跟踪误差风险。此外,ESG 策略可以进行自定义,以适应特定的积极风险限制。

如图 11-1 所示,我们的框架由两个步骤组成。步骤 1 以在资金方指定的股票池进行 ESG 负面筛选(ESG exclusions)开始。ESG 负面筛选的股票包括参与某些产品和服务的制造和销售企业,以及在与 ESG 问题有关的争议纠纷上被 Sustainalytics 公司评级为"严重"或"高"的公司。例如,与产品相关的负面筛选包含那些争议性武器、轻武器和烟草。我们涉及的 ESG 纠纷覆盖很多领域,部分资金方可能会认为对这些领域过于严苛,或者与他们希望在投资组合中反映的特定价值不相一致。然而,我们使用这些负面筛选条件来强调基于纠纷的全面筛选对投资组合业绩的影响。截至 2017 年 10 月,在各种 ESG 争议纠纷上被可持续分析机构评级为"严重"或"高"的公司包括:

⊖ Sustainalytics 成立于 1992 年,是一家专门为全球上市公司提供环境、社会和公司治理(ESG)绩效评估和研究分析的企业,总部位于荷兰阿姆斯特丹,现主要股东是晨星(Morningstar, Inc.)。——译者注

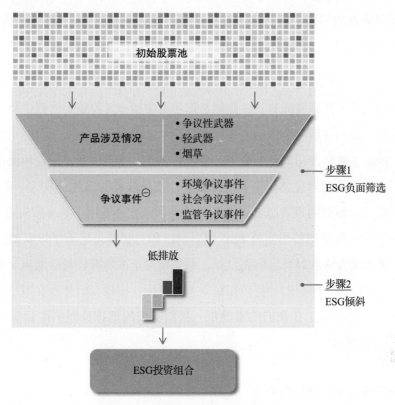

图 11-1 流程概览：构建 ESG 投资组合

▶ 面临严重环境争议的公司，如雪佛龙，涉及地下水污染诉讼以及管道泄漏和排放事件责任。

▶ 面临与员工相关的社会争议的公司，如沃尔玛，涉及侵犯劳动者权利、歧视和非法解雇的诉讼。沃尔玛还与涉及强迫劳动、童工、超长工作时间以及工人健康和安全等滥用劳工行为的供应商有关。

▶ 面临与客户相关的社会争议的公司，如身涉药品和医疗器械安全事件的强生公司，其交易费结构被监管的万事达，置身于多项反竞争调查之下的 Alphabet[⊖]，处于产品未披露副作用和安全性诉讼之中的默克公司。

▶ 面临监管争议纠纷的公司，如未经许可创建 350 万客户账户的富国银行，因避

⊖ 争议事件（controversies）是指可能对公司 ESG 产生负面影响的单个案例或持续性事件。典型的争议事件包括气体泄漏事故、监管机构采取的相关行动、针对同一设施的多项健康或安全性罚款、针对同一产品线的多项反竞争行为指控、多个社区对同一家公司选址的抗议等。争议事件表明公司的风险管理能力存在结构性问题。——译者注

⊖ Alphabet 是谷歌重组后的"伞形公司"（Umbrella Company）名字，上市代码 GOOGL。Alphabet 涉足各个领域，包括技术、生命科学、资本投资和研究。其子公司包括 Google、Calico、GV、Google Capital、Google Fiber 等。——译者注

税受到审查的苹果公司，多次被指严重违规的摩根大通，被控大量贿赂和腐败的沃尔玛。

在步骤 2 中，我们将各种 ESG 倾斜应用于筛选后的股票以反映其他目标。为了便于说明，我们实施了低排放倾斜，该倾斜是那些希望减少其投资对气候造成不利影响的资金方的目标。我们使用两个常用的指标来计算总排放量：指标 1 来自公司拥有或控制的排放源，指标 2 来自公司消费的电力、蒸汽或热能。然后，总排放量根据市值进行归一化调整，以便于横向对比不同公司的排放量。这样定义的排放量成为一个交易信号，并可用于创建排放倾斜的投资组合，该投资组合创建方法使用了第 4 章附录 4A 的信号倾斜方法。该方法的使用使得实施 ESG 倾斜的过程与智能贝塔因子倾斜的过程保持一致。此外，该方法允许针对特定倾斜目标，例如相对于市场有针对性地减少排放，类似于在实施智能贝塔因子倾斜时如何以跟踪误差为目标。排放倾斜体现在增持低排放的公司，减持高排放的公司。在我们的案例中，我们实施的低排放倾斜的目标是与市场相比，减少 70% 的排放。

11.3.1　ESG 负面筛选的影响

表 11-1 展示了截至 2017 年 10 月 ESG 负面筛选在三个股票样本空间的权重影响。在美国市场（组 A），有产品牵涉其中而被剔除的公司占罗素 1000 指数权重的 5%。争议纠纷负面筛选占权重的 17.2%。产品负面筛选和争议纠纷负面筛选对 MSCI 非美国发达市场指数的影响和对 MSCI 新兴市场的影响，分别在组 B 和组 C 展示。

表 11-1　不同股票池的负面筛选对权重的影响（截至 2017 年 10 月）

权重（%）	
组 A：罗素 1000 股票池	
争议性武器	2.7
轻武器	0.8
烟草	1.5
所涉及的全部产品	**5.0**
环境方面争议	1.2
社会方面争议	8.9
监管方面争议	7.7
各方面争议合计	**17.2**
组 B：MSCI 非美国发达市场全球指数股票池	
争议性武器	1.1

（续）

权重（%）	
组 B：MSCI 非美国发达市场全球指数股票池	
轻武器	0.4
烟草	2.9
所涉及的全部产品	**4.4**
环境方面争议	2.4
社会方面争议	4.1
监管方面争议	6.6
各方面争议合计	**10.9**
组 C：MSCI 新兴市场股票池	
争议性武器	0.3
轻武器	0.0
烟草	1.2
所涉及的全部产品	**1.5**
环境方面争议	1.1
社会方面争议	3.7
监管方面争议	7.6
各方面争议合计	**11.9**

资料来源：GSAM.

表 11-2 展示了 ESG 负面筛选对历史业绩的影响。在评估历史业绩时，我们使用与第 5 章中相同的交易成本假设，即美国市场完成一次买卖的成本为 0.50%，非美国发达市场为 0.80%，新兴市场为 1.50%。ESG 负面筛选的应用产生了相对于基准的积极风险，在美国市场（组 A）为 0.81%，在非美国发达市场（组 B）为 0.64%，在新兴市场（组 C）为 0.76%。在这三个股票样本空间，ESG 负面筛选产生了约 10% 的换手率并剔除了约 5% 的公司。

11.3.2　低排放倾斜的影响

在表 11-3 中应用了低排放倾斜，其目标是与市场基准相比减少 70% 的排放量。根据排放量倾斜后的股票池，在美国市场和非美国发达市场产生了 0.62% 的积极风险，新兴市场为 0.48%。在三个股票样本空间的换手率为 10%，并且持有了原有投资组合中 80% ～ 90% 的股票。

表 11-2 ESG 负面筛选对业绩的影响：不同股票池（样本截止时间：2018 年 3 月）

	开始时间	毛收益总额 (%)	总风险 (%)	夏普比率	CAPM 贝塔	主动收益 (%)	积极风险 (%)	信息比率	最差 3 年的年化的业绩 (%)	换手率 (%)	持有公司数量占指数的比例
组 A: 罗素 1000 股票池											
罗素 1000 指数	2009 年 10 月	**13.78**	**12.21**	**1.10**	**1.00**						
所涉及的全部产品		13.56	12.29	1.08	1.01	-0.22	0.29	-0.77	-0.37	5	97
各方面争议合计		13.99	12.26	1.11	1.00	0.21	0.74	0.29	-0.45	10	97
通过 ESG 负面筛选后合计		**13.76**	**12.28**	**1.10**	**1.00**	**-0.02**	**0.81**	**-0.02**	**-0.61**	**10**	**95**
组 B: MSCI 非美国发达市场全球指数股票池	2009 年 10 月										
MSCI 非美全球指数		**6.19**	**14.58**	**0.46**	**1.00**						
所涉及的全部产品		6.02	14.63	0.45	1.00	-0.17	0.22	-0.77	-0.37	5	98
各方面争议合计		6.58	14.47	0.49	0.99	0.39	0.61	0.63	0.13	8	96
通过 ESG 负面筛选后合计		**6.42**	**14.53**	**0.47**	**1.00**	**0.23**	**0.64**	**0.36**	**-0.03**	**9**	**94**
组 C: MSCI 新兴市场股票池	2011 年 10 月										
MSCI 新兴市场指数		**7.33**	**16.25**	**0.49**	**1.00**						
所涉及的全部产品		7.25	16.30	0.48	1.00	-0.08	0.15	-0.51	-0.20	8	98
各方面争议合计		7.61	16.22	0.51	1.00	0.27	0.76	0.36	0.00	10	96
通过 ESG 负面筛选后合计		**7.64**	**16.27**	**0.51**	**1.00**	**0.31**	**0.76**	**0.41**	**-0.02**	**10**	**95**

资料来源：GSAM.

11.3.3 ESG负面筛选和低排放倾斜的综合影响

表11-3对基准股票池应用了低排放倾斜。现在我们将致力于减少70%排放量的低排放倾斜应用于ESG负面筛选的投资组合中，得到的投资组合被称为ESG投资组合。ESG投资组合回测的历史业绩如表11-4所示。首先，我们注意到ESG负面筛选投资组合的排放情况，从新兴市场的88%到美国市场的95%不等。低排放倾斜的应用使得ESG投资组合的碳排放量减少到市场投资组合的30%。美国市场仅增加了0.24%的积极风险（从0.81%到1.05%）和3%的换手率，减少了14%的组合持股数量。在其他两个样本空间也有着类似的结果。

我们从ESG投资组合的特征中能获得以下有用的见解。首先，ESG负面筛选的应用，可以筛选出大约20%的股票，加上低排放倾斜，相对市场基准可以减少70%的碳排放量，其在三个股票样本空间的积极风险仅为1%左右。对于添加的ESG约束条件而言，ESG投资组合的积极风险是相当合理的。其次，对ESG负面筛选投资组合实施低排放倾斜仅使得积极风险增加了0.20%，然而在三个股票样本空间中，低排放倾斜相对市场会增加0.50%或更高的积极风险（见表11-3）。该结果由以下事实得出：积极风险并不是可以累加的（积极风险的平方可以累加），并且ESG负面筛选和低排放倾斜并不完全正相关。最后，低排放倾斜也导致了换手率小幅上升3%，ESG投资组合仍然保持相当的多元化，其持有70%及以上潜在股票池的股票。此外，ESG投资组合还可以进行自定义，以满足资金方的风险限制。例如，资金方可能希望在股票投资组合的被动投资模块实现所讨论的ESG特性，并且受0.50%的积极风险约束。在我们的方案中，这可以通过排除那些只在争议纠纷中排名特别高的公司来实现，并将减排目标定在较低的水平，如50%。

表 11-3 ESG 低排放倾斜对业绩的影响：不同股票池（样本截止时间：2018 年 3 月）

	开始时间	毛收益总额 (%)	总风险 (%)	夏普比率	CAPM 贝塔	主动收益 (%)	积极风险 (%)	信息比率	最差 3 年年化的业绩 (%)	换手率 (%)	持有公司数量占指数的比例 (%)	相对于市场投资组合的排放量 (%)
组 A: 罗素 1000 股票池												
罗素 1000 指数	2009 年 10 月	13.78	12.21	1.10	1.00							
低排放倾斜		14.02	12.29	1.11	1.01	0.24	0.62	0.39	-0.17	10	85	30
组 B: MSCI 非美国发达全球指数股票池	2009 年 10 月											
MSCI 非美国发达市场全球指数		6.19	14.58	0.46	1.00							
低排放倾斜		6.40	14.55	0.47	1.00	0.21	0.62	0.33	-0.22	10	81	30
组 C: MSCI 新兴市场股票池	2011 年 10 月											
MSCI 新兴市场指数		7.33	16.25	0.49	1.00							
低排放倾斜		7.47	16.09	0.50	0.99	0.14	0.48	0.30	-0.20	11	89	30

资料来源：GSAM.

表 11-4　ESG 负面筛选和低排放倾斜对业绩的影响：不同股票池（样本截止时间：2018 年 3 月）

	开始时间	毛收益总额（%）	总风险（%）	夏普比率	CAPM贝塔	主动收益（%）	积极风险（%）	信息比率	最差 3 年年化的业绩（%）	换手率（%）	持有公司数量占指数的比例（%）	相对于市场投资组合的排放量（%）
组 A：罗素 1000 股票池	2009 年 10 月											
罗素 1000 指数		13.78	12.21	1.10	1.00							
ESG 负面筛选		13.76	12.28	1.10	1.00	−0.02	0.81	−0.02	−0.61	10	95	95
+ 低排放倾斜 = ESG 投资组合		13.96	12.40	1.10	1.01	0.18	1.05	0.17	−0.67	13	81	30
组 B：MSCI 非美国发达市场全球指数股票池	2009 年 10 月											
MSCI 非美国发达市场全球指数		6.19	14.58	0.46	1.00							
ESG 负面筛选		6.42	14.53	0.47	1.00	0.23	0.64	0.36	−0.03	9	94	94
+ 低排放倾斜 = ESG 投资组合		6.56	14.55	0.48	1.00	0.37	0.90	0.41	−0.12	12	75	30
组 C：MSCI 新兴市场股票池	2011 年 10 月											
MSCI 新兴市场指数		7.33	16.25	0.49	1.00							
ESG 负面筛选		7.64	16.27	0.51	1.00	0.31	0.76	0.41	−0.02	10	95	88
+ 低排放倾斜 = ESG 投资组合		7.88	16.13	0.52	0.99	0.55	0.91	0.60	0.10	13	84	30

资料来源：GSAM.

11.3.4 业绩归因

根据我们的经验，许多投资者认为，将业绩归因于各种 ESG 因子的能力是以 ESG 为重点的投资过程的一个重要且必要的特征。我们所构建的投资框架通过分解投资过程的每个步骤对积极风险和主动收益的贡献来提供这种能力。表 11-5 显示了三个股票样本空间中 ESG 投资组合的业绩归因。该表显示，ESG 投资组合的积极风险在很大程度上是由争议纠纷负面筛选导致的，因为超过 55% 的积极风险可以由其解释。低排放倾斜是积极风险的第二大贡献者。与产品相关的负面筛选对这三个股票样本空间的积极风险没有太大影响。

表 11-5   ESG 负面筛选和低排放倾斜的业绩归因：不同股票池（样本截止时间：2018 年 3 月）

	开始时间	主动收益贡献（%）	积极风险贡献（%）	被积极风险解释的比例
组 A：罗素 1000 股票池	2009 年 10 月			
所涉及的产品		−0.22	0.12	11.6
争议事件		0.21	0.62	58.6
低排放倾斜		0.19	0.31	29.8
ESG 投资组合		**0.18**	**1.05**	**100**
组 B：MSCI 非美国发达市场全球指数股票池	2009 年 10 月			
所涉及的产品		−0.16	0.04	4.1
争议事件		0.39	0.50	55.3
低排放倾斜		0.14	0.37	40.7
ESG 投资组合		**0.37**	**0.90**	**100**
组 C：MSCI 新兴市场股票池	2011 年 10 月			
所涉及的产品		−0.02	−0.02	−2.1
争议事件		0.33	0.72	78.3
低排放倾斜		0.24	0.22	23.8
ESG 投资组合		**0.55**	**0.91**	**100**

资料来源：GSAM.

11.4 将 ESG 和智能贝塔相结合

我们所提出的将 ESG 与智能贝塔相结合的流程如图 11-2 所示。如前所述，在步骤 1 中，我们实施了涉及 ESG 产品和争议纠纷的负面筛选。在步骤 2 中，将所需的智能贝塔因子倾斜应用于筛选后的股票池。在我们的案例中，我们通过构建第 8 章中讨论的信号倾斜（ST）多因子投资组合（MFP）对价值因子、动量因子、波动率因子和质量因子实施倾斜。最后，在步骤 3 中，将低排放倾斜应用于信号倾斜法多因子投资组合中以得到专注于 ESG 的多因子投资组合。

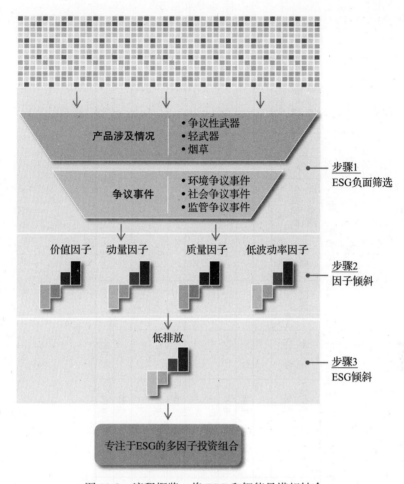

图 11-2　流程概览：将 ESG 和智能贝塔相结合

11.4.1　基于市场指数的多因子投资组合历史业绩

在我们分析专注于 ESG 的多因子投资组合[⊖]（纳入 ESG 筛选后的股票和倾斜）历史业绩之前，让我们先简要回顾一下当智能贝塔因子倾斜直接应用于潜在股票池后的业绩。表 11-6 展示了在不同股票样本空间中的"基于市场指数的多因子投资组合"的模拟历史业绩。在这三个股票样本空间中，这类多因子投资组合产生的信息比率在 0.64 到 1.19 之间，年化换手率在 12% 到 26% 之间。这类多因子投资组合在美国股票市场和非美国发达市场持有大约 80% 的股票，而在新兴市场则少得多，为 47%。这是因为在为新兴市场构建多因子投资组合的过程中，我们应用了流动性因子和其他交易过滤条件来提高可投资性和策略容量。最后，我们注意到多因子投资组合的排放量高于美国市场（120%），但低于非美国发达市场（91%）和新兴市场（83%）。

⊖　此处应为多因子投资组合（MFP），原书 MDP 疑似笔误。——译者注

表 11-6 多因子投资组合的历史业绩：不同股票池（样本截止时间：2018 年 3 月）

	开始时间	毛收益总额（%）	总风险（%）	夏普比率	CAPM 贝塔	主动收益（%）	积极风险（%）	信息比率	最差 3 年年化的业绩（%）	换手率（%）	持有公司数量占指数的比例	相对于市场投资组合的排放量（%）
组 A：罗素 1000 股票池	2009 年 10 月											
罗素 1000 指数		**13.78**	**12.21**	**1.10**	**1.00**							
基于市场指数的多因子投资组合		14.64	11.93	1.18	0.97	0.86	1.34	0.64	−0.34	12	81	120
组 B：MSCI 非美国发达市场全球指数股票池	2009 年 10 月											
MSCI 非美国发达市场全球指数		**6.19**	**14.58**	**0.46**	**1.00**							
基于市场指数的多因子投资组合		8.17	13.87	0.61	0.95	1.98	1.66	1.19	1.03	16	79	91
组 C：MSCI 新兴市场指数股票池	2011 年 10 月											
MSCI 新兴市场指数		**7.33**	**16.25**	**0.49**	**1.00**							
基于市场指数的多因子投资组合		8.91	15.35	0.60	0.94	1.58	1.72	0.92	0.47	26	47	83

资料来源：GSAM.

11.4.2　以ESG为核心的多因子投资组合的历史业绩

如表 11-7 所示，对于美国市场，当因子倾斜应用于筛选后的股票时，基于 ESG 负面筛选的多因子投资组合在此期间产生了 0.85% 的费后收益率、0.52 的信息比率、14% 的换手率，持有公司数量占指数的 79%，相对于罗素 1000 指数的排放达到了 112%。应用低排放倾斜后，专注于 ESG 的多因子投资组合增加了 0.09% 的积极风险和 2% 的换手率，持有股票数量减少了 7%，[⊖]排放减少至市场基准的 30%。

对于非美国发达市场，基于 ESG 负面筛选的多因子投资组合实现了 1.12 的信息比率和 18% 的换手率，排放水平为市场基准的 90%。专注于 ESG 的多因子投资组合，结合低排放倾斜，将碳排放减少至市场基准的 30%，同时增加了 0.19% 的积极风险和 2% 的换手率，持有公司数量占指数的比例减少了 10%。

对于新兴市场，基于 ESG 负面筛选的多因子投资组合也实现了超过 1 的信息比率，换手率为 25%，排放为市场基准的 72%。在同样的股票池下，实施低排放倾斜导致积极风险和换手率的增加。

在比较表 11-6 和表 11-7 时，我们注意到以下几点。首先，与基于市场指数的多因子投资组合（表 11-6）相比，从筛选后的股票池中创建的多因子投资组合（基于表 11-7 中的 ESG 负面筛选的多因子投资组合）导致三个股票样本空间的积极风险略有增加。这完全在预期之中，因为 ESG 筛选减少了股票池的广度，相对于市场指数引入了更高的跟踪风险。其次，基于 ESG 负面筛选的多因子投资组合产生的信息比率与基于市场指数的多因子投资组合的信息比率相似。最后，低排放倾斜的目标是减少 70% 的碳排放，并没有从根本上改变基于 ESG 负面筛选的多因子投资组合的风险收益比和其他投资组合特征。

11.4.3　以ESG为核心的多因子投资组合的业绩归因

表 11-8 展示了将 ESG 因子与智能贝塔因子结合使用的影响。在这三个股票样本空间中，智能贝塔因子倾斜对主动收益的贡献达到 80% 及以上。智能贝塔因子的积极风险贡献在 56% ～ 75%。

⊖　原文系 5%，疑似笔误。——译者注

表 11-7 专注于 ESG 的多因子投资组合的历史业绩：不同股票池（样本截止时间：2018 年 3 月）

	开始时间	毛收益总额 (%)	总风险 (%)	夏普比率	CAPM 贝塔	主动收益 (%)	积极风险 (%)	信息比率	最差 3 年年化的业绩 (%)	换手率 (%)	持有公司数量占指数的比例 (%)	相对于市场投资组合的排放量 (%)
组 A: 罗素 1000 股票池												
罗素 1000 指数	2009 年 10 月	13.78	12.21	1.10	1.00							
ESG 负面筛选		13.76	12.28	1.10	1.00	-0.02	0.81	-0.02	-0.61	10	95	95
基于 ESG 负面筛选的多因子投资组合		14.63	12.10	1.17	0.98	0.85	1.66	0.52	-0.50	14	79	112
+低排放倾斜 = 专注于 ESG 的多因子投资组合		14.86	12.22	1.18	0.99	1.08	1.75	0.61	-0.05	16	72	30
组 B: MSCI 非美国发达市场全球指数股票池												
MSCI 非美国发达市场全球指数	2009 年 10 月	6.19	14.58	0.46	1.00							
ESG 负面筛选		6.42	14.53	0.47	1.00	0.23	0.64	0.36	-0.03	9	94	94
基于 ESG 负面筛选的多因子投资组合		8.26	13.82	0.62	0.94	2.06	1.84	1.12	0.90	18	77	90
+低排放倾斜 = 专注于 ESG 的多因子投资组合		8.38	13.79	0.62	0.94	2.19	2.03	1.08	1.20	20	67	30
组 C: MSCI 新兴市场股票池												
MSCI 新兴市场指数	2011 年 10 月	7.33	16.25	0.49	1.00							
ESG 负面筛选		7.64	16.27	0.51	1.00	0.31	0.76	0.41	-0.02	10	95	88
基于 ESG 负面筛选的多因子投资组合		9.26	15.46	0.62	0.95	1.93	1.77	1.09	0.70	25	47	72
+低排放倾斜 = 专注于 ESG 的多因子投资组合		9.36	15.38	0.63	0.94	2.03	1.88	1.08	0.70	26	44	30

资料来源：GSAM.

表 11-8　专注于 ESG 的多因子投资组合的业绩归因：不同股票池（样本截止时间：2018 年 3 月）

	开始时间	主动收益贡献（%）	积极风险贡献（%）	被积极风险解释的比例
组 A：罗素 1000 股票池	2009 年 10 月			
产品涉及情况		−0.22	0.04	2.4
争议事件		0.21	0.57	32.8
基于 ESG 负面筛选的多因子投资组合		0.87	0.99	56.7
低排放倾斜		0.22	0.14	8.0
专注于 ESG 的多因子投资组合		**1.08**	**1.75**	**100**
组 B：MSCI 非美国发达市场全球指数股票池	2009 年 10 月			
产品涉及情况		−0.16	−0.06	−3.1
争议事件		0.40	0.40	19.6
基于 ESG 负面筛选的多因子投资组合		1.84	1.47	72.4
低排放倾斜		0.12	0.23	11.1
专注于 ESG 的多因子投资组合		**2.19**	**2.03**	**100**
组 C：MSCI 新兴市场股票池	2011 年 10 月			
产品涉及情况		−0.02	−0.04	−2.0
争议事件		0.33	0.37	19.8
基于 ESG 负面筛选的多因子投资组合		1.62	1.42	75.5
低排放倾斜		0.10	0.13	6.7
专注于 ESG 的多因子投资组合		**2.03**	**1.88**	**100**

资料来源：GSAM.

11.5　投资者的常见问题

11.5.1　投资者在设计和实施 ESG 策略时应牢记哪些要点

阿尔福德（2018）充分讨论了投资者探索 ESG 策略时应该考虑的因素。在本文中，阿尔福德（2018）关注三个主要领域：ESG 视角、实施和监控。

就投资者在实施 ESG 策略时所采用的视角，阿尔福德（2018）认为，对实施过程所涉及的各种潜在的权衡的理解，可以让投资者受益。例如，在两种 ESG 实施方法之间的选择（一种是在投资过程中纳入 ESG 因子，另一种是使用股票筛选或因子倾斜）对于 ESG 和非 ESG 因子之间的相互作用可能会有不同的影响。就第一种方法而言，ESG 因子是股票选择过程中的一个输入因子，但并非唯一的输入因子。因此，一只 ESG 较弱的股票可能会被包括在投资组合中，甚至可能权重过高，因为它在非ESG因子上看起来很有吸引力。就股票筛选或因子倾斜而言，也存在具有投资潜力的被低估的股票被踢出投资组合的考虑范围的情况。因此，投资者需要了解并适应ESG和非ESG因子在给定实施方案下的影响。

在实施ESG策略时，阿尔福德（2018）还讨论了各种与投资过程设计相关的考虑因素。例如，投资过程应该关注当前的业绩（通过ESG因子的水平衡量）还是关注业绩提升率（通过ESG因子的变化来衡量）？该投资过程评估公司的基准应该是行业同行还是更广泛的股票池？应如何调整ESG指标以促进有意义的横截面上的比较？该过程是否应该是业绩基准可知的？如果是，ESG策略的积极风险预算应当是多少？这些都是投资者在考虑ESG投资过程时要形成具体观点所必须考虑的因素。

最后，关于监测ESG策略，阿尔福德（2018）概述了投资者可能面临的挑战。例如，挑战之一是评估ESG风险和业绩所需的长期和不确定的投资期限。事实上，气候风险等许多ESG因子对业绩的影响在未来许多年内也可能不会完全显现。需要进行短期业绩评估的投资者可能会发现，当ESG策略表现不佳时，很难保持对该策略的信心，即使这类投资者对该策略有长期的投资信仰。另一个潜在的挑战与业绩归因有关，这涉及对各种ESG因子的风险和收益贡献的理解。投资者通常使用商业风险模型来评估投资组合的风险和业绩。不过，此类风险模型并不包含ESG因子。因此，它们在评估ESG因子的风险和业绩影响时通常是没用的。此问题的一个解决方案是构建自定义风险模型，其中包括相关的ESG因子。当然，这个解决方案对大多数投资者来说是不可行的。阿尔福德（2018）提出的一个简单得多的替代解决方案是构建模拟投资组合，旨在剥离给定投资过程中各种ESG因子的影响。然后，可以使用这些模拟投资组合来归因ESG因子的积极风险和收益贡献。我们在本章中所论述的构建框架遵循阿尔福德（2018）提出的解决方案，目的是提升对整个投资组合中各种ESG的业绩影响的理解和归因。

11.5.2 智能贝塔因子是否具有不同的ESG特征，例如排放强度

一般来说，智能贝塔因子对不同的ESG因子有不同的敞口。在一定程度上，个别智能贝塔因子可能体现了行业偏差，它们也可能体现了对ESG因子的不同敞口。例如，建筑行业的员工伤亡率比银行业高。零售行业比保险行业更容易受到某些争议纠纷的影响，比如通过其供应商雇用童工和虐待工人。在温室气体排放方面，偏好公用

事业和能源等行业的智能贝塔因子（如价值）可能体现出比市场高得多的排放情况。表 11-9 显示了用于根据表 11-6 中的市场指数构建多因子投资组合的各个智能贝塔因子投资组合相对于市场的平均排放量。纵观三个股票样本空间，我们注意到价值因子投资组合的碳排放远远高于市场。另外，质量因子投资组合的碳排放要低得多，约为市场的 30%。

表 11-9　单个智能贝塔因子的排放特征：不同股票池（样本截止时间：2018 年 3 月）

	开始时间	相对于市场组合的排放量（%）
组 A：罗素 1000 股票池	2009 年 10 月	
价值因子		241
动量因子		96
低波动率因子		127
质量因子		31
基于市场指数的多因子投资组合		**120**
组 B：MSCI 非美国发达市场全球指数股票池	2009 年 10 月	
价值因子		179
动量因子		71
低波动率因子		91
质量因子		33
基于市场指数的多因子投资组合		**91**
组 C：MSCI 新兴市场股票池	2011 年 10 月	
价值因子		161
动量因子		79
低波动率因子		116
质量因子		24
基于市场指数的多因子投资组合		**83**

资料来源：GSAM.

这些结果对投资者评估其整个股票投资组合的 ESG 情况具有重要影响。考虑以下情况。美国的一项公共计划实施了一项低排放策略，该策略旨在将排放量相对于市场减少约 60%。然后，该计划接着指定了排放额度，其等价于在特定低波动率策略中投资于低排放策略的数额。选择的低波动率战略的排放概况比市场高出 40%，因此抵消了低排放策略的大部分减排目标。同样，在我们的经验中，我们经常发现，整个投资组合中的一个策略经常否定另一个策略所寻求的 ESG 好处。例如，寻求通过实施 ESG 来减少碳排放的投资者可能在其投资组合的其他策略中显示出强烈的价值偏好。这些情况表明，投资者应确定各种已实施策略的 ESG 因子敞口，以便更好地了解整体投资组合的 ESG 概况。

11.5.3 当 ESG 与智能贝塔因子结合使用时，ESG 因子是否有可能弱化智能贝塔因子的影响

答案是肯定的。然而，我们认为，如果组合策略的主要目标是在投资组合中反映某些 ESG 特征，那么这不应被视为一个问题。例如，表 11-7 中说明的专注于 ESG 的多因子投资组合既包含了所需的 ESG 负面筛选又包含了排放倾斜。这就是为什么在我们提出的投资过程中，我们从 ESG 负面筛选开始（图 11-2 中的步骤 1），以排放倾斜结束（图 11-2 中的步骤 3），以确保两个约束条件都反映在最终的投资组合中。纳入各种 ESG 约束的成本可能造成对某些智能贝塔因子倾斜的贡献弱化。然而，从表 11-8 中，我们也注意到，当包含 ESG 因子时，以 ESG 为重点的多因子投资组合的主动收益和风险仍然主要由智能贝塔因子倾斜驱动。

11.6 结论

在本章中，我们使用了一个简单的框架来说明专注于 ESG 的策略，包括股票筛选或因子倾斜，是可以合并到投资组合的被动投资模块中的，且相对于给定的市场基准不会承受过高的跟踪风险。此外，ESG 投资还可以与智能贝塔投资相结合。事实上，投资者可以在不从根本上改变风险收益状况的情况下，将 ESG 因子纳入智能贝塔多策略组合。最后，ESG 还可以通过自定义的方式纳入组合，以适应特定的积极风险预算。

第 12 章

对冲基金投资的另类选择：基于风险的方案

奥利弗·邦恩⊖

高盛资管副总裁

12.1 引言

与传统的股票和固定收益基金相比，对冲基金没有投资约束，因此在过去的 20 多年，它们产生了多元化的正收益。⊜因此，投资者利用对冲基金来补充核心股票和固定收益配置，并期望提高整体投资组合的效率。然而，投资对冲基金给投资者带来了一系列截然不同的挑战，特别是流动性限制、策略缺乏透明度、尽职调查以及费用结构。在公开股票市场共同基金的背景下，对其中一些挑战的一种回应是被动地跟踪一个具有代表性的市场基准。遗憾的是，作为代表性基准的市场投资组合是建立在资本资产定价模型（CAPM）和有效市场假说（EMH）基础上的，而该基准在对冲基金中并不存在。在

⊖ 斯蒂芬·凯斯勒（Stephan Kessler）在受雇于高盛资管期间也对本文有所贡献。

⊜ 1997 年 9 月～2017 年 9 月，对冲基金收益的夏普比率为 0.61——以 "HFRI 对冲基金加权综合指数"（HFRI Fund Weighted Composite Index）衡量，而股票的信息比率为 0.51，这表明它们有能力提供超过股票风险溢价的收益。对冲基金研究公司（Hedge Fund Research, Inc., 简称 HFR，成立于 1992 年，专注于指数的创建与对冲基金数据的分析，其数据库不只包含了基金的历史业绩与投资组合，更囊括具有影响力的基金经理的操作资料。）

此背景下，本文探讨了对冲基金投资的另类选择。它借鉴了其他资产大类的方法，总结了一种基于因子的方法，以识别对冲基金承担的系统性风险敞口。这些基于学术研究且具有经济意义的因子定义明确、流动性强、可以以较低的成本实施。这些系统性因子的组合可以为投资者提供类似对冲基金的收益。

这里有几个对冲基金没有具有代表性的市场基准的原因。撇开对冲基金几乎没有一个公认的定义不谈，由于对冲基金数据来源的覆盖范围限制和投资摩擦等问题，被动追踪代表整个对冲基金的基准是不可能的。一方面，对冲基金可能会自行决定向多个对冲基金数据库中的一个或多个报告信息，结果每个数据库以及整体数据库只提供了对冲基金的部分基金。另一方面，与对冲基金相关的投资摩擦（例如封闭期、最低投资额）和尽职调查要求对启动和维持任何规模庞大和多元化的对冲基金投资组合构成了极大的阻碍，因此对被动投资方式构成了进一步的挑战。

考虑到缺乏一个可行的对冲基金基准供投资者被动追踪，新的问题就出现了——是否有理由转而选择对冲基金的投资组合。投资者自然会努力地选择那些始终如一地产生多元化和正收益的对冲基金。但是在实践中，对冲基金不仅在投资策略方面缺乏透明度，而且在业绩、头寸和归因的报告方面也缺乏透明度（这通常是自愿的，没有明确的标准存在），这使得很难区分基金经理的运气和技能。此外，本章还量化了对冲基金业绩持续性与上年同期相比的不足。正如 12.2.2 所概述的，在过去一年业绩排名前 20% 的基金中，只有 29% 的基金能够在次年重复这种业绩。这与阿加瓦尔等（2015）和埃林（2009）总结的关于对冲基金经理业绩持续性的学术文献中的观点是一致的。虽然对冲基金在较短的时间内（即 6 个月或更短的时间）可能会有一定程度的持续性，但这篇文献查明，在中长期范围内，持续性的证据变得越来越弱。这反过来意味着，即使对冲基金投资者能够在事前持续识别成功的对冲基金，他们也必须频繁地调整投资组合。此外，认购 / 赎回周期以及基金经理关系限制带来了重大的实施挑战，只剩下潜在的经验丰富的投资者拥有足够的专业知识和资源来动态调整这些类型的投资组合。

本文提出的另类投资方法既承认缺乏具有代表性的市场基准，也承认在维持一个业绩良好的精选对冲基金组合方面存在着挑战。为了让投资者管理对冲基金业绩的分散度，它主张建立一个充分多元化的对冲基金样本。尽管个别对冲基金的投资风格和由此产生的收益特征可能非常独特，但当谈到推动其收益随时间演变的驱动因素时，这种多元化的投资组合表现出更高的稳定性。该投资组合构建方法主张使用对冲基金的系统性因子敞口来推断此类收益驱动因素，而不是构建直接持有的大型对冲基金的投资组合。这项研究的基础是法玛和弗伦奇（1992）关于股票横截面定价的工作，夏普（1992）关于资产大类因子模型的工作，冯和谢（1997，2001，2004）的研究成果，阿加瓦尔和奈克（2000a，2000b，2004）的研究成果等，他们开创了对冲基金系统收益驱动因素分析的先河。

我们所采用的定义明确、流动性强、成本相对较低的风险敞口分为两类：传统风险溢价和另类风险溢价。传统风险溢价是单独的"纯多头"市场因子（贝塔），如股票或固定收益。另类风险溢价被定义为对冲基金经常采用的投资规则和策略的集合，这些规则和策略可以通过流动性金融工具实施，因此具有与传统市场因子类似的流动性。特别是通过强调另类风险溢价，该方法与哈桑霍德齐克和罗闻全（2007）或希尔等（2004）相比，实现了对广泛对冲基金组合业绩的加强跟踪。在投资工具中流动地获得这两类风险溢价，比单个对冲基金的投资组合更具优势，甚至可能比投资对冲基金的基金（FOHF）更具优势，例如流动性、可负担性、透明度和明确的收益归因。对于担心对冲基金中部分业绩一致性的投资者来说，这两类风险溢价的投资组合可能是较好的解决方案。这种投资方式的另一个好处是，它让投资者可以通过投资于专门挑选的高信心对冲基金来补充自己的投资组合。

个别高信心对冲基金可能确实能提供诱人的收益，而且超过了传统或另类风险溢价。这就提出了一个重要警告，投资者可以利用传统和另类对冲基金风险溢价敞口的投资方法进行投资，因为除了这些系统性因子敞口之外，它并不提供进入对冲基金可能存在的"无法解释的"部分的途径。然而，正如12.4.1所概述的那样，我们所构建的对冲基金投资组合的收益率中，只有16%可以归因于这一无法解释的部分。反过来，有84%的收益可以通过传统和另类风险溢价的方式提供给投资者。这一百分比不仅是由这些风险溢价的静态敞口所致，而且还反映了对冲基金对此类风险溢价敞口的时间变化，因为讨论的方法会定期更新。总体而言，高比例的对冲基金业绩捕捉转化为93.5%的与标的对冲基金的收益时间序列相关性。

尽管我们所提出的投资方法可能代表着投资者对对冲基金基准不可投资性的弥补措施，但仍要注意，它的业绩与股市中的被动跟踪基准投资组合截然不同。尽管风险溢价（特别是另类风险溢价）具有非被动的特征，但这些因子的明确定义和流动性与一些对冲基金投资策略的不透明性和非流动性之间的差异，必然会导致一定程度的跟踪误差。在另类对冲基金投资方案下，根据回测分析，跟踪误差约为对冲基金基准波动率的三分之一。

本章的结构如下：12.2对对冲基金的样本做了更详细的介绍，我们以此为基础进行分析。然后，我们分析了对冲基金的业绩持续性，并详细阐述了不同规模的对冲基金的投资组合与整个对冲基金的相似之处。在 12.3 中，我们介绍了传统风险溢价和另类风险溢价的集合，这些溢价使我们能够识别对冲基金业绩的系统性驱动因素，并讨论分配给这些溢价的权重估计框架，以模拟流动性形式的对冲基金的风险收益特征。12.4 讨论了权重估计程序的有效性，并进一步提出了对对冲基金总体收益明确的收益和风险分解，将其分解为传统风险溢价、另类风险溢价以及一个无法解释的组成部分。12.5 对对冲基金的费用和流动性的演变进行了横截面分析。它还展望了在对冲基金近期发展的背景下，流动性跟踪能够发挥的作用。最后，12.6 对近年来出现的流动性另类投资工具在更广泛领域进行了展望。

12.2 多元化的对冲基金投资组合的优势

在本节中，我们将重点介绍对冲基金样本数据集，该数据集是后续系统性业绩驱动因素分析的核心。我们首先描述了专有的对冲基金数据集的构建，并回顾了它的当前和历史属性，如基金数量和管理的资产规模。

然后，我们将重点放在业绩持续性的分析上，并强调其在年度同比基础上的不足。缺乏业绩持续性表明，旨在挑选业绩最好的对冲基金的投资者将不得不在实际情况中更频繁、更大程度地重新平衡对冲基金投资组合，这一担忧可以通过增加对冲基金投资组合的多元化来解决。

然而，本节的另一个发现是对冲基金投资组合与所研究的整个对冲基金样本之间的趋同程度，即使是个别基金数量有限的对冲基金投资组合也是如此。再加上持续性结果，这一发现是使用广泛多样的对冲基金及其相应的投资策略来推断系统性对冲基金收益驱动因素的根本理由。

12.2.1 对冲基金样本

我们直接从对冲基金数据库供应商处获取对冲基金信息。对冲基金或其管理公司[⊖]通常会按月提供基金级别的月度收益以及受托管理规模（asset under management, AUM）的信息，同时提供一系列定性的信息，如分类或费用结构。

⊖ 向对冲基金数据库披露信息是自愿的，人们可能会对对冲基金或其管理公司决定是否向对冲基金数据库报告所固有的选择性偏差表示担忧。将对冲基金收益报告到数据库的原因是多方面的，其中包括加大宣传，投资者的要求或被认为机构质量更高。尽可能广泛地对对冲基金样本实施这一方法，可以让个别对冲基金经理停止报告自己的收益，从而使结果变得稳健，并缓解了人们对数据全面性的一些担忧。

这项研究所依据的对冲基金样本是由两家对冲基金数据库供应商——对冲基金研究公司（Hedge Fund Research，Inc.）和巴克莱对冲（BarclayHedge，LLC.）提供的数据构成的。截至 2017 年 12 月，这两个数据库为我们提供了近 14 000 个对冲基金时间序列。[一]正如琼瓦拉等（2016）所发现的那样，两个数据库显示出高度的互补性。为了确保对冲基金收益时间序列的可比性，我们仅关注以美元计价的收益时间序列，并要求对所有收益信息在扣除所有费用后进行报告。然后，我们使用专门的合并算法[二]，根据对冲基金数据供应商[三]提供的经过过滤的原始信息，构建对冲基金样本的时间点展示（point-in-time representation）。使用这种合并算法，可以由更全面的对冲基金样本来驱动分析，同时减少分析中由于重复项造成的噪声，重复项在两个数据库中都会多次出现。

图 12-1 显示了基金的数量以及管理规模。过去 10 年来，基金数量一直相当稳定，保持在 3500 只左右。根据对冲基金研究公司 2017 年第三季度的全球对冲基金行业报告，这一数字略低于通常认为的对冲基金数量的一半。就受托管理规模而言，样本的管理规模在全球金融危机后有所下降，但自那以来一直在稳步上升。目前约为 1.7 万亿美元，与基金数量一样，约占对冲基金行业管理的总规模的一半。[四]

图 12-1　样本对冲基金数量和受托管理规模

资料来源：HFR, BarclayHedge, GSAM, as of December 2017.

[一] 请注意，14 000 个时间序列包括向两个数据库报告的基金的重叠部分，以及例如报告的单个基金属于多个股票类别。

[二] 该算法对表现出高度共同性的时间序列进行聚合，以防止重复。通过这种方式，我们确保特定对冲基金的收益不会因为它们的报告风格或同时向两个数据库报告而在样本中重复。

[三] 由于我们可以访问数据库供应商的时间点文件，我们可以依赖他们在历史时间点提供的对冲基金信息来构建我们的聚合数据库，这解决了人们对幸存者偏差的担忧。在 2009 年之前，我们依靠所谓的墓地档案（graveyard files），其中包含有关不再向数据库报告的基金的信息，以得出可获得的时间点信息的近似值，以抵消幸存者偏差。我们通过使用对冲基金数据库收录日期来准确反映特定基金的信息何时可以通过两个数据库供应商中的任何一个获得，从而进一步解决了人们对数据填充偏差的担忧。

[四] 这里考虑了我们的数据库捕获的对冲基金样本的受托管理规模覆盖范围，与 2017 年第三季度 HFR 全球对冲基金行业报告中关于对冲基金整体规模的估计相关。

　　与图 12-1 的结果一致，对冲基金的平均受托管理规模在 2008 年全球金融危机期间下降了约 1 亿美元，但随后有所增加，现在是全球金融危机后平均受托管理规模水平的 2.5 倍（见图 12-2）。虽然受托管理规模的中位数通常与平均受托管理规模持平，但值得指出的是，它明显低于 1 亿美元。对比中位数和平均值时，少数高受托管理规模基金的存在扭曲了平均水平，这压倒了大量受托管理规模较小的基金的存在。

图 12-2　样本对冲基金受托管理规模中位数和平均值

资料来源：HFR, BarclayHedge, GSAM, as of December 2017.

　　在利用单个对冲基金信息构建总体对冲基金收益时间序列时，通常有两种主要的加权方法，即受托管理规模加权和等权重。与受托管理规模权重相比，等权重的好处是，整个对冲基金的构成并不是由少数几家非常大的对冲基金主导，图 12-2 表明这是一个迫在眉睫的担忧。⊖与此相关的是，等权重意味着我们的收益表示法全面涵盖了所有规模的对冲基金样本。在对冲基金投资者对一大批对冲基金进行尽职调查的复杂性背景下，这一点尤其相关。等权重的好处是提供了进入一系列不同的小规模基金的机会，否则投资者可能很难接受彻底和全面的尽职调查程序。

　　除了等权重外，对冲基金样本构建的另一个关键组成部分是"自下而上"的对冲基金聚合过程。我们不是将对冲基金的样本视为所有可用收益时间序列的单一抽象平均值，而是根据常见的对冲基金投资风格对其进行细分。这些风格代表了从整个样本中精选出来的对冲基金，这些基金总体上仍然是广泛和多元化的，但由于它们具有某些投资特征，因此比整个样本更同质化。随后，这些风格使我们能够了解其收益的系统性驱动

⊖ 尽管人们担心受托管理规模加权和等权重加权的综合对冲基金收益时间序列之间的集中度差异，但应该注意的是，这两种方法产生的综合收益时间序列具有高度相关性。在 2007 年 12 月～ 2017 年 11 月的最大可用重叠时间段内，将 HFRI 资产加权指数（受托管理规模加权）与 HFRI 基金加权综合指数（等权重加权）进行比较，可以明显看出，这两个时间序列的相关性为 92.7%，均方根误差（RMSE）为 2.3%。

因素，然后我们将其聚合到整个对冲基金样本。

通常认为对冲基金风格有股票多空、宏观策略、相对价值和事件驱动。对冲基金研究公司通常将这四种风格（我们将其称为类别）描述如下。

1. 股票多空

这一类别的对冲基金的风险敞口主要是多头和空头股票。这些基金采用了多种投资风格，从量化到基本面驱动的方法不一而足。

2. 宏观策略

这一类别的对冲基金的投资过程和由此产生的对一系列不同资产类别的敞口是基于潜在经济变量的变动来预测的。投资论文基于各种可自由支配或系统的技术。

3. 相对价值

这一类别的对冲基金持有不同资产类别的头寸，以利用多个资产之间的估值差异进行套利。

4. 事件驱动

这一类别的对冲基金建立了对目前或未来参与公司交易的公司的敞口。这种风险敞口的类型涵盖了公司资本结构的所有领域。

图 12-3 显示了 2017 年 12 月这些基金类别的相对比例。股票多空对冲基金占样本的近 50%，而宏观对冲基金占四分之一至三分之一，其余部分由相对价值对冲基金和事件驱动型对冲基金占据，两者的比例约为 2∶1。整个样本的这种构成比例不会随着时间的推移发生太大变化。事实上，所有四个类别的权重的平均环比变动仅略低于 0.8%。

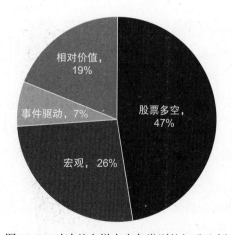

图 12-3　对冲基金样本中各类别的权重比例

资料来源：HFR, BarclayHedge, GSAM, as of December 2017.

12.2.2 对冲基金业绩的持续性

在建立了对冲基金的样本数据集之后,我们现在转向业绩持续性的分析。为了深入洞察潜在的业绩持续性,我们考虑了对冲基金四个主要类别的聚合收益。图 12-4 展示了这四个类别中每一个类别的年度表现,并对它们在 2003 ～ 2017 年的表现进行了排名。虽然样本的排名在最初几年有一定程度的稳定性,但随后每年都会发生巨大的变化。例如,宏观基金在 2009 年和 2010 年表现最差,2011 年表现第二好(-3%),2012年(+1%)和 2013 年(0%)再次表现最差,在 2014 年表现最好(+6%),然后在 2015年和 2016 年的排名连续下降。股票多空基金在 2011 年后从来都不是表现最差的,但它每年都会在第一名和第三名之间波动。总体而言,从这四个对冲基金聚合类别看,几乎没有证据表明业绩的持续性。

2003	2004	2005	2006	2007	2008	2009	2010	2011	2012	2013	2014	2015	2016	2017
ED 23%	ED 15%	ELS 12%	ED 14%	ELS 13%	MA 8%	RV 27%	RV 12%	RV 1%	RV 10%	ELS 15%	MA 6%	RV 0%	ED 10%	ELS 14%
ELS 22%	ELS 9%	ED 9%	ELS 14%	MA 11%	RV -20%	ELS 27%	ED 12%	MA -3%	ELS 9%	ED 13%	RV 4%	MA -1%	RV 9%	ED 6%
RV 14%	RV 8%	RV 7%	RV 12%	RV 8%	ED -20%	ED 26%	ELS 11%	ED -4%	ED 8%	RV 8%	ELS 2%	ELS -1%	ELS 5%	RV 5%
MA 11%	MA 2%	MA 5%	MA 7%	ED 7%	ELS -26%	MA 5%	MA 9%	ELS -9%	MA 1%	MA 0%	ED 1%	ED -4%	MA 2%	MA 3%

Legend

ELS–股票多空　　　MA–宏观　　　RV–相对价值　　　ED–事件驱动

图 12-4　各类别对冲基金的年化业绩

资料来源: HFR, BarclayHedge, GSAM, as of December 2017.

为了更准确地反映构造对冲基金投资组合的挑战,我们用基金层面的持续性分析来补充这一高层分析(high-level analysis)。学术文献中的结果好坏参半。例如,阿加瓦尔和奈克(2000a,2000b)、阿蒙克等(2003)以及巴雷斯等(2003)的证据表明,业绩持续的时间较短,最长可达一个季度。特霍斯特和费尔贝克(2007)、博伊森(2008)和埃林(2009)提供了一个更微妙的视角,证明业绩在长达 6 个月的较短时期内可持续,但认为中长期视角的证据更具挑战性。这些中长期结果与布朗和戈茨曼(2003)、卡波奇和许布纳(2004)、卡波奇等(2005)、马尔基尔和萨哈(2005)的结果一致。

考虑到动态调整对冲基金投资组合的复杂性,本文将重点放在以年维度来评估单个对冲基金的业绩持续性。2003 ～ 2015 年中的每一年,我们都会将所有报告全年收益的对冲基金按业绩五分位数进行排序,随后测量接下来一年的表现,并再次按照五分位数排序。然而，需要注意的是，关于下一年的业绩，对冲基金可能不再向数据库供应商报告收益，原因可能是基金重组或清算。因此，第二年的排行还包含一个"NR"列，意思是"没有报告"（Not Reporting）。该列反映了那些在接下来的一年中的某个时候停止报告收益的基金。

表 12-1 包含 2003～2016 年的 55 727 条观测项。对于每一行，不同的列显示了一只基金在接下来的一年中最终达到各个业绩五分位数的可能性有多大。[⊖]例如，对于一只最初排名在第三个五分位的基金，它在接下来的一年有 13% 的可能性在第一个五分位，有 18% 的可能性在第二个五分位。该矩阵的对角元素比非对角元素大一个数量级，证明业绩持续性较高。一些非常有限的证据表明，在第一年的排名中表现非常好和表现非常差的对冲基金的不稳定的情况比比皆是，甚至有证据表明，极端分位数基金的收益率出现了均值反转。

表 12-1　单个对冲基金的业绩五分位转移矩阵

		第二年业绩排名					
		1	2	3	4	5	NR
第一年业绩排名	1	29%	18%	13%	12%	20%	8%
	2	17%	21%	19%	15%	15%	12%
	3	13%	18%	19%	18%	14%	18%
	4	12%	16%	15%	17%	15%	25%
	5	18%	11%	10%	12%	22%	27%

资料来源：HFR, BarclayHedge, GSAM, as of December 2017.

事实上，从第一个五分位数开始的转移概率中，转移到表现最差的五分位数的概率仅次于停留在第一个五分位数的概率。同样地，从表现最差的五分位数开始的转移概率中，在第二年从第五个五分位数上升到第一个五分位数的概率也是第二高的。通常，与构造业绩持续性所需的模式不同，表 12-1 中的每一行实际上都显示出一种更明显的趋势，即转移概率在不同的五分位数之间均匀分布。总体而言，表 12-1 证实，一旦设定了最短评估时间，单一对冲基金的业绩持续性在学术文献中就缺乏统一的证据。

关于表 12-1，另一点需要注意的问题是，在选择仅由几只基金组成的投资组合时，有很大的概率在第二年会出现基金没有报告收益。虽然排名前五分之一的基金在下一年不报告收益的概率约为 13%，但这种概率随着基金表现变差而单调递增，表现最差的五分之一的基金在下一年不报告收益的概率超过 25%。值得注意的是，这些概率只代表一年的数量，这意味着可能会有更高比例的对冲基金在多年期间停止报告。[⊜]

⊖　该矩阵中的每个元素都是 2003～2015 年所有初始排序的转移概率的平均值。

⊜　例如，如果一只对冲基金排在前五分之一，那么该基金在随后三年的某个时间停止报告的可能性约为 36%。

这种不可避免的对冲基金更替可能导致寻找替代基金的成本很高，并可能导致某些时期未配置对冲基金投资组合中的某些部分，因此无法提供投资者寻求的收益特征。这是一个挑战，但拟议的对冲基金投资替代方法将不会受到这一挑战的影响。

12.2.3 对冲基金投资组合向整个对冲基金样本的趋同

尽管在构建精选对冲基金投资组合时，缺乏业绩持续性的情况值得审慎对待，但问题是，精选的对冲基金是否能够提供足够的多元化，以提供另类收益，且不会让投资组合暴露于单个基金的异质风险中，同时仍能产生出色的风险调整后收益。

图 12-5 通过将不同数量的对冲基金投资组合与对冲基金样本进行比较来提供这个问题的答案。在这项分析中，我们随机形成不同规模的对冲基金投资组合，并使用 2012 年 10 月～ 2017 年 9 月的数据，将这些投资组合持有 5 年。[⊖]

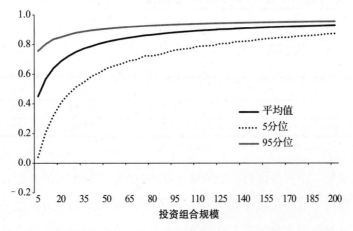

图 12-5　模拟对冲基金投资组合的夏普比率和相关性（2012 年 10 月至 2017 年 9 月）[⊖]

资料来源：HFR, BarclayHedge, GSAM, 时间截至 2017 年 12 月。

我们考虑的投资组合规模在 5 只到 200 只基金之间。然后，我们对每个投资组合规模的 10 000 个选择进行自助法分析，并计算夏普比率，以及每个随机选择与样本中所有对冲基金在分析时间段内平均收益的相关性。

图 12-5 显示了对冲基金模拟组合中与每个特定投资组合规模相关的分布的夏普比率和相关性特征。这种分析最显著的特点是，模拟投资组合与我们样本中所有对冲基金

⊖ 如果某个对冲基金在该时间窗口内停止公布收益，我们会将其权重重新分配给各自抽样投资组合中剩余的对冲基金。如果初始选择中的所有对冲基金都停止公布收益，我们就不会再持有对冲基金。

⊖ 该模拟使用了五年的数据，以确保纳入适当数量的具有重叠时间段的基金，而不会在分析中引起过多的幸存者偏差。

的平均收益率高度相关。对于只有 5 只对冲基金的投资组合，这一相关性为 0.45，而对于由 20 只对冲基金组成的投资组合，这一相关性上升至 0.69。这说明，即使是对冲基金数量相对较少的投资组合，其表现也与所有对冲基金的平均收益率非常相似。模拟投资组合的平均夏普比率低于对冲基金的平均收益率，但在规模较大的投资组合中二者趋于一致。这在一定程度上是由规模较大投资组合的多元化效应导致的，因为所应用的筛选机制没有为对冲基金选择过程中的任何技能建模。然而，5 分位数和 95 分位数之间的差异说明了夏普比率在不同投资组合规模下的可变性。

虽然模拟研究依赖于对对冲基金无差异的选择，但接下来的内容通过分析基金中基金（fund of funds，FOF）的投资组合来补充这一分析，这些基金特意从它们覆盖的对冲基金样本中选择特定的基金。图 12-6 显示了单个对冲基金整体表现的风险－收益特征，以及整个基金的特征。它考虑了单一对冲基金以及截至 2017 年第四季度的过去 5 年的基金中基金数据，还包括同期所有对冲基金等权重加权平均收益率的表现。⊖

很明显，基金中基金实现了多元化，因为它们的分布位于所有对冲基金样本的分布范围内。所有基金中基金的平均波动率约为 6.1%，而所有单个对冲基金的平均波动率接近 11.4%。然而，额外的多元化并不一定会转化为出色的风险调整后收益，尤其是与单个对冲基金的多元化组合相比。以所有对冲基金的样本构建的平均时间序列的收益率为 5.2%，比风险水平约为 3.7% 的基金中基金的 4.1% 的收益率高出 1% 以上，比基金中基金的 6.1% 的平均波动率低 2.4%。这意味着，以所有对冲基金的样本构建的平均时间序列的夏普比率为 1.3，比基金中基金的夏普比率（0.9）高出 0.4。

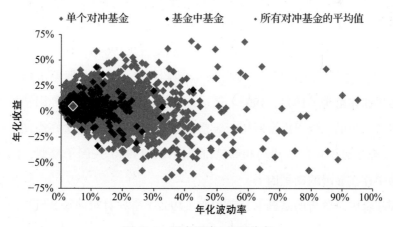

图 12-6　历史风险／收益分布

资料来源：HFR, BarclayHedge, GSAM, as of December 2017.

⊖　我们构建了一个基金中基金样本，类似于 12.2.1 中描述的单一对冲基金的样本的构建。

总而言之，缺乏业绩持续性及其对对冲基金投资组合必要换手率的影响，可能为反对持仓数量少的对冲基金投资组合提供了理由。如果投资者通过增加基金数量而偏离了精选的投资组合，那么平均而言，由此产生的业绩可能已经与广泛而多元化的对冲基金表现出高度相似。然而，从图 12-5 中夏普比率的偏离可以看出，偏离更广泛的样本仍有很大的风险。相反，寻求广泛多元化的对冲基金投资组合的敞口，是对冲基金投资者驾驭这一风险的有效手段。⊖此外，事实证明，这类投资组合表现出诱人的风险调整后收益特征，即使与基金的基金的平均收益率相比，也是如此，如图 12-6 所示。

12.3 对冲基金的系统性驱动因子

在多元化的对冲基金投资组合的基础上，我们识别对冲基金系统性风险敞口的方法包括三个步骤。第一步是识别对冲基金样本的收益范围以及分类方案。正如 12.2.1 中所讨论的，我们将样本分为四个主要类别。然后，在每一类中，我们确定单个对冲基金的风格，我们的目标是描述系统的收益驱动因子。第二步是确定一系列因子，这些因子可以归类为与对冲基金类别中每种不同风格相关的传统风险溢价或另类风险溢价。最后，这两个步骤通过权重估算方案联系在一起，该方法适用于每种对冲基金风格，并确定传统风险溢价和另类风险溢价的敞口，以便最好地模仿给定对冲基金风格的收益。

12.3.1 对冲基金系统因子的特点

用于识别对冲基金提供的系统因子的方法是基于对共同基金共同风险溢价的学术文献的见解。共同基金收益的因子分析可以追溯到夏普（1964）、林特纳（1965）和莫辛（1966）提出的资本资产定价模型（CAPM），他们将收益预期与股票市场因子的敞口联系起来。法玛和弗伦奇（1992，1993）通过一个价值因子和一个规模因子扩展了这一因子集，并将所得到的三因子模型应用于股票收益。卡哈特（1997）在杰加迪西和蒂特曼（1993）的研究基础上扩展了法玛和弗伦奇（1992，1993）三因子模型，发现在共同基金的横截面中存在显著的动量因子。

在共同基金因子分析的基础上，冯和谢（1997）率先对对冲基金风格的系统性收益

⊖ 在未公布的结果中，我们重复做了模拟分析，并使用对明晟全球指数（MSCI World Index）信息比率而不是夏普比率作为度量指标。结果是相似的，因为随着投资组合规模的增长，随机投资组合收敛于所有对冲基金平均收益的信息比率。一个值得注意的区别是，信息比率随着投资组合规模的增加而下降（例如，持有 10 个基金的投资组合平均信息比率为 0，持有 200 个基金的投资组合平均信息比率为 -0.03）。

驱动因子进行了分析。施内魏斯和斯普金（1998），梁兵（1999），爱德华兹和恰拉扬（2001），卡波奇和许布纳（2004）以及希尔等（2004）的研究，通过关注更容易解释的因子以及围绕可交易性的考虑，完善了用于确定对冲基金风格收益驱动因子的集合。冯和谢（2001，2004）以及阿加瓦尔和奈克（2000a，b，2004）通过引入可执行的交易策略，进一步扩大收益驱动因子的集合，使其超出资产类别或其部分的基本描述，以提高其对对冲基金收益近似的解释力。它们的因子集合已经可以分解为传统风险溢价和另类风险溢价，这两类因子在理解和模拟对冲基金的风险收益特征方面发挥着关键作用。

正如引言中所定义的，传统的风险溢价是单个资产的"纯多头"市场因子（贝塔），如股票或固定收益。相反，另类风险溢价是系统性的、多资产的、多空结合的投资策略，得到学术研究的支持，并被市场从业者采用。粗略地说，另类风险溢价分为四类：

- ▶ 价值策略，它利用便宜资产相对表现优于昂贵资产的趋势。
- ▶ 套利策略，它利用高收益资产表现优于低收益资产的趋势。
- ▶ 动量策略，它利用近期相对价格走势在未来延续的趋势。
- ▶ 结构性策略，即从结构性约束而不是经济基本面引起的市场异象中获取收益。

诱人的风险调整后收益、收益持续性、经济意义，以及高流动性和高成本效益的特点，导致越来越多的投资者在投资组合中采用另类风险溢价策略。历史上，许多此类策略都实现了与传统资产类别价格走势的低相关性，事实证明，它们在解释特定对冲基金风格的相当大一部分收益方面是有效的。

12.3.2　将系统因子映射到对冲基金类别

正如 12.2.1 所概述的，我们不只考虑对冲基金样本的单一代表，我们的目标是对在每个对冲基金类别中发挥作用的传统风险溢价和另类风险溢价因子进行精确的理解。因子识别的方法甚至更加深入，不仅考察单个对冲基金类别，还考虑同一类别内对冲基金的集合，即所谓的风格，这些对冲基金在投资方法和投资敞口方面具有共性。

在为单个对冲基金类别中的特定风格确定合适的因子集合时，我们依赖于通过量化驱动的权重估计方法所验证的基本观点。基本观点使我们能够使用一系列定性来源交叉验证因子，从对冲基金数据库信息到大宗经纪报告、对冲基金顾问报告或 13F 文件[⊖]中

⊖ 13F 文件指的是美国证券交易委员会（SEC）提交的 13F 表格。符合某些标准的机构投资经理需要每季度提交一份表格，比如持有 1 亿美元以上的合格资产。该表格包含有关这些投资经理所持股份的信息。每个季度结束后，提交的文件都会公开，并有 45 天的延迟。

的对冲基金持股。这种方法使我们不仅能够识别对冲基金和风险溢价之间的相关性，还可以解决因果关系，并有利于所估计权重的样本外表现。其将展示在所考虑的风格的对冲基金的回报中。

以下概述了识别和选择传统风险溢价和另类风险溢价的一般特征。为便于展示，我们将这些特征汇总到12.2.1中所确定的四个主要对冲基金类别。

1. 股票多空

股票多空类别基金的核心敞口是全球股市敞口。这可以通过额外的传统风险溢价来补充，这些风险溢价提供了对股票多空基金主动持有的股票板块的敞口，如能源、技术或医疗保健。价值策略等另类风险溢价进一步完善了这个风险敞口。最后，系统的股票选择可以通过一个基于13F文件的因子来获取。

2. 宏观策略

这一对冲基金类别的核心敞口是另类风险溢价——具体地说，是一系列不同资产类别的动量策略。从另类风险溢价的角度来看，外汇套息策略也有助于理解宏观对冲基金收益的驱动因子，代表对大宗商品或新兴市场股票敞口的传统风险溢价与上述替代风险溢价有一定程度的互补性。

3. 相对价值

相对价值类别的风险敞口由不同的传统风险溢价和另类风险溢价组成，这些溢价属于结构性策略类别。在这一对冲基金类别中，传统的风险溢价相当多元化，不仅包括公司资产负债表中各种资历积分的敞口，还包括政府债务工具、业主有限责任合伙企业（Master Limited Partnerships，MLP）以及房地产投资信托基金（Real Estate Investment Trusts，REITs）。就另类风险溢价而言，收益率与非流动性策略相似的因子来自指数期权策略以及可转换债券的期权部分。 ⊖

4. 事件驱动

与相对价值类别类似，另类风险溢价敞口捕捉非流动性类型的收益特征，属于结构性策略。传统的风险溢价为股票提供了不同程度的市值敞口，也提供了公司资产负债表中各种资历积分的风险敞口。

⊖ 这些可以被理解为业绩平稳积累，但间歇性急剧下跌的模式。

12.3.3 权重估计方法的原则

权重估计建立在夏普（1992）的研究基础上，夏普使用因子来分解和理解共同基金的收益，并提出了一个框架，该框架实际上投资于各个因子以模仿共同基金的收益。更明确地说，我们依赖于之后开发的方法，例如，哈桑霍德齐克和罗闻全（2007），希尔等（2004）提出的方法，以及耶格（Jaeger，2008），其采用了夏普（1992）的方法，并将其进一步扩展，以模仿对冲基金的收益。

对于对冲基金风格 S，方法论关注的是公式中的误差项

$$e^S(t) = HFS^S(t) - \left[\alpha + \sum_{f \in TRP^S} \beta_f \cdot RF_f(t) + \sum_{f \in ARP^S} \beta_f \cdot RF_f(t) \right]$$

其中 α 表示常数项，β_f 表示对冲基金风格 S 的传统风险溢价 TRP^S 或者另类风险溢价 ARP^S 的权重估计。对冲基金风格 S 的平均收益的超额部分表示为 HFS^S，风险溢价 f（传统风险或另类风险）的超额部分表示为 RF_f。正如 12.2.1 所述，HFS^S 是对冲基金样本的子集的等权重平均收益，该对冲基金样本时间序列数据由两个数据供应商所提供。对于跨度为 24 个月的时间 t，我们决定 α、向量 $\{\beta_f\}_{f \in TRP^S}$ 和 $\{\beta_f\}_{f \in ARP^S}$ 以使得误差项 $e^S(t)$ 的二次变换最小化。[⊖]

根据夏普（1992）所提出的学术思想，我们的目标是将样本内权重估计方法的结果转化为样本外投资组合配置，这是我们构建对冲基金所展示的因子敞口的流动性表征的核心。正如引言所述，对冲基金的风险溢价敞口通常被划分为传统风险溢价敞口和另类风险溢价敞口，并存在一个无法解释的部分。对于对冲基金风格 S，前两者被合并到特定的因子集合 TRP^S 和 ARP^S 中，未被解释的部分以常量 α 表示。这一常量部分反映了这样一个事实，即通过构建定义明确的流动性风险溢价可能自然地会在一定程度上与一些对冲基金投资策略的不透明和非流动性有所分化。因此，确定无法解释的收益和由两类风险溢价驱动的收益的相对比例，对于确保权重估计的整体成功至关重要，我们将在下一节进一步阐述这一点。

对于该方法的样本外实现，反过来意味着只有来自因子集合 TRP^S 和 ARP^S 的组成部分才能被提供给投资者，如

$$\sum_{f \in TRP^S} \beta_f \cdot RF_f(u) + \sum_{f \in ARP^S} \beta_f \cdot RF_f(u)$$

⊖ 此处的构造变换确保了目标函数的最小化问题是凸函数。它改进了斯科尔斯和威廉斯（1977）提出的方法，强调了最近的观察数据，并控制了非流动性所产生的自相关性。请注意，尽管实际的转换函数是静态的，但目标函数是动态的，因为它将根据更新的数据点每月进行更改。

其中 u 表示用于样本内权重估计的任何时段 t 之后发生的样本外时段。由于这一过程依赖于整理的对冲基金数据，为了解释任何对冲基金数据库固有的数据滞后，u 和任何相应时期 t 之间都不可避免地存在差距。一旦这一延迟过去，每月重新估计传统和另类风险溢价因子的权重，该估计基于这两家数据提供商提供的最新对冲基金数据库信息。每月重新估计权重的目的是捕捉对冲基金头寸的动态本质。它补充了这种投资组合结构中存在的另一个动态来源，即每种另类风险溢价内投资敞口的变化。

下一个关键步骤是聚合到整个对冲基金样本的层次。尽管我们为对冲基金类别中的个别风格确定了几个传统和另类风险溢价，但我们的目标仍然是获取整个对冲基金样本的收益概况。我们按照 12.2.1 概述的等权重方法，根据特定风格中基金的相对数量，对传统溢价和风险溢价的估计值进行加权，从而实现这一聚合。

从投资者的角度来看，可以进一步调整样本外实施以使得业绩更加真实。首先，这需要对实施传统和另类风险溢价组合在市场上面临的交易成本做出某些假设。其次，我们还将假设投资者可能面临 75 基点的管理费。传统风险溢价和另类风险溢价组合的最终净业绩是我们所说的"流动性跟踪投资组合"。然后，它可以与对冲基金广泛而多元化的样本的平均收益进行比较，如 12.2.1 所述，即"对冲基金指数"。值得注意的是，尽管流动性跟踪投资组合是可交易的，但对冲基金指数只是对冲基金平均业绩的代表，实际上并不能投资，投资者可以直接获得。这种不可交易性，主要是因为所涵盖样本的范围巨大，以及投资者在模拟总体对冲基金样本的构成时面临的流动性和换手限制。

权重估计方法的最后一个值得注意的方面是其线性特征。例如，这一范式受到了凯特和帕拉罗（2005）以及阿蒙克等（2008，2010）的挑战。他们提出了非线性回归方法以及基于分布的方法。然而，哈桑霍德齐克和罗闻全（2007）以及博伦和费希尔（2014）反对他们提出的改进方案，转而支持线性关系。除了识别机制以及将样本内估计转换为样本外因子组合的简单性外，他们的论点还在于线性方法相比容易过拟合的非线性方法有着更好的样本外业绩。此外，基于分布的方法只在较长期内匹配分布特征，这可能导致较短时间内的严重收益不匹配。

12.4 流动性跟踪投资组合模拟业绩

12.4.1 业绩比较

本节回顾了我们在上一节中描述的流动性跟踪投资组合的模拟业绩。我们首先讨论流动性跟踪投资组合相对于对冲基金指数的模拟业绩，然后将重点转向对整个对冲基金样本的归因分析。无论是在收益贡献方面，还是在风险边际贡献方面，这都使我们能够明确评估对冲基金业绩中传统和另类风险溢价的比例，并将其与未解释的比例进行比较。

表 12-2 将近 15 年[一]对冲基金指数的业绩与流动性跟踪投资组合的模拟业绩进行了比较。流动性跟踪投资组合的年化模拟收益率仅比对冲基金指数低 1%，这意味着夏普比率的差低于 0.1。[二]正如 12.3.3 所述，由于流动性跟踪投资组合受到结构的限制，剔除对冲基金样本中无法解释的部分的收益，我们预计流动性跟踪投资组合的波动率将低于对冲基金指数，因为根据定义，未解释的收益部分将与流动性和另类风险溢价无关，但本身具有不可忽略的波动性。表 12-2 证实了这一点。

表 12-2　对冲基金指数和流动性跟踪投资组合的综合业绩比较

2003 年 4 月至 2017 年 9 月	对冲基金指数	流动性跟踪投资组合（模拟）
总收益（年化）	6.20%	5.20%
波动率（年化）	5.80%	4.90%
夏普比率	0.83	0.77
最大回撤	−18.10%	−14.00%
相关性	—	93.50%
均方根误差（年化）	—	2.10%

资料来源：HFR，BarclayHedge，GSAM，截至 2017 年 12 月。正如 12.3.3 所述，流动性跟踪投资组合是假设的费后净业绩，并且管理费为 75 基点。

就两个时间序列之间的联动而言，流动性跟踪投资组合与对冲基金指数的月度收益相关性为 93.5%，即流动性跟踪的收益观察结果与对冲基金指数的收益观察结果很好地吻合。年化均方根误差（Root Mean Square Error，RMSE）[三]为 2.1%，进一步证实了这种密切的联动不仅在方向上，而且在数量上也是如此。

强联动性是由权重估计过程的样本内高拟合度推动的，这延续到了表 12-2 和图 12-7 中显示的样本外业绩。这为依赖历史权重估计来确定我们在样本外业绩分析中为对冲基金指数假设的前瞻性风险敞口这一概念的适当性提供了证据。这样的方法要求权重估计的换手率是有限的，流动性跟踪投资组合的权重估计的月平均换手率为 7.3%（标准差为 3.7%），证实了这一点。

同时，换手率也证明了权重估算方法具有一定的适应性。当然，该流程需要能够检测到某些风险溢价（传统的或另类的）角色随时间的变化并做出反应。例如，蔡（音译）

[一] 该分析的时间窗口被一些另类风险溢价的时间序列所缩短。

[二] 请注意，根据单个对冲基金对 12.3.3 中未解释的收益的评估，实际上只有不到一半的对冲基金贡献了整个对冲基金的超额业绩。

[三] 均方根误差代表预测值（即流动性跟踪投资组合）和观测值（即对冲基金指数）之间的差异的平方的均方根。

和梁兵（2012）以及巴顿和拉马多莱（2013）证实了这一概念，并强调了对冲基金敞口的不同性质，以及有能力对此类变化做出反应的必要性。我们的方法是通过单个风险溢价估计权重的换手，以及改变单个另类风险溢价策略中的投资策略的配置来实现这一目标。例如，在捕捉宏观对冲基金的流动性跟踪投资组合中，风险溢价权重的月度换手率约为 5%，而用于宏观对冲基金跟踪的另类风险溢价的换手率要高得多，这一类别中采用的动量策略的月度换手率为 290% 就说明了这一点。⊖

表 12-2 展示了对冲基金指数和流动性跟踪投资组合的统计数据，而图 12-7 则展示了这两个时间序列的变化。很明显，这两个时间序列之间的联动随着时间的推移是非常一致的，并且没有明显的背离时期。

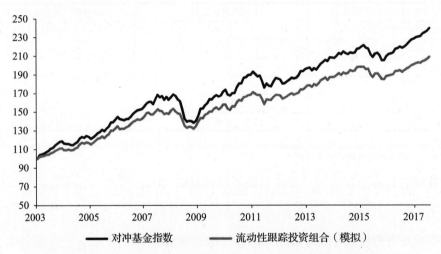

图 12-7　对冲基金指数和流动性跟踪投资组合在时间序列上的业绩比较

资料来源：HFR，BarclayHedge，GSAM，截至 2017 年 12 月。正如 12.3.3 所述，流动性跟踪投资组合是假设的费后净业绩，并且管理费为 75 基点。

虽然图 12-7 的时间序列的联动非常一致，但事实证明，对冲基金指数与流动性跟踪投资组合之间 1% 的年化业绩差异在对冲基金之间的分布存在相当大的横截面差异。基于 12.3.1 和 12.3.2 概述的传统风险溢价和另类风险溢价的逐个风格的投资组合结构，人们可以根据每个对冲基金所属的对冲基金风格构建单个对冲基金的业绩比较表。⊖这样，尽管总体关注点在于对冲基金样本，但仍有可能对对冲基金整体样本中无法解释的收益的横截面分布做出推断。

⊖ 将换手放在所讨论的时间框架背景中，宏观流动性跟踪投资组合和动量另类风险溢价分别实现了 4.5% 和 9.4% 的年化波动率。

⊖ 我们将通过分析得出的每个对冲基金在所有月份的累积业绩（该基金在我们的数据库中有收益观测数据）与为对冲基金风格构建的传统和另类风险溢价流动性投资组合的业绩进行比较，在同一个月内，特定对冲基金下跌。

对于 12.2.1 中概述的对冲基金样本，涵盖了近 15 年的时间，初始约有 2000 只基金，后来发展到近 4000 只基金。事实证明，与流动性可比的业绩相比，只有 45.8% 的基金实际上实现了无法解释的正收益。然而，与此同时，无法解释的收益也存在相当大的差异。根据我们的分析，75 分位的对冲基金实现了 47 个基点的月度正的无法解释的业绩，而 25 分位的对冲基金每月不足 75 个基点。考虑到对冲基金指数和模拟流动性跟踪投资组合之间 1% 的整体业绩差异，这表明对冲基金中有相当高的正的无法解释的收益集中。这一考虑再次说明了对冲基金投资者在配置单个基金时可能面临的困难。

12.4.2　对冲基金的业绩分解

在总体对冲基金样本层面上，上一节展示了对冲基金指数和模拟流动性跟踪投资组合所代表的样本外业绩之间的联动。接下来，我们将量化对冲基金指数的无法解释的收益相对于流动性跟踪投资组合的收益和风险贡献，并将它们与传统和另类风险溢价的影响进行比较。[⊖]

表 12-3 展示了对冲基金指数的收益贡献以及对风险的边际贡献，这些贡献来自无法解释的收益以及传统风险溢价和另类风险溢价。[⊖]与表 12-2 和图 12-7 一致，归因于无法解释的收益部分仅占对冲基金指数整体收益的 16%，其余 84% 的收益可归因于传统风险溢价和另类风险溢价。进一步细分这两类风险溢价的收益贡献，传统风险溢价和另类风险溢价的贡献比例约为 55 ∶ 45，这清楚地表明了另类风险溢价对获取对冲基金收益的重要性。

表 12-3　对冲基金指数业绩的因子贡献

2003 年 4 月至 2017 年 9 月	相对收益贡献	相对边际波动率贡献
无法解释	15.90%	20.30%
另类风险溢价	37.50%	13.60%
传统风险溢价	46.50%	66.10%
总体	100.00%	100.00%

资料来源：HFR, BarclayHedge, GSAM，截至 2017 年 12 月。

⊖ 在样本外，无法解释的收益本质上可以分解为两部分：①样本内权重估计过程中的无法解释的收益；②从样本内估计推断样本外权重的过程中产生的预测误差。②中的预测误差可以进一步分解为以下两部分：一部分是在非样本期间传统和另类风险溢价的风险敞口与用于估计的窗口相比发生变化时产生的；另一部分是由于不同对冲基金投资风格的相对比例随时间变化而产生的。虽然改变权重的影响已经在上一节关于营业额的讨论中讨论过，但事实也证明，个别风格的相对权重变化很小，这与 12.2.1 中图 12-3 提供的四个主要对冲基金类别的证据一致。

⊖ 表 12-2 展示的是年化总收益，而表 12-3 中的收益分解使用的是非年化收益；在考虑的时间段内，136.9% 的总收益对应 6.2% 的年化总收益。

就边际风险贡献而言，传统风险溢价和另类风险溢价之间的划分转向了传统风险溢价，其解释了大约 66% 的波动率。这是由传统风险溢价的方向性决定的，与另类风险溢价通常体现的更多元化的多空类型的敞口相比，传统风险溢价往往意味着这些因子的波动率更大。对于无法解释的收益，对波动率的贡献保持在一个与对收益的贡献比例相似的水平（20%）。

表 12-3 中样本外归因分析稳定性的一个重要决定因素是收益和风险贡献归因中各个组成部分的互补性。因此，表 12-4 显示了对冲基金三个收益组成部分之间的相关性。由于无法解释部分的收益与传统风险溢价和另类风险溢价是正交的，我们预计无法解释的收益与其他因子的相关性将接近于零，这在另类风险溢价中得到证实，并在传统风险溢价中得到较小程度的证实。我们将无法解释的收益与传统风险溢价之间的剩余相关性归因于某些对冲基金风格的市场短线择时，这种相关性只会在月度权重估计过程中以不完全的方式被提取出来。

表 12-4　对冲基金因子相关性

2003 年 4 月至 2017 年 9 月	无法解释	另类风险溢价	传统风险溢价
无法解释	100%	−0.30%	25.40%
另类风险溢价		100%	17.70%
传统风险溢价			100%

资料来源：HFR, BarclayHedge, GSAM，截至 2017 年 12 月。

就表 12-4，最后要强调的一点是，传统风险溢价和另类风险溢价之间的相关性很低。这不仅有利于归因分析的稳定性，还突显了另类风险溢价在解释对冲基金的样本外收益方面所起的补充作用，而不是从传统风险溢价中已经可以推断出的归因。[⊖]

图 12-8 进一步细化了表 12-3 的收益分解，将贡献归因细分为三个子时期，每个子时期约为五年。首先，值得注意的是，对冲基金的业绩实际上经历了相当大的时间差异，每个时间段显示的三项数据就证明了这一点。在全球金融危机前的一段时间里，收益异常强劲，之后出现了一段具有挑战性的业绩，随后在样本的最新时段业绩略有提升。在评估各个因子的影响时，本文证明了另类风险溢价对收益贡献的一致性，因为另类风险溢价的影响在三个子时期中都比无法解释收益的贡献更高。

就传统风险溢价和另类风险溢价的贡献相对比例而言，很明显，在样本的早期整体上呈现了 55 ∶ 45 的比例，而在 2008 ～ 2013 年市场低迷和随后的复苏期间，另类风险溢价的贡献实际上超过了传统风险溢价的贡献。这进一步突显了这些策略在理解和模拟

⊖ 低的剩余相关性主要是由宏观基金类别中存在的动量策略推动的，这些策略可以根据资产的持续价格变动（也反映了传统的风险溢价）设置方向性敞口。

对冲基金收益方面发挥的关键作用。在样本的最后部分，传统风险溢价超过了另类风险溢价，因为它们在这个长期趋势性的市场环境中具有更高的方向性。

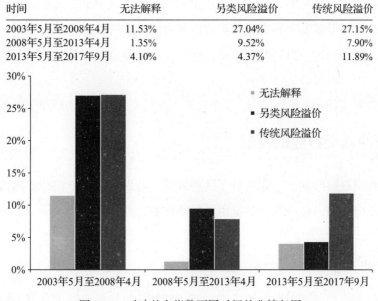

时间	无法解释	另类风险溢价	传统风险溢价
2003年5月至2008年4月	11.53%	27.04%	27.15%
2008年5月至2013年4月	1.35%	9.52%	7.90%
2013年5月至2017年9月	4.10%	4.37%	11.89%

图 12-8　对冲基金指数不同时间的业绩归因

资料来源：HFR，BarclayHedge，GSAM，截至 2017 年 12 月。

对冲基金指数收益和风险分析的最后部分将这一归因分析应用于四个主要对冲基金类别。图 12-9 侧重于无法解释收益的贡献，表明无法解释收益对对冲基金指数的整体收益影响主要集中在股票多空基金和相对价值基金。此外，该图还指出，在四种对冲基金类别中，传统风险溢价相对于另类风险溢价的贡献存在明显差异。股票多空基金是最极端的情况，传统风险溢价和另类风险溢价的比例大约为 85 ∶ 15，而在宏观基金中该比例大约为 5 ∶ 95。与这两个极端相比，相对价值基金的收益贡献在三个因子之间表现得非常均匀。

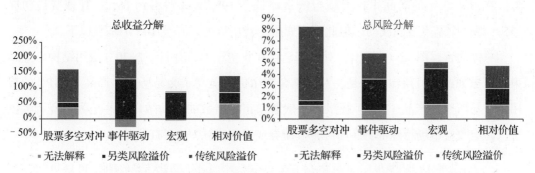

图 12-9　不同类别对冲基金的因子归因（2003 年 4 月至 2017 年 9 月）

资料来源：HFR，BarclayHedge，GSAM，截至 2017 年 12 月。

按对冲基金类别划分的边际风险贡献证实了整体风险贡献分析的效果。在这四个基金类别中，传统风险溢价对解释风险的作用相对于另类风险溢价所起的作用更大，因为它们具有更高的内在波动率。另外值得注意的一点是，波动率与无法解释的收益相关的相对比例。在这四个基金类别中，相对价值基金的贡献率最高，这暗示了，识别出合适的流动性工具以代表这一类别的对冲基金往往承担的复杂和非流动性风险敞口，是非常复杂的。

12.5 对冲基金行业的发展

最后，我们对对冲基金行业进行了一些展望，特别是费用结构和整体流动性。我们还对对冲基金行业的一些近期发展提供了前瞻性的观点。

12.5.1 对冲基金特征的演变

费用是每个投资者配置资产的首要问题，特别是与相应投资工具可能提供的业绩和历史上实现的业绩相关的费用。问题是，在投资对冲基金方面费用压力有多大。

图 12-10 集中展示了对冲基金收取的费用，费用结构通常由业绩报酬和管理费组成。业绩报酬是根据对冲基金的利润收取的；管理费仅依据管理资产规模收取，而不管业绩如何。[⊖]

在对冲基金的横截面分析中，图 12-10 计算了样本中所有对冲基金在给定年份内观察到的费用的平均值。因此，它不一定是关于单个基金费用演变的陈述，而是对整个对冲基金费用演变的评估。早在 2009 年[⊖]，业绩报酬和管理费都低于流行的 "2+20" 的费用结构，即 2% 的管理费和 20% 的业绩报酬。此外，费用实际上已普遍呈下降趋势。在过去八年的时间里，业绩报酬从略低于 19% 缩减到不到 16%。管理费最初在 155 ～ 160 个基点之间波动，但此后也屈服于费用压力，降至 145 个基点以下。

总体而言，图 12-10 指出，对冲基金存在收费压力，并且 "2+20" 费用结构已经结束。话虽如此，值得注意的是，对冲基金费用仍明显高于交易所交易产品（ETP）的费用，交易所交易产品（ETP）提供对一般股票市场指数的被动敞口，甚至为投资者提供进入固定收益市场特殊部分（如可转换债券或银行贷款）的 ETP。

⊖ 业绩报酬与某些门槛相关，即所谓的水位线，业绩报酬只适用于超过水位线的利润。图 12-10 中的费用忽略了关于水位线的任何考虑因素，因为水位线的定制化和特殊性质阻碍了对冲基金的横截面分析。

⊜ 时间是由我们可获得的对冲基金费用结构的时间点决定的。

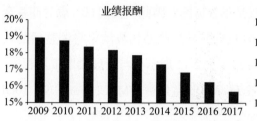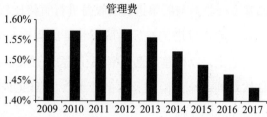

图 12-10　对冲基金的平均业绩报酬和管理费

资料来源：HFR，BarclayHedge，GSAM，截至 2017 年 12 月。

投资者关心的另一个问题是投资组合的流动性。在对冲基金投资中，我们将封闭期作为流动性的代表。设立封闭期通常是为了使对冲基金经理能够投资于非流动性资产，并限制对冲基金投资者赎回或出售其在对冲基金的投资。

与图 12-10 一样，图 12-11 也关注对冲基金的横截面，并评估整体对冲基金（而不是单个对冲基金）的构成。它显示了包含封闭期的对冲基金在全球所有于给定年份报告业绩的对冲基金中所占的比例。在过去的八年时间，包含封闭期的基金占比不断下降，目前为 25%——比 2009 年低了近 10%，这表明对冲基金总体上面临着适应其流动性限制的压力。

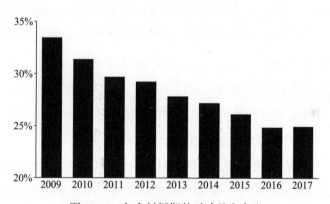

图 12-11　包含封闭期的对冲基金占比

资料来源：HFR, BarclayHedge，GSAM，截至 2017 年 12 月。

12.5.2　关于实施流动性跟踪策略的考虑

鉴于 12.5.1 关注的是对冲基金行业历史上的趋势，我们现在的目标是从业绩及其对对冲基金投资者投资组合的影响两个方面，对对冲基金行业进行近期前瞻性展望。

就业绩而言，我们实际上主张摆脱对绝对收益的狭隘观点，而是主张风险调整后的超额业绩指标。特别是考虑到费用敏感度的提高，对冲基金投资者至少应该寻找业绩优于简单的被动基准的基准，比如全球股市指数。然而，由于它们的波动率不同，将对冲基金的收益与股票指数的收益进行直接比较是不合适的。因此，我们只考虑对冲基金的收益超过贝塔调整后的股票基准的程度，并根据其异质收益的波动率将调整后的收益规范化，以构建信息比率。 [⊖] 从这个意义上说，图 12-12 展示了与全球股票市场相比，整体对冲基金风险调整后的业绩，如 MSCI 全球净总收益指数（MSCI World Net Total Return Index）所示。

图 12-12　所有对冲基金样本相对 MSCI 全球指数的贝塔调整后信息比率

资料来源：MSCI, HFR, BarclayHedge, GSAM，截至 2017 年 12 月。

随着 12.1 和 12.2.1 介绍的对冲基金受托管理规模的增长，对冲基金在过去 10 多年里，在对股票贝塔进行收益调整后，相比全球股市产生了正收益。然而，同样明显的是，这种超额业绩不是一成不变的。特别是在 2012 年末和 2013 年，以及最近几年，对冲基金的业绩受到了间歇性的挑战，这可能导致一些人质疑对冲基金作为另类收益来源的吸引力，也对投资者支付费用的意愿和接受流动性限制的意愿产生了影响。然而，2017 年下半年，信息比率大幅上升，达到 1 以上的水平。从历史上看，这使得当前业绩进入了自 2005 年以来业绩最好的时期的前十分位。如果这种业绩持续下去，有关对冲基金吸引力的问题应该会减少。鉴于流动性跟踪和对冲基金指数之间的密切联动，这些发展趋势看起来也可能有利于对冲基金系统性因子敞口的工具的风险调整后收益。

对冲基金行业另一个值得注意的发展与多元化有关。特别是在样本期接近尾声时，对冲基金的多元化程度已大幅提高到前所未见的水平，这可以追溯到 2003 年初（见图 12-13 中的"多元化比率"）。这种多元化效应意味着，对冲基金投资组合的主动管理型基金经理在持仓时会表达更多不同的观点。虽然这种效应可能会增加选择对冲基金的好处，但也会增加选择"错误的"基金的风险，正如 12.2.2 所讨论的那样。担心这类风

⊖　从技术上讲，我们将贝塔调整后的 IR 定义为整体对冲基金指数对股票指数的回归截距的年化比率，以及这种回归的误差项的标准差。图 12-12 展示了根据滚动的 24 个月窗口计算的信息比率。

险的投资者可能会发现，更多地依赖于旨在跟踪整个对冲基金收益的流动性投资工具是有益的。

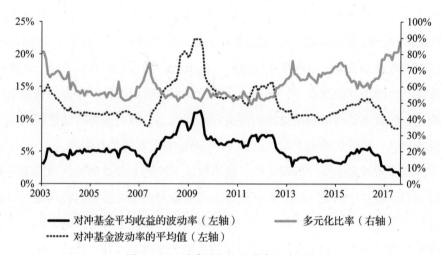

图 12-13　对冲基金的波动率和多元化

资料来源：HFR, BarclayHedge，GSAM，截至 2017 年 12 月。

　　我们对对冲基金多元化的衡量，如图 12-13 所示，是基于波动率比较。对冲基金指数的波动率是由组成基金样本的对冲基金的整体波动率水平以及这些对冲基金之间的相关性决定的。从图中可以明显看出，对冲基金的波动率普遍变得不那么大了，对冲基金波动率平均值的下降就是证明。不过，将对冲基金指数的波动率（称为"对冲基金平均收益的波动率"）与对冲基金波动率的平均值做比较，便可显示对冲基金收益的多元化。对冲基金平均收益的波动率与对冲基金平均波动率的偏离越大，则多元化或缺乏相关性的影响就越大。在这种情况下，对冲基金平均收益的波动率比对冲基金波动率的平均值下降得更快，这为多元化程度的提高提供了证据。[⊖]然而，事实证明，模拟流动性跟踪投资组合接近对冲基金整体收益的能力，对这种多元化增长具有弹性，与历史相比，24个月的相关性为 96.1%，位于第 97 分位数。

12.6　结论

　　本章讨论对冲基金投资的另类选择，它基于一种基于风险的方法，动态推断在广泛

⊖　从技术上讲，"多元化比率"的定义是 1 减去收益率平均值和波动率度量值（volatility measure）之间的差值。波动率度量值假设不相关对冲基金收益与不同的波动率度量值的差值不相关。所谓不同的波动率度量值分别是指假设完全相关的对冲基金收益的波动率度量值（单个对冲基金的波动率均值）和不相关的对冲基金波动率的度量值。

和多元化的对冲基金中存在的传统风险溢价和另类风险溢价的敞口。由于这些因子定义明确、流动性强，以及一些对冲基金投资策略的不透明性和流动性不足，导致模拟流动性跟踪投资组合与对冲基金整体业绩之间的跟踪误差为 2.1%。然而，这两者之间存在 93.5% 的相关性，且通过暴露于传统风险溢价和另类风险溢价，对冲基金 84% 的收益几乎可以同等程度地获取，这些事实使这种方法成为一种可行的替代方法。未来对冲基金的高收益归因的潜在挑战在于，例如，选股的非流动性或非公开方面的持续影响。这样的对冲基金收益来源将限制所提出的另类方案的效力，因为这种方法依赖流动性和公开可获得的信息，尽管从历史上看，过去 15 年的影响被证明是有限的。

本文强调了对冲基金头寸的时变性，这不仅从对冲基金收益向传统风险溢价和另类风险溢价的归因转变中可见一斑，而且从另类风险溢价内部配置的内在动态性以及对所有风险溢价的配置中都可以看出这一点。任何形式的动态配置和对冲基金的头寸建立都尤其取决于数据的质量，以便帮助监控和评估数据，这就是为什么持续获得广泛而多元化的对冲基金信息来源至关重要。此外，不断提高和完善对对冲基金投资策略的理解，特别是通过使用另类风险溢价，是至关重要的。

尽管基于从大量对冲基金收益中识别传统风险溢价和另类风险溢价的投资哲学相当独特，但它符合晨星公司等投研机构近年来创建的所谓"流动性另类基金"的分类。根据晨星公司的一项数据分析，截至 2017 年底，这一类别中有 640 只基金，受托管理规模为 3168 亿美元，这表明这一概念对市场的吸引力越来越大。[⊖]未来几年，对冲基金和流动性另类基金之间的相互作用将会如何发展，这将是一件有趣的事情。尤其令人感兴趣的将是围绕费用、流动性障碍的发展，更普遍地说，对冲基金是否会足够快地进行创新，以产生诱人的、无法解释的收益，同时越来越多的对冲基金诀窍成为常识，并在流动性较强的另类基金中得到应用。

⊖ 这 640 只基金，包含了晨星公司归类为流动性另类基金在内的 17 个不同类别的 551 只基金，以及非传统债券类别的 89 只基金，后者包含许多符合另类策略的基金。

EQUITY SMART BETA AND FACTOR INVESTING FOR PRACTITIONERS

资金方视角

第 13 章

访谈：加州公务员退休基金的智能贝塔实践之路

史蒂夫·卡登

加州公务员退休基金全球股票投资总监

很荣幸能与史蒂夫先生对话。首先，请问加州公务员退休基金（California Public Employees' Retirement System, 简称 CalPERS）考虑智能贝塔投资的动机是什么？

一开始我们没有考虑智能贝塔或因子投资。我们最初的出发点是解决市值加权的潜在低效问题。我们认为，尽管市场总体上是有效的，但也会产生定价错误，而且市值加权是一种趋势跟踪策略，这可能会导致系统性地过多持有估值过高的股票，且过少地持有被低估的股票。而错误定价终将被修正，这会导致价格和价值的中长期均值回归。我们正在寻找合理利用均值回归的方案。因此，当基本面指数被引入时，我们认为这是实施均值回归策略的合理方案。于是，我们在 2006 年投资了该指数的定制版本。尽管我不确定智能贝塔这个词是不是在当时创造出来的，但这真的是我们在智能贝塔投资上的开端。我们更多地考虑另类贝塔策略，尤其是均值回归策略。

请问您是如何从另类贝塔投资视角转向因子投资的？

我们在这个领域做其他事情之前，大概进行了四五年的基本面指数投资。这段时间也让我们更好地理解了该策略超额收益的来源。基本面指数对价值因子有着很高的敞口，这反过来又在很大程度上解释了它相对于市场的表现。在某种程度上，我们没有明确地寻求价值因子敞口，但问题是我们是否适应隐含的价值因子敞口。公平地说，我们是相信价值因子溢价的。此外，价值投资与我们的核心投资理念、采取的长期投资眼光是一致的。因此，我们接受了通过基本面指数获得的价值因子敞口。但与此同时，经历了价值收益的周期性后，我们开始问自己是否可以做得更好，也就是分散价值因子敞口，同时保留其最好的方面。直到那个时候，因子投资才真正成为我们脑海中的头等大事。例如，我们开始觉得，从历史数据上看，动量是分散价值因子敞口的好方法。

与此同时，我们也在计划着低波动率因子投资。具体地说，不管你想如何描述，作为我们全球股票投资组合的阿尔法来源，我们该如何利用低波动率异象？我们能使用这种策略提高我们整体投资组合的信息比率吗？我们知道该策略不会提供很强的回撤防御，但在一定的风险水平下，这样的策略可能会成为我们现有资产的多元化工具，并改善投资组合的表现。

最初我们并没有创建因子多元化投资组合的目标，但当我们使用了各种不同的因子、低波动率因子、动量因子，然后是质量因子，它们实际上是有机地结合在一起的。但是，随着时间的推移，这些因子把我们引向了因子多元化投资方向。因此，就投资组合的演变而言，我们在2006年从基本面指数化开始，在2013年实施了低波动率因子策略，在2014年实施了动量因子策略，最后在2016年实施了质量因子策略。现在我们有了所有这些不同的因子，或者说我们有能力接触到它们，我们的重点已经转移到如何有效地将它们融合在一起。也就是说，我们如何使用这些因子投资组合和智能贝塔杠杆来改善整体投资组合？

随着时间的推移，加州公务员退休基金似乎已经从强烈价值投资信仰转向更多的因子多元化方法。在投资哲学上纳入其他因子是否让您感到更舒适，还是说这仅仅是为了通过因子多元化来管理风险？

两者兼有。就像我前面提到的，刚开始我们通过基本面指数化的方法获得价值因子敞口。我们希望风险敞口多元化，这也是为什么动量因子和质量因子会被引入。但是，我们也必须对这些因子的阿尔法能力感到满意，也就是说，相信它们的超额收益的存在和持续性。

但是从更广泛的风险管理的角度来看，作为一个背景，我还需要指出在识别传统投资组合中存在的意外风险方面，我们和我们的全球权益团队正在经历一场进化。当我们识别了这些风险时，我们开始从中找出那些更加具体的、我们更容易看到的因子。然后我们开始扪心自问，这是不是我们想要走的路。我们专注于这些因子，以减少投资组合中的噪声。因子投资是不是下一代的贝塔？在这种情况下，这是比市值加权更好地获取风险溢价的方法吗？因此，当我们认真考虑这些问题时，我们便对所追求的因子投资有了更多的信心。

或许是加州公务员退休基金的运气，又或是 BGI 赠送的礼物。当巴克莱全球投资公司（Barclays Global Investors，BGI）关闭萨克拉门托办事处时，加州公务员退休基金突然有了很多当地的人才。管理过大量指数基金的投资专家对 BGI 的贡献大多在全球投资方面。而当时，加州公务员退休基金只具备国内市场投资能力。当我们的全球股票主管丹·比安弗尼加入加州公务员退休基金时，他的使命是引入全球被动管理能力。因此，BGI 给我们创造了一个机会，让我们招聘到了许多非常有才华的员工，他们在全球股票投资方面拥有相当丰富的经验，并建立了非常强大的内部执行能力。从那时起，我们采用了一种结构，在这种结构中，基金经理提供的系统性策略以模型投资组合的形式提供给我们的指数计算公司，然后由我们的指数计算公司将自定义指数提供给加州公务员退休基金，该指数在内部进行复制，就像复制市场指数一样。这为我们提供了一种混合实施模型，该模型将主动管理和指数管理相结合，用于实施对外投资策略。

因此，从这时候开始，无论我们想做什么，无论是什么类型的策略，我们都会问自己以下几个问题：

这是不是我们想要从头到尾建立起来并在内部实施的东西？

如果我们从外部采购一个投资组合模型并在内部实施，会更好吗？

阿尔法的来源是什么以及它如何与交易联系在一起？我们无法打破这种联系吗？

之后，决策的实施变得更灵活，我们也可以关注所考虑的策略的投资过程和其他特征。

您目前所有的智能贝塔策略都来源于模型投资组合或者自定义指数的方式，然后在内部实施吗？

是的。

您同时交易多个策略吗？

是的。

所以，您在交易中有很多交叉持有的头寸。

是的。

通过该投资过程，您能减少多少换手率？

换手率并没有改变，因为我们将其作为一个单独的投资组合来实施。但我们换手的成本确实要低得多。再平衡的时候，我们在智能贝塔投资组合中调整交易头寸，但很多头寸也与指数基金重合。一般来说，在任何给定的再平衡中，都会看到 50% 的头寸重合。然而，重合度也在很大程度上取决于资金流。如果基金没有申购或者赎回智能贝塔产品，那么重合度就会更低，通常在 30%～40%。

在这种混合实施结构中，您还节省了哪些成本？

一般来说，与将实施模型投资组合作为一个任务外包给基金经理相比，我们在公司内部实施模型投资组合的成本要低得多。此外，在内部实施模型还具有高度的扩展性，我们可以大幅扩展投资能力，而不必增加员工编制。

此外，当我们从外包基金经理那里采购模型投资组合时，我们会支付授权费。授权费往往更接近指数管理的费率，而非低费率的主动管理费用。

您是如何选择智能贝塔产品的呢？能否为我们的读者在这方面提供一些指导？

这是个好问题。如您所知，对于包括我们自身在内的大多数投资者来说，智能贝塔领域提供的产品让人应接不暇。在我看来，一个有用的方法是提前了解智能贝塔或因子投资的目标，并明确哪些基金经理和策略特征是重要甚至关键的，然后用投资目标和产品特点来筛选和选择产品。

在加州公务员退休基金，我们认为投资机构的稳健性、交付混合实施模式的能力以及投资过程的透明度是推动基金经理和产品选择的关键特征。考虑到我们进行资产配置的账户的管理规模通常很大，对机构稳健性的要求是显而易见的。

从实现的角度来看，如果一家公司没有从事过研发模型投资组合的业务，无论它们是否已经被授权，都会让我犹豫不决。除此之外，它们必须愿意与指数编制机构合作，在那里它们可以以稳健、及时的方式提供模型投资组合，这样我们才能真正从它们所做的研究中获得一个像样的转移系数。因此，这更多的是在商业方面。我还应该提到，早些时候，当我们第一次开始讨论模型授权时，有许多资产管理公司对这种业务模式感到不适。一些人表达了对抢先交易[⊖]（front running）和公平之类的法律担忧。一些基金经理直截了当地说，"我们还没有准备好"或"我们不感兴趣"，几年后，他们又给我们回电说，"我们现在准备好了"。因此，我想说，就与加州公务员退休基金的合作而言，很早就真正接受新实施模式的公司有先发优势。这种实施模型可能不适用于许多资金方。但由于加州公务员退休基金的规模如此之大，而且多年来已经发展出了强大的内部能力，所以对我们来说，这是有意义的。我们已经能够让市场上的其他人加入我们的这种合作伙伴关系。

就投资过程和策略本身而言，透明度是关键。我们必须能够完全理解投资过程，并能够将其传达给高级管理层。最后，我们还必须能够让我们的顾问理解这一点。这并不是说我们需要他们签字才能做到这一点，但在某个时候，这将会报告给董事会。如果

　⊖　指利用内幕消息抢在竞争对手之前进入市场。国内也有称其为老鼠仓（rat trading）。——译者注

顾问没有很好的透明度，董事会很难理解策略，那么很可能就没有足够的信任来实施该策略。

因此，我们通常会考虑名声好、历史悠久、在研究方面拥有深厚人才储备的公司，而且它们派遣的人员可以清楚地解释它们试图实现的目标。这有助于强化员工向上传递的信息。这种策略合作伙伴对我们来说很重要。我们和很多公司都有过这样的经历，比如，研究机构和高盛集团。

加州公务员退休基金已经在内部开发了一些智能贝塔策略，其他一些大型资金方也在开发策略，或者至少考虑在内部开发策略。从长远来看，这种趋势会走向何方？所有智能贝塔策略的目标是否都是内部开发和管理的？在您看来，这是一种优势吗？

我不认为这有什么优势。事实上，我们从来没有表明内部研发智能贝塔策略是我们的目标。

在某些方面，比如实施、执行、交易，我们感觉比较舒适。这些领域使我们能够从规模中获益，并减少成本。但在其他领域，例如前沿研究，我们将无法与其他公司进行同样有效的竞争。如你所知，加州公务员退休基金在提供职位、雇用和留住人才方面的能力受到政府部门的挑战。即使我们能在这一领域竞争，也只相当于一家公司。我们为什么要把自己局限在这一点上呢？为什么不充分利用多家公司的人才呢？因此，我认为，继续将我们所做的大量工作外包出去，而不是假装我们可以高效地做每一件事，这才最符合我们的利益。

例如，当我们考虑动量策略时，我们评估了外部策略和内部研发的策略，我们认为最佳方案是与外部的投资经理合作，其能提供有洞察力的产品来捕获动量因子。就质量因子而言，我们认为内部研发更适应个性化的需求。当前我们正在评估如何用一个更纯粹的价值因子投资组合来完善基本面指数。我们考虑了多个供应商以及内部研发能力。在这种情况下，我们可能会考虑内部和外部策略相结合的投资。但是，如前所述，在基金经理的选择方面，我们也可能与具备产品研发能力并可以作为加州公务员退休基金的战略合作伙伴的大公司合作。这些公司的运作必须稳健，因为在这一行里一两个错误就会导致我们失去整个智能贝塔策略的信任度。

在产品研发方面，你们的智能贝塔项目的当前重点是什么？

在我们的迭代过程中，我们正处于这样一个阶段：不管我们如何获得智能贝塔策略，将这些策略结合在一起的最佳方案是什么？混合各种因子的最佳方案是什么？我们意识到这里需要一定的技巧。我们应该关注我们自己是如何做到这一点的，而不是其他公司如何做到这一点。高盛集团资产管理、EDHEC等已经在这一领域具备了相当多的专业知识，拥有一个强大的多因子策略平台，并有一个很好的将它们结合在一起的方式。这些人是我们的同行。如果我们不能证明我们在这方面有竞争力，那么我们或许应该把这些外包出去。例如，也许我们确定了外部投资经理，他们每个人在因子配置决策方面都做得很好，也有很好的因子投资组合能力，然后我们就可以将这种任务分散到两三个基金经理身上。

目前智能贝塔项目的管理规模是多少？

截至 2017 年 12 月，我们在各种智能贝塔策略上的投资约为 230 亿美元，约占我们全球股票投资组合的 15%。

从长远看，这是智能贝塔的策略配置吗？

我们没有策略配置。事实上，我们在这个领域成长了很多。过去的四五年里，我们在智能贝塔方面的资产配置几乎翻了一番。同时，我们还挑选了外部经理。我们的管理账户较少，但是每个账户都更有价值。这些账户管理人都是资深基金经理，并且基金经理和策略都是我们熟悉的。

在这一点上，我们对智能贝塔的现状感到满意。对我们来说，现在的问题是：我们是否应该以牺牲指数敞口或被动管理为代价在智能贝塔策略中承担更多的风险或跟踪误差？被动管理约占投资组合的三分之二。加州公务员退休基金还有许多其他的举措和努力，它们不一定会让我们分心，不去回答这个问题，是因为也许还有更重大更重要的问题要马上回答。例如，我们如何看待跨资产大类的资产配置。我们在这方面投入了大量资源，这是一个很重要的事情。

因此，我认为加州公务员退休基金的智能贝塔策略正处于稳定运行和监控的阶段。多年来，我们一直在不断推出因子投资组合，每个因子投资组合本身都必须看起来像一个很好的独立策略，并且不能降低全球股票投资组合的信息比率。现在我们有了多个单独的因子，我们可以把它们混合在一起，我认为每一个因子都可以单独承担更多的风险，看起来更像是纯粹的价值因子，或更像是纯粹的质量因子，诸如此类，因为我们可以抵消它们的风险。只要我们了解这些因子敞口有效的原因，我们就可以明确地说我们想要什么样的因子敞口。在这方面，一个令人担忧的问题即因子之间的低相关性被打破的情况。在因子投资中，该问题既没有被重视也没有被完全理解。因此，在我们更好地了解压力测试下的因子间的相互影响及其对业绩的影响之前，我会暂停在智能贝塔上投入更多的资金。

您在智能贝塔策略上配置的资产翻倍，部分原因是对主动管理的失望吗？

不是失望。但我认为我们更好地理解了从主动管理中得到了什么。还有这个行业的演变，我们从 40 年前的市场贝塔加误差项，发展到法玛和弗伦奇因子的突破预期收益的概念，再到今天，我们审视所有智能贝塔因子，将其从市场收益中剔除，然后剩下真正的阿尔法。我们从主动管理中获得阿尔法，而不是获得因子收益。我们不想为静态因子敞口支付主动管理费。

你知道的，真正的阿尔法并不常见。但是，也有一些基金经理具备识别它的能力，并有效地通过诸如选股或因子择时等发现了它。这些都不是我们能被动实施的过程。因此，我们外包并支付主动管理费。但我们不想将因子风险敞口外包给主动管理型基金经理。我们可以剔除这些风险，对所有我们想要长期在策略和结构上维持的可识别风险采取智能贝塔路线。

在评估真正的阿尔法时，您使用哪些因子投资组合来进行收益和风险分解？

现在我们用巴拉因子模型。我不确定这是不是最佳方案，但我们认为巴拉风险因子是通用因子。因此，我们冒险将各种巴拉风险因子对每种策略的贡献进行分解。在归因方面我们也是这样做的，以确定贡献是来自于特定股票，还是风格，或是国家或行业，等等。

但是，我要告诉你，我之前说的是，这大部分都无关紧要，我们最终可能会有一个方向性的愿望，即对我们认为有溢价的某些因子给予策略敞口。尽管我们相信因子溢价会持续下去，但从长期来看，其前途未卜。

您是如何看待因子择时的呢？

从传统的因子择时上看，我认为它会削弱长期因子溢价。这也正是我想进一步了解的。然而，因子溢价的中期均值回归可能会提供一个很好的择时机会，尤其是当我们获得了远远超出预期的溢价时。例如，2016 年底的价值因子处于历史高点，我从未见过价值因子策略的业绩如此优异。所以，扪心自问，我们已经捕捉到这个周期的大部分价值因子溢价了吗？如果是这样的话，我们是不是需要降低价值因子敞口呢？这种机会性的再平衡对我们来说是触手可及的，却不是真正的因子择时。

过去十多年来，您一直在交易智能贝塔策略。您是如何评价该项目呢？相对于最初设定的目标，它的表现如何呢？

在我们的整个投资组合中运行着很多策略，这让我难以回答这个问题。2006 年，我们的初始目标只是实施均值回归策略。直到一年半前我们推出了质量因子，才有了我所认为的全面的智能贝塔项目。

因此，我们并没有把智能贝塔看作一个独立的项目来评估账户的业绩。目前我们还没有智能贝塔的交易账户。然而，我要求团队做的是查看自 2006 年以来我们所实施的策略业绩如何（假设我们没有关于价值因子在美国市场比在新兴市场或非美国发达市场更有效的观点）。因此，我们构建了一些复合型策略、地区中性的理论式复合型策略。然后使用我们当前正考虑的加权方案将它们组合在一起，如果我们在整个时间段内都这样做了，业绩会是什么样子？

我们有三个地区性组合：美国市场、非美国发达市场和新兴市场，这三个地区都有我们追求的四因子策略，并使用当前的加权方案对其进行加权。这些复合策略的历史业绩为我们的智能贝塔策略的增值提供了支撑。它提高了信息比率，无论是在阿尔法方面，还是在降低风险方面。因此，这是更好的获取股票风险溢价的方式，既比指数更好，又比传统主动管理更好。这个实践给了我们信心，让我们相信我们走在正确的道路上。

在这个过程中，您面临过来自董事会或内部委员会之类的挑战吗？

我认为我们真的很幸运，因为我们有能力做到这一点。根据团队所获得的授权，我们做这项工作并不需要董事会的批准，但如果事情搞砸了，我们就会失去这种授权。早在 2006 年，当我们实施锐联策略时，我们确实向董事会申请批准这种策略。然而，我们将其描述为均值回归策略，目的是捕捉市值加权指数中的市场低效率，我们没有遇到董事会的阻力。我们在这个领域做任何其他事情之前，该策略已经运行了四五年，然后我们才开始慢慢研究其他因子。现在，这不是我们需要董事会批准的事情，这是我们能够做的事情，只要得到股票部门负责人的批准就行了。

在管理方面，谁负责智能贝塔项目？

在加州公务员退休基金，智能贝塔本身并不是一个真正的项目，它不是独立运作的，而是整体投资组合的一部分。但在管理方面，我们向智能贝塔或任何其他策略投入多少资金的决策，是由资产配置委员会做出的。这个委员会每月开一次例会，对所有产品和策略做出决策。当然，我们还有一个监督团队，他们会逐月监控所有策略，无论它们是独立授权项目，还是智能贝塔混合实施模式，甚至是指数基金。所以这只是我们日常管理的一部分。

您在设计和实施智能贝塔方面具备了丰富的经验。对于正在考虑智能贝塔投资的投资者，您会提供什么样的建议呢？

首先，我要说的是保持策略简单，并确保你完全理解你在做什么。这就是我们强调投资过程透明度的原因。我们不愿与不提供所需透明度的公司合作。除了透明度，它也是一种能力，把可能非常复杂的东西提炼成更容易理解的东西，并且更容易沟通，因为委员会的委员需要知道这一点。这也是我们重视与某些公司的战略伙伴关系的原因之一。这些公司的员工很有才华，他们能深入浅出地探讨问题。与加州公务员退休基金不同的是，我相信许多资金方确实需要向董事会申请批准才能做这类事情。如果他们都不能向同事解释清楚，怎么可能从董事会那里获得支持呢？我认为这将是非常具有挑战性的。因此，我想说，在与我们的战略合作伙伴的合作中，能够完全理解这种方法并将其传达给我的上司以获得批准，对我来说是非常有益的。在我看来，简洁性、透明度和沟通能力非常重要。

我想给的第二个建议是不要对智能贝塔寄予过高的期望。在我看来，它不是主动管理的通用替代品。对于它是用来替代贝塔还是阿尔法的，目前我还没有得出结论，它很可能是两者的某种组合。但是，我认为资金方必须承认他们在事前的角度上具有识别有经验的基金经理的能力。如果有人认为他们找不到经验丰富的主动管理型基金经理，那么干脆做智能贝塔项目吧。但如果他们认为，或者他们仍然喜欢寻找经验丰富的主动管理型基金经理，那么就不要指望智能贝塔会取代主动管理型基金经理。

然后，当心交易拥挤。虽然我无法准确说明什么时候会过于拥挤，但有一种直觉，如果我听说某事变得很受欢迎，我就会紧张。我不清楚如何量化交易拥挤的程度。例如，人们关注智能贝塔策略的估值水平。但是，交易拥挤对我来说意味着完成交易的成本越来越高。这也意味着当市场崩盘时，会有很多人同时前往撤离出口。我们想试着走另一扇门。对我们来说，所有这一切都意味着我们应该努力获得相同的总体风险敞口，但以不同的方式做到这一点。智能贝塔已经变得非常流行。作为一个市场竞争者，我希望其他投资者大举买入现有的产品。我们会尝试做一些不同的事情。为了进一步阐述这一点，我们衡量了指数编制机构发布的各种公开指数的估值。然后，我们使用相同的衡量方式来衡量已构建的或从模型供应商那里获得的模型的估值。而且通常情况下会有很大的不同。例如，当我们推出质量因子时，我们能找到的每一个指数编制机构都说质量因子估值高。就我们自己的产品而言，实际上是相对便宜的。这给了我们信心，我们追求的是相同的总敞口，但我们从一个不同的角度出发，不会受到过度交易拥挤的影响。因此，就潜在的建议而言，我再次建议投资者尽可能多地考虑独特的、定制的智能贝塔，以不同的想法实现相同的目标。然后，不管是否可以衡量交易拥挤，我们可以在一定程度上缓解它。

最后，谨慎选择基金经理或合作伙伴。我已经谈了很多关于我们与策略合作伙伴合作的需求和能力，无论他们是基金经理还是模型供应商。合作伙伴给我们带来我们想要的透明度，但对他们所做的工作也有保守的期望和假设。我希望模型供应商告诉我们，要现实地看待智能贝塔可以实现的目标，而不仅仅是卖给我们一个很高的回测信息比率。我们喜欢和谦虚、合规的人一起工作。我们认为我们与足够多的外部人士（比如基金经理、研究员等）交谈，通常我们可以看到是否有人认为他们接下来有最好的东西，或者他们仍然在问自己正确的问题。如果他们的智能贝塔背后的价值主张开始减弱，不管是因为套利还是其他什么，他们都会来找我们说，"嘿，我们认为这在未来不会给你带来收益"。我认为，这类供应商也会来找我们，可能会带来一些前瞻性的解决方案来取代它，但他们有意愿和广度这样做，而不是只会一招，他们不会来找我们说，"你不应该这样做"，因为这是他们的全部业务。我们重视诚信并谨慎选择合作伙伴。

史蒂夫，再次感谢您在百忙之中抽空和我们对话。

我谨代表帮我们建立智能贝塔平台的同事 Ho Ho 和 Sin Sai Vang，感谢你们给我们这个机会与读者分享我们的观点和我们的故事。

第 14 章

养老基金的因子投资之旅：案例研究

汉斯·德·鲁特

荷兰国家应用科学研究院养老基金首席投资官，阿姆斯特丹自由大学副教授

14.1 引言

2014 年，TNO 养老基金（荷兰国家应用科学研究院（TNO）的企业养老金计划）开启了智能贝塔投资项目。在此之前，股票投资是以传统的被动型指数基金管理的。该项目的发展之旅非常有趣，它为我们提供了新思路，最终在 2015 年任命了两名智能贝塔基金经理。一路走来，我们不得不去寻找各种问题的答案，这些问题不仅与智能贝塔策略有关，也与我们过去的投资方式有关。我们和董事会一起完成了这段投资旅程。在旅程的一开始，我们问自己，为什么会采取这种投资方式（传统的被动型指数基金投资），以及什么样的新见解让我们对这种方法提出质疑。我们在 14.2 讨论了这一点。我们还问自己，和当下的投资方式相比，智能贝塔策略是否更好？如果是，在什么情况下会是这样？14.3 讨论了这一点。最后，我们必须应对各种实际挑战，这些挑战在 14.4 进行了讨论。我们在 14.5 以主要结论结束了这一章。

14.2 被动的市值加权策略的案例

无论学术界还是业界，都花费了大量的时间和精力来研究股票收益的驱动因素。描述股票收益的最古老和最著名的模型是资本资产定价模型（CAPM），由夏普、林特纳和莫辛于 20 世纪 60 年代创建。该模型建立在马科维茨均值 – 方差投资组合理论基础上。假设投资者是理性的均值 – 方差优化者，他们会在两种资产之间配置资金：无风险资产和市场投资组合。如果我们局限于股市，那么市场投资组合就代表了整个股市的市值加权组合。投资者将持有完全多元化的风险资产投资组合，这一观点的含义是，投资者只会因承担系统性风险而获得补偿。系统性风险是通过股票的贝塔系数（β）来衡量的，贝塔系数衡量的是一只股票对市场的灵敏度。股票的已实现收益和贝塔系数之间的关系可以写成：

$$R_i = R_f + \beta_i(R_m - R_f) + e_i \tag{14-1}$$

R_i、R_f 和 R_m 分别是股票 i 的收益、无风险资产的收益和市场收益。最后一项中，e_i 是残差，$E(e_i)=0$。同理，股票 i 的风险可以分解为系统风险和异质风险。

$$\sigma_i = \beta_i\sigma_m + \sigma(e_i) \tag{14-2}$$

根据 CAPM 理论，如果投资组合中的股票数量足够多，式（14-2）中的最后一项将无限接近零。

基于 CAPM 理论的洞察力，被动型指数投资在 20 世纪 70 年代大受欢迎。如果投资者不想因为承担异质风险而获得补偿，最好的方法就是持有市值加权指数投资组合（如，明晟指数族和标普 500 指数）。

尽管 CAPM 的早期实证研究只是稍微证明了贝塔是唯一的风险因子，但这并未阻止投资者采用市值加权指数作为股票投资的主要基准。

除了学术上的考虑，这么做也有现实考虑。第一，市值加权指数是最具成本经济的被动型基准。这是因为它倾向于交易成本较低的大盘股，且市值加权指数采用买入并持有策略。另类被动策略包含再平衡的因素，因此会产生额外的交易成本。

第二，大多数市值加权指数都有对应的流动性强的衍生品，这有利于高效的投资组合管理。从现实的角度来看，这也是一个相关的考虑因素。

第三，实际上很难找到能够持续跑赢市值加权指数的主动管理型基金经理，这使得市值加权指数成为投资者合适的投资起点和基准。

第四，市值加权指数是唯一的与宏观一致的投资工具，这意味着它是所有投资者都可以持有的唯一投资组合（本德等（2013））。

尽管市值加权指数的买入并持有策略具有吸引力，但仍然受到了一系列新策略的挑战，这些策略被贴上了智能贝塔策略的标签。顾名思义，智能贝塔策略的支持者认为，市值加权指数是低效策略。其低效的原因如下：

- 市值加权指数是趋势跟踪策略，这意味着随着时间的推移，它们将较多地持有被高估的股票，较少地持有被低估的股票，因此更容易受到市场冲击的影响。
- 市值加权指数不够多元化，并且偏向市值大的股票。
- 市值加权指数不能明确体现出所有已发现的能解释股票横截面收益变化的风险因子，例如价值因子、规模因子和动量因子。

下一节讨论我们在 TNO 养老基金中所形成的关于智能贝塔策略的观点。

14.3 智能贝塔策略是更好的替代策略吗

洪崇理（2009）对挪威储备基金的研究发现，主动管理型基金经理的大部分价值可以通过对系统性因子的隐性敞口来解释。研究报告所给出的建议是在投资过程中采用因子投资：以自上而下的方式将风险资本配置到已证实的因子上。其他研究表明，除了市场因子外，还有多个因子能够解释一段时间内横截面上的收益率差异。基于现有的学术研究，我们有充分的理由仔细研究智能贝塔策略的价值。当我们开始研究智能贝塔策略时，我们列出了需要回答的三个关键问题。这三个问题如下：

- 哪些因子有资格纳入智能贝塔策略？标准是什么？
- 智能贝塔策略能否战胜市值加权指数的买入并持有策略？如果能，它能否在短期和长期都战胜后者？
- 如果智能贝塔策略能战胜市值加权指数的买入并持有策略，其超额收益的来源是什么？

在接下来的三节中，我们将讨论这三个问题。

14.3.1 符合智能贝塔策略标准的因子

就第一个问题而言，基于现有的文献，我们制定了四个标准来确定哪些因子符合智能贝塔策略。这些标准是：

▶ 因子必须有经济学意义（必须有充分的理由说明该因子的溢价可以持续）；

▶ 因子收益必须具有持续性和普遍性（因子收益确实长期存在，且在文献发表后未消失）

▶ 因子收益必须稳健（不同地区和国家的因子收益都有记录；如果因子收益也适用于其他资产大类，这也将有助于因子的稳健性；因子收益不应受因子定义的微小变化的影响而发生显著变化）；

▶ 必须能够以经济高效的方式获取因子收益。

依据这四个标准，合格因子的数量出现显著下降。哈维等（2016）研究了顶级期刊论文和工作论文中的 315 个因子。他们发现这 315 个因子大多数都未能通过四个标准的检验。他们的结果印证了盖尔德伦和惠吉（2014）的发现，他们发现，在 1990 ~ 2010年，美国最成功的基金经理是那些采用了符合四个标准的因子，并对这些因子予以风险暴露的投资策略。

根据我们自己的分析，学术文献中最值得注意的、符合这四个标准的因子如下：

▶ 市场因子，以 CAPM 贝塔为代表；

▶ 价值因子，以市盈率（巴苏，1977）、市净率（法玛和弗伦奇，1992）为代表，一般来说，估值低的股票表现优于估值高的股票；

▶ 规模因子，以股票的市值为代表（班斯，1981；法玛和弗伦奇，1992），一般来说，小盘股表现优于大盘股；

▶ 动量因子，用过去 12 个月的收益表示（杰加迪西和蒂特曼，1993；卡哈特，1997），总的来说，过去 12 个月收益高的股票表现优于过去 12 个月收益低的股票；

▶ 波动率因子，以过去一段时间股票收益的波动率为代表（豪根和贝克，1991；克拉克等，2006），一般来说，低波动率的股票表现优于高波动率的股票；

▶ 质量因子，例如，公司的盈利能力（诺维·马克斯，2013），在学术文献中，有大量符合质量因子描述的特征，一般来说，质量因子高的股票表现优于质量因子低的股票。

这六个因子在学术文献中得到了广泛的检验，它们的收益被证明是具有持续性和稳健的。即使我们控制了其他因子，这些因子也显示出显著的超额收益。

14.3.2 智能贝塔策略的业绩

周子文等（2011）研究了不同的智能贝塔策略在美国股市和全球股市的业绩。美国股市的样本时间为 1964 ~ 2012 年，全球股市为 1991 ~ 2012 年。

从他们的研究中得出的第一个结论是：所有的智能贝塔策略的业绩都优于市值加权指数的买入并持有策略（明晟全球指数）。业绩最好的是基本面加权策略（基本面指数）；多元化加权策略和最大多元化策略的业绩仅略好于明晟全球指数。除了多元化加权策略外，所有的智能贝塔策略的夏普比率都高于明晟全球指数。如果我们认为智能贝塔策略是主动策略，那么信息比率将是一个有效的衡量指标。从信息比率来看，启发式加权策略作为一种主动策略似乎比基于优化的加权策略更好。这是由于最小方差和最大多元化策略的跟踪误差相对较高造成的。

美国市场的结果与全球市场一致。所有的智能贝塔策略的业绩都优于市值加权指数的买入并持有策略（S&P500）。然而，美国市场的超额收益更为显著。

阿诺特等（2005）研究了一系列基本面因子（账面价值、主营业务收入、利润、销售额、股息和就业人数）和一个组合因子（类似于基本面指数策略）的风险 – 收益特征。他们的研究仅限于美国股市（罗素 1000 指数成分股），样本时间为 1962 ~ 2004 年。研究显示，所有基本面指数策略的业绩都好于标普 500 指数和罗素 1000 指数。智能贝塔策略有着更高的夏普比率，信息比率也是如此；所有的信息比率在统计上都是显著的。阿诺特等（2013）的样本期限延长至 2012 年并且范围扩大至全球股票市场。该研究结果也证实了前面的研究结果。

为了检验研究结果的稳健性，阿诺特、许仲翔和穆尔（2005）将样本分成了 5 个 10 年期子样本，除了 20 世纪 90 年代，其他结果似乎相当稳定。20 世纪 90 年代那段时间由巨头公司主导；除此之外，20 世纪 90 年代后半期被 TMT 股票主导，这些股票基于对未来增长的高预期而估值很高。然而，在当前的基本面中，这一点尚未显现。在像 20 世纪 90 年代这样的时期，人们预计智能贝塔策略的业绩会逊于市值加权指数。

科迪克等（2013）分析了美国市场和欧洲市场的一系列因子溢价的程度。他们分析的因子包括市场因子 (贝塔)、规模因子、价值因子、动量因子和低波动率因子。该结论证实了早期研究的结果：所有基本面因子溢价都高于市值加权指数的收益。

虽然之前的研究只是关于智能贝塔策略的现有实证研究的一小部分，但它们公正地提供了实证研究的结果。这些研究表明，从长期来看，各种形式的智能贝塔策略的业绩都优于市值加权的买入并持有策略。目前尚不清楚的是智能贝塔策略在短期内的业绩。如果三到五年内的业绩会远远低于市值加权指数，那么对于养老基金来说是不可接受的风险。因此，对智能贝塔策略在短期内的业绩有一定的洞察力是很重要的。

多项研究表明，因子收益是周期性的，在三到五年的时间里，因子收益可能低于市值加权指数的被动买入并持有策略（本德等，2013）。这对养老基金来说是一个挑战，因为三到五年是很长的一段时间。投资养老基金时至少有两种方法能应对因子策略的短期风险。最重要的是，与其专注于一两个因子，不如建立一个多因子投资组合。考虑到因子收益并不是完全相关的，这会带来更稳定的收益，而且相对于市值加权基准，较长期业绩不佳的风险较小。这也是我们在 TNO 养老基金所做的选择。除此之外，在养老基金的投资理念中嵌入智能贝塔概念也很重要。这将在 14.3.3 中讨论。

14.3.3 对因子收益及其实践相关性的解释

尽管所有的智能贝塔策略都与 CAPM 模型的有效性相矛盾，但它们在超额收益的来源上并不一定需要达成一致。从本质上讲，对超额收益的解释有两个学派。

第一个学派假设市场是有效的，投资者是理性的。因此，与市值加权指数不同的风险敞口所获得的超额收益只是对风险的补偿。

另一个学派则认为市场是无效的，投资者容易受到行为偏差的影响。在某种程度上，这些行为偏差是持久的，它们导致了股票的错误定价，人们可以通过对具有特定特征的股票倾斜来获利。

在某种程度上，这似乎是一场学术辩论，然而，它也具有实操意义。如果超额收益反映的是对风险的补偿，那么它在未来持续的可能性就很高。然而，当超额收益反映的是错误定价时，一旦被"聪明的投资者"发现，它就可能会在未来消失。这不一定需要发生。从行为金融学的研究中我们知道，一般来说，投资者在矛盾和偏见上是相当一致的。即使投资者发觉自己的错误，也不意味着会相应地做出改变。在这种背景下，即使这些超额收益源于错误定价，也会在未来持续存在。

在 TNO 养老基金，我们对因子收益的解释是不可知的。虽然有足够的学术研究可以支持这两种观点，但我们不认为这场辩论有最终答案，而且这对智能贝塔策略的业绩也不会有太大影响。并且，即使行为金融学的解释是正确的，人类的行为也会持续，而且存在固有缺陷。

不过，重要的是，因子敞口所带来的正收益的信念，会充分植根于养老基金的投资信念之中。我们花了很多时间与董事会讨论智能贝塔策略的特点，以及为什么这些策略能带来更好的收益。理解这些策略是至关重要的，特别是在业绩不佳的时候，这种情况可能会时不时地发生。当股市在几年内的业绩都低于债券时，没有人会提议退出股市，将资金投资于债券。这是因为每个人（至少是荷兰的每家养老基金）都明白，长期投资于股票有助于基金的收益，对于实现养老基金的长期目标也是必要的。智能贝塔策略也需要同样的信念，这需要董事会对这些策略有充分的理解。如果这一点做不到位，基金就会面临无法实现长期目标的风险。

14.4 现实考量

在与董事会讨论并将我们对长期因子收益的看法融入我们的投资信念之后，我们不得不解决一些实际问题。第一个问题是投资组合的构建，特别是投资组合的因子分配和风险约束。14.4.1 讨论了这一点。第二个问题是选择合适的基准。尽管市场上有各种各样的因子基准，但一个合适的因子基准是什么仍然没有统一的意见。这个主题在 14.4.2 讨论。

最后一点是成本对策略和投资组合构建的影响。相对于市值加权指数的被动买入并持有策略，需要考虑额外的交易成本和费用。这一点在 14.4.3 中阐述。

14.4.1 投资组合构建

正确的投资组合构建方法至少需要对投资者的目标函数有一个清晰的定义。对于智能贝塔策略，投资者大致可以在两种方法中进行选择。第一种方法，即绝对风险收益法，智能贝塔策略被认为是一种增强型被动投资策略，因此目标函数可以用绝对风险和绝对收益（夏普比率）来表示。第二种方法，即相对风险收益法，智能贝塔策略被视为主动投资策略，因此目标函数可以用相对风险和相对收益（信息比率）来表示。在 TNO 养老基金，我们将智能贝塔策略视为增强型被动投资策略，因为我们寻求对一系列因子保持长期且一致的敞口，以期这些因子能带来正的因子溢价。基本上，我们认为向智能贝塔投资组合的转变是从被动的单一贝塔低效率策略向被动的多贝塔高效率策略的转变。

如果智能贝塔策略被视为增强型被动投资策略，那么原则上投资基准应该是一个基于因子的指数。之所以用基于因子的指数取代市值加权指数，是因为采用基于因子的投资策略作为一种增强型被动策略意味着，市值加权指数被视为低效的基准。没有理由去使用一个被视为低效的基准。在投资组合构建和因子策略评估方面，重要的是要认识到，智能贝塔策略基本上是股票的新默认基准。因此，因子分配是一个多重贝塔问题，而不是一个阿尔法问题。所以，策略评估应该使用夏普比率。

对智能贝塔策略的评估可能会产生不同的结果，具体取决于所使用的方法。例如，多项研究（本德等，2013）表明，低波动率策略往往具有较高的夏普比率、较低的信息比率。这是有道理的，因为低波动率策略的长期收益往往与市值加权指数的收益相似或略高，但风险更低。然而，他们的跟踪误差可能很大（例如，许仲翔和李飞飞（音译）（2013））。因此，与采用相对收益的投资者相比，采用绝对收益的投资者更青睐低波动率策略。由于我们从绝对风险－收益的角度来研究智能贝塔策略，因此更青睐低波动率策略的风险－收益特性。我们将低波动率策略的高跟踪误差解释为投资组合中的风险减震器，因为跟踪误差在快速下跌的市场行情中尤其高。也正是在这些行情中，低波动率策略因其防御性而表现出强劲的相对业绩。

在 14.3 中提到，荷兰国家应用科学研究院确定了纳入其智能贝塔策略的 6 个因子（包括市场因子）。将这些因子结合在一起，不仅提供了单个因子的收益的潜力，还提供了因子之间不完全相关所产生的多元化收益。然而，将各种因子组合成一个多因子策略有不同的方法。因此，我们必须找出可以使用的方法，以及它们对基金的吸引力。

原则上来说有两种构建多因子投资组合的方法，自上而下的方法（也称为因子融合或投资组合混合）和自下而上的方法（也称为因子集成或信号生成）。自上而下的方法本质上是一个分两步构建投资组合的过程。第一步是构建单个因子投资组合，第二步是将这些独立的因子组合成一个混合投资组合。对于第二步，投资者必须选择加权方法（例如，等权重或最优化）。自下而上的构建方法将单个因子信号合成为组合因子信号，这构成了构建投资组合的基础。

自上而下的方法的一个潜在缺点是可能会带来不希望有的因子敞口。当因子呈负相关时，这一点尤其重要。例如，如果价值因子和动量因子是负相关的，投资者会自动选择价值股票池中具有负动量信号的股票，以及动量股票池中具有负价值信号的股票。自下而上的方法在集成因子信号时考虑了这些相关性。解决该问题的一种方法是将因子"去相关性"，并将其转换为纯因子投资组合。将纯因子投资组合合成为多因子投资组合。

从实用的角度来看，自上而下的方法也有一些特别相关的优点。因为该方法是透明的，因此有助于业绩归因。

在学术文献中，克拉克、德·席尔瓦和索利（2016），本德和王（2016），菲茨吉本斯、弗里德曼、波莫尔斯基和塞尔邦（2016）得出结论，自下而上的方法更受欢迎，因为它产生了更高的风险调整后收益。阿蒙克、戈尔茨和西瓦鲁布拉马尼亚（2018）以及路易波德和吕埃格（2017）则得出结论，一旦考虑到以前研究的方法论弱点，自下而上方法的优越性就消失了。例如，周子文、李飞飞（音译）、沈耀燮（音译）（2018）的结论是，一旦考虑到投资组合的集中度和换手率，自下而上方法的优势就消失了。

比较不同的方法是很困难的，因为大多数研究都是在某种给定的风险度量（波动率或跟踪误差）下比较投资组合。然而，这使得投资组合在因子敞口方面可能存在显著差异。加尤尔、希尼和普拉特（2018）在他们的研究中表明，对于中等水平及以下的因子敞口，自上而下和自下而上的方法产生了相似的结果。只有在因子敞口水平较高的情况下，这两种方法才会显示出差异。因此，这两种方法的相对吸引力取决于投资者的目标函数和偏好。

荷兰国家应用科学研究院不喜欢高因子风险敞口，因为它通常伴随着更集中的投资组合。因此，从风险－收益的角度来看，我们并没有强烈地倾向于自上而下或自下而上的方法。然而，由于自上而下的方法更透明，更容易对业绩进行归因，因此我们倾向于使用自上而下的方法。

我们必须决定的最后一个投资组合构建问题是风险限制。

在 TNO 养老基金，我们选择在发达市场的水平上定义智能贝塔授权。这意味着国家风险和外汇风险贡献了主要的总风险。如果我们只关心相对于基准的总风险水平，我们可以约束跟踪误差。然而，如果我们想要关心智能贝塔策略的总风险状况，我们还应该约束具体的风险敞口。对于外汇风险，我们采用了货币风险管理外包，因此外汇风险是在整个投资组合水平上进行对冲的。需要解决的另外两个主要风险是国家风险和行业风险。一个有趣的问题是，国家和行业的风险限制会在多大程度上影响智能贝塔策略的业绩。对某些因子敞口的偏好将投资组合引向了特定的国家和行业。我们与候选名单上的一位智能贝塔经理一起，对国家和行业限制的影响进行了广泛的分析。事实证明，严格的国家和行业约束对智能贝塔策略的风险－收益权衡产生了负面影响（完全没有约束也不是最优的，因为这会导致严重的过多持有和过少持有股票）。使用严格约束（相对于基准的 ±0.5%）的策略的收益－风险比为 0.76；使用宽松约束（±10%）的策略的收益－风险比为 1.0；样本由明晟全球指数中的所有股票组成，样本期为 1985 ～ 2015 年。因此，我们决定对国家和行业使用宽松的约束。

14.4.2　定义正确的基准

下一个挑战是找到正确的基准。目前有各种被广泛接受的能衡量市场风险的基准（例如标普 500 指数、明晟指数族），但还没有能用于智能贝塔策略的基准。虽然一些指数供应商已经开发了因子指数（例如明晟、罗素、富时），但这些指数在投资组合构建和因子定义方面可能与它们应该代表的实际策略有所不同。此外，这些因子指数不一定是一个好的默认基准，好的基准可以以一种经济高效的方式实现。鉴于这些限制，在

TNO 养老基金，我们选择保留市值加权指数作为智能贝塔策略的基准。如果因子确实产生了超额收益，我们应该会看到更长一段时间内的超额业绩。董事会意识到智能贝塔策略的业绩应该在更长的时间跨度内进行考核，比如三到五年。

14.4.3　成本的影响

最后一个必须解决的问题是成本，特别是交易成本和费用。如果处理和管理不当，成本可能会对智能贝塔策略的收益产生重大影响。最后，我们希望优化净收益和风险之间的权衡。

被动买入并持有市值加权指数基金和智能贝塔策略在交易成本上存在很大差异。后者显然成本更高，因为它需要更多的再平衡，而且在交易成本较高的小盘股上交易更多。由于 TNO 养老基金过去将其股票投资组合投资于被动的市值加权指数基金，在新的形势下，交易成本将会更高。重要的是要认识到，当审视大量的学术研究时，大多数研究都是基于模拟投资组合，且没有考虑交易成本。因此，这些研究往往高估了智能贝塔策略的收益。贝克等（2016）的研究是个例外，其研究表明，一旦考虑交易成本，某些因子策略的吸引力就会消失。

同一项研究还表明，交易成本对业绩的影响可能在不同因子之间存在很大的差异。例如，价值和最小波动率策略的换手率往往较低，因此交易成本较低。然而，动量策略的换手率可能相当高。特别是当大多数换手发生在小盘股时，交易成本可能会对业绩产生重大影响。

在分析智能贝塔策略的业绩时，我们明确考虑了换手率对智能贝塔策略的影响。

另一个在学术研究中通常被忽视的成本是费用。通常，智能贝塔策略的费用高于被动买入并持有市值加权指数基金（尽管通常低于主动型股票基金）。就像递增的交易成本一样，在做出关于智能贝塔策略和投资组合构建的决定之前，应该考虑额外的费用成本。我们对此进行了分析，与传统的买入并持有市值加权指数基金相比，智能贝塔策略提供了额外的价值；因此，在投资组合中加入智能贝塔策略符合养老基金的利益。

14.5　结论

本章记录了 TNO 养老基金从传统的被动买入并持有市值加权指数基金策略到智能贝塔策略的历程。要实现成功的过渡，董事会参与这一过程至关重要，这一点一开始就很清楚。尽管智能贝塔策略已被证明能在较长期内提供更好的风险 – 收益比，但与传统方法相比，可能会有一段时间业绩不佳。在这种情况下，重要的是，投资智能贝塔策略的根本原因应嵌入该基金的投资理念中，并得到充分理解。

我们所做的大部分分析都是基于学术研究。这些研究极大地帮助我们找出了正确的因子，并提高了我们对智能贝塔策略的风险－收益特征及其存在的解释的理解。大体上说，学术文献为智能贝塔策略提供了一个令人信服的理由。相对于被动的市值加权指数，它们的业绩更好。然而，在就智能贝塔策略做出任何决定之前，无论是在资金配置方面还是在投资组合构建方面，考虑到投资者必须处理的实际问题是至关重要的。在这方面，强调了了解投资者的目标函数和偏好、投资组合构成（因子组合和风险约束）、基准定义和成本的重要性。

第 15 章

使用智能贝塔实现高效的投资组合管理

伊利安·迪米特罗夫

橡树养老金资产管理有限公司成长性资产部主管，巴克莱银行英国退休基金投资部副总裁

15.1 引言

智能贝塔和因子投资的概念并不新鲜。实际上，从历史上看，基本面型基金经理和主动量化型基金经理都会利用对某些智能贝塔因子的敞口，结合选股来产生超额收益。然而，就智能贝塔而言，它能够通过透明、低成本的产品捕获具备长期超额收益的因子。这种将因子敞口带来的超额收益与选股带来的超额收益进行解耦的能力，对资金方来说是一个重要的进步，因为它能够构建更有效的股票投资组合。巴克莱银行英国退休基金（BUKRF）一直是智能贝塔因子投资的早期采用者之一。而且，自成立以来，智能贝塔对提高其股票整体配置的风险收益情况做出了重要贡献。在本章，我们将讨论智能贝塔的实施经验。

15.2 目的和策略选择

近年来，数据可用性的提高和增强、风险模型的改进以及对量化投资管理的日益

关注，使得机构投资者能够更好地分解投资组合业绩，并更深入地了解业绩的驱动因子。就我们自己而言，随着时间的推移，已经对被动和主动投资组合中的因子敞口有了更清晰的识别。这反过来又引发了内部探讨，即我们想要获得哪些因子敞口，投资组合实际代表了哪些因子，以及我们如何平衡因子的风险敞口。基于因子的智能贝塔策略的出现，为实施代表性不足的因子敞口提供了一种有效的工具。因此，最初我们使用一些智能贝塔产品来完善投资组合。例如，我们的投资组合缺乏足够的防御性策略敞口。因此，我们最初选择的智能贝塔策略侧重于防御性或低风险策略。

随着我们的股票策略的演变，智能贝塔策略的组合也随之扩大以促进高效的投资组合管理。例如，我们引入了大盘股价值策略，以平衡主动投资组合带来的小盘股增长的敞口。在一些高效率的细分市场中，智能贝塔因子策略也被认为是比主动管理策略更有效、更透明和更经济高效的替代策略。在这种情况下，我们倾向于多因子资产配置，这种配置通过将相关性较低的因子与经济高效的实施相结合来提高风险调整后的收益。

因此，随着时间的推移，智能贝塔因子投资已经从一个完善投资组合的工具演变为一种投资策略，该策略使我们能够以低成本捕获特定风险溢价，并在某种程度上作为主动管理的替代品。最后，智能贝塔的主要目标是辅助构建投资组合，通过在纯粹被动投资的基础上取得更高的夏普比率，以及在主动管理投资组合中取得更高的信息比率来提高投资效率。

15.3 挑战

和大多数投资者一样，我们在实施智能贝塔项目时也面临着许多挑战。第一，我们必须确定因子背后的动机。这很难，因为涉及因子为什么有效，更重要的是，我们为什么认为因子会持续有效。在这个问题上，学术文献提供的指导是有限的，其提出两种解释：基于有效市场的风险溢价和基于行为金融的异常收益。在实际层面上，我们认为因子收益可能是由风险和错误定价共同驱动的，或者不同因子是由不同因素驱动的。也就是说，某些因子可能会更多地表现为风险溢价，而另一些因子则可能通过行为偏差得到更好的解释。此外，因子溢价的持续性也是一个重要的考虑因素。我们认为，超额风险溢价和对套利的限制是因子溢价持续性的合理解释。

第二，我们必须决定应该捕获哪些因子溢价。尽管学术文献已经确定了数百个因子，但我们仍然认为智能贝塔策略的重点应该放在公认的因子上，如价值因子、动量因子、低波动率因子和质量因子。至少，资金方应该致力于通过透明且高效的方案捕获这些因子。而其他潜在的更先进、更复杂的因子最好通过主动管理来捕获。

第三，我们必须决定如何在新的智能贝塔框架中使用我们现有的风险管理系统。一直以来，我们都在使用商业风险模型来评估投资组合的风险敞口。智能贝塔的出现挑战了商业风险模型。例如，如果我们决定投资某个智能贝塔价值策略，那是因为我们相信该策略能有效捕获价值因子。当使用商业风险模型进行评估时，智能贝塔策略可能不会显示出显著的价值因子敞口，因为商业风险模型定义和捕获价值因子的方式不同。这类情况相当普遍，突显出资金方需要仔细分析商业风险模型产生的违反直觉的风险敞口。对于资金方来说，用主动策略而不是智能贝塔策略的风险分解来完善基于风险模型的风险敞口分析也可能是一个好主意。

最后，另一个挑战是确定采取哪些措施来减轻因子交易拥挤对未来业绩的影响。随着智能贝塔的不断普及，交易拥挤及其对因子估值的影响成为一个合理的问题。此外，个股的交易拥挤意味着在发生因子崩盘的情况下，卖出股票可能会影响市场，并且要付出更高的交易费用。我们相信，资金方可以通过保持长期视角，并专注于具有差异化的智能贝塔解决方案，来缓解交易拥挤的潜在负面影响，正如我们下一步所讨论的那样。

15.4　产品选择

在选择智能贝塔产品时，我们关注以下因素。

15.4.1　因子组合

因子组合决策涉及确定要投资哪些因子。如果是为了完善投资组合而使用智能贝塔，那这个决定就很简单明了，因为目标是特定的因子或风险溢价。如果是将智能贝塔作为主动管理的替代方案，我们更喜欢多因子策略。在多因子策略中，我们也倾向于包含前面提到的所有智能贝塔因子，即价值因子、动量因子、低波动率因子和质量因子。部分智能贝塔基金经理在他们的多因子策略中不包含动量因子。这些基金经理认为动量因子的换手率太高，会增加实施成本，并对策略的容量产生负面影响。另外一些智能贝塔基金经理不包含低波动率因子，因为它往往会降低策略的信息比率。尽管动量因子和低波动率因子的这些潜在缺点确实存在，但我们也发现基金经理设计了良好的方案来解决这些问题。他们使用新技术来控制动量因子的换手率，并提高低波动率因子的主动收益。归根结底，关键是资金方不一定要放弃某些因子的多元化潜力，因为存在许多旨在在涉及各种潜在权衡中取得适当平衡的智能贝塔产品。因此，在这个过程的开始，我们使用一个完整的因子组合，它提供了足够的多元化，接下来进行股票筛选，以缩小我们希望进一步分析的策略的范围。

15.4.2　因子信号定义

关于信号的定义，我们的重点放在两个主要领域：简单与复杂之间的权衡、单因子与多因子之间的权衡。虽然我们倡导简单和透明，但也认识到一定程度的复杂性可以更加充分地定义特定的因子或风格。例如，价格与账面价值比的定义可能过于简单和狭隘，无法定义价值因子。我们更喜欢设计得当的价值因子组合，采用更广阔的价值投资视角。另外，一些智能贝塔基金经理使用 10 个甚至 20 个不同的测度来定义质量因子。我们认为这样的组合过于复杂，因为它们不利于理解风险敞口和业绩归因。

在多因子的应用中，我们认为所使用的各种因子之间应该相对独立。否则，多因子的预期收益可能会受到影响。因此，我们特别注意特定因子定义的潜在意外或附带暴露。在这一点上，我们可以要求智能贝塔基金经理对所使用的各种因子进行正交化。这就需要对策略所使用的一个因子相对于其他因子进行敞口分解。

15.4.3　加权方案和投资组合构建

投资组合构建的基本目标是高效地捕获目标因子。然而，不同智能贝塔基金经理可以从不同的角度来实现该目标。因此，我们要求基金经理明确地说明他们如何定义效率目标函数以及投资组合构建如何帮助他们实现该目标。

在我们看来，充分了解给定的加权方案和其他投资组合的构建参数所带来的潜在风险敞口和风险集中度是很重要的。根据我们的经验，规模因子的敞口是一个很重要的问题。相比其他因子，某些投资组合构建方案会导致对规模因子的敞口。尽管偏离市值加权的策略无法避免规模因子敞口，但让规模因子成为主要的因子敞口是个问题。在某些其他情况下，优化方法中的特定约束可能会导致隐含的因子择时。通常来说，可以提出一个合理的论据来支持因子择时。然而，隐含的因子择时的好处仍然值得怀疑。与智能贝塔相比，通过才华横溢的主动管理型基金经理以显式方式实现因子择时会更好，因为其需要更深层次的技能。

在构建多因子策略时，一些智能贝塔基金经理通过组合因子信号来构建一个单一的多因子投资组合，而另一些基金经理则将单独构建的因子投资组合组合在一起。从投资效率的角度来看，我们认为这两种方法都是构建多因子策略的合理方案。在实施和监控策略时，我们将理解和解释业绩的能力视为重要优势。

最后，我们重视清晰和透明的投资流程，这些流程是专门为提升多元化和降低实施成本而设计的。正如学术研究强调的那样，多元化是获取因子收益的一个重要因素。理想情况下，应该在高度的多元化和低异质风险的情况下捕获因子，这样，因子风险就是假设的总体积极风险的主要驱动因素。降低总体实施成本的目标使我们选择具有合理年化换手率并要价公道的策略。

15.5　配置智能贝塔

决定配置智能贝塔的流程包括两个步骤。第一步，股票投资团队与内部投资组合构建小组合作，在整体投资策略的大背景下制定关于智能贝塔策略权重的提案。第二步，提案由投资委员会审查和批准。由于配置智能贝塔的最初目标是完善主动投资和被动投资的投资组合，因此智能贝塔的配置规模是基金的整体权益资产和因子敞口共同作用的结果。从长期来看，尽管意识到整体因子敞口的存在，一些智能贝塔策略仍可能会成为基金的核心配置的一部分。

15.6　管理、监测和业绩基准

就管理而言，投资委员会对智能贝塔项目的监管负有最终责任。股票小组负责每日监督和管理智能贝塔配置的执行。我们所使用的大部分智能贝塔策略都是外部研发的，并且可以单独在 ETF、共同基金或指数的总收益互换中实施。在某些情况下，为了确保考虑到具体的计划层面的策略思考和指导方针，股票小组更多地参与了因子策略的制定。

在监测方面，我们特别关注已实现的因子敞口、积极风险贡献，在国家、市场和行业上的大额主动头寸，以及已实现的换手率和整体交易成本。这些方面帮助我们确定给定的投资流程是否符合预期。我们还会定期要求基金经理对其策略进行容量分析。

确定智能贝塔策略的业绩基准是一项具有挑战性的任务。理想情况下，我们希望使用标准的或公共的因子指数来评估已实施的策略的业绩。实际上很难做到这一点，因为很难确定某些因子或策略（如，质量因子或多因子策略）的"标准"指数是什么。因此，我们的主要业绩基准与全市场权益配置中的市值加权基准相同。尽管如此，在适当的情况下，我们也会以标准因子指数的形式使用次级基准来分析和评估单个智能贝塔策略的业绩。

15.7 结论

到目前为止，我们对智能贝塔的认知是正面的。智能贝塔的配置提供了多元化，降低了风险，并提高了长期业绩。此外，智能贝塔策略的引入更加强调了基金整体的因子敞口，并产生了更细粒度的业绩和风险归因分析。根据我们的经验，智能贝塔和因子策略已被证明是高效投资组合管理的优秀工具。然而也需要对其进行仔细的考虑，不应视为"一刀切"的投资策略。

EQUITY SMART BETA AND FACTOR INVESTING FOR PRACTITIONERS

顾 问 视 角

第 16 章

资金方视角的智能贝塔

詹姆斯·普赖斯

韦莱韬悦董事

菲尔·廷德尔

韦莱韬悦高级总监

在我们对智能贝塔的争论中，我们主要关注了资金方经常忽略的要点。我们设定了资金方（如养老基金和捐赠基金）在运营时应身处其中的广阔场景，阐明了他们面临的问题，并强调了在使用智能贝塔概念和产品时面临的一些新挑战。

我们还探讨了智能贝塔的发展现状及未来可能发生的变化。我们从场景设置开始。

16.1 智能贝塔是革命性的还是演化性的

16.1.1 介绍我们对"智能贝塔"的观点

智能贝塔的历史可以追溯到 30 年前，它的起源环境与当前充斥着投资产品的世界截然不同。该历史也反映了投资行业的变化，即随着时间的推移，（在某些地方）"工业化"程度变高。我们还看到，资金方越来越认识到发挥自己的优势可以获得更多的竞争力。[⊖]

⊖ 例如，拥有长期投资视野的资金方能够利用短期投资者无法利用的机会。

21 世纪初，韦莱韬悦的超前思维（Thinking Ahead）研究团队论述了资金方如何利用当前智能贝塔产品中的一些思路来获得竞争优势。然而，我们没有想到这个话题会在投资者的日常工作事项中如此重要，也没有想到它会引起如此强烈的争论。

我们认为围绕智能贝塔的激烈争论是一种积极的创新，不会引发现有公司的应激反应，也不太可能产生持久的影响。但这场争论可能会被夸大和误解，许多有价值的细节都会丢失。退一步说，我们发现，尽管从业者之间围绕定义、叫法以及对市场和投资者的影响来回争论，但实际上对智能贝塔背后的许多概念都有着广泛的共识。

16.1.2　智能贝塔的起源

投资行业有着非常多的术语，智能贝塔也不例外。贝塔、智能贝塔、因子、阿尔法、另类贝塔、信号、策略都是与智能贝塔相关的术语，不幸的是，似乎每个人都使用着不同的术语。我们试图使术语保持一致，并对此进行详细的解释。

1. 贝塔和阿尔法

在现代金融理论出现之前，股票收益仅仅归因于选股，即收益是正还是负都取决于投资组合管理人员。然而，有效市场假说和资本资产定价模型（CAPM）的发展带来了变化。通过这种更科学的方法，以及随之而来的被动管理的发明，将收益分解成市场及残差的思想得到了保留。CAPM 假设市场之外的残差项的均值为零，且与市场无关，仅仅是噪声。在线性回归模型中，采用希腊字母 β 作为市场系数，α 作为残差项。

这些叫法形成了固有印象，如今投资行业提到的"贝塔"往往指市场或资产大类敞口，"阿尔法"作为市场以外的额外收益。[⊖]该框架已非正式地扩展到将以下概念纳入进来，一些资产管理者"技能熟练"（随着时间的推移，他们可以产生正的阿尔法），而其他资产管理者则不是。毋庸多言，倘若投资者不甘于仅仅获取市场收益（市值加权投资组合），那么他应该雇用一个基金经理以期能提供正的阿尔法。如果不相信存在正的阿尔法，资金方投资贝塔（市场组合）是合理的，因为贝塔很少包含独特的投资洞察力，因此投资成本很低。

2. 新模型：贝塔和阿尔法以外的因子

在发现了一阶市场贝塔效应（该效应解释了许多个股价格变动）后，研究人员很自

⊖　阿尔法有时被用来表示相对于市场的额外收益，而另一些时候，它是调整后的额外收益，以反映市场敞口（由线性回归得来）。

然地将研究重点转向其他重要方面。过去数年大量因子被发现并检验[⊖]，包括动量、低波动率（以及类似的低贝塔）、价值和规模等因子[⊜]。其他因子能更充分地描述股票价格走势，但也在老的 CAPM 贝塔–阿尔法模型中表现出了正的阿尔法。换句话说，一些"老的阿尔法"可以以新的贝塔来捕获。

智能贝塔术语最初是用来指代从新因子（包含市场贝塔因子）中获取收益的多头交易股票策略。正如我们在 16.4 讨论的那样，这种想法也可以应用于其他市场和策略，例如，并购套利和趋势跟踪是公认的对冲基金战略，这些策略可以被因子（通过多空投资组合）捕捉到，现在则常常被称为另类贝塔。[⊜]

3. 我们用"阿尔法"指代什么？一个通用原则

在上一节中，我们的模型从三个方面来解释股票收益：市场敞口、因子和残差。然而，仅仅是从模型的残差部分来区分投资技巧是不完整的或者是有误导的。我们认为，一个经验丰富的基金经理（有正的阿尔法）对市场其他参与者具有竞争优势，而且这种优势既能持续（不可能被淘汰），又是稀缺的（不能被其他基金经理复制或者被纳入股票价格中）。我们还增加了评估。资金方（或他们的代理人）必须能够在配置资产前就投资技能形成一个稳定的观点。^⑳我们认为，稀缺性作为阿尔法的一个特性，并不取决于策略的复杂性，也不取决于因子模型的结果。

16.1.3 对主动管理型基金经理的影响

1. 提高行业上限

智能贝塔对部分基金经理来说是一个重大挑战，但对另一部分基金经理来说也是一个机会。例如，投资小盘股或低 P/B 股票的基金经理在"新模型"下的阿尔法比旧模型下的更低。因为有些"旧"阿尔法实际上是规模或价值因子的敞口，所以是否显得基金

⊖ 因子应该被认为是一种投资策略，用来对具有共同特征的股票进行分组和加权以捕捉一些整体市场的"影响"。要想发挥作用，因素策略应该产生正的风险调整后收益。

⊜ 价值、规模和动量因子都是在 20 世纪 90 年代初被发现的。尽管在 20 世纪 60 年代末发现低波动率是 CAPM 的一种异常现象，但低波动率因子并没有成为主流，而且在许多因子模型中也没有出现，直到 2008 年左右。

⊜ 这并不是说资产管理者不能从并购套利等策略中增值，而是任何增值都应该与另类贝塔产品的增量成本相抵消。

⑳ 我们认为，不恰当地分配投资技巧的成本很高，而错过一个伟大的投资者的成本很低。这是因为不恰当地分配投资技巧会影响投资组合，但错过一个伟大的投资者仅仅会导致后悔。这种犯错成本的不对称性导致我们在经理人研究中非常强调可评估性。

经理能力较差？智能贝塔以低成本被捕获之前被认为是阿尔法的收益，这是一种破坏性的技术，就像互联网扰乱商品和服务市场一样。

在许多方面，对智能贝塔的认知的提升也在不断刷新对基金经理的预期。资金方可以为交付的结果支付合理的费用，但是如果一个策略得到广泛使用，那么很自然地，成本和其他特性就成为基金经理选择过程中的重要部分。

2. 创新的必要性

我们相信，智能贝塔被忽略的一个方面是：它不是静态的策略集合。"阿尔法策略"可以随着时间的推移演变为智能贝塔，因为策略被重新定义、检验、合理化并得到了更好的理解。

因此，基金经理必须不断创新，继续交付真正的阿尔法。或者接受这样的事实，即随着时间的推移，他们将成为智能贝塔供应商。即使基金经理难以接受这样的思维定势转变，但最终可能别无选择。

3. 指数的提升：拆解资管产品

我们可以把任何投资产品视为两个模块的结合。其一是策略设计，即选股和分配权重。其二是策略实施——以最有效的方式执行交易，使得股票达到目标仓位。

指数的核心技术是融合两个模块。模块一的策略设计由一组专家进行，[⊖]然后以一个指数的形式提供给模块二执行交易的专家。在传统资产管理中，这两个模块由同一家公司负责，甚至可能是同一个人或同一个团队，但使用合理的技术后，这种情况发生了改变。

近年来，指数已演变为以公司基本面因子（如价值、质量）和市场价格因子（如动量、低波动率）为选股基础的指数。指数既包含单因子策略，又包含多因子策略。它们可以以简单的加权规则或优化方法来构建。其中一些指数看起来与资产管理公司的量化策略非常相似，在一些领域，比如 ESG 投资，我们会认为指数领先于许多资产管理公司。

我们期望指数继续演变，并提供与基金公司所提供的策略相重叠，甚至超越它们的策略。同样，我们也观察到一种趋势，即基金经理基于其策略构建指数，以便为资金方提供额外选项。

4. 谨慎使用指数和基准

（1）指数不能被定义为智能贝塔或被动管理　经常有人声称，智能贝塔策略要么是

⊖ 原则上，"指数"可以根据基本面选股人的独立观点实时生成。指数目前作为（不同复杂度）量化策略的化身只是这项技术的一个版本。

被动的，要么需要跟踪指数——这意味着其他的则为主动管理。但事实并非如此。

在广义经济范畴，所有偏离市值加权的策略都是主动策略。这是因为总体而言，所有股票都是以市值权重（市场价格，也就是代表供需平衡的每种股票的权重）持有的。一个不持有市值权重的投资组合就是对所有其他投资者做主动调整。

另外，也不需要借助指数来定义被动管理。举一个简单的例子，考虑一个 100 只股票的投资组合，其中每个股票的权重要么与市值一致，要么为 1%(即等权)。现在假设有三只基金可供选择[⊖]：1) 一只基金跟踪市值加权指数，2) 另一只基金跟踪等权重指数，3) 还有一只基金不跟踪任何指数，但每只股票占总投资额的 1%。

- ▶ 如果我们选择投资跟踪市值加权指数的基金，那么我们就是被动投资者。
- ▶ 如果我们选择投资跟踪等权重指数的基金或非指数基金，那么我们是否应该对自己有不同的定义？前者是被动投资者，后者是主动投资者？这些基金在基金条款上是否也应该有所不同呢？我们认为这两种投资方案是等同的。

该例子证明，指数的存在并不能决定策略是不是被动的，更不用说智能贝塔了。同样，没有指数也意味着有些策略就不是智能贝塔。重要的还是策略本身。

（2）是否有一个"准确的"智能贝塔指数 相对于其他选择，指数是一个相对公允的、被广泛接受用来评估多头策略的方法。然而，在智能贝塔领域，是否对指数有着同样的共识呢？

以价值因子为例，并不确定是否有准确的"价值因子指数"作为基准，正如没有准确的"价值因子基金经理"一样。事实上，即使是在最初的因子投资研究中所使用的策略也不应该被认为是"准确的"或理想化的策略版本。这意味着选择智能贝塔指数非常类似于选择任何主动投资策略。这对我们在 16.2.1 中强调的基准有影响。

16.2 资金方视角的智能贝塔

16.2.1 投资版图中有意义的变化

资金方以前可以选择投资（市值加权）被动管理的产品（意味着相信有效市场理论）或主动管理的产品（意味着技能丰富的基金经理是存在的，并且可以提前识别出来）。现在，资金方有了第三个选择——将资产配置于智能贝塔策略，因为他们相信成功的策

⊖ 为方便起见，我们忽略了代表我们选择的抵销头寸的资金池，因为它在本例中并不重要。

略是可以提前识别的。资金方现在可以：

▶ 将资产自上而下地配置于智能贝塔策略，这提高了投资组合的多元化（即与股票和信贷市场的相关性较低）；

▶ 更全面地考虑投资组合中的因子敞口，以及他们为这些敞口支付的费用与主动管理的费用是否相称。

对于资金方来说，这种重大的转变（收益来源由选择基金经理（异质阿尔法）转变为选择投资策略（系统性的错误定价））需要一套不同的专业技能。将资产自上而下地配置给策略需要时间和专业知识。例如，某些策略在一定程度上是基于行为/结构异象，因此需要投资者相信收益的合理性和可持续性。

对于资金方来说，管理的重点转为理解、构建和管理策略配置，而不是对基金经理的监控和评估。与传统的阿尔法管理相比，智能贝塔需要更多的前期管理，更少的持续管理。当然，在监管允许的情况下，投资者的投资组合中既可以包含市场敞口，也可以包含智能贝塔和阿尔法。

16.2.2 投资组合构建视角：新的构建模块

传统的自上而下的投资过程中，投资者首先选择资产大类（股票、债券等）以形成"策略"配置。对于每一种资产大类，"实施"决策通常是在主动投资或被动投资（市值加权）之间做出选择。图 16-1 展示了该投资过程。

智能贝塔挑战了传统投资方法，并带来了：

▶ 新的自上而下的投资过程，以因子和策略的形式形成投资组合构建模块。

▶ 低成本的实施选项，可以仅多头投资，也可以多空投资。

▶ 提高投资组合的业绩，因为这些因子通常比传统资产大类更加多元化。⊖

图 16-2 展示了更通用的投资组合构建方式，以及对应的构建模块。传统的资产配置以纵向展示，因子或策略以横向展示。从实施角度考虑，我们将智能贝塔视为被动的市值加权投资组合与基于独特投资方法的主动管理（如第二栏和右栏所示）之间的桥梁。为了保证完整性，我们将资产大类从股票和债券扩展到更加多元化的市场（顺便说

⊖ 稍微夸大一点，美国股票与欧洲股票或股票与高收益债券之间的相关性约为 0.5 ~ 0.9，而价值因子和动量因子之间的相关性通常在 −0.4 ~ −0.2。构建模块之间的相关性越低，投资组合效率就越高。请注意，投资组合的构建最好在独立程度最大的构建模块之间考虑。

一句，在这个市场，市值加权毫无意义，甚至无法准确定义）。我们还可以灵活地将主动选股和其他投资思路（如可持续性投资／主题投资）纳入投资框架。

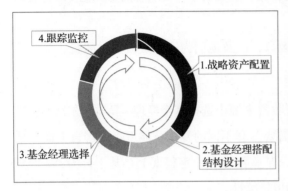

备注：
1.传统资产大类选择。通常使用长期资产负债模型分析。评估和权衡不同组合的风险收益，并设置风险目标或收益目标。
2.选择主动选股方式或被动选股方式，不同的资产类别之间会有一些差异。通过再平衡将资产配置到固定权重，偶尔还会在其中叠加战术资产配置。
3.甄选一批基金经理，并以选美（beauty parade）⊖的方式进行选拔。
4.专注于主动管理型基金经理的监控。以市值加权基准衡量投资是否成功。

图 16-1　传统投资流程

资产大类	宏观，例如资产通胀	价值因子	动量因子	规模因子/非流动性因子	其他，例如波动率溢价、事件驱动	阿尔法（和传统无关）
权益资产	市值权重			智能贝塔：在市场内（选股）或市场间捕获因子的系统性策略 因子敞口来源： ·多头交易策略，如：市值倾斜 ·多空策略，如：另类贝塔		选股，市场择时
政府债券						
企业债券						
房地产/基建①	市值未定义或用处少					
货币①						
商品①						
再保险①						
	A%	B%	C%	D%	E%	G%

因子举例……

传统配置

另类配置

①多元市场

图 16-2　新型投资组合构建模块

16.2.3　资金方需要对智能贝塔抱有信心（对市值加权和阿尔法也一样）

无论资金方将智能贝塔视作一种新的投资管理方法，还是一种增强投资组合构建的机制，他们都需要相信，付出的成本和努力是值得的，投资组合的业绩必然会得到提升。

由于智能贝塔策略的成本比市值加权策略高⊖，并且高成本是确定的，但收益是不确

⊖　指通过对某些标准的比较来进行选拔。——译者注

⊜　市值的好处是，股票权重会随着市场价格的变化而变化，"自我再平衡"也是如此，从而降低交易成本。

定的，所以投资者对其投资选择保持信心是很重要的。而且成本越高，证明该成本是否值得的责任就越大。投资者通常会含蓄地表达自己的信念，例如，他们使用主动或被动的管理方式，但我们认为，明确表达自己的信念本身就是有价值的做法。

表 16-1 展示了一些投资信念，信念的不同导致了市值加权策略、智能贝塔和阿尔法投资策略的不同使用。

表 16-1　资金方的投资信念应该和投资策略保持一致

投资信念	观点	采取的行动
市场是有效的，并且很难战胜	有效市场理论、CAPM	以被动的市值加权策略为主
对市场有效理论没有特别的看法，但是任何加权方法都有可能产生不同的结果	没有观点	简单地将非市值加权策略和市值加权策略混合以多元化投资
市值加权会导致过大的集中风险	基于波动率的风险管理	在股票、国家、行业层面采取策略以降低集中度
存在特定的效应或因子，可以产生更好的业绩	特定效应，如风险溢价或行为偏差	针对特定效应/因子的策略
市场是高度低效的，并且可以识别出能力强的主动管理型基金经理	市场低效的理由	使用积极管理或智能贝塔，具体方法则取决于成本

应该尽可能地有充分的理由和证据来支持投资信念。资金方面临的典型问题包括：

▶ 因子收益的来源是什么——风险溢价、行为效应还是结构性效应？

▶ 有什么证据？例如，检验结果怎么样？有多少是样本外检验？

▶ 该策略在什么情况下业绩好或不好？与当前或未来的环境有何关系？

▶ 投资风险是什么（例如波动性、尾部风险、周期性和流动性）？合理的投资周期是什么？

▶ 该策略与投资组合中的其他策略有何不同？

我们认为投资者也应该对传统资产大类提出同样的问题。然而，公平地说，与传统的市场贝塔策略相比，智能贝塔策略的不确定性更高，例如：

▶ 没有普遍认同的理由。许多观点是行为偏差的或结构性的，而不是对风险的补偿。

▶ 在某些情况下，数据较少。

▶ 零和博弈观点：如果智能贝塔赢了，那么什么策略会输？策略之间的竞争会削弱收益吗？

16.2.4　天下没有免费的午餐：智能贝塔需要管理

1. 预先管理，自上而下地管理

从前面的例子来看，我们认为资金方需要仔细考虑智能贝塔策略的投资理由。因为智能贝塔策略是高度的过程驱动的（但不需要用指数来表示），所以后续的业绩也会机械地遵循投资过程。因此，投资决策是预先做出的，而不是在过程中做出的，这与股票和债券拆分等资产配置决策有相似之处。但与传统的主动管理不同，在传统的主动管理中，需要更多的精力来管理人员、投资过程和组织的独特投资技能的变化。[⊖]

2. 绝对收益和相对收益

投资者面临的另一个问题是跟踪误差和绝对风险哪一个更重要。从表面上看，绝对风险似乎更重要，因为它直接关系到潜在的投资目标。[⊖]如前所述，战略资产配置和市值加权基准的核心地位导致大多数投资者会考虑跟踪误差。反过来，这会导致对投资流程的"正确性"的高度重视，并将跟踪误差作为投资策略的实施风险或"交付失败"的衡量标准。然而，这是值得商榷的。例如，资产配置中的假设依赖问题是众所周知的。当然，对于对非市值加权方法有强烈信念的投资者来说，关注跟踪误差与投资信念似乎是不一致的。

为了说明这种困境，考虑一个低波动率股票策略。从绝对收益的角度来看，低波动率策略的风险低于市值加权策略——通常比市值加权策略低一些。但它的跟踪误差又使其被定义为主动策略！到底哪个是正确的？

3. 投资周期和监测

较长的投资周期对偏离市值加权指数的业绩的容忍度也高。虽然某些类型的资金方天然拥有较长的投资周期[⊜]，但也需要嵌入决策框架。例如，季度性监测可能导致对投资行为不恰当的偏见。部分原因是容易混淆运气和投资技能（通过对随机结果的理解）。然而，短视行为并不是智能贝塔所独有的。

考虑到以上所有因素，并且加上投资心态，资金方会发现较高的跟踪误差策略比低跟踪误差策略更难管理。

设定合适的基准和管理目标是非常重要的，有助于减轻前面所讨论的问题。同样，不合适的基准也会使问题变得更糟。根据策略的不同，以下的一些方法有助于资金方规避投资陷阱：

⊖ 主动管理还需要一些预先管理，例如，对阿尔法本身的信念，以及所选择的每个基金经理的哲学和流程。

⊖ 为简单起见，假设投资者有一个"现金＋"或"通胀＋"的投资目标，或者其他负债风险是单独处理的。资金方很少（如果有的话）有"股票＋"或类似的"底线"目标。换句话说，股票目标是达到目的的一种手段，而不是目的本身。

⊜ 例如，有长期负债、资金充足、对承诺／负债有一定"灵活性"的机构（如慈善机构、主权财富基金），或不受监管资金规则（如偿付能力Ⅱ）约束的机构。

▶ 在更普适的环境下实现收益。例如，考虑由一系列智能贝塔和主动策略所取得的收益（如上四分位和下四分位）。这种方法对于绝对收益投资者来说是最一致的，因为市值加权策略是许多潜在的替代策略之一。

▶ 考虑绝对风险和收益，即使是跟踪误差导向的投资者。绝对收益也更符合投资目标的本质。

▶ 确保资产贝塔是合理的。例如，一个由 2/3 的市值加权指数与 1/3 的现金所构成的基准更适合低波动率策略，因为与其绝对风险和资产贝塔相一致。

▶ 使用智能贝塔 / 因子指数。例如，对于一个包含价值敞口的基本面加权策略，它的部分业绩可以通过价值型股票是否受市场追捧来解释。现在，许多因子指数都可以从指数供应商处获得。注意，根据定义，策略自身的指数并不是独立的，但可能更适合那些认为市值加权策略是替代策略之一的投资者。[⊖]

▶ 无论选择哪种基准，都要提前了解相对收益的范围。这有助于区分出令人失望的业绩的范围是什么，以及好的业绩范围是什么。

▶ 评估长周期的业绩：至少需要 5 年时间，理想情况下需要的时间会更长。

然而，尽管能衡量业绩，但也存在着如何解释业绩和采取行动的问题。另外，提前了解智能贝塔的特性，以及环境对智能贝塔的影响，也有助于解释业绩。以下是业绩不佳的合理解释：

▶ 价值策略：长期利率下降推动了成长型公司的发展，却牺牲了价值型公司的利益。

▶ 动量策略：行业龙头公司的突变（例如，在经济周期的各个拐点，或者由于货币或财政政策的影响）。

▶ 小市值策略：偏好大型公司的时期（信贷扩张期）使得有能力贷款的大中型公司能够比小公司更快地扩张业务。

尽管这些都意味着智能贝塔有着更严格的管理，但对于市值加权策略来说，也可以提出类似的问题。对市值加权业绩的接受，证明了它几乎被普遍视为股票市场——"这就是它的本来面目"。这符合一句古老的谚语：与其以非常规的方式成功，不如以常规的方式失败——资金方在智能贝塔上承担更大的风险。

4. 简单 vs. 复杂

不同的智能贝塔策略的复杂度差别很大，我们可以从两个大的视角来看：

⊖ 一些智能贝塔可以作为公开指数，或者投资者可以构建私人指数。我们认为没有必要将智能贝塔编入指数，但它可能会有所帮助。

- 潜在的投资想法或效应，例如，再平衡 / 均值回归比动量或低波动率更容易被理解和接受。
- 实施，例如，简单的投资组合构建规则与优化。

与支持实施稳健的策略的想法一致，我们认为智能贝塔策略应该"尽可能简单"。复杂的策略存在一些陷阱，例如：

- 资金方对策略缺乏理解可能导致不恰当的行为，比如在错误的时间停止实施策略。
- 对于是因子还是策略实施对业绩负责感到困惑。
- 依赖模型构建投资组合，特别是相关性和波动率，其中蕴含着模型风险。

"策略复杂度"和跟踪误差无关。例如，基本面因子加权等简单策略的跟踪误差可能在 4% ~ 6%，从长期来看可能远远超过或逊于市值加权指数——肯定不会增强指数。

5. 作为竞争优势来源的管理：是自建还是外包

前面的讨论证明资金方需要提高他们的管理水平，这样才能有效地投资智能贝塔。但资金方可以选择在内部培养管理能力或者外包，具体取决于优先级和内部资源情况。传统上只有选股领域的管理才会被外包，而不是资产配置领域，也就是自下而上的实施，而不是自上而下的。

受托管理（外包首席投资官（Outsourced Chief Investment Officer，OCIO））模式的广泛使用，使得资金方能够使用新的创新投资方法，如债务对冲、增加的资产多元化和智能贝塔，这些创新提高了投资组合的效率，但也增加了复杂性。外包还使资金方能够专注于更重要的问题，如投资目标、风险承受能力和融资。

假设资金方最大程度地保留了内部管理，那么智能贝塔管理的某些"实施"方面可以外包给基金经理，就像其他资产类别一样，参见表 16-2。

表 16-2　智能贝塔的不同层次的外包

决策领域	是否外包
智能贝塔策略选择	否
策略配置（初始配置和持续配置）	有可能
策略研发[①]	对大多数资金方来说应该外包

① 因为智能贝塔还是处于发展中的策略，需要不断深入研究以提升策略业绩。例如，策略所选择的股票或参与的市场、投资组合的构建方法等。

考虑到不同的分类之间存在着差异，我们试图将表 16-3 中的各个部分结合在一起。总体而言，资金方可以通过多种方式获取智能贝塔，具体则取决于其投资信仰、管理能力和投资周期。

表 16-3　智能贝塔策略的实际考虑因素

投资信仰	市值导向	管理水平	策略	基准	投资周期
市值加权策略略有瑕疵[1]	绝对风险/收益	偏低	以绝对收益为导向的另类加权策略[3]	策略的替代指数，或多个参考指数[4]	偏长
因子效应	绝对风险/收益	最高	以因子为目标，股票权重是绝对的	如上，加上因子指数	偏长
市值加权策略略有瑕疵[2]	相对风险/收益	最低	以跟踪误差为导向的另类加权策略	如上，加上市值加权指数	偏短
因子效应	相对风险/收益	偏高	以因子为目标，股票权重是相对于市值权重的	市值加权指数，因子倾斜指数	偏短

① 从弱有效向强有效的观点，但对于另类因子/效应没有特别的观点。

② 市值加权是不完美的，但依然是成本最低的投资方法，同类部门比较或内部管理等问题意味着相对收益的领域至少在一定程度上是相关的。

③ 策略的复杂度的不同也会影响管理，例如等权重、波动率加权。可能导致风险低于市值加权策略，但产生更高的跟踪误差。

④ 例如，主动管理和智能贝塔基金/指数的四分位数范围。

16.3　资金方在使用智能贝塔时面临的新挑战

16.3.1　引言

从 16.2 我们可以看到，资金方在投资智能贝塔策略时有很多需要考虑的地方。有些考虑事项很常见，因为它们在构建任何投资组合时都很重要。但因为资产管理被外包，有许多挑战是投资者之前从未遇到过的。

这些新挑战的出现，是因为投资决策者的身份从资产管理者变成了资金方。正如 16.2.2 中所讨论的，在传统的投资组合构建过程中，资产管理者被指定实施资产配置决策——在主动管理的情况下超越市值基准。资产管理者可以选择最佳方法，包括有意识和明显的智能贝塔（因子）敞口。⊖由于资产管理者被期望超越大盘，我们认为他们会主动管理因子敞口。例如，如果价值机会稀缺，那么资产管理者应该通过适应新的情况来解决这个问题，降低潜在风险。⊖智能贝塔则不同，因为资金方希望以特定的因子敞口为目标，并由资产管理者交付该结果。在这种情况下，我们可以看到，资产配置或策略决策的决定权属于资金方。

⊖ 经验丰富的价值基金经理将通过其投资过程暴露于价值因子，但能够利用其独特的洞察力来提供超出智能贝塔的额外收益。

⊖ 许多有明显智能贝塔风险敞口（因子或"风格"偏差）的资产管理者准备等待业绩不佳的时期，并期望它们的收益是周期性的。这种做法也没有错，但希望资产管理者能向资金方证明这一点。

16.3.2 智能贝塔策略中的"交易拥挤"风险

交易拥挤的问题以前是由资产管理者来解决的。由于自上而下的资产配置策略，该问题也成为资金方需要解决的问题。

交易拥挤是智能贝塔策略面临的风险之一（阿尔法策略中也存在这种风险，但对于好的阿尔法策略来说，这种风险会更低），因为因子是众所周知的，会被许多投资者投资。本质上，交易拥挤风险可以被认为是由于越来越多的投资者采用相同的策略、交易相同的股票所产生的风险。

不幸的是，交易拥挤的定义并不完善，这在管理潜在风险时会带来问题。我们认为，交易拥挤可以分为两个不同的部分。

1. 卖家太多

首先，人们担心交易拥挤可能会导致突如其来的巨大损失——2007 年 8 月的价格波动导致量化基金踩踏。这种类型的交易拥挤与策略中的资产数量关系不大（虽然是因素之一），更多的是因为基金经理或投资者决策的趋同。策略之间的共同点越多，交易决策就越有可能趋同。这种风险的发生，并不需要很大的资产规模，而是资产规模是否与可用流动性相匹配。在事后复盘，2007 年 8 月或 1987 年 10 月发生的事件本可以被合理化（但不能证明），但情况并不总是如此。

不幸的是，这种风险很难提前识别，并且也不能被风险模型捕捉。在一定程度上，这是因为该问题产生于系统性的黑天鹅行为，而不是当前投资组合的定位。

因此，该风险很难管理。考虑到智能贝塔策略的众所周知的性质，这种类型的交易拥挤可能时不时会发生，甚至是不可避免的。对我们来说，这意味着必须采取稳健的方法而不是复杂的方法来实施策略，稳健的方法可能会以可预见和可理解的方式失败，但复杂的方法可能以难以预测或理解的方式失败。同样，投资者应该避免处于被迫卖出股票的境地，这种状况要么是因为杠杆过高，要么是因为下意识的投资决策。

这类风险的积极一面是，并非所有的资金方都愿意接受该风险，因此其可以被定价，也就是说，一些收益是对短期损失的补偿。这有助于减少第二种形式的交易拥挤。

2. 资金太多

第二种类型的交易拥挤是由于资金过度流向某个策略或因子。随着资金被配置到数量有限的股票中（那些被策略挑选或权重很高的股票），这些股票的价格就会上涨。然后又会吸引更多的资金，并增加了（过去的）收益，而实际上，未来的前景越来越渺茫。最终，随着收益预期的降低，投资者开始担心这一策略会被"打破"。这种影响并

不令人意外，而是市场行为的自然组成部分。[⊖]

一个流行的策略的未来收益可能较低，并可能导致更加周期性的收益特征。在这种情况下，我们需要调整收益预期以反映实际变化。

正如前述的交易拥挤的例子，一个并不总是有效的策略对一些投资者来说是不可接受的。低卖高买也是造成业绩周期性波动的原因。该行为也解释了为什么尽管业绩变得更加周期性，但随着时间的推移，它仍然可以保持正收益。

3. 交易拥挤的好处

虽然交易拥挤通常被视为有害的，但它确实有有益的一面，因为它创造了先发优势。能够在策略变得流行之前投资于这些策略的资金方，有可能从低买高卖中受益。当然，这并不是没有风险的，而且开始偏离策略择时[⊖]，但这也表明，探寻并将资金配置给新的智能贝塔策略，对于资金方的长期投资来说是值得的。

16.3.3 策略的择时配置

如果策略的收益随着时间的推移而变化，那么投资者自然会问是否可以对策略进行择时。这通常是以策略（或因子）的估值的高低来决定应该增持或减持。在某些方面，考虑到以下情况，因子择时的想法似乎很奇怪：

▶ 大多数机构对传统资产的择时持怀疑态度；

▶ 与 16.2.3 中提到的原因类似，智能贝塔的择时可以说比传统市场择时更难。

当然，投资一个新领域时，肯定会有后悔的风险，所以投资者关心的是策略的估值，无论策略是暂时估值高，还是已经走到尽头——"不要为回测结果买单"。在写这篇文章的时候，关于因子择时的优点和难点的争论正如火如荼地进行着。在投资者确实要考虑因子估值的时候，一个常见的衡量标准是估值价差，即衡量的股票的便宜程度，例如具有正向的和负向的因子特征的股票的市净率或市盈率。例如，小公司相对于大公司的市净率较低，表明规模因子较便宜，反之亦然。然而，要成功地将这些简单的分析转化为可交易的策略，还存在着几个陷阱。

在我们看来，另外两个结构性思路也是相关的：

⊖ 对智能贝塔的学术研究表明，在长周期的回测期间，它们的收益是正的，但很少有一种策略从来没有多年糟糕的业绩。

⊖ 策略择时比资产大类或市场择时更难，因此，当投资者认为为资产大类择时"太难"，但对智能贝塔策略的择时感兴趣时，我们会感到困惑。

- 各因子之间的相关性较低，也就是说，各因子之间存在着高度的多样性。因此，只关注一两个因子会产生很高的"集中度惩罚"。
- 由于可交易的因子有限，择时的机会很少。与潜在的收益相比，随机事件对短期和中期结果的影响要大得多——这是一个高信噪比的问题。

上述的两个思路都表明，成功的因子择时需要高超的投资技能。因此，总体而言，我们认为投资者应该仔细考虑把多少风险预算花在因子择时上，或者在进入这一更困难的领域之前先考虑传统市场择时，又或许应该增加因子的数量以增加投资机会。

16.4 未来展望

16.4.1 引言：智能贝塔从何处来

智能贝塔起源于股票研究，特别是检验市场敞口以外的因子是否能解释个股的表现。虽然价值或质量等概念可以追溯得更久远（本杰明·格雷厄姆），但量化研究方法是从 20 世纪 60 年代才发展起来的。我们不想太详细地回顾这段历史，因此我们以从业者的角度重点介绍了一些关键的发展：

- **起源**：20 世纪 90 年代初，对资本资产定价模型（CAPM）的检验引出了"因子"的概念，最初是价值因子和规模因子，但很快就出现了动量因子。资金方利用这些发现来改进业绩衡量标准，以便进行主动管理。主动管理被纳入投资风格中，以使投资流程与基准保持一致。在投资组合层面，资金方保持因子中立，例如，平衡成长型（非价值）基金经理和价值型基金经理。
- **非市值加权策略的发展**：早期基于规则的策略侧重于替代市值加权的策略，特别是财富加权和低相关性策略。我们最初把它称为"原始贝塔"。
- **并非所有阿尔法都是阿尔法**：研究表明，对冲基金策略的部分收益可以用基于规则的投资来解释。对冲基金贝塔系数的概念产生了早期旨在复制对冲基金收益的投资产品。
- **早期采用者**：基本面指数化加速了投资者考虑非市值加权方法，还有一部分原因是它的简单性。可以说，在 TMT 繁荣/萧条之后爆发的全球金融危机，也导致投资者怀疑市场有效理论，从而质疑市值加权方法的核心地位。关于基本面指数化是不是一种另类的价值投资的辩论随之而来。
- **开始扩展**：股票产品越来越多，尤其是低波动率产品。有趣的是，尽管从 20 世纪 60 年代末开始对低波动率因子进行检验，但却并没有成为"主流"，而且在许多因子模型中也没有出现，这种情况持续到 2008 年左右。

▶ **横向扩展**：观察现状和展望未来，我们看到智能贝塔正朝着多个方向发展。1）从单因子转向多因子；2）非股票类资产的智能贝塔；3）将另类贝塔作为一种策略；4）资金方采用更广泛的投资组合构建方法——前面已经谈到了这一点。

我们将在以下几节对这些进展进行评论。

16.4.2　从单因子到多因子

在我们看来，同一种产品中含有多个因子敞口对资金方很有吸引力。除了将几个相关性较低的因子结合在一起带来的多元化好处外，它对管理水平的要求也更低——持有单一产品，而不是管理多个产品。随着投资组合产品有效地将因子选择和权重分配外包给资产管理公司，所需要的管理进一步减少。然而，我们认为，资金方仍需要了解基础策略以及组合后的投资组合将如何表现，以便对业绩有合理的预期，更重要的是，了解未来哪些情况下业绩可能不佳。

多因子策略往往更为复杂，因为它们可以在投资组合构建中使用优化方法。在其他条件相同的情况下，我们倾向于在可能的情况下采用更简单的方法，但在跟踪误差或敞口较高的产品中，采用更复杂的方法来控制风险是有优势的。

一些从业者认为多因子策略不是智能贝塔，因为这些方法更复杂，或者没有利用指数。正如前面所讨论的，我们认为没有必要为策略制定一个符合智能贝塔标准的指数。

我们希望智能贝塔策略继续迭代，今天被认为是阿尔法的策略最终将被认定为智能贝塔策略。

16.4.3　股票以外的智能贝塔

许多关于股票智能贝塔发展的想法都适用于其他市场，尽管它们有不同的考量。例如：

▶ 将非市值加权应用于信用市场。这对资金方来说似乎很直观，因为市值与债务规模成正比，因此负债最重的公司会获得更大的权重。然而，它仍然需要投资者的信念，因为市场在某种程度上并不是完全有效的。

▶ 债券中的因子思维。对于债券，尤其是信用债，有许多类似于股票因子的等价物。例如，价值因子（价差 vs. 公允价差）、期限结构因子（更高的收益率 / 价差）、动量因子、低波动率因子 / 质量因子、规模因子。

> 商品期货。智能贝塔策略可以允许不同的商品加权方法、期货期限、换仓。许多变化背后的思想都和诸如期限结构因子、流动性因子和动量因子等有关。

> 上市公司的财产和基础设施。使用非市值加权,并以低波动率/质量因子进行资产筛选或倾斜。

这些考量只是简短的说明。然而,它表明投资者可以在大多数资产大类中使用智能贝塔方法。

16.4.4 另类贝塔的崛起:优点和缺点

典型的智能贝塔产品是多头策略,投资具有目标特征(价值、小市值等)的股票。无论是隐式还是显式(取决于基础的投资过程),此投资组合可以被视为市值组合加上相对于市值权重增持或减持的投资组合。这很自然地表明,智能贝塔策略可以直接扩展到多空投资:增持的股票成为多头仓位,而减持的股票则成为空头仓位。因此,多空投资的实施可以被认为是构建"纯"因子组合⊖的一种方式,而且相对容易实施,因为股票可以做空(融券卖出,以更低的价格再买回来)。由于多头仓位和空头头寸可以平衡,投资组合的敞口可以接近于零,因此,因子组合与传统资产大类相比具有强大的多元化的特点。我们认为,与多头投资相比,多空投资有其优点和缺点:

> 资金效率:每单位资金的因子敞口更大。对于那些追求高收益的资金方,或者那些想要向非传统策略/因子配置更大比例的资金的资金方来说尤其有用。

> 更易于投资组合构建:因为因子构建模块与传统市场敞口分开。

> 成本可能更高:部分原因在于融券成本,然而,公平的对比应该是考虑每单位敞口所对应的成本,而不是资金配置量。

> 杠杆和做空带来的额外风险:例如,逼空风险。对于适当的杠杆来说,这并不是一个问题。

> 部分资金被"浪费":因为实物资产是以现金和其他抵押品的形式持有的。

前面的例子把多头智能贝塔扩展到了多空投资。但是,动量和价值等因子也可以在市场上适用,而期货和远期通常用于多头和空头头寸。正如前面提到的那样,这些策略现在被称为另类贝塔。我们不认为另类贝塔是新事物,而是认识到许多对冲基金所使用的众所周知的策略实际上是可多空的智能贝塔策略。当然,明确地认识到这些策略是一

⊖ (几乎)就像市值一样,尽管没有对"纯因子"的准确定义,但该定义在广义上是正确的。

个有趣而又创新的过程。

　　尽管这个例子与多头智能贝塔指数有关，但对对冲基金收益的检验在获得另类贝塔指数的过程中也起到了重要作用。许多研究表明，对冲基金的收益可以用贝塔系数来解释，也就是说，有些阿尔法其实是贝塔。表16-4展示了我们几年前为说明这一点而进行的分析。在研究期间，大约84%的收益率的变化可以用贝塔策略的组合来解释，组合中既有传统贝塔，也有另类贝塔。我们在16.2中以多头交易的股票为背景讨论了资金方的观点。但我们认为该观点的普适性更强，也适用于另类贝塔/对冲基金领域。

　　最后，有一些策略很难被定义为因子，但仍然可以作为另类贝塔。合并套利和波动率卖出就是例子。

　　过去几年，我们发现资金方对智能贝塔/另类贝塔的兴趣越来越浓，一个关键原因是，与传统资产相比，这些策略具有高度的多元化。与对冲基金相比，它们还具有以下优势：

▶ 更低的费用。

▶ 更高的透明度。

▶ 更强的流动性。

表 16-4　用贝塔解释对冲基金的收益（1996 年 12 月至 2013 年 12 月）

对冲基金	贝塔可解释的比例
相对价值	64
多空投资	84
事件驱动	67
宏观投资	48
总对冲基金指数	**84**

资料来源：Towers Watson,"Into a New Dimension: An Alternative View of Smart Beta" (October 2014). 更多内容请参考该论文。

16.5　结论

　　自智能贝塔诞生以来，特别是在过去的 5 ～ 10 年里，它已经走过了很长的路。智能贝塔所引起的兴趣和辩论使我们感到惊讶，我们认为这是一件好事。智能贝塔已经撼动了投资行业。它为资金方引入了新的投资组合配置和管理方式，并挑战了资产管理公司的现有商业模式。我们看到了智能贝塔和另类贝塔的许多积极方面，但并没有说它是"免费午餐"，特别是在管理方面。资金方在冒险前还需要仔细考虑他们的投资信念。

　　总体而言，智能贝塔/另类贝塔正在走出创新周期的早期采用阶段。我们看到了进一步开发新策略的潜力，也看到了资金方和资产管理公司的机遇。

第 17 章

介于阿尔法和贝塔之间的智能贝塔

安德鲁·琼金
威尔希尔咨询公司总裁

史蒂文·福雷斯蒂
威尔希尔咨询公司首席投资官

迈克尔·拉什
威尔希尔咨询公司副总裁

本章概要

　　威尔希尔咨询公司（Wilshire Consulting）建议客户在股票投资组合中加入智能贝塔，作为主动策略的替代或补充。智能贝塔策略捕捉到了许多系统性收益，这也是主动管理型基金经理所做的，但智能贝塔是以系统的、一致的、成本较低的方式实现的。对于那些希望在不使用高成本的主动策略的情况下提高股票投资组合的风险调整后收益的投资者来说，智能贝塔策略作为传统被动策略的替代品也是合适的。威尔希尔咨询公司认为，智能贝塔策略，尤其是多因子智能贝塔策略，对于资金方来说是一种经济高效的解决方案，可以与当前的低收益环境相抗争。

　　在本章中，我们将讨论智能贝塔的含义，以及哪些因子是典型的目标因子。我们为考虑使用智能贝塔的投资者概括了实施智能贝塔的方案，并提供了实施案例。最后，虽然这些因子是基于其历史上提升风险调整后收益的能力而选择的，但我们仍然强调了潜在的风险。

然而，我们开始对智能贝塔标签中所隐含的聪明的营销提出了温和的抗议。学术界和业界对智能贝塔策略的关注导致了各种名词（label）的激增，这些名词涵盖了各种与指数投资有差异的方法（即基于因子的投资、另类贝塔、策略型贝塔、高级贝塔和主动贝塔）。我们不是"智能贝塔"这个名词的粉丝，因为我们发现它会带来误导和不必要的贬低。尽管我们支持采用一个更合适的名词，但为了方便起见，我们在本书中仍使用智能贝塔，因为它已经被业内广泛使用。

有几个因素加速了智能贝塔策略的流行，包括市场对基于指数的投资的需求的持续增加，监管机构要求提高透明度的压力，以及投资者对主动管理型策略的高额费用和不佳的收益的失望。此外，技术进步使指数供应商能够以合理甚至更低的成本提供这些策略。在过去的一个世纪里，指数投资经历了重大的演变，许多涌入该行业的最新的产品和术语都着眼于背离传统的市值加权指数。图 17-1 列出了被动投资和基于规则的投资的主要变化的时间线。

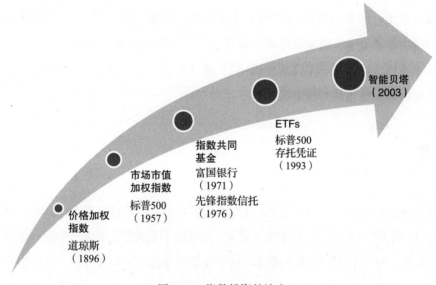

图 17-1　指数投资的演变

资料来源：S&P Dow Jones, Wells Fargo, Vanguard, Guggenheim.

17.1　因子：投资组合的组成部分

尤金·法玛和肯尼斯·弗伦奇的研究指出，在解释股票收益时，市场贝塔因子以外的特征也具备解释能力（法玛和弗伦奇，1992）。法玛和弗伦奇发现，小盘股的表现往往好于大盘股，市盈率低的股票（如价值型股票）的表现往往好于市盈率高的股票（如成长型股票）。这两个"因子"现在被称为规模因子和风格因子。将因子概念化的一种方法是将它们视为统一的股票特征，而不仅仅是规模因子和风格因子。智能贝塔策略试图捕捉这些因子的表现形态（performance patterns），这些因子有可能成为广泛且持久的收益驱动因子。

对解释股票收益的持续研究导致更多的因子成为目标因子。这些具备正相对收益的因子数量刚开始只有几个[⊖]，但近年来已经发展到数百个（阿诺特等，2016）。尽管候选因子很多，但威尔希尔咨询公司的研究指出了以下五个关键因子：

- ▶ 规模因子。规模较小的股票的表现往往优于规模较大的股票。规模因子通常是以市值来衡量的。

- ▶ 价值因子。根据市盈率计算，低估值的股票的表现往往优于高估值的股票。价值因子可以用很多方法来衡量：市盈率、账面市值比、市销率等。

- ▶ 质量因子。质量因子较高的股票的表现往往优于质量因子较低的股票。质量因子通常由基本面数据来衡量，如收益稳定性、低负债率或高权益利润率。

- ▶ 动量因子。动量为正的股票的表现往往优于动量为负的股票。动量因子通常用价格动量来表示。动量策略可以表述为"买入赢家，卖出输家"。

- ▶ 波动率因子。波动率较低的股票的表现往往优于波动率较高的股票。波动率因子可以用标准差或贝塔来衡量。

17.2 阿尔法还是贝塔

要想充分理解智能贝塔，就要理解什么是贝塔投资，以及投资者为什么将一种特定的方法归类为"智能"（Smart）。在传统意义上，贝塔因子指的是大类资产中固有的不可分散的风险和收益。股票市场贝塔表示通过一篮子股票所获得的风险和收益。市值加权是市场贝塔的标准，因其能够收集参与该大类资产的全部投资者的总收益。构建市值加权指数是为了捕捉市场贝塔因子的统计特征，并适应投资者的需求。这是传统意义上的被动投资。

与被动投资不同，主动管理型基金经理试图在市场的贝塔收益基础上增加额外的收益（或者称作"阿尔法"）。在追求阿尔法的过程中，主动管理型基金经理必须偏离市

⊖ 首批 Smart Beta ETF 包括 PowerShares Dynamic Market Portfolio（2003 年）和 PowerShares FTSE RAFI US 1000 Portfolio（2005 年）。

值加权指数。基金经理提供了各种各样的主动策略，这些策略包含定量和定性的原则以得出这些偏差。在分析主动管理型投资组合的特征时，我们注意到，主动管理型基金经理往往对某些因子特征有一致的偏好，如价值因子、规模因子、动量因子等。例如，一位主动管理型基金经理可能会说"我们以合理的价格买入优秀的公司"，这意味着对质量因子和价值因子的偏好。智能贝塔投资使用类似的因子倾斜投资概念，这是许多主动策略的共同因子。因此，虽然这些因子倾斜的概念并不新鲜，但智能贝塔通过更高的策略容量、更透明的工具和更低的成本，提供了对这些因子和其他因子系统的和一致的敞口。这些产品通常通过透明的基于规则的方式重新调整传统的市值加权指数的权重，以针对特定因子的敞口。

在某种程度上，智能贝塔因子会嵌入由主动策略提供的阿尔法中，因此这些超额收益不能被视为真正独立的主动管理的一部分。正因如此，我们建议将智能贝塔视为介于传统贝塔和"真正的"阿尔法之间的产品。我们在图 17-2 中直观地描述了这一概念，图的右侧描述了作为传统阿尔法定义的一部分的智能贝塔。

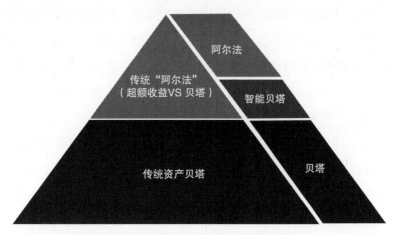

图 17-2　被动投资和主动投资的再思考

资料来源：Wilshire Consulting.

如图所示，消除系统因子倾斜的影响后，通过一个更精细的透镜，我们可以更好地理解阿尔法。因此，所谓的真正的阿尔法（即从选股或机会性市场择时所获得的异质收益）只有在考虑到持续的因子倾斜之后才能实现。

17.3　股票因子投资实例

重点关注价值因子，这是最常见的基本面因子之一，我们提供了一个简单的实例，来强调如何构建智能贝塔投资组合。投资者可以通过超配价值成长风格中最"便宜"的30%的股票来向价值因子倾斜，便宜与否可以以价格市值比（或市盈率、市销率等）来衡量。同时，使用相同的衡量标准低配最"贵"的30%的股票。投资组合可以通过纯多头或多空策略的方法来构建，取决于所需的因子敞口水平，并且可以使用更复杂的投资组合构建技术来利用所需的因子倾斜，同时保持对其他因子的中性，并避免过度的股票特定风险。通过运用相同的投资组合构建技术和不同的因子，可以构建策略来提取其他显著的股票因子。

17.4 重点因子的业绩

虽然市场上活跃着许多智能贝塔产品，但我们倾向于通过考察因子指数的历史业绩来初步评估因子投资。以全球股票指数而闻名的明晟公司提供了一套因子指数，合理地代表了智能贝塔市场内可用的因子。图 17-3 展示了前文所述的五个股票因子的历史风险和收益[⊖]，以及一个多因子指数[⊜]和一个市值加权指数，涵盖了整个指数历史。

在这段时间内，质量因子和波动率因子指数表现相对良好，因为它们比市值加权指数提供了更低的风险和更高的收益。虽然其他指数的表现也好于市值加权指数，但风险水平更高。然而，对于高风险投资来说，提供更高的收益作为承担更高风险的补偿并不少见。表 17-1 展示了收益、风险以及其他业绩指标。

表 17-2 表明，除了低波动率因子外，其他因子指数都是"和市场类似的"。例如，以因子对市值加权指数的灵敏度作为贝塔，都集中在 1.0 左右，从最低的动量因子 0.93 到最高的价值因子 1.11 不等。当因子组合成多因子时，因子多元化的贝塔为 0.99。此外，多元化指数的超额收益与市值加权指数的总收益之间的相关性为零，这表明市场收益对多元化智能贝塔指数的相对收益没有影响。这些数据证明智能贝塔策略可以提供市值加权贝塔以及因子倾斜的额外收益。值得注意的是，虽然可以在传统的投资结构分析中加入低波动率因子，但上述数据也支持威尔希尔之前的研究，即在资产配置中考虑此类策略。[⊜]

⊖ 在整个历史业绩分析过程中使用的明晟全球指数（MSCI ACWI）是：规模因子指数使用等权重法，价值因子指数使用价值增强加权法，质量因子指数使用行业中性质量加权法，动量因子指数使用动量加权法，波动率因子指数使用最小波动率加权法。

⊜ MSCI"多因子"指数由 4 个因子组成：价值、动量、质量和规模。

⊜ 虽然这超出了这篇研究文章的范围，但应该指出的是，威尔希尔主张在资产配置中考虑低波动性策略。

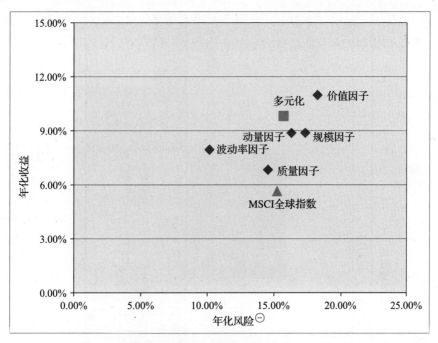

图 17-3　MSCI 全球因子指数：1999 年至 2018 年 6 月

资料来源：MSCI.

表 17-1　MSCI 全球因子指数：1999 年至 2018 年 6 月

	规模因子	价值因子	质量因子	动量因子	波动率因子	多元化结果	明晟全球指数
总收益	8.88%	10.98%	6.84%	8.87%	8.17%	9.82%	5.66%
总风险	17.33%	18.24%	14.55%	16.30%	10.16%	15.70%	15.23%
收益风险比	0.51	0.60	0.47	0.54	0.80	0.63	0.37
对 MSCI 全球指数的贝塔	1.07	1.11	0.94	0.93	0.59	0.99	
超额收益与全球指数的相关系数	0.22	0.26	−0.35	−0.14	−0.81	0.00	
最大回撤	−57%	−58%	−51%	−57%	−39%	−55%	−55%
上行捕获率	114%	126%	96%	108%	68%	112%	
下行捕获率	99%	102%	90%	92%	49%	92%	
超额收益与市值加权指数的相关系数	0.22	0.26	−0.35	−0.14	−0.81	0.00	

资料来源：MSCI.

　⊖　原文是 annualized risk，译者认为译作年化波动率可能更妥。——译者注

表 17-2 明晟全球因子指数：超额年化收益 vs. 市值加权指数

2006	2007	2008	2009	2010	2011	2012	2013	2014	2015	2016	2017
价值因子 7.7%	动量因子 11.2%	波动率因子 28.9%	规模因子 16.0%	规模因子 5.8%	波动率因子 13.8%	规模因子 1.5%	动量因子 3.2%	波动率因子 6.6%	波动率因子 5.3%	价值因子 1.9%	动量因子 7.5%
规模因子 3.6%	质量因子 5.4%	质量因子 5.7%	价值因子 8.4%	动量因子 2.7%	动量因子 10.0%	动量因子 1.1%	价值因子 1.3%	质量因子 2.3%	动量因子 4.3%	规模因子 0.7%	规模因子 1.4%
波动率因子 3.4%	规模因子 3.7%	价值因子 -2.4%	质量因子 -0.5%	波动率因子 1.6%	质量因子 5.5%	质量因子 0.9%	质量因子 -2.5%	动量因子 1.6%	质量因子 1.4%	波动率因子 -0.3%	价值因子 1.4%
动量因子 1.5%	价值因子 2.6%	动量因子 -5.3%	动量因子 -11.5%	质量因子 1.4%	价值因子 -5.9%	价值因子 -0.2%	波动率因子 -4.7%	规模因子 -2.2%	价值因子 -2.7%	质量因子 -2.4%	质量因子 1.1%
质量因子 0.8%	波动率因子 -4.1%	规模因子 -5.7%	波动率因子 -12.8%	价值因子 -1.8%	规模因子 -7.3%	波动率因子 -5.1%	规模因子 -6.0%	价值因子 -4.4%	规模因子 -4.3%	动量因子 -3.4%	波动率因子 -4.8%

超额收益为 0%

超额收益为 0%

资料来源：MSCI.

17.5 智能贝塔的实施

对于配置智能贝塔的投资者来说，威尔希尔咨询公司建议多元化、多因子的策略，其中包含早先确定的各种因子。多因子的主要好处之一是，各个因子在历史上的相关性很低，因此可以降低单一智能贝塔因子的风险，并降低单一因子回撤的影响。我们通过两种方式展示了这些因子的相对收益相关性之间的差异；首先，我们通过"热力图"展示智能贝塔因子每年的变化。

表 17-3 包含五个 MSCI 因子指数之间的历史相关性，以及每个因子相对于市值加权指数的跟踪误差。相关性是以每个因子指数相对于市值加权指数的超额收益来计算的，以析出因子对业绩的边际影响。

表 17-3　MSCI 全球因子指数超额收益分析（1999 年至 2018 年 6 月）

	规模因子	价值因子	质量因子	动量因子	波动率因子
规模因子	1.00				
价值因子	0.73	1.00			
质量因子	−0.24	−0.42	1.00		
动量因子	−0.08	−0.09	0.08	1.00	
波动率因子	−0.06	−0.17	0.40	0.19	1.00
跟踪误差	5.6%	6.7%	2.7%	8.1%	7.9%

资料来源：MSCI.

正如相关因子所表明的，在任意给定的时间段，各个因子的收益可能会有很大的不同。图 17-4 展示了五个因子指数的三年滚动超额收益（基准为市值加权指数），外加一条显示这些超额收益的简单平均线。

图 17-4 展示了五个单因子指数至少三年的超额收益，其中每个因子至少会经历一段表现不及市场的时期。超额收益的平均数也偶尔出现负数（最低收益为 −0.8%），但通常比单因子超额收益的波动性要小。1999 年至 2018 年 6 月因子平均收益的跟踪误差为 3.2%。回过头来看表 17-3，只有质量指数表现出较低的跟踪误差，为 2.7%。这进一步证明了因子多元化的好处。

多因子投资的另一个好处是可以缓解对单因子估值的相对水平的担忧。估值的变化既对任何市场的业绩都可能产生重大影响，又难以预测。将这种不确定的风险分散到多个因子上是减少短期影响的理想方案。图 17-5 比较了 1987 年以来美国大盘价值股和大盘成长股在相对估值指标（市净率）和超额收益之间的差异。当相对估值指标呈下降趋势时，价值因子相对于其历史变得更加"昂贵"；呈上升趋势时也是同理。

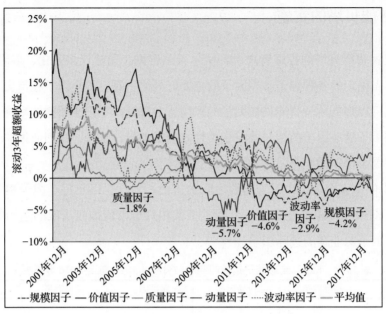

图 17-4　MSCI 全球因子指数超额收益[⊖]

资料来源：MSCI.

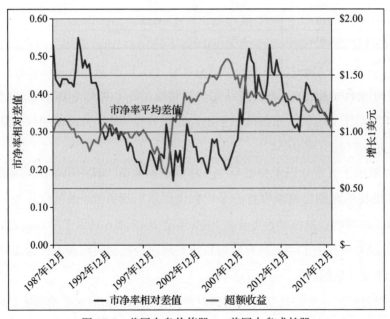

图 17-5　美国大盘价值股 vs. 美国大盘成长股

资料来源：Wilshire Atlas, Wilshire Compass.

　　尽管相对估值指标与因子收益之间的关系并不完美，但我们可以看到，虽然相对估值指标在起初某些时间低于历史平均水平，但随后（21 世纪初）大盘价值股相对于大盘

　　⊖　译者注：威尔希尔指南针（Wilshire Compass）是一个机构投资数据库加上一套复杂的分析和报告工具。

成长股表现优异。2007 年之后，从价值因子收益的视角看，市场风格发生了反转（超额收益呈下降趋势），估值信号也发生了反转。附录 17A 提供了威尔希尔在监控相对定价变化时使用的几个智能贝塔估值指标的例子。在下一节中，我们将使用如前所述的投资结构分析中的方法，通过一个案例来重点介绍投资者如何在多元投资组合中实施智能贝塔。

17.6　智能贝塔案例研究：对传统主动管理的潜在补充

威尔希尔建议在投资结构分析中考虑智能贝塔，将这些智能贝塔产品纳入投资结构过程中，迫使它们与传统的被动策略和主动策略相竞争。以下的例子首先从一个由市值加权指数基金组成的"传统"美国股票投资组合开始，而后在以规模和风格划分的四个细分市场（即大盘成长股、大盘价值股、小盘成长股、小盘价值股）中加入主动管理。在第二步中，我们拓展投资机会以允许资金配置于多因子智能贝塔产品。这种投资结构迫使被动管理、主动管理和智能贝塔都根据预期收益、风险和相关性特征来竞争资金配置。

表 17-4 是投资结构分析的起点，该表包含了对美国股票投资组合中每个细分市场的假设。所有的风险和收益假设都是以相对于美国股票市场（即威尔希尔 5000 指数）的残差项表示的，因此被动型标普 500 指数基金的风险为零。此外，我们假设多因子贝塔产品具有与传统主动策略类似的费前信息比率（IR），并从每一项中扣除相关的策略/产品费用，得出费后超额收益假设。⊖前述智能贝塔历史业绩支持了信息比率的假设，并且该信息比率是通过成功的主动管理实现的。

表 17-4　投资结构假设

	标普 500 指数	多因子智能贝塔	小盘股基金经理 1	小盘股基金经理 2	大盘股基金经理 1	大盘股基金经理 2
期望收益	0.00	0.57	0.35	0.55	0.15	0.39
期望风险	1.19	2.51	8.28	8.13	2.74	3.64
信息比率	0.00	0.23	0.04	0.07	0.05	0.11
相关系数						
标普 500 指数	1.00					
多因子智能贝塔	−0.08	1.00				
小盘股基金经理 1	−0.80	0.21	1.00			
小盘股基金经理 2	−0.76	0.16	0.87	1.00		
大盘股基金经理 1	−0.70	0.28	0.85	0.82	1.00	
大盘股基金经理 2	0.16	0.03	−0.23	−0.12	−0.23	1.00

资料来源：Wilshire Consulting.

⊖　威尔希尔指南针（Wilshire Compass）数据库中的实时基金经理数据被用作建立合理的主动管理假设的指南。

对于专注于大盘股的基金经理，产品 1 与智能贝塔产品的相关性相对较高，而产品 2 几乎没有相关性。这表明大盘股基金经理 1 可能对智能贝塔投资中的一些常见因子有着相对较高的敞口。两个小盘股基金经理也与智能贝塔产品表现出一定的相关性，可能是因为智能贝塔策略通常会向小盘股倾斜。值得注意的是，这些风险统计指标是针对特定产品的；这表明，几乎没有嵌入系统性敞口的主动管理型基金经理与智能贝塔策略的超额收益相关性较低的情况。此外，因子在敞口上的巨大差异可能会导致投资结构分析的结果与该案例的研究截然不同。表 17-5 展示了改进后的案例研究，该案例包括了包含多因子智能贝塔策略的资金配置和不包含多因子智能贝塔策略的资金配置。

表 17-5　优化结果

	不含智能贝塔的优化结果	含智能贝塔的优化结果
标普 500 指数	28.48	3.96
多因子智能贝塔	0.00	68.78
小盘股基金经理 1	0.00	0.00
小盘股基金经理 2	16.02	4.86
大盘股基金经理 1	8.18	0.00
大盘股基金经理 2	47.31	22.40
期望收益	0.28	0.51
期望风险	2.00	2.00
收益风险比	0.14	0.25

资料来源：Wilshire Consulting.

虽然投资者可能不会实施上述案例中的任何一种投资结构，而是选择介于这两个样本投资组合之间的智能贝塔配置，但该案例的研究结果仍然具备启发性。首先，我们剔除了与多因子产品相关性较高的大盘股主动管理型基金经理。另一位大盘股主动管理型基金经理的配置明显减少，而其他产品则进行了一些"再平衡优化"。最后，优化后的包含智能贝塔的投资组合的信息比率有了相当大的提高，一部分得益于引入另一个候选投资组合的效率的提高，但更主要得益于智能贝塔的低费率。某种程度上说，智能贝塔策略可以取代一些费率更高的主动管理型策略，并在分散投资中发挥重要作用。因此，上述内容旨在强调在主动管理型产品中嵌入具有较高的因子敞口的投资组合的可能性。

最后，我们使用上面的假设，在包含和不包含多因子产品的情况下计算有效前沿[⊖]，以显示这一策略对投资组合的预期风险和收益的影响。在图 17-6 中，不同的线分别是包含和不包含智能贝塔的有效前沿。

⊖　主动有效前沿是指在每个预期跟踪误差水平（即积极风险）下的最高期望阿尔法投资组合。

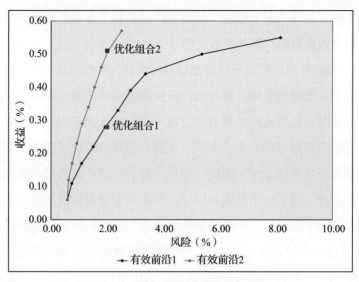

图 17-6　包含和不包含智能贝塔的有效前沿

资料来源：Wilshire Compass.

　　一旦智能贝塔被视为一种可能的投资选择，有效前沿就会向上移动，这表明多因子产品可以对投资组合产生显著的正向影响，因为传统的主动管理产品中存在因子敞口。在预期风险较高的投资组合中有效前沿的上升会更为极端，部分原因是通过从具有嵌入式因子敞口的传统主动产品转向多元化的智能贝塔产品可以节省费用。

17.7　智能贝塔的优点和缺点

　　在本文的最后一部分，我们回顾一下智能贝塔除了前述历史收益和估值级别的警告以外的潜在优势和风险。表 17-6 总结了这些优缺点，下面让我们讨论这些优缺点。

表 17-6　智能贝塔：优点和缺点

潜在优点	潜在缺点
透明的、流动性高的投资组合	驱动策略收益的模型的完备性不足
系统性的实施方法	回测偏差
费用比主动管理低	相对于传统指数，潜在的跟踪误差更高
敞口集中于风险因子	策略容量无法预估

资料来源：Wilshire Consulting.

　　使用智能贝塔策略的一个主要优势，就是投资者能够以更低的成本获得主动管理型基金经理所获取的阿尔法。主动管理型基金经理有时会使用复杂而宽泛的投资理念和投资方法，但智能贝塔投资组合的构建规则通常是透明的，并以系统性的方式实现。某些智能贝塔基金经理可以被认为是指数型基金经理，其管理着一个另类构建的指数，而不是市值加权指数。这种"基于规则"的投资产品相对于主动管理型产品具有更低的成本，就像传统的指数投资型产品的成本一样。

表 17-6 中列出的前两种智能贝塔潜在缺点（模型完备性不足和回测偏差）已经在某种程度上讨论过了。要使得智能贝塔有效，任何策略或投资模型都必须以超额收益的持续性为目标。如果基金经理或产品没有有效地分离和捕获因子收益，不管因子的有效性如何，未来的业绩表现都可能会令人失望。虽然当前研究的因子的历史收益非常好，但历史业绩并不能保证未来的业绩。因此，在采用智能贝塔产品之前，应该对其历史业绩和投资模式加以审查。对于一个给定的因子，如果没有合理的经济意义来证明为什么人们会期望通过对其倾斜来得到一个正的系统性收益，那么投资者应该谨慎行事。

智能贝塔的另一个缺点在于，相对于传统的市值加权指数具有更高的跟踪误差。MSCI 因子指数显示出 3% ~ 8% 的跟踪误差，其中明晟全球多因子指数的跟踪误差为4%。或许在最糟糕的时候，智能贝塔相对于传统指数业绩欠佳是另一个促使投资者放弃智能贝塔的原因。这也显示出行为风险（威尔希尔咨询公司的六大风险视角之一）。为了正确管理行为风险，跟踪误差的潜在不足是在追求因子投资之前就必须理解和接受的。最后，策略容量上限和扩大投资资金对业绩的影响难以评估。为了展示潜在的策略容量相关风险，图 17-7 提供了过去 17 年智能贝塔资金增长的估计值。

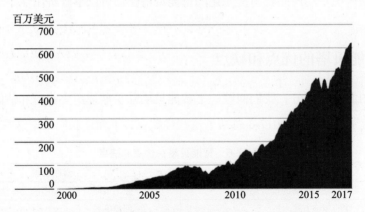

图 17-7　全美策略贝塔场内交易产品资产增长情况

资料来源：Morningstar Direct，Morningstar Research.

智能贝塔资产管理额自 21 世纪初以来增长了 10 倍，目前已经达到了 5000 亿美元。虽然投资于价值股的资金规模很大，但一个显而易见的问题是：如果太多的投资者盯着相同的因子，那么这些因子还会继续有效吗？值得注意的是，即便智能贝塔作为一种有效投资方法被越来越广泛地接受，其普适性仍高度依赖于每个投资机构的特定目标和风险容忍度。

17.8 结论

尽管威尔希尔咨询公司相信智能贝塔策略，尤其是多因子智能贝塔策略，对于投资者来说可以是一种经济高效的资产管理方案，但我们认为投资领域没有万能的资产管理方案，智能贝塔也不例外。投资者的目标和投资组合的头寸，包括主动管理的规划，都应该在决定智能贝塔是否值得投资方面占有一席之地。虽然可以达到潜在的增量收益目标，但这些风险敞口应该受控，以期在长期投资期间实现适度的改善。无论是否投资智能贝塔，大类资产配置决策仍将主导投资组合的结果。尽管前面提到了一些投资预警，但威尔希尔仍然主张在投资过程中考虑智能贝塔。我们还倾向于多因子而不是单因子，因为多元化的特性在管理短期因子风险的不可预测性方面非常有用。

由于投资者的偏好和技术进步，智能贝塔市场正在快速发展。我们很难预测未来几年智能贝塔的市场占有率会到多少。在因子投资中，有一件事是显而易见的，那就是与通过传统的主动策略获得系统风险溢价相比，智能贝塔节省了相当多的费用。前面的案例强调了智能贝塔策略的使用可能改善某些投资组合的风险收益情况。由于业绩不佳，投资者要么放弃了更传统的主动管理形式，要么对此感到沮丧，他们会逐渐意识到智能贝塔作为纯被动投资的补充的潜在价值。

附录 17A　估值展示[⊖]

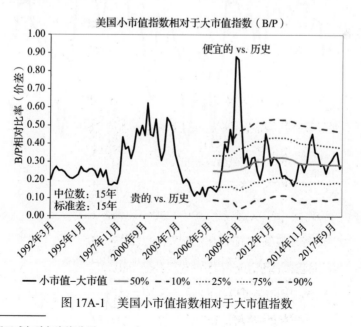

图 17A-1　美国小市值指数相对于大市值指数

⊖　资料来源于威尔希尔咨询公司。

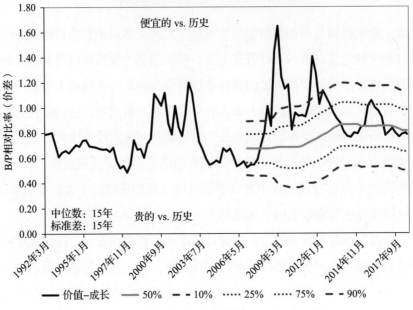

图 17A-2 美国价值因子指数相对于成长因子指数

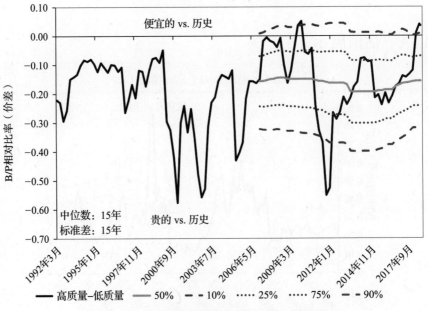

图 17A-3 美国高质量指数相对于低质量指数

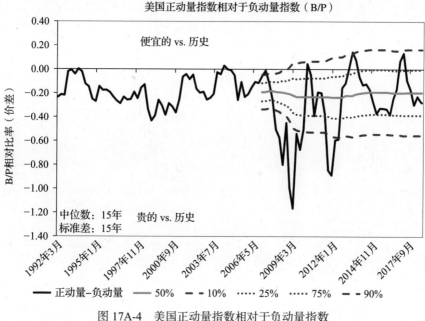

图 17A-4　美国正动量指数相对于负动量指数

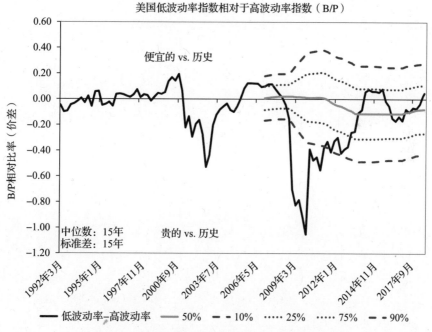

图 17A-5　美国低波动率指数相对于高波动率指数

请参阅本书末尾的附加免责声明部分。

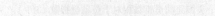

EQUITY SMART BETA AND FACTOR INVESTING FOR PRACTITIONERS

散 户 视 角

第 18 章

面向大众的智能贝塔：以面向散户的产品为例

莉萨·L. 黄⊖

富达投资人工智能投资管理与规划主管

彼得·N. 科尔姆（Petter N. Kolm）

纽约大学库兰特数学科学研究所金融数学硕士项目主任兼助理教授

大多数专业投资人士都会认为与机构投资相比，散户投资是一个更小、更有限的发挥领域。多年来，投资领域的惯例都是：先在机构投资者中测试创新的思路和策略，然后（通常很晚）逐步进入以普通大众为重点的投资和散户投资。智能贝塔也是如此。现在，智能贝塔 ETF 越来越多，但散户可投资的智能贝塔产品却少之又少。

本章详细说明了为什么投资顾问应该向散户提供智能贝塔投资组合方案。在机构智能贝塔领域，由于科技进步，交易成本大幅降低（这反过来又降低了 ETF 费用），以及产生潜在风险溢价的实证证据不断完善，智能贝塔 ETF 的投资规模越来越大。在这种情况下，投资顾问在代表散户实施智能贝塔投资组合方面已经拥有坚实的基础。尽管智能贝塔的有效性和实施智能贝塔的成本对于散户来说似乎已经成熟，投资顾问在向散户提供智能贝塔方面却进展缓慢。

⊖ 莉萨·L. 黄（Lisa L. Huang）在机器人投资顾问公司（Betterment）任职时写作了本文，并感谢杰米·卡特赖特（Jamie Cartwright）负责了本文第一版的编辑。

当计算机刚被发明出来时，体型巨大而且价格昂贵。尽管在20世纪六七十年代计算机技术快速进步并且实现了小型化，但其几乎仅限于商用。为了开拓零售市场，像苹果和IBM这样的创新者必须改变人们对这项技术的看法。同理，今天的智能贝塔就像刚问世的计算机。从20世纪八九十年代的量化阿尔法（Quant Alpha）到近20年推出的智能贝塔ETF，我们看到了智能贝塔在机构投资中的进步。然而，为了增加散户投资者的投资和理解，智能贝塔需要投资顾问的进一步创新和发展。

本章的结构如下：我们将在18.1节介绍因子投资和智能贝塔，阐述如何实施这些因子，并将其作为ETF（通常被称为智能贝塔ETF）提供给散户投资者。在18.2节中我们将回答为什么要给散户提供智能贝塔产品。在18.3节和18.4节中，我们将讨论为散户提供智能贝塔产品所面临的挑战。由于这是一个活跃度高且发展迅猛的领域，我们将在18.5节重点介绍散户投资领域智能贝塔投资将会面临的一些重要问题。18.6节为结语。

在本章，冒着遗漏细节或阐述不完整的风险，我们将技术细节的讨论保持在最低限度，优先考虑让广大读者简单易懂。我们的目标不是提供对散户投资领域智能贝塔的调研。智能贝塔投资还有许多有趣的领域，我们在此也不会涉及。

18.1 因子投资和智能贝塔简介

资本资产定价模型（CAPM）和套利定价理论（APT）表明，因子是描述股票收益的基本单位（参见夏普，1964；罗斯，1976；科克伦，1999）。例如，某家公司的股票收益可以分解为：1）50%的市场因子，2）30%的价值因子，3）20%的公司特定因子。公司特定因子通常也被称为无法解释的收益或异质收益。每个因子（前面的百分比）对股票总收益的贡献率称为因子风险敞口或贝塔系数。

贝塔系数是根据统计数据得出的，因此股票的收益分解保持在"平均水平"。市场投资组合与市场因子完全相关，并具有相同的波动性。因此，市场投资组合对市场因子的贝塔系数是1。市场贝塔系数大于（小于）1的股票意味着它的波动性大于（小于）市场。

通过将个股的收益分解为各种因子，可以让我们更好地理解股价走势，也就是通常所说的收益特征。几十年来，学者和从业者的研究已经确定了许多因子，这些因子是股票的良好基本单位。

现在我们来简要描述一下价值因子、动量因子和规模因子。图18-1展示了1927年

1月～2018年5月的市场因子、价值因子、规模因子和动量因子的业绩。表18-1为动量因子、价值因子和规模因子统计汇总。

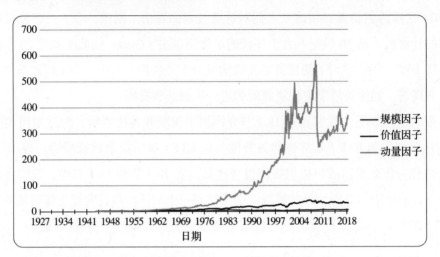

图18-1　以1美元分别投资于价值、规模和动量因子的业绩增长，投资时间为1927年1月至2018年5月

资料来源：Kenneth R. French Data Library.

表 18-1　动量因子、价值因子和规模因子统计汇总

年化指标	动量因子	价值因子	规模因子
收益	7.99	4.52	2.65
标准差	16.29	12.11	11.09
回归贝塔	−0.3	0.16	0.19

注：收益以1926～2018年的算术收益进行计算。回归贝塔是因子收益对市场收益进行回归得出的斜率。

资料来源：Kenneth R. French Data Library.

18.1.1　价值因子

价值投资是买入低估（"便宜"）的股票，然后在股价上涨后卖出（格雷厄姆和多德，2009）。学术研究表明，从长期来看，便宜的股票往往比昂贵的股票表现更好。便宜的股票可以有很多种不同的定义。一种定义方法是看市净率（P/B），即股票价格（P）和账面价值（B）的比值。例如，如果股票的市净率很低，那么股票就是便宜的。反之，股票则是贵的。

该定义下的因子对价值提供了可度量的基本单位（法玛和弗伦奇，1996）。对于一只股票，投资者可以使用该因子来分析其收益对价值的归因。

18.1.2　规模因子

平均而言，小市值股票比大市值股票有着更高的收益。规模因子是基于此结论而得出的（班斯，1981）。一般来说，小市值股票（简称"小盘股"）是指总市值在 20 亿美元以下的股票，中盘股市值在 20 亿～ 100 亿美元，大盘股是市值在 100 亿美元以上的股票。

18.1.3　动量因子

在物理学中，物体的动量是其速度的函数。因此，动量既有方向，又有速度。在投资中，动量是指收益好（差）的股票继续维持好（差）的收益。学术研究表明，1）股票在 6 ～ 12 个月的周期内表现出动量（杰加迪西和蒂特曼，1993），2）动量因子有助于解释市场、规模和价值因子以外的超额收益（卡哈特，1997）。

18.1.4　从因子到智能贝塔 ETF

由市场因子、规模因子和价值因子组成的三因子模型被称为法玛和弗伦奇模型，该模型以作者的名字命名。如果再加上动量因子，那么由此得到的四因子模型通常被称为法玛－弗伦奇－卡哈特模型（Fama-French-Carhart model）。在更广泛的研究中，法玛和弗伦奇检验了他们的三因子模型，发现其可以解释高达 95% 的多元股票投资组合收益。无法解释的收益（约占 5%）被称为异质风险或非系统风险。

虽然因子计算的技术细节超出了本章的范围，但从这些公开的研究中可以得出一些重要的结论。

首先，因子分解允许投资者衡量和制定每只股票及其投资组合的整体收益和风险特征。通过控制投资组合对各个因子的敞口，投资者可以选择适当的风险水平。与管理投资组合风险密切相关的是多元化投资，这是智能贝塔的核心之一。通俗地说，多元化原则就是"不要把所有鸡蛋都放在一个篮子里"。当我们试图提升投资组合的多元化时，我们如何知道并不是所有的鸡蛋都放在一个篮子里呢？因子在这里提供了很大的帮助。具体地说，通过对投资组合的分解，可以量化其对每个因子的敞口。因此，如果投资组合对某个特定因子的敞口太大，就可以通过重新平衡投资组合来缩小它的敞口。以谷歌和脸书股票的投资组合为例，一个天真的投资者认为其持有两只股票是多元投资。然而，如果我们将这些股票对因子进行分解，我们会发现它们具有非常相似的收益和风险特征。因此，从因子的角度来看，它们是非常相似的股票，组合在一起并不会分散风险。简单地说，这就像有一篮子麦金托什苹果和嘎拉苹果，然后认为篮子里有很多不同类型的水果一样。

其次，今天许多因子都可以以 ETF 的形式进行投资，就像股票一样，投资者可以在证券交易所买卖 ETF，这些 ETF 模仿前面所述的因子。ETF 对个人投资者来说具有吸引力，因为它们具有类似股票的特点：成本低且税收优惠高。特定因子的 ETF 通常被称为智能贝塔 ETF。智能贝塔 ETF 采用基于规则的方法来选择投资的股票，这样产生投资组合的方式就像我们前面讨论的一个或几个因子。投资智能贝塔 ETF 是因子投资的一种方式，而且不用做组合管理和交易大量个股的复杂工作。智能贝塔 ETF 简化了投资组合的定制能力。^{⊖⊖}

18.2 为什么要在当前的散户投资市场上提供智能贝塔策略

投资顾问负责及时了解新投资产品的最新进展，包括仔细评估新产品何时能从各个维度匹配客户，例如透明度、业绩、风险、费用和税收。透明度意味着投资者需要了解投资决策过程。向散户提供智能贝塔策略的想法类似于医生开新药。给病人开新药可能有重要的原因，但也有可能有超过其潜在好处的风险和副作用。患者需要了解这种新药的各个方面，包括它的风险。

投资顾问在客户的投资组合中实施智能贝塔策略的主要原因是其可以在改进的风险调整后收益方面提供附加值。投资专业人士知道，与传统策略相比，智能贝塔表现的证据伴随着风险和其他挑战，这些风险和挑战可能会削弱投资者对任何附加值的欣赏。

为散户投资者实施智能贝塔策略的决定应该基于以下几个考虑因素。

首先，智能贝塔投资广为人知且有交易记录可供追溯。特别地，机构投资者几十年来一直在使用基于因子的策略（这为智能贝塔策略建立了基础）。就像约翰·博格教育散户投资者投资被动指数一样，今天的散户投资者正在学习市场因子之外的能持续产生收益的因子。这代表了 20 世纪 50 年代以来传统 CAPM 模型的自然演变。当尤金·法玛和肯尼斯·弗伦奇发表关于股票横截面收益的开创性论文时，因子投资的门槛很高（法玛和弗伦奇，1996）。事实上，论文中的因子投资组合并不适合散户投资者。在过去的十多年里，基于因子的指数已经变得司空见惯，以一种透明、系统化和基于规则的方式接触到产生收益的潜在因子突然成为可能，而且成本只有主动管理的一小部分。

其次，散户存在用投资组合来减少市场风险的需求。这是因为目前市场估值高，

⊖ 参见许仲翔、卡列斯尼克和李飞飞（音译）（2012），了解面向个人投资者的智能贝塔的介绍。
⊖ 暂无法查实第三作者 Feifei Li 的中文姓名。若有谬误，向作者致歉。——译者注

全球金融危机的阴影在这一代投资者心中挥之不去。许多基于因子的策略在控制和定制组合风险方面提供了更大的灵活性，从而通过因子"倾斜"来战胜传统的市场基准。

最后，智能贝塔策略代表了一种介于主动策略和被动策略之间的投资形式。智能贝塔是主动投资的范畴，因为其依赖于选择有超额收益记录的因子。文献表明，许多收费高的主动管理型基金经理仅仅通过将投资组合隐含地暴露于价值、规模和动量等因子就超越了市场（卡哈特，1997）。智能贝塔代表着收费较高的传统主动管理的低收费替代产品。就像机构客户一样，散户也应该为贝塔风险支付贝塔价格。与被动指数类似，智能贝塔策略是透明的、基于规则的，并且往往比主动策略的收费更低。

18.3　为散户投资者研发智能贝塔策略的挑战

18.3.1　应该选择什么样的智能贝塔 ETF

学者和从业者已经确定了一个由数百个因子组成的因子集（侯恪惟，薛辰，张橹（2017））。[一]其中有一些因子可以解释风险，但与风险溢价无关。对于散户投资者来说，从这个因子集中识别并挑选因子是一项艰巨的任务。

在投资智能贝塔 ETF 时，我们向散户投资者提供以下建议：

▶ 只考虑与风险溢价相关并经时间检验的智能贝塔 ETF（即这些因子的业绩具有持续性）。

▶ 重点关注在多个资产类别或市场中有效的智能贝塔 ETF（阿斯尼斯、马科维茨和佩德森（2013））。

▶ 优先选择流动性高（即买卖价差较小，交易量较高）和低成本（即低费用和高税收优惠）的智能贝塔 ETF。

利用这些标准可以挑选出由经过时间检验且具有稳定业绩的因子所构成的智能贝塔 ETF。尽管文献列举了数百个因子，但只有少数几个因子真正符合这些标准。这些因子包括价值因子、规模因子、动量因子、质量因子和低波动率 / 低贝塔因子。[二]

〇　本书原著成书时，该论文尚未证实发表。现已于 2018 年在《金融研究评论》（*Review of Financial Studies*）发表。——译者注

〇　例如，参见 Berkin and Swedroe（2016）。

18.3.2 纯多头投资组合或多空投资组合

虽然实施因子和智能贝塔 ETF 有许多方法，但这些细节超出了本章的范围。当然，每种方法都有其优点。

我们在这里简要阐述的一个重要的选择是，使用纯多头的投资组合还是多空投资组合。在纯多头的方案中，因子投资组合由多头头寸组成（即做多投资组合中的股票）。相比之下，在多空方案中，因子投资组合既有多头头寸，也有空头头寸（即既有做多股票又有做空股票）。从理论上讲，多空方案比纯多头方案提供了更大的灵活性。然而，这也带来了额外的做空股票的风险和成本。

我们注意到，由于大多数散户投资者以市场基准来衡量投资组合业绩，多空投资方案的好处很小。在大多数情况下，好处甚至是不存在的。对于大多数散户投资者，我们倾向于纯多头的方案，因为它简单明了，同时也能提供与复杂的多空方案⊖相同的业绩。

18.3.3 多因子策略是最优的

投资经理应该如何以一组选定的因子集构建投资组合？答案取决于投资者的目标、投资范围和财务目标。如果目标是建立一个低风险的投资组合，那么就需要以低波动率/低贝塔因子来构建。如果目标是超越市场基准，那么多种因子的组合可能更合适，也会提升一些多元化程度。如果投资期限足够长，并且主要目标是超越市场，那么在满足选择标准的因子中，动量因子具有最高的风险调整后收益。

对于典型的散户投资者，我们认为多因子策略就足够了。⊜众所周知，单因子的业绩具有周期性。一些因子，如动量因子和价值因子，是长期负相关的。因此，与单因子策略相比，多因子组合可以提供更好的多元化和更高的风险调整后收益。在图 18-2 中，我们对市场因子、价值因子、动量因子和规模因子的年化投资组合业绩进行了排名，并对四个因子的等权投资组合进行了排名。请注意，等权投资组合往往比其他因子的表现更好。⊜换句话说，像等权投资组合这样简单的多因子投资方法平均而言都会比单个因子的表现要好。

⊖ 例如，投资者可以在多空因子上叠加贝塔，以满足市场基准跟踪限制，由此产生的投资组合将等同于（或者至少接近）纯多头的方法。

⊜ 有大量研究表明，多因子策略的风险调整后收益更高。

⊜ 为了简单起见，我们没有对收益进行风险调整。然而，在进行风险调整后，结果仍然保持不变。

Sorted	2000	2001	2002	2003	2004	2005	2006	2007	2008	2009	2010	2011	2012	2013	2014	2015	2016	2017	Legend
1	40%	19%	26%	31%	11%	15%	14%	22%	13%	28%	17%	7%	16%	35%	12%	21%	23%	22%	市场贝塔
2	18%	18%	13%	26%	8%	8%	11%	1%	6%	9%	14%	0%	10%	8%	2%	2%	13%	5%	动量因子
3	15%	14%	7%	5%	5%	7%	2%	0%	3%	-9%	6%	-2%	3%	7%	-2%	0%	7%	-5%	等权
4	-2%	4%	5%	2%	4%	3%	0%	-7%	1%	-27%	5%	-6%	1%	6%	-3%	-4%	3%	-5%	规模因子
5	-18%	-15%	-23%	-25%	0%	-2%	-8%	-15%	-38%	-82%	-5%	-8%	-1%	2%	-8%	-10%	-20%	-14%	价值因子

Sorted	2000	2001	2002	2003	2004	2005	2006	2007	2008	2009	2010	2011	2012	2013	2014	2015	2016	2017
1	价值因子	价值因子	动量因子	市场贝塔	市场贝塔	动量因子	价值因子	动量因子	动量因子	市场贝塔	市场贝塔	动量因子	市场贝塔	市场贝塔	市场贝塔	动量因子	价值因子	市场贝塔
2	等权	规模因子	等权	规模因子	价值因子	价值因子	市场贝塔	市场贝塔	等权	规模因子	规模因子	市场贝塔	价值因子	动量因子	动量因子	等权	市场贝塔	动量因子
3	动量因子	等权	价值因子	价值因子	规模因子	等权	等权	等权	规模因子	价值因子	动量因子	等权	等权	规模因子	价值因子	市场贝塔	规模因子	等权
4	规模因子	动量因子	规模因子	等权	等权	市场贝塔	规模因子	规模因子	价值因子	等权	等权	规模因子	动量因子	等权	等权	规模因子	等权	规模因子
5	市场贝塔	市场贝塔	市场贝塔	动量因子	动量因子	规模因子	动量因子	价值因子	市场贝塔	动量因子	价值因子	价值因子	规模因子	价值因子	规模因子	价值因子	动量因子	价值因子
	19	18	17	16	15	14	13	12	11	10	9	8	7	6	5	4	3	2

图18-2 基于法玛-弗伦奇-卡哈特因子模型计算的假设业绩

资料来源：Kenneth R. French Data Library.

18.4 作为投资顾问实施智能贝塔投资组合策略

指导散户投资者选择投资组合策略的原则通常包括：

► 追求多元化。

► 权衡投资成本和价值。

► 税收。

数十年的研究表明，多元化投资可以减少投资组合风险。这是考虑任何散户投资策略的起点。我们认为，在不考虑资产收益的情况下，最大的多元化投资组合是"市场"。

任何投资组合的构建都应该权衡资产敞口的成本及其带来的价值。近年来，智能贝塔基金的成本有所下降，这使得它们具备对散户的吸引力。事实上，我们认为成本和价值之间的平衡已经倾向于将它们纳入散户的投资组合。

最后，基于散户的考虑，税收及其优化也非常重要。我们将在随后的小节中更多地讨论此主题。

18.4.1 以共同基金、ETF 和高级指数来实施智能贝塔

正如市值加权指数是散户获得市场因子敞口的一种方式，因子指数也为他们提供了一种以透明和经济高效的方式获得因子敞口的工具。当决定投资一个因子后，实施的方法有很多种，包括共同基金、ETF 等产品，以及较新颖的"高级指数"（advanced indexing）。散户投资者必须进行尽职调查，以区分每种产品实施过程中的细微差别，如流动性、换手率和再平衡规则等，进而了解其对收益的影响。高级指数代表了一种新型的股票级别的智能贝塔策略，其可以是多因子的，这往往会增加税收的覆盖面。尽管其有限的业绩记录是投资的障碍，但这些策略可能适合应税投资者。我们主张从以下几个方面对因子投资工具进行评估，包括（但不限于）：

► 实施：因子方法论和投资组合构建。

► 因子捕获效率（即对基本因子的跟踪误差）。

► 实施过程的透明度。

► 换手率（即证券交易频率和交易量）。

► 策略容量（即投资金额的扩大不会带来业绩下降的风险）。

► 交易成本和费用。

► 基金经理的交易记录和经验。

18.4.2 因子的行为成本

除了费率和智能贝塔 ETF 的买卖价差之外，因子敞口和投资组合策略的一大"成本"是跟踪误差遗憾（克拉克、克拉斯和斯塔特曼，1994）。这在散户投资领域尤其明显，因为散户的金融知识水平较低（埃朗，2011）。

尽管投资组合是全球化的，但大多数散户投资者都会以标普 500 指数为基准。当他们的投资组合的业绩超过基准时，大多数人都不会考虑这一点。然而，投资组合的业绩低于基准可能会导致他们质疑自己的投资计划，并通过改变资产配置进行干预。更糟糕的是，他们可能会完全放弃投资计划。其结果是，许多散户投资者最终高买低卖。

图 18-3 中，我们可以看到 1927 年以来因子策略的业绩落后于市场的频率。在 3～5 年的水平上，我们观察到因子业绩不佳的年数很多。例如，单独的动量因子在该水平上不是一个好因子。当然，顺着横轴右移，所有因子的业绩都会提高。请注意，从历史上看，几种因子策略都有很长一段时间业绩不佳。例如，价值因子相对业绩不佳的期限一直持续了 8 年。投资者需要明白，和其他投资一样，因子投资也隐含着风险。除非投资者能够接受风险并坚持他们的投资计划，否则全球资产配置没有太大的价值。在散户投资领域进行因子和智能贝塔投资的最大成本是行为成本。

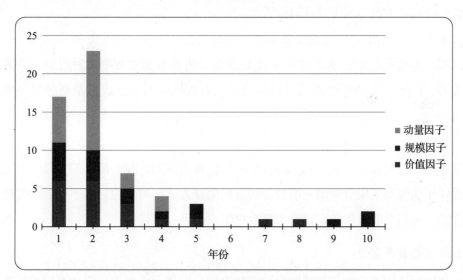

图 18-3　给定因子跑输市场的年数

资料来源：Kenneth R. French Data Library.

18.4.3 税收浮层统筹算法

应税账户的投资的一个核心原则是：任何投资组合策略都应该是税收最优的。解决税收问题的方法有很多种，有的简单，有的复杂。一种方法是将战略资产配置视为给定的，并在账户层面或交易层面统筹"税收算法"，以生成税收阿尔法（tax alpha）。我们在此提出的两个想法是税收损失收缴和资产定位。

1. 什么是税收损失收缴

税收损失收缴（tax loss harvesting，TLH）是一种适时卖出投资组合中浮亏股票的策略。当浮亏兑现后可以抵消资产收益和股息收入。这通常以某个预定的频率实施，例如每季度或每年度。使用计算机算法，税收损失收缴可以每天实施。

税收损失收缴的复杂性来自于对洗售（wash-sale）规则的利用。该规则规定，当你亏本出售一项资产，然后在 30 天内（在出售日期之前或之后）购买相同的资产或"基本相同"的证券时，就定义为洗售。洗售规则旨在阻止投资者亏本出售资产以获得税收优惠。洗售的成本必须能被税收损失收缴所覆盖。

有几种方法可以规避洗售规则。基本思路是亏本卖出一只股票，买入"对称"股票以复制原股票的风险敞口。例如，你可以卖出跟踪标普 500 指数的 ETF，然后买入跟踪罗素 1000 指数的 ETF。

在面向散户的智能贝塔产品的开发中，我们主张在交易层面执行税收损失收缴。这要求散户投资者为每个因子寻找对称股票。

有多个原因表明 ETF 是税收损失收缴的好工具。通常，ETF 要求授权参与者以实物形式买入和赎回股票，从而使 ETF 能够避免出售证券和实现资本利得税，以满足赎回。此外，ETF 基金经理可以通过向授权参与者提供具有最低成本基础的税种来减少 ETF 的纳税义务。随着智能贝塔 ETF 产品的快速发展，识别多个因子的对称股票变得越来越容易。

基于散户投资者迄今可用的各种投资产品，我们认为，精心挑选的一篮子智能贝塔 ETF 提供了实施高效税后智能贝塔投资组合的最佳方式。可以说，自下而上的智能贝塔投资方法，利用个股交易，可以为大型散户账户提供一些优势。

2. 什么是资产定位

虽然散户投资者往往不知道或对其有些误解，但另一个重要的税收浮层统筹策略便是资产定位（asset location）。资产在应税账户和税收优惠账户的税后收益不同。因此，一项资产是位于递延账户或免税账户或应税账户，其税后收益可能差异很大。假设在应税账户中持有息票债券。息票将作为普通收入征税。因此，如果可能的话，投资者最好将债券配置到一个免税账户。鉴于散户投资者通常有多个应税、递延纳税和免税账户，可以将资产优先配置到特定账户，以便在保持总体策略配置的同时最大化税后收益。该问题的静态版本类似于背包问题，背包问题有一个众所周知的解法（克勒雷尔、普弗斯基和皮辛格，2004）。一旦有现金流，最优的静态解决方案就不再是动态最优的，因为现金流通常会进入一个特定的账户。管理有资金流入和流出的动态问题比较复杂，可以用线性规划来求解。

如果投资者可以估计策略中每项资产的税后收益，那么在实施智能贝塔策略的资产定位方面就不会有障碍。

18.5 展望未来

在最后一节，我们强调了几个重要主题，我们认为这些主题对散户领域的智能贝塔投资的未来是重要的。

18.5.1 增强的可定制能力和基于目标的投资

富时罗素最近的一项调查显示，智能贝塔产品越来越受到加拿大、英国和美国的金融顾问们的青睐，他们以智能贝塔产品作为分散客户组合以及表达策略观点的一种方式。随着更多智能贝塔 ETF 的应用，我们期望将定制水平提高到能更好地适应个人投资目标和财务目标的可行性。

散户投资者需要什么样的定制能力？首先，其中一个关键组成部分是向个人提供与其风险偏好和财务目标相匹配的多元化投资组合。没有任何一个投资组合能适合所有人。在构建自己的投资组合之前，准确收集个人财务状况和投资目标的信息是非常重要的。

金融理论认为，在建立投资组合时，我们应该考虑个人的资产和负债。换句话说，资产配置决策中也应该包括低流动性资产，比如住宅。就住宅而言，我们预计"最佳"组合将包含与住宅市场相关性较低的投资。

心理账户的概念表明人们并不是一视同仁地对待所有金钱的。[注]具体来说，投资者会根据他们所感知到的钱，将不同的钱打上不同的风险收益偏好标识。因此，投资者看待投资组合中的住宅也是不一样的。换句话说，当考虑到一个人的家庭及其投资组合时，投资者可能会有不同的财务目标。

○ 例如，参见 Thaler（1985,1999）。

基于目标的财富管理是一种投资和投资组合管理过程，专注于帮助投资者实现不同的财务目标。谢夫林和斯塔特曼在 20 世纪 90 年代末发表了行为投资组合理论（BPT），该理论认为投资者的行为就像他们有多个心理账户一样，每个心理账户都有不同程度的需求，并取决于他们的目标（谢夫林和斯塔特曼，2000）。这种形式的行为思维衍生出了一种投资组合管理框架，在这种框架中，投资者在追求财务目标的同时，也会考虑下跌风险。投资者不是在风险和收益之间进行权衡，而是在财务目标和投资安全之间进行权衡。BPT 与经典投资组合理论对投资组合问题有着不同的表述。达斯等人（Das et al.，2018）提出了一种基于目标的财富管理（goals-based wealth management，GBWM）框架，其中风险被定义为投资者无法实现其目标的概率。

基于直观的吸引力和以灵活且高度定制的方式对个人投资者的财务目标进行建模的能力，我们认为基于目标的财富管理必将成为散户投资领域的一种投资管理方法。

18.5.2 SRI 及 ESG

在做投资选择时，散户投资者越来越关注社会责任投资（socially responsible investment，SRI）和环境、社会和公司治理（ESG）的影响。不同的投资者对 SRI 和 ESG 与投资业绩的相对重要性的认识不同。投资组合应该包含和解决哪些 SRI 或 ESG 问题？一个投资者可能主要关心与种族平等和多样性相关的问题，而另一个投资者可能关心环境政策。目前，SRI/ESG ETF 的数量有限。由于 SRI 和 ESG 通常带有个人偏好和特殊性，最好是在个股层面进行定制，而不是通过 ETF 定制。

18.5.3 投资者教育的重要性

展望未来，我们显然需要对投资者进行更多的教育，以提高投资者的金融知识。财务规划和咨询的核心是沟通。金融行业在沟通中充斥着许多技术性和金融性的术语，这往往会导致沟通效率低下，甚至无法理解。[⊖]

不懂金融的人会给社会带来负担，因为政府和纳税人最终会为其他人的错误买单。此外，拥有更好的理财习惯和理财计划的民众对社会也有好处。那么应该由谁来提供这样的教育呢？这些都是制定政策的重要考虑因素。

首先，学校可以在民众达到需要做出重要个人理财决策的年龄之前，开设提高金融素养的课程。其次，财务顾问和其他受托人有责任教育他们的客户，使其具备大体上

⊖ 例如，参见 Lusardi（2015）。

"稳健"的理财能力，特别是在投资和退休决策方面。这还包括提供更直观、更易于使用的工具。最后，雇主可以承担为员工提供理财的最新资料和继续教育的责任。

18.6 结论

在本章中，我们对散户投资领域的智能贝塔产品进行了概括。我们强调了一些挑战和重要考虑因素，包括因子选择和因子实施、构建投资组合和税收重叠。我们还对该领域的未来发展提供了一些建议。

散户投资的重要特征是个性化定制。智能贝塔策略提供了个性化定制的一个方面，但肯定不是最终目标。资产配置（无论是智能贝塔、风险平价还是市值加权策略）对散户投资者来说都是一个重要的组成部分。除了资产配置，散户投资者还必须考虑选择基金（即，共同基金与ETF）、税收以及适当的风险承担（这取决于他们的投资目标和范围）。当然，散户投资者的整个理财情况并不是由单一的投资组合来定义的。一个投资者可能有多个目标，有不同的投资领域，因此风险偏好也不同。对所有这些目标进行优化，并确定哪个投资组合策略最适合哪个目标，这是一个悬而未决的问题，也是一个活跃的研究领域。

第 19 章

访谈：向散户投资者推荐智能贝塔

杰里·查夫金

AMK 公司（AssetMark）首席投资官

杰里，非常感谢您在百忙之中参加这次访谈。

这是我的荣幸。

请问您是如何看待智能贝塔或因子投资的呢？

我认为智能贝塔或因子投资是一种纪律严明的、系统性的阿尔法生成方法，或者换一种说法，它是一种可重复的、透明的主动投资管理方法。

所以，您并没有真正区分智能贝塔和主动管理。

在某种程度上，如果投资目标是产生阿尔法，并且阿尔法来自相似的来源或因子，那么它与主动管理并没有什么不同。但在另一种程度上，阿尔法是通过一种纪律严明的和系统性的方法产生的，它在实现上与传统的主动管理有所不同。我的一些同事将智能贝塔称为主动的被动投资，即以类似指数投资的方式实施的主动管理策略。

我们可以更深层地将智能贝塔描述为许多主动管理型基金经理在特定风格（例如价值）中使用的最高级别的价值增值过滤器，并以有纪律的和系统性的方式将其应用于一大批股票。但坦诚地说，我与大部分投资顾问之间的对话不是关于过滤器或因子，而是关于如何以更高的可靠性和透明度实现主动管理的目标。

那么，您建议投资顾问应该如何以简单易懂的形式向散户投资者介绍智能贝塔呢？

散户投资者了解被动投资。他们明白这是获得市场收益的最简单、成本最低的方式。他们也了解主动投资。大多数散户投资者认为，以更多的信息进行选股，应该可以获得比市场更高的收益。他们也认识到，与单纯的被动投资方式相比，比市场高1%～2%的年化收益会在长期积累更多的财富。因此，鉴于这些投资理念，投资者追求主动收益是合理的，当然，这也取决于他们的风险承受能力。

但散户投资者也需要明白所面临的与主动管理型基金经理相关的挑战。第一，基金经理会收取高额费用，导致投资者只能获得优异业绩中的一小部分。第二，基金经理的投资过程可能很复杂，甚至是不透明的，这就导致投资者很难正确设定收益预期。对收益预期的管理不善可能会导致投资者在对业绩失望的情况下赎回资金，从而无法实现投资策略的全部潜力。第三，主动管理型基金经理本身也会出于业务考虑，有时不能保持投资纪律，放弃自己的投资理念和流程，尤其当业绩明显不佳且持续几年的时候。第四，主动管理型基金经理在某种程度上倾向于持有集中度高的投资组合，这些投资组合的容量不高，可能会出现严重的异质风险。因此，即使是有天赋的主动管理型基金经理，其业绩也可能不稳定，管理规模的增长也可能会影响未来的收益。

从投资过程的角度来看，投资者可能会问：主动管理型基金经理能带来什么？我认为优异的业绩主要是由两个原因推动的。第一个原因是对哪些股票会随着时间的推移而表现出优异的"共同洞察力"。这些都是投资领域广为人知和被广泛接受的高级别因子。例如，价值因子投资和质量因子投资可以追溯到 20 世纪 30 年代的本杰明·格雷厄姆。第二个原因被我称为"基金经理特有的洞察力"，来自基金经理对公司和行业的深入研究。经验告诉我们，大部分主动管理型基金经理的优异业绩实际上是由共同的洞察力所推动的。这些洞察力就是投资专业人士所说的因子。

归根结底，散户投资者喜欢被动投资的优势：低成本、有纪律、可重复和透明。但他们也喜欢主动投资具备优异业绩的潜力。如果我们能创造一种既保留被动投资的优势，又保留主动投资的优势的投资方案，会怎么样？让我们考虑一下智能贝塔。从这个角度来看，智能贝塔成为一个引人注目的投资领域。与传统的主动投资相比，它变得很有价值。对于散户投资者来说，智能贝塔也容易理解。

经常有人认为，散户投资者需要接受过高等教育才能理解智能贝塔，这阻碍了其广泛应用。您对此表示同意吗？

既同意也不同意。如果你使用类似"贝塔"或"因子"之类的术语，那么这确实会阻碍智能贝塔的广泛应用。如果你必须解释什么是因子，为什么它们有效，为什么它们具有持续性，那么对话可能很快就会变得复杂，因此具有挑战性。但是，正如我之前说过的，也可以用投资者更容易理解的方式讨论智能贝塔。智能贝塔和主动投资的差异不在于选股所用的特征，而是以系统的方法来寻找特征和选股。

一般来说，我觉得任何需要客户具备高等教育背景的投资方案从一开始就会面临挑战。我提倡简约的投资方法。但是，与此同时，如果新的投资方法能够帮助投资者实现他们的目标，我也会致力于让投资者接触到这些方法。智能贝塔就是这种投资方法，关键在于以某种方式表达这些想法，以便客户能够真正理解它们。

您不喜欢"智能贝塔"这个术语，也不喜欢"因子"这个词，所以您应该称之为"智能投资"。

是的。我喜欢用"智能风险投资"来思考因子投资。我之所以这么说，是因为你确切地知道你押注市场能获得收益的特征是什么，并且你正在以一种有纪律的方式建立主动头寸，将你所信任的重要股票特征之外的风险降至最低。

任何对主动管理型基金经理进行过长期调查的人都知道，他们会有五个候选股票，并且对这些股票信心满满。然后，他们将额外的 100 只股票加入到投资组合中，他们对这些股票的信心一般，而且也没有进行充分的研究。加入这些股票的目的是控制这几家他们深入研究并确实有信心的公司的风险。

可以这样认为，这几只股票的某些特征让基金经理们对自己聪明的选择充满信心，而买入其他股票则是为了丰富投资组合，在一定程度上降低相对于市值加权指数的风险。换句话说，基金经理不愿接受只持有少数股票的异质风险。通过因子投资或智能贝塔投资，无论是风险管理还是选股，这都是一种更加系统化的方法，让基金经理能够专注于这些公司的质量，或者更准确地说，专注于他们信任的股票。

从散户投资者的角度看，为什么要考虑智能贝塔或因子投资呢？

归根结底，我认为散户投资者的目的很简单，就是低成本和高收益。就智能贝塔本身而言，有很多有意义的投资理由。但是，就一个典型的散户投资者而言，我认为能打动散户的原因就是低成本和高收益。

智能贝塔相对于什么成本低？是主动管理吗？

是的，主动管理。

那又相对于什么具有更高的收益呢？是市场吗？

是的。

退后一步说，当我与投资顾问讨论他们如何向散户投资者介绍被动投资时，他们告诉我，他们通常专注于投资者最关心的话题。他们介绍被动投资是实现市场收益的最简单、最便宜的方式。他们谈论这件事时不会有任何意外。大多数投资顾问不会介绍CAPM，也不会介绍为什么市值加权投资组合是市场基准，更不会介绍有效边界。同样，在介绍智能贝塔的时候，投资顾问需要关注为什么它对散户投资者来说是一个有趣的投资方向。我认为这主要归结为较低的成本和较高的预期收益。

您是如何看待便宜没好货的说法的呢？

坦白地说，从来没有投资顾问跟我提出这样的观点。但我认为，投资者会认为费率与附加值和投资容量有关。在像智能贝塔或因子投资这样的系统投资方法中，我认为对其费率的解释是这种方法具有高容量和较低的实施成本，这就是为什么它的费率低于传统的主动投资管理。

您是否觉得散户投资者对于在投资组合中加入因子投资越来越有兴趣了呢？

冒着被取消访谈的风险，我还是要说"不"。但这并不意味着没有更多的人采用因子投资，也不意味着我们没有看到因子投资越来越受欢迎。只是对于散户投资者来说，他们不是从因子的角度考虑问题，而是从纪律或风格以及阿尔法的角度考虑问题。因此，将投资方案表述为智能贝塔或因子投资并不是容易理解的，反而会给投资者留下这样一种感觉，"我不能理解这种投资方法"。

即使我们不是为了谋生，也会因为兴趣而研究投资策略。但与你我不同的是，典型的投资者并不觉得投资有趣，他们只是想知道其投资组合是按照投资纪律和容易理解的投资理念构建的。这是智能贝塔的美妙之处之一。它其实是一种主动管理投资风格，但以一种容易解释和纪律严明的方式实施。

从投资顾问的视角来看，我们是否可以说，因子投资实际上是有趣的，因为它很可能比选择基金经理更容易实施？毕竟因子投资只有几个因子是重要的，而且它们在文献中记录翔实且有充分证明。投资顾问会认为这是一条更容易实现市场超额收益的方式吗？

作为一名目前在一定程度上通过选择主动管理型基金经理来谋生的人，这对我来说是一个有挑战的问题。但不论我是选择单个基金经理，还是选择智能贝塔策略，都是关于投资过程、投资纪律、可重复性以及风险管理。关于智能贝塔，我要说的是，其风险管理和纪律是内生的，在许多产品中，都非常稳健，而且在选股标准方面都与优秀的主动管理型基金经理相同。但智能贝塔也可能带来挑战。

挑战之一是任何投资策略都面临着管理投资者的预期。这听起来很简单，却非常难。部分原因是，无论我们是否意识到这一点，新闻资讯都会向我们灌输市值加权指数的业绩，这在潜意识上成为投资基准。行为主义者会说，我们"锚定"它是为了理解我们的投资业绩本应如何。事实上，我们谈论的因子投资或智能贝塔实际上是一种指数投资的替代方案。相对于市值加权指数，它是否产生附加值，只能通过时间来检验。优异的业绩不会年复一年地顺利获取。这将是一条坎坷的道路。在某些时间段，某些因子可能会帮助你跑赢大盘，而在其他时期，这些因子可能会导致业绩落后于大盘。当然，这对于除市值加权指数以外的任何投资都是一个挑战。根据我们的经验，设定投资预期是至关重要的，因为它与客户纪律和客户满意度关系最大。

另一个挑战是很少有散户投资者会在学术上探讨为什么不同的投资风格有意义。相反，他们依赖投资顾问帮他们筛选基金经理，并能找到一位他们有信心、可以在更高层次上解释不同投资风格的基金经理。因此，智能贝塔产品成功的一个关键是让散户投资者更容易理解，让解释尽可能直观。

您是如何设定期望值的？

一个简单的例子是关于讨论价值股和成长股划分。我认为投资者明白市场有时会奖励那些被低估的股票，无论你怎么定义这一点，这对投资者来说是有意义的。同样地，在某些时候，市场也会奖励那些成长股。因为某些原因，无论是股票在行业内因素还是全球性的因素，让这些股票的价格快速增长。投资者明白这并不是每年都会发生，但这段股价上升期对于投资者来说非常有益。如果你能将这些选股条件结合起来，作为推动股价的几个特征的一部分，那么就可以激发投资者的信心，并为解释未来的业绩奠定基础。

我之前想提出的一个观点是关于为什么解读业绩如此重要。有一种说法是研究和选股很难带来额外的收益。事实确实如此。然而，纵观历史，从长远来看，不乏能带来额外收益的选股方法和信号。鉴于此，投资者会问，在有这么多选股方法和选股信号可以帮助你长期打败市场的情况下，为什么还是这么难以打败市场呢？答案是人是情绪化的动物，我们不会一直保持投资纪律，往往会因失望或恐惧而采取行动。一般说来，策略本可以奏效，但我们会在错误的时机采取行动。这可以联想到为什么适当地设定和管理预期是如此重要，因为投资者伤害自己的方式就是不知道会发生什么，感到失望或害怕，并放弃投资纪律。

智能贝塔是有投资纪律的，并且有助于投资者保持纪律。这是智能贝塔和因子投资的吸引力之一吗？

完全正确。智能贝塔是有纪律的，它能帮助投资者保持纪律。部分原因是你持有的股票仓位并不是因为你对一位无所不知的投资大师的信任，他挑选了一篮子神奇的股票。相反，你的仓位是基于一些关于如何投资的常识和直觉的想法。你可以理解，随着时间的推移，这些投资思路会得到市场的认可，但不一定会在每一个时期都能得到认可。因此，它有助于投资者保持纪律。智能贝塔的透明度也是一种有助于安抚投资者并使其保持投资纪律的工具。

您认为因子投资还有什么其他重要优势吗？

当然有。我们已经讨论了因子投资策略具有吸引力的几个方面，但投资工具也同样重要。动量投资就是一个很好的例子。价值投资者比动量投资者多的一个原因是，你持有价值股的时间会更长，因此在税收上更具吸引力。如果你采用智能贝塔策略，且该策略实际上是以 ETF 的形式发行的，通常与该策略相关的换手可以在没有税收冲击的情况下实现，这是获得该因子或那种投资风格的一种独特的高效方式，因为你不必支付动量投资中高换手的交易税。

现在让我们考虑策略选择。您认为什么样的智能贝塔策略能打动散户投资者呢？

卡尔，和你一样，我在这个行业已经干了很多年了，你明白在任何时候都会有一些因子特别受欢迎，同时还有另一些因子失宠，甚至被遗忘，但后来，这些因子重新出现，再次变得流行起来，因为它们在那段时间有效。那么，最近备受关注的因子有哪些呢？

在 2008 年金融危机之后的一段时间，低贝塔或最小方差投资非常流行。紧接着由于量化宽松的影响，投资者更重视收入因子。因此，股息收益率成了一个流行的选股条件。每当牛市出现时，动量因子往往很受欢迎，在更典型的时期，人们会求助于价值投资的智慧。因此，能打动散户投资者的因子就是近期可以获得收益的因子。对此，我的看法是不要爱上任何一个因子，因为你只知道过去哪些因子能获得正收益，就像看着后视镜开车一样，未来的情况可能与过去截然不同。因此，因子多元化是有意义的。

另一件需要强调的事情是，虽然可能会出现新的因子，也可能不会，但会出现新的、更有效的方法来捕捉因子。因为这是技术性的，或者就像我的一些同事说的那样，这是在谈论"内部战术"，这不是你与散户投资者进行的对话。然而，这是相当重要的，特别是作为一名从业者。在多个因子供应商中进行选择时，我们特别关注如何定义因子，因为它们并不是完全相同的。它们都是相关的，但并不都是一样的。除了因子是如何定义的，智能贝塔策略在如何将因子整合到更大的股票投资组合方面也可能有所不同。所以，我就是这么想的。

在选择智能贝塔策略或基金经理时，您还会考虑哪些因素？

从费率到风险控制，从品牌到服务能力，应有尽有。但是，重要的是对投资团队的评估。我非常相信团队精神。所以，在评估任何类型的基金经理，包括那些使用因子投资或智能贝塔的基金经理时，我都会考虑团队合作的时间有多长。因为投资组合管理不是一个人可以完成的任务。当研究员、投资经理和交易员了解如何帮助投资者从策略中获得最大收益时，就会创造价值。团队在一起工作的熟悉感，过去一起遇到过问题，能够以一种舒适的方式相互挑战，知道什么奏效了，什么没有奏效。这种共同的经历和简洁的沟通对完善他们的投资流程，深化他们的研究，以及保持团队成员的稳定都是一个很大的优势。此外，我非常在乎基金经理的主动研究规划。因为在我看来，投资流程创新和优化对于持续增长的业绩非常重要。在实施方面，我考虑的因素是交易品种的流动性或日均交易量，特别是在 ETF 中。

最后，作为一名行业资深人士，我尽量不将任何人分等级。因为有时投资者会说：我想要一家小而精的投资机构，而不是一家大机构，因为它们更灵活，更专注。然而，据我所知，一些大机构已经组建了许多具备这些特性的团队，每个团队都很专注、灵活，而且它们可以获得一家小型机构无法获得的资源。同样，我也看到过风险控制和自动化程度很高的小而精的机构，这与小公司通常的刻板印象背道而驰。因此，我认为重要的是要考虑每个基金公司各自的优点，无论它是大还是小。

继续讨论资金规模的话题，您对应该将多少资金配置给不同的策略（被动、主动、智能贝塔）有什么看法吗？

简而言之，我没有看法。因为我不认为这是一个最优化任务。在数值优化中，被动投资、因子投资和传统的主动投资可以完美地组合在一起。相反，我认为散户投资者的个人风格发挥的作用更大。当新闻报道市场收益率的时候，散户投资者对偏离市场的容忍度有多大呢？你知道，当散户一次又一次地听到关于市场收益的报道时，他们认为邻居们都在赚钱。因此，当他们落后于市场的时候，他们会觉得他们实际上是落后于身边的亲朋好友，这让他们感到羞愧。另外，当他们战胜市场的时候，他们会感到自豪、昂首挺胸。事实上，没有人会单独或完全投资于这些市值加权指数。根本问题是：如果我有更好的构建指数的方法，我为什么还要投资于市值加权指数呢？这个问题实际上只有一个答案，那就是你的智能贝塔或因子指数的跟踪误差比你所能接受的要大得多。因此，为了满足风险偏好，你需要投资被动指数来降低跟踪误差。如果你在投资中很少会有恐惧、贪婪和后悔这类情绪，那么你可能不想投资任何被动型指数，反而会全部持有主动投资或智能贝塔。同理，假如你不想要普通的价值投资，而想要深度价值投资，那么你需要很高的容忍度，来容忍策略在任意给定的时间高度偏离指数。风险偏好可以管理你对主动投资所配置的资金规模。因此，资金配置真的取决于散户投资者的个人风格以及和个人相匹配的投资方案。唯一的一个例外是区分高流动性市场和低流动性市场。就智能贝塔而言，我一直在讨论高流动性的股票。我认为这就是让这些智能贝塔、这些投资纪律和系统投资方法来生成阿尔法的意义所在。还有其他来源的阿尔法，或者称之为"风险溢价"，不能从高流动性的股票获得该阿尔法，比如低流动性风险溢价或信用风险溢价。对于这些，你可能会觉得主动投资方法优于任何一种基于指数或因子的投资方法。

　　关于智能贝塔或因子投资，您还有什么想要分享的吗？

　　我认为将智能贝塔或因子投资看作"高策略容量"阿尔法策略或许是对的，与传统的主动管理相比，智能贝塔策略的容量更有吸引力，因为在传统的主动管理中，策略容量往往令人担忧。为什么智能贝塔的容量高呢？这是因为许多智能贝塔基金经理采用了低换手和多元化的投资方法。当然，并不是所有的智能贝塔都有很高的容量。例如，有一些量化产品追求更精准、更集中的因子敞口，比如"深度"价值。在我看来，这样的产品并不完全符合智能贝塔投资的定义。

　　智能贝塔策略利用了越来越强大的计算能力。我们现在可以更快、更有效地获取数以千计的股票数据，这超过了分析师对一家公司进行深度研究的水平。金融科技推动了变革，这些技术可以带来税收优惠和流动性。因此，科技对投资的影响是重大的，因为其可以使得更智能、更复杂的投资策略能够以被动的形式来实施。一个例子是指数型智能贝塔，其需要考虑和管理相对于市场指数的跟踪误差，这在智能贝塔中是一个非常有用的特性。

　　智能贝塔的可定制化能力也是其吸引力之一。例如，通常来说我不认为低贝塔或者低波动率是因子，并不是我认为其不重要，也不是我不想去控制它，而是想通过策略决策来动态控制它。由于市场有大约80%的时间都是正收益，我倾向于更多地考虑其他因子，这些因子在熊市的时候表现并不好，但在牛市的时候也不会拖累业绩。对于一个构建投资组合的基金经理来说，能够定制策略是很奢侈的。这是智能贝塔的优势，可以从不同的因子工具中选择因子。

　　我想说的另一个方面是费用。费用有多重要？我认为答案取决于投资情景。普遍观念是费用最低的策略或投资工具就是业绩最好的。因为要战胜市场是很难的，因此投资于低费用的基金可以增加战胜市场的概率。如果你对比收费150基点和收费15基点的基金，该观点是正确的，但如果是收费30基点对比15基点，则往往有点不合理。在我看来，当你在一个费用低的基金和一个费用更低的基金中做选择的时候，最好需要明白策略是由什么阿尔法驱动的。投资评估还需要考虑基金可以抵消你所支付的3个基点、10个基点或15个基点的费用。所以，我认为对于散户投资者及其投资顾问来说，明确一些观点是非常重要的。考虑到不是所有的指数都是一样的，也不是所有的因子方法都是一样的，费用都是重要的，但也仅仅是等式的一半。

　　最后，你发现我刚刚从一个行业会议上回来，与会发言人都在谈论资金正在流出主动管理基金，流入被动管理基金。由此推断，未来尽管还会存在主动管理，但也会比较艰难。然而，由于费用越来越重要，越来越多的投资顾问或 DIY 型投资者投资被动管理的基金，而不是主动管理基金。在我看来，这很可能是一个非常错误的选择。因为因子投资或智能贝塔，给投资者提供了两全其美的东西。也就是说，有机会选择比市值加权指数更智能的选股方法，同时还有更低的成本、更好的风险控制和更好的投资纪律。因此，我认为智能贝塔是一个非常有价值的工具，投资顾问需要考虑这一点，如果没有其他原因，它提供了一条在费用高的主动管理和低费用的市值加权指数之间做出规避错误选择的方法。

您会如何总结智能贝塔对于散户和投资顾问的价值主张呢？

简单来说，我认为其是一个可重复且成本较低的投资方法，在长期可以产生高于市场的收益。

现在，让我们深入分析一下。

首先，智能贝塔依赖主动投资经理所使用的最好的选股工具。作为潜在阿尔法的来源，这些选股工具或因子比由基金经理特定的投资观点选出的一篮子更集中的股票所产生的阿尔法更加可靠。

其次，在某种程度上，散户更了解选股风格，也就是你我所说的因子，而不是天才基金经理编造的一次性故事。例如，他们明白价值投资可以获得青睐，也会无人问津。他们也明白小公司在经济衰退时会举步维艰，但在经济扩张时期往往表现优异。有了这样的认知，他们投资的决心也会更加坚定。因此，智能贝塔和因子投资可以更好、更合理地管理投资者的预期，从长远来看，这也会促进投资纪律和投资目标的实现。

再次，智能贝塔为基金经理提供了投资纪律。在某种程度上，智能贝塔是一种定义完备的系统投资方法，可以降低基金经理在错误的时机放弃投资策略的风险。

最后，智能贝塔的低费用、高容量和低换手特点可以给散户带来显著的好处。

在结束我们的对话之前，我谨慎地不对智能贝塔和主动投资做出明确的区分。虽然相对于普通的主动管理型基金经理来说，智能贝塔是一个有吸引力的替代品，最好的主动管理型基金经理同样也是，如果你可以识别出他们的话。最后，我是投资纪律严明、收费合理的投资流程的倡导者，这其中就包括智能贝塔。

* * *

这些观点仅为查夫金（Chafkin）的个人观点，不代表 AMK 公司（AssetMark）[⊖]。

○ AssetMark 现为华泰证券境外子公司，在纽交所上市，总部位于美国加利福尼亚州康科德市，是美国排名前三的统包资产管理平台（TAMP），为独立投资顾问及其客户提供全面的财富管理和技术解决方案。——译者注

EQUITY SMART BETA AND FACTOR INVESTING FOR PRACTITIONERS

结 束 语

第 20 章

消除对智能贝塔的顾虑

通常反对智能贝塔的观点集中于因子是否存在（如：因子是数据挖掘的产物，因子与理论不一致）、因子实施（如：捕捉因子需要技巧，智能贝塔是重新包装的主动管理，智能贝塔仅存在于回测中）以及因子的持续性（聪明的投资者会通过套利消除智能贝塔的超额收益，智能贝塔交易越来越拥挤）。在本章中，我们将讨论这些质疑的观点。

20.1 质疑因子是否存在

20.1.1 因子是数据挖掘的产物

- **质疑的观点**：在过去的几十年里，学术文献记录了数百个因子，而且每年都在增加。绝大多数有文献记录的因子都是数据挖掘的产物。这些因子在样本外不能延续优异的业绩。

- **我们的观点**：公平地说，绝大多数文献记录的因子在单因子检验中具有样本内统计显著性，但在与数据挖掘相关的统计检验下则不显著。这些因子在样本外也往往业绩不佳。然而，在试图使用多重检验以区分因子真假的研究中，少数广泛应用的因子仍然具有统计显著性。智能贝塔产品通常只关注这些经过验证并能获得收益的因子，包括规模、价值、动量、质量和低波动率等因子（请参阅第 2 章）。

20.1.2　某些因子与理论不符

- **质疑的观点**：一些因子，比如低波动率因子，违背了有效市场中的风险与收益相关的基本原则。其他因子，如动量因子，甚至挑战了弱有效市场理论，在该理论中，过去的价格不能预测未来的价格。因此，如果市场是高度有效的，则这些因子的存在就是不合理的。

- **我们的观点**：投资者当然应该遵循他们的投资理念，不应该投资于违背这些理念的因子。然而，如果仅仅因为某些因子不符合特定的教条就否认它们的存在，这是不合理的。低波动率因子和动量因子可能与风险定价理论不一致，但我们很难证明这些因子不是真实的。显然，这些因子是存在的或至少在历史上一段时间内存在过。风险定价理论很难完全解释这些因子，但行为金融学可以很好地支持它们的存在（参见第 3 章）。

20.2　质疑因子的落地实施

20.2.1　因子实施需要技巧，而智能贝塔只是不智能阿尔法

- **质疑的观点**：学术文献和许多智能贝塔产品通常是从单一维度来定义因子。例如，价值因子被定义为账面价值与价格之比，质量因子或者说盈利能力因子被定义为毛利润比上总资产。这样的定义不能完全涵盖价值和质量投资的方方面面。要有效地捕获这些因子，需要一定程度的技巧和经验。主动管理型基金经理拥有这些必需的技巧。例如，主动管理型基金经理可以通过更智能的方式定义价值因子，从而更好地捕捉因子溢价，比如对不同行业使用不同的估值比率，而不是对所有的行业用同一种简单的账面价值与价格之比。或者使用各种指标来定义质量因子，而不是仅仅用简单的总盈利能力来衡量。同样，其他因子（如动量因子）表现出非常高的换手率，需要高水平的实施技巧才能获取更高的扣除成本后收益。简单设计的智能贝塔产品并不能发觉这些超额收益来源的全部潜力。因此，智能贝塔产品只是提供了一个"不智能"阿尔法，而不是主动管理型基金经理可提供的"智能的"阿尔法。

- **我们的观点**：公平地说，简单定义的因子可能不如高级的和经过深思熟虑定义的因子那么有效。例如，账面价值与价格之比在当下可能不再是价值因子的有效定义，这是由科技和其他"成长型"行业主导的，就像 20 年前一样。然而，

许多智能贝塔基金经理通过精心设计的复合信号来定义因子以消除这种顾虑（请参阅第 5 章）。同时，智能贝塔基金经理还开发出创新的方法来解决某些因子换手率高的问题，并大大降低了实施成本。因此，对于投资者来说，这就成为对智能贝塔策略的尽职调查的问题。此外，智能贝塔是不智能的阿尔法的观点忽略了其背后的投资理念。智能贝塔的主要目的之一就是以简单、透明和经济高效的产品提供超额收益（因子）的基本来源。相对于传统的被动产品和主动产品来说，智能贝塔产品寻求提供合理且吸引人的风险调整收益率（夏普比率和信息比率）。主动管理型基金经理声称可以更高效地捕获超额收益，但我们认为，他们必须证明他们的说法是与智能贝塔产品相关的（参见第 6 章）。

20.2.2 智能贝塔是主动的，而不是被动的

- **质疑的观点**：市值加权指数代表了真正的被动投资方案。在这类指数的构建过程中，很少涉及主动决策。作为度量标准的市值因子已经定义好，加权方法是透明的，指数在很大程度上是自动重新平衡的。另外，智能贝塔指数的创建通常涉及许多主动决策。比如应该包括哪些因子？因子应该如何定义？应该采用哪种加权方法和投资组合构建方法？应该采用哪个再平衡周期？考虑到智能贝塔指数中主动决策的比例，将智能贝塔指数贴上被动投资的标签是在误导投资者。
- **我们的观点**：我们同意该观点，在智能贝塔产品的设计中，涉及许多主动决策。从这个意义上说，智能贝塔更接近主动型指数，而不是被动指数。另外，许多智能贝塔产品采用透明且定义明确的方法，从而产生系统性、纪律严明且经济高效的投资方案，从这个意义上说，这类产品更接近于被动指数，而不是主动型指数。这就是为什么最常见的争论是，智能贝塔既不是真正的主动投资也不是被动投资，更多的是一种混合投资（参见第 1 章）。

20.2.3 多因子策略并不是看起来的那样

- **质疑的观点**：多因子策略声称可以通过因子多元化产生比单个因子更高的风险调整后收益。然而，这并不一定是真的。这是因为因子之间会相互抵消风险敞口。例如，价值型股票对动量的敞口为负，反之亦然。优质股票天然具有高成长特性，因此，当其与价值因子相结合时，只会产生一个市场中性的投资组合。
- **我们的观点**：各种因子之间会相互抵消风险敞口，各种因子组合起来后不能超

越市场投资组合的观点是完全不准确的。这是对因子如何发挥作用、因子间如何相互作用以及因子如何在所有因子敞口中产生净阿尔法的误解。价值因子和动量因子可以独立地提供超额收益，并且是负相关的（参见第8章）。尽管价值因子对动量的敞口为负，但它是有效的，同样地，尽管动量因子对价值的敞口为负，但它也是有效的。在给定的股票池中，价值（动量）最高的股票提供最高的超额收益，但同时也对动量（价值）具有最高的负敞口（参见第10章）。同样，质量因子与价值因子是负相关的，但不是完全相关。质量因子不是成长因子。因此，把质量因子和价值因子结合起来并不会变成市场中性。事实上，文献证明，质量因子/盈利能力因子在对法玛–弗伦奇–卡哈特因子的风险分解中产生了统计显著的阿尔法（请参阅第5章）。诚然，因子之间的相关性意味着，当因子组合在一起时，可能会导致敞口的减少，但不是完全抵消敞口。这对于多因子策略以及结合多个主动管理型基金经理的投资组合都是如此，以实现更好的多元化。

20.2.4 智能贝塔只是主动管理的再包装

- **质疑的观点**：众所周知，主动管理型基金经理会对某些因子设置正敞口并依赖它们来产生超额收益。这意味着过去数十年来主动管理型基金经理已经发现并投资了智能贝塔一直在寻求捕捉的因子。因此，智能贝塔除了对传统的主动管理进行再包装之外，并没有什么新意。
- **我们的观点**：诚然，智能贝塔产品利用的超额收益（或因子）来源与主动管理型基金经理数十年来一直瞄准的目标是一样的。从这个角度来看，智能贝塔确实没有什么新意。然而，智能贝塔产品旨在捕捉这些阿尔法来源的方式具有更高的透明度、多元化，也非常经济高效。在我们的经验中，这些特性被许多投资者视为增值部分，这也解释了智能贝塔策略的广泛流行和采用（参见第1章）。可以认为"智能贝塔"这个词有些含义混乱，也许是不恰当的。但智能贝塔确实对投资行业进行了品牌重塑。

20.2.5 聪明人投资时不会只关注回测结果

- **质疑的观点**：大多数智能贝塔产品是基于历史回测结果进行营销的新产品，这些产品的实盘交易记录很少。所有的历史回测结果都会举一个令人信服的例子来支持这个策略。投资者应该避免投资这些策略，因为历史回测结果不一定会反映未来的业绩。

- **我们的观点**：这个论点更多的是关于投资于新策略而不是智能贝塔策略。如果投资者出于治理方面的考虑，会限制投资于缺少特定期限（比如 3 年）的实盘交易记录的策略，那么他们不会投资于新策略。除此之外，我们认为不应该总是消极地看待新策略和回测结果。在我们的经验中，许多投资者首先关注业绩，而不是关注某一策略的投资过程以及从这个过程中可以预期的业绩。回测结果可以用来验证这些预期。此外，所有的回测结果不都是等同的。使用透明和完全可复制的方法的投资过程的回测结果应比其他方法更可信（参见第 8 章和第 10 章）。最后，有人还认为，新策略在最初几年中可以获得较高的收益，并可能为早期投资者提供先发优势（参见第 16 章）。因此，也可以说，聪明人确实会投资于新策略和回测结果。

20.3　对因子持续性的质疑

20.3.1　在有效市场中因子没有持续性

- **质疑的观点**：在公共领域内简单的超额收益的来源不太可能在有效市场中持续下去。这些超额收益来源将被众多投资者利用以至于随着时间的推移而消失。
- **我们的观点**：如果因子超额收益是由投资者的行为偏差造成的错误定价，可以套利，那么从有效市场的角度来看，这一观点是正确的。然而，如果因子超额收益体现了风险溢价，则该观点就站不住脚。即使在有效市场中，风险溢价也会持续存在，因为其代表着对承担额外风险的补偿。此外，这一观点也受到了大量文献的挑战，这些文献认为，某些形式的错误定价会持续存在，因为它们不能完全套利（参见第 3 章）。

20.3.2　因子持续性将受到交易拥挤的挑战

- **质疑的观点**：即使假设因子超额收益代表着无法完全套利的风险溢价或行为错误定价，但智能贝塔策略的广泛应用肯定会导致未来因子超额收益大大降低。
- **我们的观点**：的确，如果智能贝塔因子变得非常受欢迎，可能会定价过高，未来的收益也会降低。然而，在我们看来，常见的智能贝塔的策略容量明显高于传统的主动策略，而且对策略容量产生显著影响所需的资产规模可能相当大。例如，自因子（如价值、动量和低波动率等）首次被记录以来，与这些因子相关的资产规模增长了数倍。然而，因子溢价并没有消失，而且多年来一直存在。投资者还可以通过寻求定制的智能贝塔投资方案来减少交易拥挤的潜在影响，而不是投资于万能的产品（参见第 13 章和第 15 章）。

20.4　结论

在本章中，我们回顾了一些与智能贝塔因子投资相关的质疑。其中有些是合理的，但另一些则不合理。

| 第 21 章 |

结 论

在我们的经验中，智能贝塔因子投资的主要吸引力在于它能够通过各种方式帮助投资者构建更有效的股票投资组合，并获得更好的投资业绩，例如：

▶ 智能贝塔因子投资能为资金方在低收益预期的环境中寻求提高收益的经济高效的解决方案，并且不需要增加股票的资产配置。

▶ 对于希望在不降低股票资产配置的情况下降低投资组合波动性的资金方来说，智能贝塔因子投资是一个潜在的解决方案。

▶ 智能贝塔因子投资是市值加权基准的替代品或补充。

▶ 智能贝塔因子投资是一种有纪律的阿尔法生成方法，该方法追求市场超额收益，与传统的积极管理相比，具有更高的可靠性和透明度。

▶ 智能贝塔因子投资也是对积极管理的补充，可以提高投资组合中的多元化收益。

▶ 智能贝塔因子投资还是针对因子敞口管理和完成投资组合的有效解决方案。

▶ 散户投资者相信这种投资方法，因为它结合了主动投资的优势（市场超额收益）和被动投资的优势（低成本、有纪律、透明）。

▶ 它是一种面向机构投资者的高策略容量的阿尔法解决方案，解决机构投资者面临的在庞大且不断增长的资产基础上产生合理超额收益的问题。

▶ 它是一种系统的投资方法，帮助投资者和资产管理公司设定合理的预期，并在业绩低迷的时期保持投资纪律。

▶ 它还是一种经济高效的解决方案，能够通过基于授权和类指数（index-like）实施的混合实施模式来节省交易成本和管理费。

展望未来，投资产品的研发将进一步拓宽智能贝塔投资的应用范围。因子投资将会应用于其他资产类别和策略，如固定收益、大宗商品、货币和对冲基金。多空投资策略将补充现有的多头策略。ESG 因子和智能贝塔因子之间也会进一步整合。

智能贝塔投资的日益流行也给资金方和资产管理者带来了一些挑战。就资金方而言，它将投资重点从选择基金经理转移到选择投资策略，而这需要相信智能贝塔因子投资，需要区分绝对收益和相对收益策略，并避免在策略选择、监控和评估中的短视主义。就资产管理者而言，主要的挑战是建立智能贝塔的价值主张。这需要设计能产生智能贝塔超额收益的投资流程。例如，对于主要产生智能贝塔因子收益的主动管理型基金经理，无论是量化的还是基本面的，都会发现越来越难以维持当前的管理费和规模。智能贝塔基金经理也可能面临一些重要的挑战。随着与智能贝塔投资相关的资产规模增长，因子拥挤和崩盘相关的担忧无疑将变得更加明显。智能贝塔基金经理将不得不开发新的、独特的方法和定制能力，以充分解决这些问题。

有些投资者认为智能贝塔只会流行一时。对此我们不敢苟同。在我们看来，智能贝塔是投资领域的一项重要而有益的创新。它代表着一股改革资产管理行业的强大力量。智能贝塔进一步扩大了资金方可用的投资工具和策略，潜在地提高了他们构建更有效的投资组合的能力，从而更好地满足其特定的投资目标和投资约束。因此，我们预计智能贝塔投资将持续吸引投资者。

| 作者简介 |

奥利弗·邦恩（Oliver Bunn），博士
高盛资管副总裁

奥利弗是高盛资管（GSAM）公司量化投资策略平台下另类投资策略
（AIS）团队的一名投资组合经理。他于 2014 年加入该团队，主要专注
于另类风险溢价和对冲基金贝塔策略。在担任此职务之前，奥利弗在巴
克莱银行研究和开发股票策略指数。在 2007 年从波恩大学获得数学和
经济学硕士学位后，奥利弗于 2013 年在耶鲁大学获得经济学博士学位，
与罗伯特·席勒一起研究行为金融课题。他曾在《投资组合管理杂志》
和国家经济研究局工作论文系列中发表过研究报告。

史蒂夫·卡登（Steve Carden）
加州公务员退休基金全球股票投资总监

史蒂夫负责加州公务员退休基金（CalPERS）全球股票投资组合的统筹管
理，具体职责是负责战略资产配置、风险管理、研究以及策略开发和分析。
史蒂夫先是花了大量时间进行量化策略开发，包括推出多空投资组合和专有
的资产配置平台，而后在过去几年中把大部分时间放在开发和实施另类贝
塔、智能贝塔策略上，包括领导团队实施多因子投资。

在加入 CalPERS 之前，史蒂夫曾在巴克莱全球投资公司担任国际投资组
合经理，管理各种欧洲和 EAFE 投资组合。

史蒂夫在圣迭戈州立大学主修金融学，并在加州大学戴维斯分校管理研究生
院获得 MBA 学位，随后他作为客座讲师在那里教授金融学。

杰里·查夫金（Jerry Chafkin）
AMK 公司首席投资官

杰里负责设计、加强和管理公司的投资解决方案框架，并向顾问及其客
户提供投资和市场观点。他于 2014 年加入 AMK 公司⊖，为公司带来了
超过 25 年的金融服务领导经验。此前，杰里是 AlphaSimplex 集团的投

⊖ 现已被华泰证券收购。——译者注

资组合经理和首席执行官，AlphaSimplex 是一家位于马萨诸塞州剑桥市的流动性管理替代品和主动波动率管理专业公司。在此之前，他是波士顿 IXIS 资产管理公司的首席执行官，并在嘉信理财公司工作了近十年，担任一系列领导职务，包括资产管理部门的首席执行官。杰里的职业生涯开始于美国信孚银行，在那里他花了近 15 年的时间担任各种资产管理职务，与美国和国外的机构客户合作。在他离开美国信孚银行时，杰里是其结构投资管理业务的首席执行官，在固定收益、量化股票和资产配置策略方面拥有超过 2500 亿美元的资产管理规模。他获得耶鲁大学经济学学士学位，并拥有哥伦比亚大学的金融 MBA 学位。

罗杰·G. 克拉克（Roger G. Clarke），博士
分析投资者公司研究顾问

罗杰·G. 克拉克是富国资产管理（WFAM）分析投资者公司团队的研究顾问。他负责团队在投资策略和研究议程上研究思路的协调。在加入分析投资者公司之前，罗杰担任 TSA Capital Management 的负责人和主席，该公司在 1996 年与分析投资者公司合并。罗杰在量化投资研究方面拥有超过 30 年的经验，是公认的权威，他撰写了大量的文章，包括为 CFA 协会撰写了两篇教程。他曾是《投资组合管理杂志》和《金融分析师杂志》的编辑委员会成员。他还曾在杨百翰大学任教超过 10 年，专门研究投资和期权理论。他同时担任一个非营利组织的主席。罗杰是 CFA 协会研究基金会颁发的著名的詹姆斯·R. 文廷（James R. Vertin）奖的获得者，这个奖着重表彰其对投资专业人员有持久价值的显著研究贡献。他还获得了金融分析师联合会颁发的 Graham and Dodd Scroll 奖和金融定量研究协会颁发的 Roger F. Murray 奖。他在杨百翰大学获得了物理学学士学位和 MBA 学位。他还获得了斯坦福大学的经济学硕士学位和金融学博士学位。

汉斯·德·鲁特（Hans de Ruiter）
荷兰国家应用科学研究院养老基金首席投资官，阿姆斯特丹自由大学副教授

汉斯是荷兰国家应用科学研究院养老基金（Stichting Pensioenfonds TNO）的首席投资官。他的大部分职业生涯都是在养老基金行业度过的。在加入荷兰国家应用科学研究院养老基金之前，他在荷兰霍高文养老基金（Stichting Pensioenfonds Hoogovens）担任了六年的高级投资经

理，在 APG[⊖]担任了六年的高级投资组合经理。

除了在荷兰国家应用科学研究院养老基金担任首席投资官外，汉斯还担任任仕达养老基金（Stichting Pensioenfonds Randstad）的董事会成员、范兰肖特养老基金（Stichting Pensioenfonds Van Lanschot）的投资委员会成员以及荷兰公共交通公司养老基金（Stichting Pensioenfonds Openbaar Vervoer）的监事会成员。汉斯还是阿姆斯特丹自由大学的副教授和奈尔洛德商业大学的高级讲师。

哈林德拉·德·席尔瓦（Harindra de Silva），CFA，博士
分析投资者公司 / 富国资产管理公司投资组合经理

哈林德拉·德·席尔瓦（简称"哈林"）负责富国资产管理公司分析投资者公司团队的战略重点。作为一名投资组合经理，哈林与投资团队一起专注于股票和基于因子投资策略的持续研究工作。他撰写了多篇金融相关主题的文章和研究报告，包括股市异常、市场波动和资产估值。在加入分析投资者公司之前，哈林是安诺析思（Analysis Group Inc.）[⊖]的负责人，负责为机构投资者提供经济研究服务，客户包括投资经理、大型养老基金和捐赠基金。哈林在曼彻斯特科技大学获得机械工程学士学位，在罗切斯特大学获得金融 MBA 学位，并在加州大学欧文分校获得金融博士学位。

伊利安·迪米特罗夫（Illian Dimitrov）
橡树养老金资产管理有限公司成长性资产部主管，巴克莱银行英国退休基金投资部副总裁

伊利安·迪米特罗夫是橡树养老金资产管理有限公司的成长性资产部主管，该公司是巴克莱银行英国退休基金（UK Retirement Fund, UKRF）的内部资产管理公司；这个约 300 亿英镑的基金是高度多元化和全球化的。伊利安负责 UKRF 成长资产配置的投资组合管理、经理人选择和投资组合构建，其中包括公募权益、私募权益、对冲基金和高风险信贷策

⊖ 荷兰公共部门养老金（Algemeen Burgerlijk Pensioenfonds，ABP）本身不直接进行养老金投资，主要由子公司荷兰汇盈资产管理公司（APG）履行投资职能，并进行一部分委外投资。——译者注

⊖ 安诺析思（Analysis Group Inc.）由经济学家布鲁斯·斯坦格尔（Bruce E. Stangle）和迈克尔·科恩（Michael F. Koehn）于 1981 年创立，是一家总部位于波士顿的经济咨询公司。该公司 2012 年在中国成立了北京安诺析思国际咨询有限公司。——译者注

略。股票配置包括主动策略、智能贝塔策略、被动策略和私募权益策略。该基金启用了大量外部资产类别专家，管理的资产中超过四分之一投资于成长策略。

伊利安以前的任职经验包括在位于阿姆斯特丹的富通投资/ABN AMRO AM（现为法国巴黎投资公司）的信托管理团队担任投资助理。

伊利安在阿姆斯特丹大学完成了硕士课程，拥有 D.A. Tsenov 经济学院的金融硕士学位和牛津大学赛德商学院的全球投资风险管理证书。他在 2010 年获得了 CAIA 的认证。

史蒂文·福雷斯蒂（Steven Foresti）
威尔希尔咨询公司首席投资官

史蒂文·福雷斯蒂是威尔希尔联合公司的常务董事，也是威尔希尔咨询公司的首席投资官。他在加州圣莫尼卡办公室工作，负责威尔希尔咨询公司的研究工作，包括战略投资研究和资产类别假设的开发，以用于威尔希尔的资产分配过程。他是威尔希尔咨询公司投资委员会主席。在威尔希尔任职期间，他直接与各种类型的大型机构投资者合作：公共和企业的固定福利计划、基金会、捐赠基金和保险公司。史蒂文在传统和另类投资领域都撰写了广泛的主题论文。

史蒂文于 1994 年加入威尔希尔，拥有超过 25 年的资本市场经验。在加入威尔希尔咨询公司之前，史蒂文在威尔希尔分析公司工作了 9 年，他在威尔希尔量子系列投资分析中开发并支持量化归因和风险模型。在加入威尔希尔之前，史蒂文在摩根士丹利的共同基金部门（前身为迪安·维特公司的 Inter-Capital）工作，在公司的投资组合管理团队和销售队伍之间担任联络人。他拥有理海大学的金融学学士学位和得克萨斯大学奥斯汀分校的金融和会计 MBA 学位。

哈立德·加尤（Khalid (Kal) Ghayur），CFA，投资专业人士协会会员
高盛资管董事总经理，主动贝塔股票策略主管

哈立德·加尤是高盛资管智能贝塔策略平台中主动贝塔股票策略业务的负责人，负责监督该团队定制的、基于因子的股票投资组合。哈立德在 2014 年 6 月高盛资管收购西峰全球咨询公司（Westpeak Global Advisors）后加入高盛资管，担任常务董事。

在加入高盛资管之前，哈立德是西峰的管理合伙人和首席投资官，西峰

是智能贝塔领域的先驱，拥有专利的主动贝塔投资方法。

在 2007 年加入西峰之前，哈立德是纽约明晟的研究政策总监，他是全球执行委员会的成员和明晟指数政策委员会的主席。在这个职位上，哈立德负责明晟的全球市场和基准研究以及新产品的开发。

1994～2000 年，哈立德在伦敦担任汇丰资产管理公司的全球定量研究和战略主管，负责战略和战术资产配置、固定收益建模、股票选择技术、投资组合构建和分析以及风险管理的开发和应用。

1992～1994 年，哈立德在巴黎里昂信贷资产管理公司担任高级定量分析员，1987～1991 年，他在阿布扎比联合国民银行担任投资组合经理一职，负责管理该银行的英国和美国投资组合。

哈立德曾在 CFA 协会的理事会、理事会提名委员会任职，并担任理事会对外关系和志愿者参与委员会的主席。他也是 CFA 协会研究基金会的前理事。哈立德是《金融分析师杂志》编辑委员会的成员，也是英国投资专业人士协会的创始主席。

哈立德获得了巴黎国立桥梁学院的金融和国际商务 MBA 学位，以及卡拉奇大学的经济学硕士和学士学位。他是特许金融分析师、特许金融分析师协会的成员以及投资专业人士协会（Fellow of the Society of Investment Professionals，FSIP）的会员。他也是巴基斯坦银行家协会的认证会员。

罗南·G. 希尼（Ronan G. Heaney）
高盛资管副总裁，主动贝塔股票研究主管

罗南·G. 希尼是高盛资管智能贝塔策略平台中主动贝塔股票策略业务的研究主管。他负责投资研究活动，包括改进量化投资模型和投资组合构建方法，并确定和测试新的模型组件和实施技术。罗南是在高盛资管于 2014 年 6 月收购西峰全球咨询公司之后加入高盛资管的。在加入高盛资管之前，罗南是西峰的研究总监，开创了西峰基于证券序数等级构建和管理投资组合的专利方法和系统。在 1998 年加入西峰之前，罗南受雇于科罗拉多州丹佛市的马尔特姆（Multum）信息服务公司，担任软件架构师。1992～1996 年，他在芝加哥的瑞士银行公司担任高级软件开发员的职务。罗南在普渡大学获得了计算机科学硕士学位，并获得了富布赖特奖学金，他还在爱尔兰都柏林市立大学获得了应用物理学学士学位。

莉萨·L. 黄（Lisa L. Huang）
富达投资人工智能投资管理与规划主管

莉萨·L. 黄是富达投资公司人工智能投资管理与规划主管，她领导整个资产管理业务的人工智能使用。在此之前，莉萨是机器人投资顾问公司Betterment 的投资主管。在 Betterment 任职期间，她领导了使投资算法化所需的定量研究。她的职责包括战略投资组合的构建、算法基金的选择、风险建模以及税收覆盖策略。在加入 Betterment 之前，莉萨是高盛公司的量化策略师，在那里她从事风险管理，并在一个内部对冲基金建立固定收益模型。她拥有哈佛大学理论物理学博士学位以及加州大学洛杉矶分校的数学和生物化学学位。

安德鲁·琼金（Andrew Junkin），CFA，特许另类投资分析师
威尔希尔咨询公司总裁

安德鲁·琼金是威尔希尔咨询公司总裁，也是威尔希尔董事会和威尔希尔咨询公司投资委员会的成员。安德鲁带领 90 多名咨询专家为威尔希尔的咨询客户提供服务，并为威尔希尔咨询公司提供战略领导。

安德鲁于 2005 年加入威尔希尔。在威尔希尔任职期间，他直接与各种类型的大型机构投资者合作：公共和企业养老金固定收益计划、基金会、捐赠基金和保险公司。他有 22 年的投资经验，过去 21 年都在咨询行业。在加入威尔希尔之前，他是资产服务公司的研究总监和高级顾问，为机构投资者提供建议。安德鲁的职业生涯始于在俄克拉荷马市的美林公司担任财务顾问。他在俄克拉荷马市大学获得学士学位，在俄克拉荷马大学普莱斯商学院就读，并在宾夕法尼亚大学沃顿商学院获得 MBA学位。安德鲁拥有特许金融分析师和特许另类投资分析师的称号。

彼得·N. 科尔姆（Petter N. Kolm）
纽约大学库兰特数学科学研究所金融数学硕士项目主任兼助理教授

彼得·N. 科尔姆是纽约大学库兰特数学科学研究所的金融数学硕士项目主任兼助理教授，也是海姆达尔集团有限公司的负责人。在此之前，彼得在高盛资管公司的量化策略小组工作，他的职责包括为该小组的对冲基金研究和开发新的量化投资策略。彼得与人合著了许多学术论文以及四本书：《股票市场的金融建模：从 CAPM 到协整》（Wiley，2006 ）、《量化金融的趋势》（CFA 研究所，2006 ）、《稳健的投资组合管理和优化》（Wiley，2007 ）以及《量化股票投资：技术和策略》（Wiley，2010 ）。

他拥有耶鲁大学数学博士学位、皇家理工学院应用数学硕士学位以及苏黎世联邦理工学院数学硕士学位。

彼得是《国际港口分析与管理杂志》（IJPAM）、《投资策略杂志》（JoIS）和《投资组合管理杂志》（JPM）的编委会成员。他是 Betterment 的顾问委员会成员、国际量化金融协会（IAQF）和耶鲁大学研究生院校友会（GSAA）的董事会成员。

作为顾问、咨询师和专家证人，彼得提供的服务领域包括算法和量化交易策略、替代数据、数据科学、计量经济学、预测模型、机器学习、包含交易成本和税收的投资组合构建方法以及风险管理程序。

斯蒂芬·C. 普拉特（Stephen C. Platt），CFA
高盛资管副总裁，主动贝塔股票投资组合管理主管

斯蒂芬·C. 普拉特是高盛资管智能贝塔策略平台中主动贝塔股票策略业务的高级投资组合经理。他负责投资组合管理，包括全球发达和新兴市场股票组合与定制指数的投资组合构建和风险管理。斯蒂芬是在 2014 年 6 月高盛资管收购西峰全球咨询公司之后加入高盛资管的。在加入高盛资管之前，斯蒂芬在西峰负责管理 100 亿美元的客户资产，包括国内和国际的长线投资策略、增强型指数、主动延伸（130/30）和市场中性对冲基金。在 1999 年加入西峰之前，斯蒂芬是科罗拉多州丹佛市科迪勒拉（Cordillera）资产管理公司的联合创始人和高级副总裁。斯蒂芬拥有超过 28 年的行业经验，包括超过 27 年的机构量化股票投资组合经理经验。斯蒂芬在科罗拉多大学博尔德分校获得了金融学学士学位。他是特许金融分析师（CFA），是 CFA 协会和科罗拉多州 CFA 协会的成员。

詹姆斯·普赖斯（James Price）
韦莱韬悦董事

詹姆斯·普赖斯于 2006 年加入韦莱韬悦的管理人研究团队，从那时起就开始研究资产管理公司和投资方法，从基于公司基本面分析投资 10 只股票组合的全权委托人（discretionary stock-pickers），到投资于所有资产类别的定量多策略对冲基金。

除了研究资产管理公司，詹姆斯还与资金方合作，帮助他们构建投资组合或在现有产品不能满足资金方的需求时设计定制策略。

詹姆斯毕业于伦敦帝国学院，获得物理学硕士学位。他还持有投资经理人证书（IMC），并且是 CFA 持证人。

迈克尔·拉什（Michael Rush），CFA
威尔希尔咨询公司副总裁

迈克尔·拉什是威尔希尔联合公司的副总裁，也是威尔希尔咨询公司的成员。迈克尔目前在威尔希尔咨询公司内进行投资研究。他是威尔希尔咨询公司公募有形资产、私募有形资产和DC/记录资产类别委员会的成员。迈克尔于2001年加入威尔希尔，拥有超过20年的行业经验。在此之前，迈克尔曾在另一家咨询公司和一家投资管理公司工作。他撰写的论文涉及广泛的主题，包括"另类共同基金策略"和"以风险为重点的分散投资"。迈克尔还开发了"WHIP Score"，这是一种总结过去收益的定量方法，并开发了一种经济季度评论供客户使用。他拥有卡内基-梅隆大学学士学位和分析学理学硕士学位（MSIA）。迈克尔还是一名CFA持证人。

史蒂文·索利（Steven Thorley），CFA，博士
杨百翰大学万豪商学院 H. Taylor Peery 金融学教授

史蒂文·索利是位于犹他州普罗沃的杨百翰大学万豪商学院的 H. Taylor Peery 金融学教授。在杨百翰大学学术休假期间，史蒂文担任分析投资者公司的临时研究主任。史蒂文是一名特许金融分析师（CFA），也是《金融分析师杂志》的联合编辑。他在万豪商学院的 MBA 课程中教授投资学，并为分析投资者公司担任顾问。史蒂文目前是山间医疗保健公司（Intermountain Healthcare）、美国犹他州互利机构（Deseret Mutual Benefit Administrators，DMBA）和杨百翰大学（Brigham Young University，BYU）的投资委员会成员。史蒂文在杨百翰大学获得了数学学士学位和 MBA 学位，并在华盛顿大学获得了金融经济学博士学位。

菲尔·廷德尔（Phil Tindall）
韦莱韬悦高级总监

菲尔·廷德尔是韦莱韬悦公司的高级董事，在全球领导他们的智能贝塔研究。他在各种资产类别中开发了智能贝塔和另类贝塔解决方案，并且是韦莱韬悦一些委托解决方案和基金的首席研究员和投资组合顾问。菲尔拥有30年的行业经验，涉及广泛的投资领域，包括战略资产配置、负债驱动的投资和经理人选择。

菲尔毕业于布里斯托大学，获得土木工程学士学位。他是特许金融分析师（CFA）和精算师协会的会员。

第 12 章

常规披露

本材料是应要求提供的，仅供参考。这不构成买卖任何股票的建议。

本材料仅用于教育目的，不应被解释为投资建议或买卖股票的建议。

本材料在任何司法管辖区内或对任何未经授权的人都不构成建议。

这些示例仅用于说明目的，并不是实际结果。如果使用的任何假设都不被证明是正确的，结果可能会有很大不同。

回测业绩并不代表实际业绩，也不应被解释为未来业绩的指向。回测的业绩是基于对过去市场数据的分析，并不反映任何高盛资管（GSAM）产品的业绩，仅供参考。请参阅其他披露内容。

模拟业绩

模拟业绩是假设的，可能没有考虑到重要的经济和市场因素，如流动性限制，这些因素会影响投资顾问的实际决策。模拟结果是通过事后回测模型获得的。业绩反映了股息和其他收益的再投资，但没有反映客户必须支付的手续费、交易成本和其他费用，这将降低收益。实际结果会有所不同。

指数基准

指数是不需要管理的。图中的指数体现了所有收入或股息的再投资，但不反映任何费用或支出的扣除，这将降低收益。投资者不能直接投资于指数。

之所以选择这些参考指数，是因为它们众所周知、容易被投资者认知，并且反映了投资经理认为部分基于行业实践可以为评估本文所述投资或更广泛市场提供合适基准的那些指数。将"失败的"或清算的对冲基金排除在外，可能意味着每个指数普遍夸大了对冲基金的业绩。所提供的网站链接仅为读者提供方便，并不是高盛资管对任何此类网站或所提供的产品或服务的认可或推荐。高盛资管不对这些网站内容的准确性和有效性负责。

本材料仅用于教育目的，不应被解释为投资建议或买卖股票的建议。

本信息讨论一般市场活动、行业或部门趋势，或其他基础广泛的经济、市场或政治条件，不应被解释为研究或投资建议。这份材料是由高盛资管准备的，既不是金融研究，也不是高盛全球投资研究 (GIR) 的产品。它的编写不符合旨在促进金融分析独立性的适用法律规定，在发布金融研究之后不受交易禁令的约束。所表达的观点和意见可能与高盛全球投资研究或高盛及其附属公司的其他部门不同。投资者被建议买卖任何股票之前咨询他们的财务顾问。此信息可能不是最新的，高盛资管没有义务提供任何更新或更改。

虽然某些信息是从可靠的来源获得的，但我们不保证其准确性、完整性或公正性。我们在未经独立核实的情况下，依赖并假定从公共来源获得的所有信息的准确性和完整性。

本材料所表达的观点仅供参考，并不构成高盛资管买入、卖出或持有任何股票的建议。截至本材料发表之日的观点是最新的，可能会发生变化，但不应被理解为投资建议。

过去的业绩不能保证未来的业绩，未来可能会发生变化。投资价值和投资收益会波动，可以降也可以升，可能会出现本金损失。

所研究的对冲基金池并不包括所有存续的对冲基金。

未经高盛资管事先书面同意，不得：①以任何形式和方式复制或复印本材料的任何部分，②将材料分发给收件人以外的任何人：员工、高管、董事或授权代理人。

第 16 章

韦莱韬悦有限公司（简称"韦莱韬悦"）所提供的资料仅供一般参考之用，不应被视为特定的专业意见。韦莱韬悦并不打算将其内容解释为提供任何形式的投资、法律、会计、税务或其他专业意见或建议，或构成决定做或不做任何事情的基础。因此，这些材料不应作为投资或其他财务决策的依据，而且在未征求具体建议的情况下，不应根据其内容做出此类决定。

本材料基于韦莱韬悦在本材料发布之日获得的信息，没有考虑该日期之后的更新。在准备这份材料时，我们依赖于第三方提供给我们的数据。虽然已经采取合理的谨慎措施来衡量该数据的可靠性，但我们不能保证此数据的准确性或完整性，韦莱韬悦及其下属公司各自的董事、高管和员工不承担任何责任，也不对任何第三方在数据中做出的任何错误或失实陈述负责。

未经韦莱韬悦事先书面许可，不得将本材料全部或部分复制或发送给其他任何人。在我们没有明确的书面协议的情况下，韦莱韬悦及其下属公司各自的董事、高管和员工不承担任何责任，也不对因使用或者依赖该材料或者我们表达的意见而产生的任何后果承担任何责任。

第 17 章

本材料包含威尔希尔咨询公司的机密和专有信息，仅供收件人使用。未经威尔希尔咨询公司事先书面许可，不得将其全部或部分披露、复制或以其他方式发送给任何其他个人或实体。

本材料仅供参考，不应解释为法律、会计、税务、投资或其他专业建议。过去的业绩并不能保证未来的收益。这些材料可能包括估计、预测和其他"前瞻性陈述"。由于多种因素的影响，实际事件可能与呈现的情况大相径庭。

本材料中包含的第三方信息是从可靠的来源获得的。威尔希尔咨询公司对此类信息的准确性不做任何陈述或保证，对此类信息中的任何错误、遗漏或不准确及其使用所产生的结果不承担任何责任（包括间接、后果性或附带损害）。本材料中的信息是截至指定日期的，如有更改，恕不另行通知。

威尔希尔咨询公司是威尔希尔联合公司（Wilshire Associates Incorporated）的一个事业部。威尔希尔是位于加利福尼亚州圣莫尼卡的威尔希尔联合公司的注册服务商标。所有其他商号、商标和/或服务标记均为其各自所有者的财产。

未经美国加利福尼亚州圣莫尼卡市的威尔希尔联合公司事先书面许可，不得以任何方式（包括但不限于影印、照片、磁带或其他记录方式）将本出版物的任何部分存储、传播或复制到检索系统中。